복지국가 개혁의
도전과 응전

복지국가 개혁의
도전과 응전

복지국가정치의 비교연구

키스 반 커스버겐 · 바바라 비스 지음 | 남찬섭 옮김

이 번역서는 동아대학교 교내번역과제로 선정되어
동아대학교 번역총서 제142호로 출간되었음.

사회복지
전문출판 나눔의 집

서문 및 감사의 말

다른 많은 책들과 마찬가지로 이 책 역시 오랜 기간에 걸쳐 만들어
졌다. 이런 종류의 책을 써야겠다는 생각은 요스타 에스핑-안데르센
Gøsta Esping-Andersen이 이 책의 저자 중 한 명인 키스Kees Van Kersbergen에
게 바르셀로나에 있는 폼페우 파브라 대학교Universitat Pompeu Fabra에서
비교사회정책론 강의를 (공동으로) 담당해 달라고 제안한 2006년에 시
작되었다. 요스타는 이 강의를 '거시적' 질문들을 중심으로 구조화할
것을 제안하였는데 그의 제안은 결국 이 책의 구성으로 반영되었다.
그에 대해 요스타에게 심심한 감사를 표하는 바이다. 그 후 이 강의는
박사과정 학생들에게 맞게 조정되어 2009년에 오슬로 대학교의 비교
사회과학연구 하계강좌에서 복지국가 개혁의 정치적 기회와 제약에
관한 내용으로 교수되었다. 우리는 이 강의를 들으면서 많은 질문과
비판적인 평가를 해 준 바르셀로나의 석사과정 학생들과 오슬로 대학
교 하계강좌에 참여한 박사과정 학생들에게 매우 감사하게 생각한다.

비교복지국가연구 분야에는 특정 국가의 개혁이나 특정 정책영역에서의 개혁에 관한 문헌들은 매우 풍부하지만, 하나의 단행본을 통하여 복지국가의 발전과 개혁의 정치에 관련된 '거시적' 질문들을 제기한 경우 —그 질문에 대한 답을 제시한 경우는 고사하고— 는 거의 없는 것 같다. 그 거시적 질문들은 다음의 것들이다. : 우리는 왜 애초에 복지국가를 필요로 하게 되었는가? 우리는 어떻게 해서 복지국가를 가지게 되었는가? 우리는 왜 상이한 복지체제를 갖게 되었으며 복지체제의 상이함은 지금도 유효한가? 복지국가가 실제로 하는 일은 어떤 것들인가? 우리는 왜 복지국가를 개혁해야 하는가? 복지국가 개혁은 왜 그처럼 어려운가? 그런데 그처럼 어려운데도 어떻게 해서 그런 개혁이 진행되는 것인가? 복지국가는 대침체the Great Recession(우리가 이 질문을 생각해내기 시작했을 당시만 해도 그것은 '단지' 금융위기였다)에 대해 생각하고 있을 당시를 견뎌내고 또 견뎌낼 수 있을 것인가?

우리는 학생들에게 강의하는 데 사용할 수 있고 또 복지국가 개혁의 정치에 관심을 가진 학자들에게도 유용한 책으로서 위의 거시적 질문들에 대한 답을 제시한 책이 나올 때가 되었다고 판단하였다. 이를 위해 우리는 복지국가 개혁에 관한 기존의 엄청나고 다양하며 풍부한 지식들을 한데 모아 연결시키고자 하였으며, 그리고 여기서 더 나아가 우리 자신의 이론적 접근과 경험적 분석을 거기에 추가하고자 하였다. 그 결과로 교재와 연구논문이 독특하게 결합된 지금의 책이 나오게 되었다.

우리는 이 책에 포함된 각 장들의 초안을 다양한 워크숍과 학회에서 발표하였는데 그 워크숍과 학회는 다음과 같다.: 영국의 옥스퍼드에서 개최된 '유럽의 복지와(에 관한) 구상Ideas and/on Welfare in Europe' 워크숍(2010); 벨기에의 루뱅Leuben에서 개최된 네덜란드/플랑드르 24시간 정치학회the Dutch/Flemish Politicologenetmaal(2010); 스웨덴의 시그투나Sigtuna에서 국제사회보장연구재단Foundation for International Studies on Social Security이 개최한 국제연구세미나(2010); 독일의 만하임 유럽사회조사센터Manheim Centre for European Social Research가 개최한 '곤경기의 정치Politics in Hard Times' 워크숍(2010); 네덜란드 마스트리히트에서 네덜란드정부연구소NIG가 개최한 연례학술대회(2010); 네덜란드의 암스테르담에서 개최된 네덜란드/플랑드르 24시간 정치학회(2011); 스위스의 장크트갈렌St. Gallen에서 개최된 유럽정치연구컨소시엄ECPR의 합동워크숍(2011); 덴마크의 오르후스 대학교Aarhus University에서 개최된 '정당과 복지국가 개혁Political Parties and Welfare State Reform' 워크숍(2011).

우리는 이들 워크숍과 학회에서 우리들의 연구에 유익한 논평과 제언을 해 준 모든 참석자들에게 감사한다. 또한 이 책은 많은 동료 학자들의 자문으로부터 커다란 도움을 받았다. 그들은 크리스토퍼 안트Christoph Arndt, 마이클 바겐센 클리가르드Michael Baggensen Klitgaard, 우베 베커Uwe Becker, 마르틴 카르스텐센Martin Carstensen, 베레나 드래빙Verena Dräbing, 크리스티안 엘멜룬트-프래스태케르Christian Elmelund-Præstekær, 패트릭 에메네거Patrick Emmenegger, 호르헨 골-안데르센Jørgen Goul-Andersen, 크리스토퍼 그린-페더슨Christoffer Green- Pedersen, 스테픈 하인리히Steffen Heinrich, 안톤 헤이머레이크Anton Hemerijck, 카르스텐 옌센

Carsten Jensen, 미코 쿠이스마Mikko Kuisma, 라르스 토룹 라르센Lars Thorup Larsen, 기스 슈마허Gijs Schumacher, 마르틴 젤라이브-카이저Martin Seeleib-Kaiser, 멘노 쇤트켄Menno Soentken, 마티아스 스테판Matthias Stepan, 사비나 슈틸러Sabina Stiller, 아르코 팀머만스Arco Timmermans 등이며, 그 외에도 많지만 모두 열거하지 못하였다. 네다 델파니Neda Delfani와 에바 엔텐만Eva Entenmann, 그리고 슈르트 반 헤크Sjoerd van Heck는 연구보조업무를 훌륭히 수행해 주었다. 또한 바바라 비스Barbara Vis는 그녀의 조사연구를 위해 베니 연구비(제451-08-012호)와 비디 연구비(제452-11-005호)를 지원해 준 네덜란드과학연구기구the Netherlands Organization for Scientific Research에 대해서도 감사한다.

이 책의 내용 중 많은 내용은 이전에 발표되었던 자료에 기초한 것이다. 이 책 중 8장의 일부 내용이 발표된 곳은 다음과 같다.: Barbara Vis(2011), "Under Which Conditions Does Spending on Active Labor Market Policies Increase? A FsQCA Analysis of 53 Governments between 1985 and 2003," *European Political Science Review*, 3(2): 229-52; 9장의 일부 내용이 발표된 곳은 다음과 같다.: Barbara Vis and Kees Van Kersbergen (2007), "Why and How Do Political Actors Pursue Risky Reforms?" *Journal of Theoretical Politics*, 19(2): 153-72; Barbara Vis (2011), "Prospect Theory and Political Decision-Making," *Political Studies Review*, 9(3): 334-43; Barbara Vis (2010), *Politics of Risk-Taking: Welfare State Reform in Advanced Democracies*, Amsterdam: Amsterdam University Press; 10장의 일부 내용

이 발표된 곳은 다음과 같다.: Barbara Vis, Kees Van Kersbergen, and Tom Hylands (2011), "To What Extent Did the Financial Crisis Intensify the Pressure to Reform the Welfare State?" Social Policy and Administration, 45(4): 338-53. 우리는 이 공동논문과 관련하여 이를 이 책에 사용할 수 있게 해 준 톰 하일랜즈Tom Hylands에게 감사드린다. 우리가 개방적 · 기능적 접근을 최초로 발표한 곳은 다음과 같다.: Barbara Vis and Kees Van Kersbergen(근간), "Towards an Open Functional Approach to Welfare State Change: Pressures, Ideas, and Blame Avoidance," *Public Administration.*

우리는 이들 자료들을 이 책에서 사용할 수 있게끔 허락해 준 위 학술지들의 편집진들과 암스테르담 대학교 출판부에 감사드린다. 또 우리는 다음의 자료를 사용할 수 있게 허락해 준 필립 매노우Philip Manow에게도 감사드린다.: Kees Van Kersbergen and Philip Manow (eds.) (2009), *Religion, Class Coalitions, and Welfare States,* Cambridge: Cambridge University Press. 본문의 〈표 4-3〉은 브루먼(Vrooman 2009: 214-15, 〈표 4-1〉)을 약간 수정하여 게시한 것이다. 우리는 이 책의 4장에서 그의 표를 사용할 수 있게 해 준 코크 브루먼J. Cok Vrooman에게 감사드린다.

우리는 이 책에 관한 작업을 시작한 이래 인생을 변화시키는 경험을 하였다. 바바라 비스는 어린 딸 레나Rena를 낳았고 레나가 존재한다는 것만으로 그리고 특히 레나가 세상을 바라보는 방식에 의해 모든 것을 새롭고 더 나은 관점에서 바라보게 되었다. 비스의 파트너인 핌Pim

의 변함없는 지지와 사랑은 이 책에 관한 작업 전체에서 없어서는 안 될 요소였다. 키스는 네덜란드에서 덴마크로 이주하여 국적이 바뀌었는데 이 역시 모든 것을 새롭고 더 나은 관점에서 바라보게 하였다. 이러한 커다란 변화가 우리들의 작업에 좋은 영향을 끼치기 위해서는 적어도 일부는 변함이 없어야 했는데 키스의 경우 그것은 그의 부인인 잉거Inger였다. 그녀의 지원이 없었다면 키스는 이 작업을 시작할 수도 없었을 것이다.

1

서장:

복지국가 개혁의 정치적 기회와 제약

1
거시적 질문

2011년 12월 1일, 목요일: 새로 들어선 그리스의 대연정大聯政 체제가 국가채무의 위기를 타개하기 위한 방안의 하나로 긴축정책과 복지국가 재구조화 프로그램을 추진하자 그에 대항한 파업이 발생하였고, 그로 말미암아 학교들이 휴교령을 내리는가 하면, 병원은 비상요원들에 의해 가동되고 대중교통은 거의 마비상태에 빠졌다.

2011년 11월 30일, 수요일: 영국의 29개 노동조합은 30년 만에 가장 대규모의 전국적 파업을 조직하였다. 대략 200만 명에 이르는 공공부문(병원과 학교를 포함한) 노동자들은 연금을 축소하려는 정부의 방침에 저항하여 공공서비스를 폐쇄하였다.

2011년 11월 20일, 일요일: 덴마크의 새 중도좌파 정부는 경제의 재도약을 위한 공적투자와 실업대책의 일환으로서의 적극적 노동시장정책의 개혁을 뼈대로 한 예산안을 제출하였으며, 야당은 이 나라의 전통에 따라 정부의 계획을 지지하였다.

2011년 11월 16일, 수요일: 미국 상원의원인 버니 샌더스Bernie Sanders는 대단히 인상적인 연설을 하였는데, 다소 길지만 그 연설의 일부를 여기에 인용해 본다.

> 지금 이 나라에는 전쟁이 벌어지고 있습니다. … 제가 말하는 전쟁
> 은 미국의 노동자 가족들을 적으로 삼아 그리고 미국에서 계속 줄어

들고 있고 점점 사라져가고 있는 중간계급을 적으로 삼아 이 나라에서 가장 부유하고 가장 많은 권력을 가진 사람들이 벌이는 전쟁입니다. 실제로 이 나라의 억만장자들은 부를 얻기 위한 출정의 길에 오른 것처럼 보입니다. 그들은 얻고 또 얻고 그러고도 더 얻으려 하고 있습니다. 그들의 탐욕은 끝이 보이지 않습니다. … 그들은 미국을 1920년대로 되돌려 놓으려 하고 있습니다. 또한 그들은, 노동자 가족들이 그들의 삶에 미미하나마 조그마한 안정이라도 보장받기 위해 죽을힘을 다해 싸워 만들어 놓은 사회입법을 그 흔적부터 모조리 지워 버리려고 온갖 노력을 다하고 있습니다. … 이란과 아프가니스탄에서의 전쟁과 부자들에 대한 감세혜택, 월스트리트에 뿌려진 구제자금 … 등등 이 모든 것들은 사람들의 입에서 헉 소리가 나게 할 만큼 엄청난 규모의 재정적자와 국가채무를 초래하였습니다. … 우리들은 이런 것들 때문에 발생한 기록적인 재정적자와 거대한 국가채무와 싸우면서 그 모든 비용을 감당해 왔고 또 부자들의 세금을 깎아 주었습니다. 그러면서도 우리는 정부재정이 균형을 회복하기를 진심으로 원하고 있습니다. 하지만 정말이지 우리가 이걸 어떻게 할 수 있겠습니까? 그렇습니다. 부자들은 우리에게 그 방법을 알려 줍니다. 우리는 보건의료 … 교육 … 보육 … 식품권에 대한 정부지출을 삭감하겠지요. … 우리는 실업급여를 더 확대하지 않을 것입니다. … 우리에게는 더 우선적으로 해야 할 일이 있기 때문이지요. … 우리는 부자들의 세금을 깎아 주어야, 그래야, 그렇게 해야만 하겠지요.[1]

복지국가 개혁의 도전과 응전

오늘날 복지국가 개혁은 모든 선진 자본주의적 민주국가에서 진행되고 있다. 그러나 복지국가 개혁이 모든 나라에서 똑같은 규모와 정도로 그리고 똑같은 방식으로 진행되는 것은 아니고 또 똑같은 결과를 낳는 것도 아니다. 몇몇 대륙유럽 국가(예컨대, Palier, 2010a; Hemerijck, 2013 참조)와 덴마크(Larsen and Andersen, 2009)와 같은 일부 복지국가에서, 사회정책 개혁은 기존의 전통적인 발전경로와 단절하고 새로운 획기적인 경로를 채택함으로써 대단히 급진적이고 경로형성적經路形成的, path-forming인 개혁으로 진행되어 왔다(Hay, 2011). 하지만 이들 몇몇 국가를 제외한 대부분의 대륙유럽 국가에서 복지국가 개혁은 그 규모도 작고 속도도 느리며 그리 새로울 것도 없고 대개 불완전한 개혁으로, 다시 말해서 경로의존적經路依存的, path-dependent인 개혁으로 진행되어 왔다. 또 다른 국가, 특히 미국과 같은 나라에서는, 최초의 정책목적에 명백히 어긋나는 사회적 결과 ―예컨대, 매우 심하면서도 빠르게 증가하는 불평등― 가 발생하고 있는데도 불구하고 사회정책이나 조세정책을 조정하지 않으려는 의도적인 정책 결정으로 말미암아 복지국가 개혁이 표류漂流, drift해 왔다(Hacker, 2004; Hacker and Pierson, 2010). 흥미로운 점은, 영국과 미국, 그리스의 사례에서 알 수 있는 바와 같이 일부 국가에서 복지국가 개혁은 깊은 사회적 갈등과 격렬한 정치적 투쟁을 동반한 반면, 덴마크나 스웨덴과 같은 국가에서

---

1 http://euwelfarestates.blogspot.com/2011/11/inequality-and-politics-of-welfare.html[2011년 12월 검색]

1. 서장: 복지국가 개혁의 정치적 기회와 제약

복지국가 개혁은 상대적으로 부드럽고 균형 잡힌 정책학습의 과정으로 그리고 합의정치의 성격이 더 두드러진 과정으로 진행되었다는 점이다(복지국가 개혁에 관한 연구의 비평논문으로는 Starke, 2006 참조).

이러한 차이는 무엇으로 설명할 수 있는가? 이 책에서 우리는 오늘날 선진 자본주의적 민주국가에서 진행되고 있는 복지국가 개혁의 정치적 기회와 제약들을 밝히고 그 모습을 살펴보며 그것을 설명하고자 시도한다. 복지국가는 나라에 따라 그 모습과 규모가 다르다. 또 복지국가의 근거가 되는 사회적 권리와 의무에 관한 개념화도 나라마다 서로 다르다. 어떤 나라는 평등과 연대를 중시하지만 다른 나라는 자유를 중시한다. 복지국가의 정책목표는 그 범위가 상당히 넓으며 또 목표들 간의 상이함도 매우 크다. 하지만 이러한 차이에도 불구하고 우리는 일반적 의미에서 복지국가는 '① 취약계층에게는 주로 사회적 돌봄을 제공하고, ② 빈곤계층에게는 재분배적 소득이전을 제공하며, ③ 취약계층도 빈곤계층도 아닌 사람들에게는 위험으로부터의 보호(보험)와 소비의 안정화를 보장하기 위한 현금급여를 조직하고 의료보험과 학교교육을 제공함으로써 이들 모두(취약계층, 빈곤계층 및 이들 이외의 사람들)의 복지를 향상시키기 위한 것'이라는 니콜라스 바아(Nicholas Barr, 2004: 7)의 개념화에 동의한다. 취약계층의 복지를 향상시키고 동시에 모든 사회구성원들을 위해 사회적 보호社會的 保護, social protection를 제공하고 촉진하는 것이 바로 복지국가가 하는 일인 것이다.

우리는 복지국가 개혁의 개념도, 바로 위에서 본 복지국가의 개념화와 유사하게, 넓은 의미로 정의하고자 한다. 즉, 우리는 복지국가 개혁을 한 나라의 복지체계를 구성하는 그리고 시민들의 복지를 향상시키고 시민들에게 보호를 제공하고자 하는 일련의 다양한 사회정책들(현금급여와 서비스)의 조직과 실행에 있어서의 여하한 방향으로든지의 변화를 의미하는 것으로 규정한다. 이와 같은 복지국가 개혁은 다양한 모습으로 나타난다. 그중 하나는 **축소**縮小, retrenchment로서 이것은 사회보호를 비롯한 다양한 복지국가적 개입을 후퇴시키고 시장에 대한 시민들의 의존도를 높이려는 조치들을 말한다. 급여수준의 하락이나 사회보험 수급자격기준의 엄격화 등이 축소의 예이다. 그 외에 특정 프로그램(예컨대, 질병유급휴가급여sick pay)에 대한 수요의 증가 또는 특정 부문 전체(예컨대, 보건의료)에 대한 수요의 증가로 인한 **비용 증가를 억제하려는 개혁**도 축소에 속하는 것들이라 할 수 있다. 또한, 기존 정책을 수정하여 그것이 기존에 해 왔던 대로 그대로 작동하게끔 하기 위한 **조정**adaptation도 있다. 복지국가 개혁의 또 하나의 모습은 사회정책의 **갱신**更新, update 혹은 **재조준화**再照準化, recalibratio(Pierson, 2001a)인데, 이것은 새로운 사회적 위험이나 새로운 정치적 요구에 대응하기 위해 기존의 정책수단을 개정하거나 갱신하는 것을 의미한다. 여성(어머니)의 노동시장 참가를 촉진하기 위해 가족정책을 확대하는 것은 갱신 혹은 재조준화의 예이다. 재구조화再構造化, restructuring는 프로그램의 거버넌스를 지배하는 권력관계를 재규정하기 위해 또는 이해당사자와 클라이언트의 권리와 의무를 수정하기 위해 또는 정책 자체를 전면적으로 중단시키기 위해 시도되는 급여나 서비스전달의 재조직화를 총체적으로 가리키는 넓은 의미의 용어이다. 재구조화의 예로는, 사회보장프로그램의 거버넌스 구조를 변형시키는 조치들을 들 수 있는데, 이러한 조치들에는 민영화와 시장화가 포함된다. 정책 개수의 감소나 정책수단의 삭감, 또는 정책 집약도(예컨대, 정책수단의 방향과 범위, 관리운영능력)의 약화 등 일부 학자들에 의해 해체解體, dismantling라고 불리기도 하는 조치도 재구조화에 포함된다(Bauer and Knill, 2012: 33-35; Pierson, 1994). 시간이 갈수록 복지국가 개혁은 여러 차원에 걸친 것이 되어 가고 있다(Häusermann, 2010; Bonoli and Natali, 2012a). 예컨대, 호이저만(Häusermann, 2010)은 급여수준(축소)과 재정방식(적립기금화), 특수직역의 특권(표적화), 그리고 젠더평등(재조준화)의 네 가지 차원에 초점을 맞추어 대륙유럽 국가들의 연금개혁의 정치를 설명하고자 시도한 바 있다.

앞에서 미국을 언급하면서 잠깐 말한 바 있지만, 정책표류政策漂流, policy drift도 복지국가 개혁으로 이어질 수 있는데 이 경우는 대개 현상의 퇴행을 결과하게 된다. 이러한 현상의 퇴행은 사실상 개혁을 하지 않으려는, 그리하여 환경의 변화에 맞추어 정책을 조정하지 않으려는 의도적 결정의 결과이다. 해커와 피어슨(Hacker and Pierson, 2010)은 그와 같은 의도적인 정책표류로 인해 미국에서 지난 수십 년 동안 불평등이 다른 나라와 비교하여 훨씬 더 극적으로 증가하였음을 보여준 바 있다고 말한다. 즉, 그들에 의하면 "종종 정책변화는, 변화를 저지할 힘을 가진 집단들이 정책 변화를 요구하는 강력한 압력이 존재하고 또 정책이 당초의 목적을 달성하지 못하고 있음을 보여 주는 강력한 증거가 존재함에도 불구하고 일정한 기간 동안 정책의 갱신을 성공적으로 막아내는 경우에도 일어날 수 있다"는 것이다(168). 따라서 정책표류는 "역동적인 사회적·경제적 실재의 변화에 맞춘 공공정책의 적응을 가로막는 것으로서 정치적으로 구동된 정책실패"인 것이다(170). 단순한 부작위不作爲, inaction가 사회경제적 환경의 변화에 상대적으로 무지한 데서 비롯된 것이라면, 정책표류는 정책실패가 발생하고 있다는 사실을 알고 있는 상태에서 일어나는 것이며 "정책결정자들이 소수 집단들의 강력한 이해관계에 부딪혀서 또는 정치적 과정에서 정치행위자들이 적극적으로 동원·활용하는 거부점에 부딪혀서 정책갱신에 실패하는 것"을 의미한다(170, 강조는 해커와 피어슨). 이것은 바우어와 닐(Bauer and Knill, 2012)이 **불이행으로 인한 해체**dismantling by default라 규정한 사회정책 해체전략으로서, 명시적인 결정에 의한 것이 아니어서 눈에 잘 띄지는 않지만 장기적으로 매우 치명적인 결과를 초래할 수 있는 전략이다. 예컨대, 인플레이션이나 임금상승에 따른 급여수준의 조정을 일정 기간 하지 않게 되면 이것은 사회복지급여의 실질가치를 크게 떨어뜨리는 결과를 초래하게 된다(Green-Pedersen et al., 2012).

복지국가 개혁의 정치가 나라와 시대에 따라 다양한 모습을 보이고 있다는 사실을 설명하기 위해 우리는 넓은 관점을 채택하는 한편 복지국가에 관한 '거시적' 질문들big questions을 제기하고 그에 답을 구하는 접근을 취하고자 한다. 그 거시적 질문들은 다음과 같은 것이다.: 우리가 애초에 복지국가를 필요로 하게 된 이유가 무엇이었는가? 우리는 어떻게 해서 복지국가를 갖게 되었는가? 복지국가는 왜 나라에 따라 상이한 유형으로 등장하였는가? 그리고 그러한 상이함이 지금도 유지되고 있는가? 복지국가는 실제로 무엇을 이루었는가? 우리는 왜 복지국가를 개혁해야 하는가? 복지국가 개혁은 왜 그처럼 어려우며 또 선거정치적 위험이 따르는가? 그런데 그럼에도 불구하고 왜 복지국가 개혁이 진행되는가? 오늘날 재정적 · 경제적 위기와 국가채무위기의 상황에서도 복지국가가 생존해갈 수 있을 것인가?

이들 거시적 질문에 대해서는 기존의 복지국가 비교연구들에서 이미 일부 답을 제시하고 있지만 그 답들도 논란의 여지가 있고 또 종합적이지 못하고 산발적인 면이 있는 바, 이 책에서 우리는 그 거시적 질문들에 초점을 둠으로써 기존 연구들의 성과를 보다 일목요연하게 종합하여 정리하고 여기서 더 나아가 우리 스스로가 최근의 데이터를 제시하여 새로운 분석을 시도함으로써 복지국가 비교연구에 실질적인 기여도 하고자 한다. 결국, 이 책은 독자들에게 지금까지 복지국가연구가 이룬 성과와 현재의 연구 상황에 관한 종합적인 정보를 제공하는 교재 혹은 참고도서로서의 역할과 복지국가 개혁의 정치를 둘러싸고 지속적으로 전개되고 있는 논쟁에 이론적으로 그리고 경험적으로 기여하고자 하는 학술연구논문으로서의 역할을 동시에 수행하고자 의도적으로 구상되고 그렇게 기획된 것이다.

우리들의 핵심적인 아이디어는 다음과 같은 것이다. 즉, 복지국가 개혁의 기회와 제약은 복지국가의 구조, 복지국가가 가진 사회적 · 정치적 측면에서의 긍정적 · 부정적 환류기제, 복지국가에 부과된 기능적 요구, (정치적) 권력의 배분상태, 그리고 정치행위자들이 기능적인

(경제적으로 효율적이며 사회적으로 바람직한) 것일 뿐만 아니라 정치적으로도 실현 가능한 개혁패키지를 설계할 능력을 가지고 있는가 여부에 의해 결정적으로 영향을 받는다는 것이다. 또한 우리들은, 복지국가의 안정성을 설명해야 할 주요 문제로 간주해 온 기존의 일부 연구들과 달리, 복지국가 개혁은 항상 있어 왔다고 주장하고자 한다. 우리들의 그러한 주장은 다음과 같은 반反사실적 논증, 즉 복지국가가 몇 번의 위기와 수많은 결정적인 환경적 변화를 견뎌 왔다는 사실(이에 대해서는 2장과 7장, 8장에서 좀 더 상세하게 살펴볼 것이다)은 복지국가가 그러한 위기와 변화에 대처하기 위해 끊임없이 스스로를 개혁하는 영구적 개혁을 거쳐 왔다는 것을 의미한다는 논증으로부터 도출된 것이다. 만일 복지국가가 그러한 영구적 개혁을 해오지 않았다면 지금 우리는 훨씬 더 많은 정책표류와 해체를 목도하고 있을 것이다. 따라서 복지국가 개혁은 일부 논자들이 주장하는 것처럼 최근에 와서야 등장한 그런 것이 아닌 것이다(Palier, 2010b: 19). 링겐(Ringen, 1987[2006]: xlvi)은 25년도 더 전에 주장하기를 "복지국가는 거대한 규모의 개혁이다. 그것은 사회를 근본적으로 변화시키지 않으면서 개인과 가족이 살아가야 할 환경을 변화시키려는 시도이다. 복지국가가 논란이 되는 것은 당연하다. **복지국가가 잘 작동하면 개혁이 잘 작동하는 것**"이라고 한 바 있다(고딕 강조는 저자들). 이는 복지국가 개혁을 이해하기 위해서는 복지국가의 역사와 기능을 다시 한 번 되짚어볼 필요가 있음을 의미하는 것이다. 다시 말해서, 우리는 복지국가의 기원이 무엇인가에 대해서, 그리고 왜 복지국가는 서로 다른 체제로 형성되었는지, 이렇게 서로

다르게 형성된 복지국가체제는 어떻게 기능하는지, 복지국가 개혁을 추동하는 압력은 무엇인지, 복지국가 개혁은 왜 그렇게 어려우며 정치적 위험이 따르는지 또 그럼에도 불구하고 어떻게 해서 복지국가 개혁이 계속 진행되는지 등에 대해 새롭게 탐구할 필요가 있다는 것이다. 이 책에서 우리는 복지국가 개혁에 대한 광범위하고 개방적·기능적 접근(2장과 6장에서 좀 더 자세하게 살펴본다)을 도입하고자 하는데, 이 접근은 국제적 상황의 중요한 변화(예컨대, 지구화 등)와 국내적 상황의 중요한 변화(예컨대, 노동시장의 탈산업화 등)로부터 유래하는 '객관적인' 도전과 변화압력에 초점을 둔다. 복지국가 개혁의 정치는 그와 같은 객관적인 압력과 도전에 직면하여 그것들에 대처하려는 노력이다.

　우리는 기존에 엄청나게 축적된 복지국가 연구 및 그와 관련된 다른 많은 연구 성과들을 활용하여 선진민주자본주의 국가에서 진행되고 있는 복지국가 개혁의 정치적 기회와 제약을 밝히고 그것의 윤곽을 그려내며 또 그것들을 설명하고자 한다(복지국가 연구에 관한 포괄적인 검토를 위해서는 Castles et al., 2010 참조). 지난 40년 이상의 기간 동안 축적된 복지국가에 관한 연구들을 돌아볼 때, 이들은 대체로 네 가지 범주로 구분할 수 있을 것인데 그 네 가지 범주는 다음과 같다.: ① 복지국가체제의 등장과 확장, 그리고 국가 간 변이(다양성)의 원인을 밝히고자 하는 연구; ② 복지국가 '위기'론 연구; ③ 점증하는 변화압력에도 불구하고 사회정책이 어떻게 정치적·제도적 탄력성을 갖게 되는지를 설명하려는 연구; ④ 복지국가의 탄력성 및 정치적·제도적 현상유지성향에도 불구하고 개혁이 진행되는데 어떤 조건에서 그렇게 될 수 있는지를 설명하려는 연구(van Kersebergen, 2002; Green-Pedersen and Haverland, 2002; Starke, 2006; Häusermann et al., 2013 등 참조). 이러한 구분은 1960년대부터 현재까지에 이르는 복지국가연구의 역사적 발전과정 및 그 발전과정에서의 각 단계에 지배적이었던 연구주제와 대체로 일치한다. 우리는, 복지국가 개혁의 정치를 이해하기 위해서는 네 가지 범주의 연구성과들과의 비판적 소통을 통해 교훈을 얻을 수 있어야 하며 또 그러한 교훈을 얻음으로써 기존의 복지국가연구로부터 도출된 주요 통찰들을 유효하게 통합하면서 거기에 우리들의 개방적·기능적 접근을 보태는 작업이 필요하다고 생각한다.

따라서 우리들이 채택한 복지국가 개혁에 관한 광범위하고 개방적인 기능적 접근은 매우 우수하지만 다소 그 초점이 제한적인 최근의 많은 복지국가연구들과는 차별성이 있다. 최근의 복지국가연구들은, 예컨대 매우 특수한 경험적 미스터리를 설명하려 시도한 것(예컨대, 급진적 축소가 일어난 이유를 밝히려는 Starke, 2008; 복지국가가 지속되는 이유를 규명하려는 Brooks and Manza, 2007; 정치와 정책이 어떻게 내부자-외부자 간 균열을 만들어내는지를 고찰하는 Emmenegger et al., 2012)이거나, 제한적인 숫자의 국가를 대상으로 한 연구(예컨대, Green-Pedersen, 2002; Clasen, 2007; Stiller, 2010; Afonso, 2013; Arndt, 2013)이거나, 복지국가정책 중 특정의 정책(특히 연금)을 선별하여 분석한 것(예컨대, Lynch, 2006; Häusermann, 2010)이거나, 또는 탈산업적 노동시장에서의 실업 규제에 관해 고찰한 연구(예컨대, Clasen and Clegg, 2011a) 등으로 대개 연구대상이 제한적이다. 또한 우리들의 접근은 규범적 · 이론적 접근을 취하여 경험적 구체화에는 상대적으로 관심이 약한 연구들(예컨대, Olson, 2006)이나 복지국가 개혁의 정치 그 자체 보다는 지구화나 신자유주의와 같은 다른 문제에 실질적으로 관심을 둔 연구들(예컨대, Ellison, 2006)과도 차별성이 있다. 우리는 앞에서 제 기한 '거시적' 질문들에 답을 구하는 시도를 함으로써 기존의 복지국가 연구로부터 알게 된 내용들을 구조화하여 제시하고 또 그것들을 재진술하고자 한다. 이를 위해 우리는 보다 특수한 사실에 대해서는 이에 관련된 연구들보다는 그것들을 덜 자세하게 다룰 수밖에 없지만 그 대 신 그것들을 보다 일관되고 통합된 단일의 접근 속에 위치지우게 될 것 이다. 우리는 우리들의 접근을 경험적으로 실증하고자 하며 이를 통해 추후 연구자들이 보다 구체적인 수준의 경험적 연구를 할 때 쉽게 적 용할 수 있는 분석틀을 제시하고자 한다.

2
이 책의 구성

복지국가는 현대화, 그중에서도 특히 산업화와 자본주의적 시장의 등 장으로 인해 그리고 보다 최근에는 지구화와 탈산업화로 인해 발생한 경제문제와 사회문제에 대처해 온 방법에 있어서 주목할 만한 변혁을 구현해 낸 실체이다. 2장에서 우리는, 자본주의가 극도로 역동적인 체 계여서 비경제적인 영역이 있으면 그것을 놓아두지 않고 그것에 지칠

줄 모르고 침투해 들어가며 새로운 '사실들'(사회적 욕구, 사회적 위험, 혼란, 쟁점, 갈등 등)을 끊임없이 생성시켜 정치행위자들로 하여금 어떤 형태로든 그에 대응하게끔 만든다는 사실(Streeck, 2012)에 대해 살펴볼 것이다. 또한 자본주의는 경제적 변동과 위기를 끊임없이 만들어내는 내재적 경향을 가지고 있으며 따라서 복지국가에게 새로운 도전을 지속적으로 가져다주는 그런 체계이다. 1970년대와 80년대에 걸쳐 장기간 지속된 스태그플레이션은 자본주의 체계가 가진 이러한 본질적 성격이 표현된 한 예이다. 당시의 스태그플레이션으로 인해 많은 사람들은 복지국가가 자본주의의 역동성과 위기적 경향을 견뎌낼 수 있을 것인가에 대해 의문을 가졌다. 하지만 복지국가는 정치적으로 그리고 제도적으로 상당한 회복탄력성을 가지고 있으며 생각보다 적응력이 뛰어난 것으로 드러났다. 이로 인해 많은 연구자들은 복지국가가 큰 변화없이 유지되고 있다는 점을 설명하려고 노력하였지만, 우리는 복지국가의 정치적·제도적 회복탄력성과 안정성을 변화의 결여로 혼동해서는 안 된다고 주장한다. 사실 복지국가가 보인 안정성은 그것을 상당한 정도의 개혁의 결과로 간주할 때에라야 이해될 수 있는 안정성이며, 그러한 개혁은 기존 제도의 적정기능을 유지하기 위해서는 새로운 요구에 맞추어 사회정책을 변화(즉, 적응)시켜야 하는 피할 수 없는 압력에 대응하여 일어난 것이다. 이러한 점을 포착하기 위해 우리는 개방적·기능적 접근을 채택한 것이며 이 접근에 대한 보다 구체적인 이론적 논의는 6장에서 할 것이다.

　3장에서는 복지국가를 정당화하는 여러 상이한 근거 혹은 논리들에 대해 살펴보면서 복지국가가 무엇을 하고자 하는 것인지에 대해 상세히 논의할 것이다. 복지국가의 근거 혹은 논리를 살펴보는 것은 하나의 방법론적 · 분석적 수단인데 이를 통해 우리는 사회적 · 정치적 행위자들이 가진 다양한 동기들(이념, 이해관계, 권력 등)과 복지국가의 추동요인들(인구학적 변화, 민주화, 지구화 등), 공공정책적 고려사항들(보장, 건강, 효율성, 부휼 등), 다양한 가치(평등, 연대, 자유, 자율성 등), 그리고 인과기제들(권력동원, 선거, 정책학습 등) 간의 복잡한 정치적 상호작용을 단순화하여 일목요연하게 파악할 수 있을 것이며 나아가 기능적 요구 및 압력을 복지국가 개혁과 연결 지어 파악할 수 있을 것이다. 또한 이렇게 함으로써 우리는 복지국가 개혁의 정치적 기회와 제약을 둘러싼 보다 큰 맥락도 이해할 수 있게 될 것이다. 여기서 우리는 복지국가의 근거 혹은 논리를 네 가지로 구분하고자 한다. 첫째는 사회경제적 발전 및 현대화 논리인데 이것은 자본주의적 발전의 동학이 기존의 사회제도에 끊임없이 문제를 일으키고 기존 사회제도를 붕괴시키기까지 하는 경향이 있으며 나아가 사회통합을 위한 새로운 균형을 찾아내게끔 지속적인 기능적 요구와 압력을 가하는 경향이 있다는 사실에 초점을 둔 논리로서, 자본주의적 발전 동학이 갖는 그런 경향이 나타나게 되는 배경과 그런 경향의 작용방식 등을 설명하는 데 유리하다. 둘째는 정치적 통합 및 국가형성 논리인데 이것은 사회정책이 지배집단들이 사회통제와 정치통합 그리고 정체성 형성을 위해 활용하는 중요한 수단이라는 사실을 부각하는 논리이다. 셋째는 욕구충족 및 위험재할당risk reapportioning의 논리인데 이것은 복지국가가 기본적으로 사회적 위험의 기능적 분산과 재분배를 위한 체제라는 사실에 초점을 둔 논리이다. 마지막 넷째는 계급타협 및 재분배 논리로서 이것은 사회계급 및 각 계급의 대변세력이 가진 권력과 그 계급들 간의 정치적 연합이 복지국가의 발전과 모습을 결정짓는다는 사실에 초점을 둔 논리이다.

4장에서는 왜 상이한 유형의 복지국가체제가 발전하게 되었으며 지금도 복지국가는 상이한가라는 '거시적' 질문에 대해 생각해 본다. 이 장에서 우리는 첫째로 후대의 유형론 연구에 중요한 영향을 미쳤던 에스핑-안데르센(Esping-Andersen, 1990)의 복지국가체제 접근이 그 이전에 이루어져 온 복지국가 발전에 관한 이론적·경험적 연구들의 성과, 그중에서도 특히 사회민주주의적으로 접근된 권력자원모델의 연구성과에 힘입은 것임을 보일 것이다. 이러한 사실은 에스핑-안데르센의 체제유형론에서 국가가 사람들에게 품위 있는 삶을 보장해 주기 위해 시장을 어느 정도나 대체하는가를 포착하기 위한 탈상품화脫商品化, decommodification 개념이 왜 그처럼 중심적인 위치를 차지하는지를 설명해 준다. 그 다음 둘째로 우리는 복지체제유형론의 방법론적 도구에 대해 논의하고, 에스핑-안데르센의 복지자본주의 삼체제론을 둘러싼 논쟁의 쟁점들을 명확히 하고, 유형론이 무엇인지 혹은 무엇이어야 하는지에 관한 오해에서 비롯된 일부 논란을 정리하고, 복지국가체제 유형의 경험적 모습에 대해 서술할 것이다. 셋째로는 복지체제 유형화 논의가 다소간의 제약은 있지만 아직도 분석적으로나 경험적으로 타당하다는 점을 보일 것이다. 마지막 넷째로 우리는 복지국가체제 유형화 작업이 우리가 상이한 유형의 복지국가를 갖게 된 원인을 설명할 수 있을 만큼 적절한 이론적 토대를 구축하지 못했다는 주장을 펼것이다. 우리는 물론 유형화가 필요하다는 입장이지만 다른 한편으로 이론적 · 역사적 근거가 더 보완되어야 한다고 생각한다.

5장에서는 복지국가가 실제로 무엇을 이루었는가라는 '거시적' 질문에 대해 생각해 본다. 우리는 대부분의 복지국가들은 그것이 당초의도했던 바를 상당히 놀라울 정도로 훌륭히 수행해 왔으며, 주요 사회적 위험에 대한 보호를 제공하고 빈곤에 맞서 싸우고 부자로부터 빈자에게로 부를 재분배하는 노력을 벌이고 있다는 사실을 경험적으로 보일 것이다. 하지만 이러한 성과와 관련하여 복지국가체제 간에 중요하고도 체계적인 차이는 여전히 존재하며 이 차이에 대해서도 우리는 일목요연하게 정리하여 살펴볼 것이다.

6장에서는 2장의 논의를 기초로 이론적 주제를 도출하고 복지국가 개혁에 관한 개방적인 기능적 접근, 즉 개방적 · 기능적 접근을 보다 상세하게 설명할 것이다. 우리는 기능적 압력과 요구(즉, 필수요건)가 무엇인가에 따라 어떤 행위자와 이해관계와 구상이 지배적인 것이 될지가 달라진다는 사실에 대해 논의할 것이다. 우리는 아이디어(=구상)가 그 자체로 복지국가 개혁을 추동할 수 있다는 전제를 기초로 하고 또 사회적 · 경제적 이해관계는 독자적인 분석적 가치를 갖지 않는 것으로 간주하며, 따라서 최근에 와서 점점 인정받고 있는 구성주의적 constructivist 접근에 동의하지 않는다. 아이디어가 인과적 신념으로서 갖는 중요성은 인정하지만 그것 역시 기능적 요구라는 맥락 내에 위치할 때 그런 것이다. 또한 우리는 정치행위자들이 대중들에게 인기가 없는 개혁을 추진하는 데 따르는 비난을 회피하기 위해 활용하는 전략이 '객관적' 압력이 존재하는 상황에서 복지국가 개혁의 운명을 설명하는 데 적어도 부분적으로는 도움이 된다고 주장한다. 비난회피전략이 아이디어를 개혁으로 이어 주는 역할을 할 수 있는 것이다.

6장에 이어지는 두 개의 장에서는 복지국가 개혁을 몇 가지 서로 다른 유형으로 나타나게 하는 기능적 압력이 무엇인지에 대해 살펴볼 것이다. 7장에서는 주로 외생적 압력, 즉 지구화에 대해 살펴본다. 이 장에서 우리는 지구화에 대한 몇 가지 중요한 관점에 대해 논의할 것이며, 나아가 지구화의 영향을 긍정적인 것으로 보든 부정적인 것으로 보든 그에 관계없이 지구화는 복지국가 개혁에 관한 연구에서 반드시 고려해야 하는 중요한 '외생적인' 기능적 압력임을 보일 것이다. 우리는 지구화의 압력이 시간에 따라 계속 증가해 왔다는 사실과 그럼에도 불구하고 지구화의 영향은 국가와 복지국가체제에 따라 달리 나타나고 있다는 사실을 경험적 데이터를 통해 보이고자 한다. 8장에서는 내생적 압력에 초점을 둘 것인데 특히 노동시장의 탈산업화와 인구고령화에 대해 살펴볼 것이다. 이들은 전후 복지국가의 기초가 되었던 토대들을 혁명적으로 변화시키고 있다. 이 두 장에서 살펴볼 외생적·내생적 압력은 복지국가 개혁을 추동하는 기능적 압력으로 작용하고 있다.

그런데, 기능적 압력이 계속 강해질지라도 그리고 정치인들이 개혁의 필요성을 인지하고 개혁에 대한 제도적 저항을 극복할 능력을 가졌다 할지라도, 실제로 복지국가 개혁이 일어나리라고 보장할 수는 없다. 정치인들은 여전히 높은 정치적 장벽을 넘어야 하는데 그 정치적 장벽 앞에서 그들은 유권자들에게 개혁이 그들의 이익에 도움이 된다는 사실을 설득해 내거나 아니면 정책이 표류하게끔 하는 전략을 찾아내거나 하는 등의 선택을 해야 한다. 즉, 복지국가 개혁은 선거정치라는 면에서 보면 상당히 위험한 작업인 것이다. 개혁이 필요한데도 불구하고 그 개혁이 유권자들의 바람과 상충할 때 정치인들은 개혁압력에 어떻게 대처하는가? 9장에서 바로 이 문제를 다룰 것인데, 즉 선거정치라는 면에서 위험한 작업이라는 장벽에도 불구하고 여러 가지 형태의 복지국가 개혁이 진행되는 원인이 무엇인지 그에 관한 설명을 시도하고자 한다. 이를 위해 우리는 전망이론展望理論, prospect theory (Kahneman and Tversky, 1979, 2000)을 활용할 것이다. 즉, 우리는 전망이론에 근거하여, 정부가 손실영역에 있을 경우에만 다시 말해서 현재 당면한 선거전망이나 정책상황이 부정적일 경우에만 개혁이라는 위험한 작업에 나서리라고 주장할 것이다. 이는 정부가 사회경제적 손실(경제성장의 둔화나 실업의 증가와 같은)에 직면해 있거나 또는 정치적 손실(지지율의 하락이나 선거에서의 지지표의 감소 등)에 직면해 있을 때 실제로 일어나는 현상이다. 그와 같은 손실에 직면해 있을 때에만 정부는 인기 없고 위험한 복지국가 개혁에 따르는 선거정치적 위험을 감수하고자 한다. 또한, 정부는 유권자들의 영역을 이득에서 손실로 재구도화하는 비난회피전략을 활용하여 유권자들의 위험태도를 위험회피적인(즉, 개혁에 반대하는) 태도에서 위험인수적인(즉, 개혁에 찬성하는) 태도로 전환시키고자 한다. 이 비난회피전략이 성공적으로 관철되면 그것은 기능적으로는 필요하지만 정치적으로는 보증할 수 없는 급격한 복지국가 개혁을 실행하는 데 따르는 정치적 위험을 상당 정도로 감소시킬 수 있다.

마지막 장에서 우리는 이 책에서 논의한 내용들을 종합하고, 우리들이 제기한 '거시적' 질문에 대한 답들을 요약하며, 나아가 마지막 질문, 즉 복지국가는 2008년에 시작된 금융적·경제적·국가채무적 위기를 이겨낼 수 있을 것인가라는 질문에 대해 생각해 보고자 한다. 우리는 금융위기와 경제위기, 그리고 국가채무위기 및 그것이 복지국가에 미치는 영향을 평가하기 위해 상이한 복지국가체제를 대표하는 여섯 국가(미국, 영국, 네덜란드, 스웨덴, 독일, 덴마크; 이들에 대해서는 2장 참조)를 선별하여 이들 나라에 대해 개방적·기능적 접근을 경험적으로 적용해 볼 것이다. 2008년의 금융위기 및 그로 인한 부정적인 경제적 영향이 몰고 온 대침체the Great Recession(Bermeo and Pontusson, 2013)가 복지국가라는 구조물을 손상시킬 정도의 힘으로 작용하는가? 복지국가를 근본적으로 개혁해야 할 계기를 제공한 것이 있었다면 그것은 2008~2009년의 금융위기라고 할 수 있다. 비교복지국가론의 모든 기존의 이론적 관점은 바로 이와 같은 위기상황에서 근본적인 개혁이 가능함을 시사하고 있다. 하지만 실제로 그런 개혁이 일어나고 있는가? 각 나라는 유사한 문제에 직면하며, 그러한 문제에 직면하여 각 나라가 초기에 내놓은 대응 역시 유사하다. 복지국가 개혁에 관한 우리들의 개방적·기능적 접근과 전망이론에 근거하여 우리가 제시한 설명과 조화롭게, 하지만 기존의 이론적 관점들이 예측하는 바와는 다르게, 우리는 2008~2009년 금융위기 직후의 첫 단계에서는 복지축소의 강화가 아니라 은행부문에 대한 긴급구제자금의 투입을 목도하였고 그 다음의 둘째 단계에서는 사회프로그램의 확대(임시적인 확대인 것으로 나타났지만)를 포함한 케인즈주의적 수요관리정책과 노동시장보호 정책을 목도하였다. 하지만 서서히 윤곽이 분명해지고 있는 셋째 단계에서는 예산제약이 심각해지면서 이것이 우리들의 가설과 조화롭게도, 정치인들로 하여금 좀 더 강도 높은 정책을 택하게끔 강요하고 나아가 긴축정책austerity policy을 도입하게끔 강제하고 있다. 금융시장과 국가 간 협정이 생성한 기능적 압력이 서서히 그 실체를 드러내고 있는 것이다. 유일하게 남은 것은 아니겠지만(Armingeon, 2013), 축소와 재구조화가 점점 복지국가 개혁의 중심적인 테마가 되어 가고 있다.

2

복지국가:
역동적 발전, 위기, 회복탄력성, 그리고 변화

1
지속현대화하는 자본주의 국가에서의
사회적 욕구와 위험 그리고 혼란

복지국가와 그 개혁의 역사는 급속한 사회적·경제적 발전에 의해 새롭게 등장한 사회적 욕구와 위험, 혼란混亂, disruptions에 대응하기 위한 정치행위자들의 투쟁의 역사이다. 지난 시절에 진행되었던 그리고 오늘날에도 진행되고 있는 복지국가 개혁을 설명하기 위해서는 정치행위자들이 대응하고자 했던 '객관적' 문제 압력에 주목하는 것이 대단히 중요하다. 역사는 결코 반복되지 않지만, 우리가 전통적으로 '현대화現代化, modernization'라고 부르는 과정에서 끊임없이 새롭게 나타나는 사회적 혼란과 사회적 욕구, 위험이라는 객관적 문제와 그러한 객관적 문제에 대응하고자 하는 사회적·정치적 투쟁은 여러 가지 면에서 그리고 체제유형이나 체제의 발전수준과 무관하게 시대와 공간에 걸쳐 상당 정도로 유사하다(Wilensky and Lebeaux, 1965[1958]; Flora and Alber, 1981; Flora and Heidenheimer, 1981b). 이는 중국의 사회정책에 관한 최근의 연구에서 발췌한 다음의 인용문을 19세기 영국이나 독일을 염두에 두고 읽어보면 더 잘 알 수 있을 것이다.

> 중국의 지도자들은 경제의 현대화 과정에서 벌어지고 있는 심각한 자본주의적 착취와 계급적 억압에 대해 … 부끄러워해야 한다. 지난 30여 년 동안 중국은 수천만 명에 달하는 취약계층 사람들의 희

생을 발판으로 하여 경제성장을 이루어 왔다. 농촌의 가난한 주민들은 어제나 오늘이나 병원비를 걱정하며 퇴직을 걱정하고 있고 이는 내일도 마찬가지일 것이다. 도시로 이주한 노동자들은 그곳에서 제공되는 공공서비스에는 아예 접근조차 못하고 있다. 수많은 공장 노동자들은 극도로 위험한 작업환경에서 엄청난 장시간 노동에 내몰려 있다. 토지를 수용당한 농부들은 정당한 보상을 받지 못하고 있다. 수많은 가난한 사람들은 치료를 받아야 하지만 엄두를 내지 못하고 있다. 흔히 말하는 '점진적 경제개혁'이 실제로는 복지급여를 엄청나게 변화시켰고 중국의 전통적인 사회주의적 복지체계를 급속도로 붕괴시킴으로써 수많은 가난한 사람들은 아무런 보호도 받지 못하는 처지에 놓이게 되었다. 중국의 경제개발과 사회개발 사이에 커다란 간극이 존재한다는 것은 어느 모로 보나 명백한 사실이다(Chan et al., 2008: viii).

이 인용문에 서술된 사회적 욕구와 위험과 불의는 칼 마르크스Karl Marx가 『자본론』(Das Kapital, 1867, 10장)에서 근로시간을 둘러싼 투쟁을 분석하면서 묘사한 내용이나 프리드리히 엥겔스Friedrich Engels가 『영국 노동자계급의 상태』(Die Lage der arbeitenden Klasse in England, 1844)에서 빅토리아 시대 영국 노동자계급의 고통을 고찰하면서 묘사한 내용, 또는 이들보다 훨씬 뒤에 칼 폴라니Karl Polanyi가 『거대한 전환』(The Great Transformation, 1944)에서 규제되지 않은 자본주의적 자유시장에 의해 초래된 사회적 혼란의 영향과 그에 대한 대응을 분석하면서 묘사한 내용과 동일하지는 않겠지만 그것들과 대단히 유사한 것이 사실이다.

어떤 의미에서, 20세기와 21세기에 걸쳐 현대화 과정을 거쳐 온 많은 국가에서의 정치사政治史와 공공정책사公共政策史는, 현대의 산업적 · 탈脫산업적 자본주의 시장경제에 본질적으로 내재한 사회적 욕구와 위험, 그리고 혼란에 대처하기 위해 국가가 시민들의 일상적 삶에 대한 개입을 지속적으로 증가시켜 온 역사라 할 수 있고 이는 그리 큰 과장이 아니다. 이 기간에 국가가 교육과 사회보호社會保護를 포함하여 사회적 · 경제적 · 문화적 기능을 담당하게 되어 그 기능들을 수행하고 재조직하고 확대하면서 국가기능은 법과 질서의 유지라는 고전적 기능을 넘어 빠르게 확장되어 왔다. 20세기의 공산주의 실험에서 국가는, 서구유럽과 북미, 오세아니아 지역의 자본주의 국가에서는 시장(비록 규제되고 사회적으로 배태胚胎된 시장이긴 하지만)에 주로 맡겨진 생산기능과 분배기능까지도 담당한 바가 있다. 서구유럽과 북미, 오세아니아 지역에서 복지국가는 점진적으로 등장하고 확장되고 성숙하여 종국에는 이들 지역 국가의 정치경제에 핵심적인 요소로 뿌리내리게 되었다.

오늘날 우리가 알고 있는 복지국가는 사회를 조직하는 사회적 · 경제적 · 정치적 방식을 근본적으로 변화시켰다. 즉, 20세기 초만 해도 치안과 국방에 주로 자원을 투입하던 국가가 이제는 자본주의와 민주주의를 사실상 혼합하고 국내총생산GDP의 17%(아일랜드)에서 30%(프랑스)에 이르는 자원을 공공지출에 투입하고 공공지출의 44%(미국)에서 64%(영국)에 이르는 자원을 복지 관련 활동에 투입하는(OECD, 2008; Obinger and Wagschal, 2010도 참조) 국가로 변화한 것이다.

이러한 변화 혹은 발전은 국제적인 성격을 갖는 자본주의의 엄청난 역동성에 그 뿌리를 둔 것이며 또한 그러한 역동성이 없다면 나타날 수 없는 것이다. 자본주의는 그 기술적 토대와 기업소유구조의 조직화 방식, 그리고 자본소유자와 여타 구성원들 간의 소득분배를 끊임없이 변화시키는 엄청나게 역동적인 경제체계이다(예컨대, Scherer, 2010 참조). 자본주의적 역동성의 엔진은 바로 '경쟁'인데 17세기부터 19세기에 이르는 시기에 그 기원을 두고 있는 경쟁은 그 이후로 인간의 삶의 방식을 끊임없이 혁명적으로 바꾸어 왔다(Becker, 2009: 15).

자본주의 사회는 항구적恒久的 · 지속적으로 현대화하는 사회, 즉 지속현대화 사회持續現代化 社會, permanently modernizing society이다. 경쟁이라는 엔진에 의해 자본주의 체제에 본질적으로 내재하게 되는 지속현대화라는 구조적 동학은 '지속적인 물질적 변화'를 초래하며 이 변화로 인해 '(지구적 경쟁에서의) 새로운 경쟁자, 새로운 생산방법과 새로운 생산도구, 새로운 재화와 서비스'가 끊임없이 출현하게 된다(Becker, 2009: 168). 뿐만 아니라 폴라니(Polanyi, 1944[1957]; 이 책의 3장도 참조)가 주장한 바와 같이 자본주의는 그 경제논리를 사회의 다른 부문에 끊임없이 적용(침투)시키는 경향이 있다. 슈트렉(Streeck, 2012: 2)에 따르면, 자본주의적 사회는 '경제영역에서 통용되는 사회관계를 비자본주의적 영역에서의 사회관계에 침투시키고 종국에는 비자본주의적 영역을 자본주의적인 것으로 결사적으로 전복시키는' 그런 사회이

복지국가 개혁의 도전과 응전

다. 이 책의 목적에 비추어 가장 중요한 사실은, 자본주의의 동학이 항구적·지속적으로 새로운 사회적·경제적 문제와 욕구, 위험, 갈등을 창출한다는 사실이며 이로 인해 자본주의의 사회구조와 이해관계 구조 그리고 권력관계 역시 끊임없이 변화한다는 사실이다. 결과적으로, 자본주의 시장경제는, 혁신과 투자 사이클에서 침체와 위기를 필연적 단계로 갖는 경제적 변동 —이를 슘페터(Schumpeter, 1976[1942]: 83)는 '창조적 파괴Creative Destruction'라 부르면서 '자본주의의 핵심적 사실'이라고 규정하였다— 을 끊임없이 겪을 수밖에 없는 내재적 경향성을 지니고 있기 때문에, 자본주의의 동학은 새로운 문제와 욕구, 위험, 갈등을 끊임없이 발생시키고 따라서 그에 대응하기 위한 새로운 해결책을 항구적·지속적으로 요구하게 되는 것이다.

새로운 해결책에 대한 요구는 기능적 압력機能的 壓力, functional pressures 또는 기능적 필요機能的 必要, functional requirements라고 할 수 있는데 이는 그러한 기능적 압력이나 필요에 적절히 대응하지 못할 경우 그것은 존재적 위험, 즉 사회체계 자체의 붕괴라는 위험을 초래할 수도 있기 때문이다. 2008년 금융위기와 그에 뒤이은 경제적 충격이나 국가채무위기는, 시장이 어떻게 급진적 정책과 변화를 예고하는 기능적 압력을 발생시키는가를 잘 보여준 가장 최근의 그러면서도 가장 중요한 사례라 할 수 있다. 그리스의 2009년 국가채무위기 사례는, 금융시장이 정치체계로 하여금 외부(유럽연합EU 국가들과 국제통화기금IMF)로부터 부과된 그리고 보다 통상적인 상황이었다면 결코 받아들이지 않았을 고통스러운 개혁을 받아들이게끔 하는 힘을 가졌다는 사실을 극명하게 보여준 사례이다. 그리스가 그런 개혁조치를 수용한 것은 당시 그리스가 존재적 위협의 성격을 띠는 기능적 압력에 대응해야 했기 때문이었다. 당시 그리스는 국가경제의 붕괴 위험에 직면해 있었으며, 국가부도가 날 수도 있고 그렇게 되어 유럽공동통화체계(유로화)로부터의 탈퇴 혹은 퇴출이 현실화될 수도 있는 상황에 처해 있었다.

　존재적 위협, 좀 더 일반화하여 말한다면 기능적 압력을 해소하기 위한 대응책은, 언제나 권력자원의 새로운 동원과 사회·정치세력들의 혁신적 연합에 의해 뒷받침되어야 하며 이들에 의해 새로운 구상은 개혁적 공공정책이라는 형태의 집합행동으로 전환될 수 있게 된다. 민주정치라는 맥락에서 볼 때, 자본주의의 동학은 정치적으로 유의미한 새로운 사실과 쟁점, 갈등을 끊임없이 새롭게 생성시키는 결코 고갈되지 않는 원천이라고 할 수 있으며, 그러한 새로운 사실·쟁점·갈등은 복지국가 개혁의 각 유형마다 서로 다르게 허용되는 개혁대안의 범위를 결정하는 역할을 한다. 실제로 그리스의 국가채무위기와 같은 극단적인 경우에는 외부의 압력이 한 나라의 민주주의의 작동 자체를 제약하기도 한다. 즉, 그리스에서 2011년 가을에 급진적 개혁조치에 대한 국민투표가 제안되었을 때, 금융시장과 유로사용 국가들은 그리스 정부에 압력을 가했으며 이로 인해 결국 국민투표는 무산되었다. 그리스뿐만 아니라 이탈리아에서도 선출된 정치인 대신에 비非정치적인 기술관료(그리스의 경우 루카스 파파데모스Lucas Papademos, 이탈리아의 경우 마리오 몬티Mario Monti)가 급진적인 개혁의 추진을 담당케 되었는데 이러한 사실은 이들 국가의 정치체계가 전통적인 방법으로는 기능적 압력을 처리할 수 없게 되었음을 보여 주는 것이었다.

2
위기 그리고 붕괴?

어떤 의미에서, 복지국가는 자본주의의 동학 속에서 함께 발전해 왔기 때문에 언제나 위기에 있었다고 할 수 있다. 실제로 복지국가가 위기에 처했다고 말하는 것은 이제 진부한 상투적 표현이 되었다(Garrett and Mitchell, 2001: 145). 오늘날 선진자본주의 사회의 복지국가는 그것의 기본적인 프로그램이 등장하고 확장되던 시기에 존재했던 것과는 확연히 다른 조건 하에서 작동되고 있다. 이러한 변화된 조건으로 인해 복지국가가 시장 및 가족으로부터 어느 정도의 도움을 받아 대응하리라 기대되는 사회적 욕구와 위험, 혼란 등과 전통적인 사회정책프로그램들 간의 부정합不整合, mismatch이 점점 커지고 있다. 에스핑-안데르센(Esping-Andersen, 1996a: 3)은 이러한 상황을 이미 15년도 더 전에 다음과 같이 훌륭하게 요약한 바 있다.

> 서구 선진사회의 복지국가는 산업적 대량생산이 지배하던 경제시스템에 적합하게끔 설계된 것이다. '케인즈주의적 합의'가 지배하던 시절에는 사회보장과 경제성장, 평등과 효율성 간에 상충관계가 존재한다는 인식은 별로 없었다. 하지만 이러한 상충관계가 없다는

전제가 더 이상 통용되지 않게 되면서 케인즈주의적 합의도 사라지게 되었다. 일국 내에서의 인플레이션을 유발하지 않는 수요견인 성장은 불가능한 것 같다. 또한 제조업의 비중이 감소하면서 이제 완전고용은 서비스산업을 통해서만 달성해야 하는 목표가 되었다. 전통적인 남성가장모델은 무너지고 있으며 출산율은 하락하고 있고 사람들의 생애주기는 점점 더 비표준적인 것으로 변화하고 있다.

이 모든 일들은 1970년대의 석유위기와 함께 시작되었다. 장기간에 걸친 스태그플레이션과 그에 이어 엄청나게 치솟은 재정적자, 그리고 1980년대 들어 나타난 반反개입주의적이고 반反복지국가적인 강력한 신자유주의의 정치적 득세로 말미암아 복지국가의 주요 프로그램을 추가적으로 확대하는 것이 어렵게 되었으며 혹은 심지어는 그것들을 단순히 유지하는 것조차도 위태롭게 되기도 하였고 나아가 어떤 경우에는 유지가 아예 불가능해져 버리기도 하였다. 1980년대에 복지국가에 관한 문헌들에서 지배적인 주제는 복지국가의 위기 그리고 복지국가에 닥칠 수도 있는 붕괴에 관련된 것들이었다.

하지만 복지국가 위기의 원인이 무엇인가에 관해 학자들의 견해는 일치하지 않았다. 네오마르크스주의자들은 전후 복지자본주의의 내재적 모순을 위기의 근본적인 원인이라고 주장하였다. 사회민주주의자들은 자본주의 시장경제와 케인즈주의적 수요관리를 혼합하여 한때 황금률과 같이 잘 작동되었던 체제가 복지국가를 유지하는 데 필요한 경제성장을 더 이상 지속할 수 없게 되었다고 주장하였다. 하지만,

복지국가 개혁의 도전과 응전

경제침체와 인플레이션이 동시에 나타나는 것과 같은 새롭고 그리고 이론적으로도 예상하지 못했던 경제현상으로 인해 정부가 사회적 욕구와 위험에 적절히 대응하지 못했다는 것은 누구에게라도 명백한 것이었다. 지속적인 경제성장과 낮은 인플레이션, 완전고용 그리고 이 모든 것들로 인해 가능했던 사회적 합의의 시대는 종말을 고했다. 좋았던 시절이 계속될 수는 없다는 생각이 좌파와 우파 모두에게서 등장하였다(Offe, 1984).

시장은 자기조정적이라는 생각도 있지만(3장 참조) 그럼에도 불구하고 국가는 시장이 적절하게 작동하도록 보장하기 위해 시장에 광범위하게 개입해 왔다. 하지만 일부 논자들은 그러한 국가의 개입이 문제라고 주장한다. 국가의 개입은 그것으로 인해 새로운 경제적 실패를 초래하며 이로 인해 국가는 또 다시 시장에 개입하게 되고 결국 이것은 '과부하 국가overburdened state'를 만들어내고 자본주의 사회의 '관리불가능성ungovernability'을 결과한다는 것이다. 국가의 책무와 책임뿐만 아니라 대중들의 기대수준은 지속적으로 상승하는 반면, 국가의 개입 및 조정능력은 그것을 따라가지 못한다는 것이다(Offe, 1984: 67-73). 이렇게 하여 복지국가의 모순이 드러나게 된다. 한편으로 과도한 세금과 자본에 대한 규제는 투자를 저해하며 다른 한편으로 노동자들이 누리게 된 사회권과 사회적 힘은 노동동기의 저하 혹은 '적어도 제약되지 않은 시장의 힘이 강요하는 정도의 근면하고 생산적인 노동을 할 동기'(Offe, 1984: 149)의 저하를 함축한다. 이는 결과적으로 '자본주의는 복지국가와 함께 살아갈 수도 없지만 그렇다고 복지국가 **없이** 살아갈 수도 없다는 것'을 의미한다(Offe, 1984: 153, 고딕 강조는 오페_{Offe}).

지금으로부터 약 30년 전의 저술들은 복지국가가 성장의 한계에 다다랐다거나 복지국가가 위기에 빠졌다거나 혹은 복지국가가 어쩌면 최종적으로 붕괴할 수도 있다는 주장들에 관련된 내용들로 가득 차 있다(Schmidt, 1983; Mishra, 1984; Panich, 1986; Alber, 1988; Moran, 1988 등 참조). 그리하여 복지국가의 재정위기(O'Connor, 1973)를 주장하는 경우가 있는가 하면 과부하로 인한 통치가능성의 위기(Crozier et al., 1975; King, 1975; Birch, 1984)를 주장하는 경우도 있었고 또 정당성의 위기(Habermas, 1976; Wolfe, 1979; Offe, 1984 참조), 자유민주주의의 위기(Brittan, 1975; Crozier et al., 1975; Bowles and Gintis, 1982), 문화의 위기(Bell, 1979), '유토피아적 에너지'의 위기(Habermas, 1985)를 주장하는 경우도 있는 등 다양한 위기가 거론되었다. 또한 이와 같은 사정을 반영하여 저술의 제목들도『복지국가의 모순』(Offe, 1984), 『성장의 한계』(Flora, 1986-87), 『복지국가를 넘어서?』(Pierson, 1991),『복지국가의 해체?』(Pierson, 1994),『복지국가의 종말』(Svallfors and Taylor-Gooby, 1999),『유럽복지국가의 생존』(Kuhnle, 2000) 등과 같은 것들이 주를 이루었다. 복지국가의 전망을 어둡게 보는 많은 주장과 예상이 나왔지만 대개 그러한 어두운 전망이 언제 실현될지에 대해서는 그리 거론되지 않았다. 또 복지국가가 붕괴할 것이라는 주장을 뒷받침할 만한 경험적 증거는 매우 희미하거나 아니면 사실상 거의 없었다. 복지국가는 나라에 따라 서로 다른 모습을 가지고 있는데 그 다양한 모습의 복지국가는 어쨌든 지금까지 계속 유지되고 있을 뿐만 아니라 그것이 당초 하고자 의도했던 바를 꽤 잘 수행하고 있다(5장 참조).

3
변화의 부재?

복지국가가 직면했던 도전과 압력들을 인식하고 또 그러면서도 복지국가의 급진적인 개혁은 매우 드물다는 사실을 보면서, 1990년대 중반까지 많은 연구자들은 급진적인 복지국가 개혁의 **부재**라는 퍼즐에 관심을 쏟았다. 피어슨Paul Pierson의 저작(특히 1994, 1996)에서 강한 영향을 받은 당시 대부분의 연구자들은, 왜 복지국가는 그것의 핵심적인 사회프로그램들에 대한 변화압력 및 직접적인 정치적 공격(특히 1980년대 미국의 레이건 행정부와 영국의 대처 정부에 의한)이 점점 더 심해져서 사실상 변화압력과 정치적 공격에 '포위된' 상태임에도 불구하고 그것에 굴복하지 않았는가라는 문제에 답하고자 하였다. 비운의 운명이 점쳐지고 때로는 종말론적 성격마저 띠는 예측이 이루어지기도 했지만 복지국가는 놀라울 정도로 탄력적이었는데 그렇게 될 수 있었던 원인은 어디에 있는가? 복지국가는 경제적·재정적·정치적 난관에다 그보다 좀 더 후에 닥친 인구학적 난관까지 합쳐진 그런 복합적이고 엄청난 난관을 그럭저럭 견뎌낼 수 있었는데 어떻게 그럴 수 있었으며 그 원인은 어디에 있는가? 피어슨이 1990년대 중반에 강조한 바와 같이,

"놀라운 사실은 선진복지국가들에서 근본적인 변화가 일어난 사례를 찾기가 어렵다는 사실이다. 각 국은 복지국가의 축소를 추구하더라도 그것을 매우 조심스럽게 추구하였다. 각 국의 정부는 가능하면 모든 정당의 합의를 토대로 주요 개혁을 추진하고자 하였으며, 또 새로운 프로그램을 도입하거나 민영화 시도를 하기보다는 가능하면 기존 프로그램을 다듬고 손질하는 형식의 개혁을 추진하고자 하였다." 그리하여 복지국가의 정치적·제도적 점착성粘着性, stickiness이 설명해야 할 주요 문제가 되었으며, 복지국가에 대한 사람들의 태도를 파악하려는 접근과 제도주의적 접근이 그 문제를 설명하려는 학자들의 시도에서 전면에 부상하게 되었다. 아래에서는 복지국가의 급진적인 개혁이 부재한 현상을 설명하는 주요 설명들에 대해 간략하게 살펴보기로 하는데(Van Kersebergen, 2000, 2002 참조), 이는 불가피하게 지나친 단순화를 수반하지만 바라건대 각 설명들에 대한 공정한 고찰이 되기를 희망한다.

새로운 정치: 정치적 회복탄력성

복지국가의 핵심적 프로그램(예컨대, 연금 등)은 유권자들 사이에서 너무나 인기가 있기 때문에 그런 프로그램을 통해 확립된 사회적 권리에 대해 근본적인 공격을 가하는 개혁은 선거에서의 역풍에 대한 두려움으로 제대로 시도되지도 못하는 경향이 있다. 오늘날 복지국가를 둘러싼 정치는 '새로운' 종류의 정치, 즉 신新복지국가정치new politics of the welfare state이다. '영구적 긴축permanent austerity'(Pierson, 2001a)으로 인해, 좌파정부나 우파정부 모두 예산제약에 직면함과 동시에 복지국가의 혜택을 받으며 성장한 유권자들에 직면하고 있다. 이에 따라 좌파정부는 그들이 선호하는 정책을 추진하거나 복지국가를 확대하는 것을 더 이상 할 수가 없는데 이는 예산제약이 그것을 허용하지 못하기 때문이다. 마찬가지로 우파정부도 복지국가를 축소하는 것과 같은 그들이 선호하는 정책을 더 이상 할 수가 없는데 이는 그들을 지지하는 유권자들이 복지국가의 수혜자들(예컨대, 연금생활자들)이기 때문이다.

오늘날 복지국가의 정치가 **새롭다**는 것은, 복지국가에 가해지는 공격과 비판에 맞서 복지국가를 방어하는 것이 과거 복지국가를 건설했던 전통적인 세력들 —예컨대 사회민주주의나 기독교민주주의, 그리고 노동조합들— 에 더 이상 의존하는 것이 아니기 때문에 그러하다. 그렇게 되는 한 가지 중요한 이유는, 사회프로그램이 일단 확립되고 나면 그것은 자체적인 방어선을 구축하게 된다는 데에 있다. 이러한 자체적인 방어선이 구축될 수 있는 것은, 사회프로그램이 그에 연관된 수요자집단과 공급자, 그리고 조직된 이해집단들을 창출하고 확대시키게 되는데 이들은 사회프로그램이 유지되어야 자신들의 생존이 보장되므로 사회프로그램의 유지에 이해관계를 갖게 됨으로써 가능한 것이다. 또 하나의 이유로는, 선거경쟁으로 인해 사실상 모든 정당들이 복지국가를 지지하는 세력이 된다는 것을 들 수 있다. 어떠한 정치행위자도 복지국가 확대와 관련해서는 공적을 주장하기 어렵지만 복지국가 축소가 단행될 때에는 모두가 어떻게든 비난을 회피해야만 한다(Weaver, 1986). 따라서 신新복지국가정치의 맥락에서 볼 때, 좌파정부와 우파정부는 사실상 거의 구분하기 힘들 정도로 비슷해지게 되는데 왜냐하면 예산제약으로 인해 복지 확대는 거의 불가능하며 동시에 선거경쟁으로 인해 복지국가의 급격한 축소도 불가능하기 때문이다. 사실, 어떠한 정부도 그들이 복지 축소에 따른 비난을 회피할 기회를 가질 수 있지 않는 한 어떠한 축소도 시도하지 않을 것이며, 이것이 바로 신복지국가정치론이 주장하는 바이다. 그 이유는 단순하다. 대중들은 복지국가의 사회프로그램을 강력하게 지지하고 따라서 그것을 축소하거나 급진적으로 개혁하는 정부는 그것이 어떤 정부이든 공개적인 비판에 직면할 것이기 때문이다.

그러면 유권자들이 복지국가의 핵심적인 프로그램을 그처럼 지지한다고 생각하는 것이 과연 올바른 것인가? 많은 연구들에 의하면 복지국가는 각 나라의 정치문화에 성공적으로 뿌리내리고 있는 것으로 나타난다(Sihvo and Uusitalo, 1995; Svallfors, 1995; Ferrera, 1997; Goul Andersen, 1997; Becker, 2005; Mau and Veghte, 2007; Jaeger, 2009, 2012; Svallfors, 2012). 복지국가에 대한 대중들의 태도를 조사한 연구들은 복지국가에 대한 지지도는 여전히 상당히 높으며 설혹 그 지지도가 하락했다 하더라도 그 폭은 매우 작다는 사실을 지속적으로 보고하고 있다. 예컨대, 프랑스와 독일, 이탈리아, 스페인 사람들의 복지국가 태도를 조사한 보에리 등(Boeri et at., 2001)의 연구에서 대다수의 시민들은 복지국가 축소를 반대하는 것으로 나타났다. 하지만 이들

의 연구에서는 역시 대다수의 시민들이 복지국가의 추가적인 확대에
도 반대하는 것으로 나타났다. 다시 말해서 현상유지가 다수의견으로
서, 사람들은 복지국가를 지금 있는 그대로의 모습으로 유지하기를 원
하는 것이다. 스발포르스(Svallfors, 2011)는 1981년과 2010년 사이에
스웨덴에서 복지국가에 대한 지지가 매우 견고하며 또 증가하고 있음
을 보여준 바 있다. 에거(Eger, 2010)의 연구에서는 이민자들로 인해
복지국가에 대한 지지가 다소 부정적인 영향을 받는 것으로 나타나긴
했지만 전체적으로는 스발포르스의 연구와 동일하게 스웨덴에서 복
지국가에 대한 지지가 증가한 것으로 나타났다. 덴마크에서의 연구
(Sniderman et al., 2013)에서도 사람들이 이민자들에 대해 그들이 시
민으로서의 의무를 다하기 위해 노력하고 있다고 생각하는 경우 복지
급여(덴마크의 복지제도는 이민자들에게 특히 유리하다)에 대한 지지도가
높은 것으로 나타났다. 렘 외(Rehm et al., 2012)는 복지국가에 대한 지
지가 국가별로 다르게 나타나는 것은 불이익(즉, 저임금)과 위험의 구
조가 나라에 따라 다르다는 사실로 설명할 수 있음을 보인 바 있다. 즉,
불이익과 위험이 중첩될수록 복지국가에 대한 지지는 불안정계층 및
불이익계층에 집중되며 복지국가에 대한 반대는 안정적인 기득권 계
층에서 발견된다는 것이다(관련하여 Lupu and Pontusson, 2011도 참
조).

  복지국가에 대한 지지를 좀 더 상세히 살펴보기 위해 여기서 유럽
의식조사European Value Survey; EVS의 1999-2000년 조사결과와 2008년
조사결과를 살펴보기로 한다. 〈그림 2-1〉은 이 두 차례 조사의 데이터

를 모두 확보할 수 있는 유럽 국가들을 대상으로 하여 이들 나라의 시민들이 실업자에 대해 보이는 관심의 정도(상단그래프)와 노인에 대해 보이는 관심의 정도(하단그래프)를 나타낸 것이다. 유럽의식조사의 문항들은 보에리 등(Boeri et al., 2001)의 연구에 비해 복지국가에 대한 시민들의 태도를 파악하는 데 다소 덜 정교하지만, 그 문항에 대한 응답으로부터 우리는 여전히 매우 흥미로운 통찰을 얻을 수 있다. 전체적으로 유럽의식조사EVS의 조사결과는 선행연구들의 발견을 증명해 주고 있다.[2] 전체적으로 보아, 〈그림 2-1〉에 포함된 국가의 시민들은 복지국가로부터 혜택을 받는 전형적인 사람들이라 할 수 있는 실업자들과 노인들에 대해 평균 정도의 관심을 가지고 있는 것으로 나타난다. 이 그림에서 점수가 높을수록 그것은 관심이 적음을 의미한다. 〈그림 2-1〉의 11개 국가 중 5개 국가(독일, 덴마크, 핀란드, 그리스, 포르투갈)에서 실업자에 대한 관심은 1999-2000년부터 2008년에 이르는 기간 동안 증가한 것으로 나타나고 있다. 이는 실업자를 대상으로 하는 복지국가 프로그램에 대해 응답자들이 (점점 더) 긍정적인 인식을 가지게

---

2 이는 실업자와 노인에게 일정한 생활을 보장해 줄 책임이 정부에 있는지를 물어본 국제사회조사프로그램(ISSP 1996, 2006)의 질문에 대한 응답결과에서도 마찬가지이다. 정부 역할에 대한 질문은 종종 복지국가에 대한 시민들의 지지도를 알아보거나 복지국가의 정당성에 관한 시민들의 태도를 알아보기 위해 활용된다. 특히 복지국가의 정당성에 관한 응답은 다차원적인데 이는 시민들이 한편으로는 복지제공에 있어서 정부가 상당한 역할을 해야 한다고 생각하지만 다른 한편 그와 동시에 정부에 의한 복지공급에 비판적이라는 점에서 그러하다. 하지만 그럼에도 불구하고 '정부의 역할'에 관한 질문은 복지주의에 대한 전반적인 인식을 측정하는 데 가장 근접한 것으로 볼 수 있다(Van Oorschot and Meuleman, 2011).

그림 2-1 주요 유럽 국가 시민들의 실업자 및 노인에 대한 관심
(1999/2000년 및 2008년)

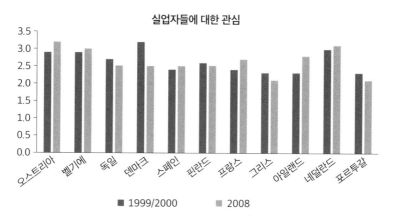

실업자들에 대한 관심

■ 1999/2000   ■ 2008

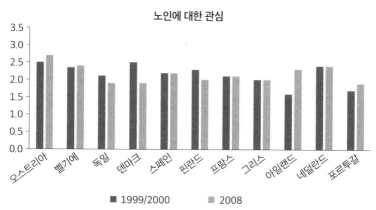

노인에 대한 관심

■ 1999/2000   ■ 2008

※ 질문: 당신은 다음 사람에게 얼마나 관심이 있습니까?: 실업자 및 노인; 응답범주: 1 = 매우 관심 있
  음, 2 = 관심 있음, 3 = 보통 정도 관심 있음, 4 = 별로 관심 없음, 5 = 전혀 관심 없음
※ 출처: European Values Survey(1999/2000, 2008).

되었음을 시사하는데 이는 아마도 부분적으로는 금융위기와 그로 인
한 경제적 여파가 영향을 미친 결과일 수 있다(Hemerijck et al., 2009)

(10장 참조). 나머지 6개 국가(오스트리아, 벨기에, 스페인, 프랑스, 아일랜드, 네덜란드)에서는 실업자에 대한 관심이 약간 감소하였는데, 그럼에도 불구하고 이들 나라에서도 그 관심은 여전히 평균 정도 수준이다. 한편 노인에 대한 관심은 실업자에 대한 관심과 비교하여 평균적으로 더 높다. 이는 이른 바 자격이론theories of deservingness이 예측하는 바와 일치하는 결과이다(Petersen et al., 2011 참조). 즉, 자격이론에 의하면 노인은 실업자보다 복지급여를 받을 "자격을 더 많이 가진more deserving" 것으로 간주되는 것이다. 1999-2000년부터 2008년에 이르는 기간 동안 노인에 대한 관심은 6개 국가(독일, 덴마크, 스페인, 핀란드, 프랑스, 네덜란드)에서 증가하였고, 5개 국가(오스트리아, 벨기에, 그리스, 아일랜드, 포르투갈)에서는 다소 감소하였다. 적어도 6개 국가에서는 노인을 대상으로 한 복지국가 프로그램을 긍정적으로 평가하는 것이며 그런 긍정적 평가가 증가해 온 것이라 할 수 있다.

복지국가에 대한 지지가 지속되고 있음을 보여주는 또 다른 증거로는 시민들이 사회보장제도에 대해 가지고 있는 신뢰를 들 수 있다. 〈그림 2-2〉는 앞의 그림과 동일한 국가들에서의 사회보장제도에 대한 신뢰를 나타낸 것이다. 점수가 높을수록 사회보장에 대한 신뢰도가 낮음을 의미한다. 전체적으로, 사회보장에 대한 신뢰도는 꽤 높은 것으로 나타나고 있는데, 대부분의 나라에서의 응답은 평균적으로 보아 '많이 신뢰함'과 '별로 신뢰하지 않음' 중 전자에 가까운 편이다. 사회보장에 대한 신뢰에 있어서, 독일과 포르투갈, 그리고 특히 그리스는 다른 나라들과 다른 양상을 보이고 있는데 이들 나라에서의 응답은 전체적으

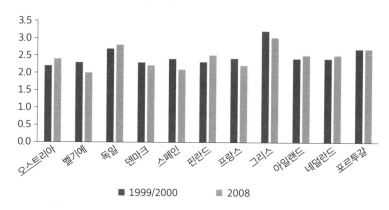

그림 2-2 주요 유럽 국가에서의 사회보장제도에 대한 신뢰도
(1999/2000년 및 2008년)

■ 1999/2000   ■ 2008

※ 질문: 당신은 당신 나라의 사회보장제도를 어느 정도나 신뢰하십니까?: 응답범주: 1 = 매우 신뢰,
　2 = 다소 신뢰, 3 = 별로 신뢰하지 않음, 4 = 전혀 신뢰하지 않음(점수가 높을수록 신뢰도가 낮음)
※ 출처: European Values Survey(1999/2000, 2008).

로 '별로 신뢰하지 않음'에 더 가까운 것으로 나타나고 있다. 〈그림 2-2〉의 11개 국가 중 5개 국가(벨기에, 덴마크, 스페인, 프랑스, 그리스)에서는 1999-2000년부터 2008년의 기간 동안 사회보장에 대한 신뢰가 증가하였으며, 1개 국가(포르투갈)에서는 신뢰도의 변화가 없었고, 5개 국가(오스트리아, 독일, 핀란드, 아일랜드, 네덜란드)에서는 신뢰도가 하락하였다. 하지만 신뢰도가 하락한 이들 국가에서도 사회보장에 대한 신뢰수준은 여전히 높은 편이다.

　종합하면, 〈그림 2-1〉과 〈그림 2-2〉에 제시된 자료들로 볼 때 시민들이 복지국가에 대해 긍정적인 태도를 가지고 있다는 기존의 조사결과들은 여전히 지지될 수 있는 것으로 보인다. 그러므로 만일 정치인들의 목표가 유권자들의 분노를 피하는 것이라면 그들이 복지국가에 대한 대규모의 축소에는 나서지 않는 것이 유리하다고 할 수 있다. 이는, 복지국가를 건설하는 데 관여해 온 정당들인(Vis, 2010; Schumacher, 2012; Schumacher et al., 2013; Arndt 2013) 사회민주당과 기독교민주당의 입장에서 특히 그러하다. 하지만 지금까지의 여러 증거와 조사 결과들에도 불구하고 복지국가 개혁이 선거정치의 면에서 위험한 시도라는 가정에 의문을 제기하는 연구들도 점점 증가하고 있는 것이 사실이다. 예컨대 아민지온과 기거(Armingeon and Giger, 2008)는 유권자들은 복지 축소가 선거운동기간 동안 핵심적인 선거쟁점이 되었을 경우에만 여당을 투표로 심판하였음을 보여 주었다. 이러한 심판은, 복지급여가 최소한 5% 이상 삭감된 30번의 사례 중 약 25%의 사례에서 나타났으며 또 그 경우 여당은 복지급여 축소로 인해 최소 5% 이상의 표를 잃었던 것으로 나타났다. 선거운동기간에 복지국가가 핵심 쟁점으로 부상할지 어떨지는 사전에 알 수 없기 때문에 인기 없는 조치를 추구하는 데 따른 위험은 여전히 높다. 또한 기거와 넬슨(Giger and Nelson, 근간)은 복지급여를 축소하는 정당에 표를 주지 않는 유권자는 친복지국가 태도를 가지고 있어서 복지국가가 경제에 방해가 되지 않는다고 생각하는 유권자들뿐이라는 사실을 발견한 바 있다. 이 발견은 종교적 기반을 가진 보수정당과 자유주의적 보수정당이 복지 축소 후에 표를 더 많이 획득한 경우도 있었다는 사실(Giger and Nelson, 2011)을 설명하는 데 미시적 근거를 제공하는 것이다. 슈마허 외의 연구결과(Schumacher et al., 2013)는 복지국가 개혁에 따르는 위험은 정당에 따라 달라서 복지국가를 건설하는 데 관여해 온 친복지정당에게 특히 복지국가 개혁은 선거정치적으로 위험한 일이라는 기거와 넬슨 의 주장을 뒷받침하고 있다.

제도적 회복탄력성

복지국가 개혁을 방해하는 것에는 정치적 장벽만 있는 것이 아니라 제도적 장벽도 있다. 사회정책은 대개 대규모의 급격한 변화를 회피하는 제도적 경로의존성(잠금효과)을 따라 발전해 왔다. 그 이유는 오랫동안 정책적 노력이 누적되어 온 관계로, 규정이나 규칙을 근본적으로 변화 시키게 될 경우(예컨대, 급진적인 복지 축소나 재구조화를 할 경우) 많은 비용이 소요되고 위험이 따를 수 있으며 그 효과도 불확실하고 따라서 실현가능성이 높지 않게 되기 때문이다. 경로의존성經路依存性, path dependence은 수확체증효과를 낳는 자기강화적自己强化的, self-reinforcing 과정을 말한다(Pierson, 2000b, 2004: 1장). 수확체증收穫遞增, increasing returns은 일단 어떤 특정 경로가 선택되고 나면 개별적인 모든 움직임 이 그 경로로 가게 됨으로써 이후의 모든 단계들이 그 경로를 따라갈 확률이 증가한다는 것을 의미한다. 이런 현상이 발생하는 것은 경로를 전환할 경우 그에 따른 비용이 경로전환을 시도하지 못할 만큼 너무나 높이 상승하기 때문이다(Swank, 2001 참조). 예를 들어, 정책결정자들 이 어떤 시점에서 노동자들의 사회보장기여금과 조세로부터 직접 급 여를 지급하는 비적립식, 즉 부과방식의 연금제도를 도입하기로 결정했다고 해 보자. 부과방식연금은 인구노령화 및 그에 따른 연금수급자의 증가, 그리고 기여금 납부자의 감소가 진행되면 재정적 어려움에 빠질 수 있다. 하지만 부과방식연금이 재정적 어려움에 빠진 경우 이를 적립방식연금으로 전환하려는 것 역시 엄청난 비용을 수반하는 일이다. 왜냐하면 특정 시기에 부과방식연금에 가입한 세대는 그 시기의 퇴직자들에게 연금급여를 지급하는 데 필요한 기여금을 납부해야 할 뿐만 아니라 그들 자신의 미래 퇴직에 대비한 연금기금을 적립하는 데 필요한 기여금도 납부해야 하기 때문이다. 따라서 그와 같은 경로개척적經路開拓的, path-breaking 개혁은 그것이 사려 깊은 것이거나 또는 필요한 것이라 할지라도 대단히 어렵다. 요헴(Jochem, 2007: 262)이 말한 바와 같이, 역사적 전개과정의 앞선 단계에 도입된 정치제도는 "그 이후의 정책형성과정에 특수한 영향을 미치게 되는데 이것은 그 제도를 도입할 당시의 정치적 조건이 더 이상 존재하지 않게 된 상황에서도 그러하다." 경로의존성 개념은 모든 변화는 제약된다는 것을 암시한다(Pierson, 2001a; Streeck and Thelen, 2005 참조). 물론 이것이 어떠한 변화도 가능하지 않음을 의미하는 것으로 받아들여져서는 안 된다(Mahoney and Thelen, 2010).

복지국가의 제도적 경직성은 공식적인 거부지점으로부터 비롯되기도 하는데, 이 공식적 거부지점은 복지국가 개혁을 반대하는 행위자들의 방해능력을 증가시키는 역할을 한다. 거부지점拒否地點, veto point이란, 정책결정과정에서 "일단의 행위자연합세력이 특정 입법의 채택을 막을 수 있는 제도적 단계"를 말한다(Bonoli, 2001: 238; Immergut,

2010: 232-236 참조). 그러므로 거부지점의 수가 적고 따라서 권력집중도가 높은 나라들일수록 복지국가 개혁을 보다 용이하게 추진할 수 있는 것이다. 예컨대, 복지국가를 개혁할 능력은 스위스나 미국과 같이 권력분산도가 높은(따라서 권력집중도가 낮은) 국가들보다 영국과 같은 웨스터민스터형 국가들이 더 많이 가지고 있다. 〈표 2-1〉은 우리가 선별한 7개 국가에 대해 각 국의 제도적 거부지점과 거부권 행사자veto player(이른바 당파적 거부권 행사자partisan veto player; Tsebelis, 1995, 2002 참조)를 정리한 것이다. 여기서 7개 국가는 우리가 뒤에서 시도할 실증 연구를 위해 각 복지국가 유형을 대표하는 국가로 선별한 국가들이다.[3] 영국은 제도적 거부지점과 당파적 거부권 행사자의 수가 가장 적다. 미국은 〈표 2-1〉에 제시된 7개국 중에서 가장 많은 수의 제도적 거부지점이 있지만 거부권 행사자의 수에서는 영국과 마찬가지로 가장 적은 편에 속한다. 이탈리아는 거부지점은 상대적으로 적은 편이지만 거부권 행사자는 가장 많다. 나머지 네 나라들도, 이탈리아나 미국만큼은 아니지만, 두 가지 유형의 거부지점, 즉 제도적 거부지점과 당파적 거부권 행사자에서 보이는 양상이 약간씩 다르다. 이러한 차이는 거

---

3 복지국가체제의 개념과 측정에 대해서는 4장에서 상세하게 살펴볼 것이다. 여기서 선별한 국가들 중 영국과 미국은 자유주의 유형을 대표하며, 독일은 보수주의 유형을, 그리고 덴마크와 스웨덴은 사회민주주의 유형을 대표한다(Esping-Andersen, 1990). 이들 국가들 외에 우리는 네덜란드를 혼합형으로 분류하였는데(Vis et al., 2008) 이는 이 나라의 복지국가체제는 사회민주주의 유형과 보수주의 유형의 속성을 함께 가지고 있다고 보기 때문이다. 그리고 이탈리아는 흔히 보수주의 유형으로 취급되기도 하지만 그와는 별도의 유형, 즉 지중해 유형(혹은 남부유럽형)으로 분류될 수도 있다(이 유형에는 스페인과 포르투갈, 그리스도 포함될 수 있다). 2.5절 참조.

표 2-1 주요국의 거부지점과 거부권 행사자(1980-2005)

국가	제도적 거부지점	연정 후의 거부지점	전형적 정부 형태	제도적 거부지점		당파적 거부권 행사자	
				범위	평균	범위	평균
영국	소선거구제	없음	단일정당정부single party government	0	0	1	1
미국	대통령, 양원제, 연방대법원, 연방주의 소선거구제	대통령, 하원, 상원	단일정당정부	1-4	3.69	1	1
독일	양원제, 헌법재판소, 연방주의	상원, 헌법재판소	다당연립다수정부 multi-party majority	0-2	1.70	2-3	2.56
네덜란드	양원제	상원, 하원	다당연립다수정부 (다당연립소수정부 multi-party minority)	0-2	0.03	2-3	2.43
덴마크	국민투표	의회	다당연립 다수정부	0-1	0.94	1-4	2.64
스웨덴	의회 외에 없음	의회	단독소수정부single party minority 또는 다당연립소수정부/다당연립다수정부	0-1	0.94	1-4	1.52
이탈리아	양원제	상원, 하원	다당연립소수정부/다당연립다수정부	0-2	0.24	1-8	5.12

※ 출처: Immergut, 2010: 233-235, 〈표 15.1〉.

부지점 중 어떤 유형의 거부지점을 고려하는가가 중요할 수 있음을 시사한다. 복지국가에 관한 대부분의 경험적 연구는 당파적 거부권 행사자보다는 제도적 거부지점에 중점을 두는 경향이 있다(하지만 Becher, 2010도 참조).

몇몇 거시적 양적·경험적 비교연구는 거부지점이 적은 나라들이 거부지점이 많은 나라들보다 복지국가 개혁을 더 많이 한다는 가설을 지지하고 있다(예컨대, Swank 2001; 또한 Van Kersebergen, 2006: 390-391도 참조). 하지만 그 반대관계도 설득력이 있다. 즉 권력집중도가 높은 국가일수록 복지국가 개혁의 성공가능성이 낮다는 것이다(Ross, 1997). 이러한 주장의 논거는 권력집중도가 높은 국가들은 그만큼 책임의 집중도도 높고 결과적으로 "유권자들은 복지 축소의 책임이 누구에게 있는지를 쉽게 알 수 있으며 따라서 선거에서 재선되기를 바라는 정치인들은 복지국가 축소에 잘 나서려 하지 않는다"는 것이다(Starke, 2006: 109). 권력이 분산된 정치체계에서는 오히려 인기 없는 개혁에 따르는 비난을 회피하기가 더 쉽고(Weaver, 1986; Pierson, 1994), 이로 인해 복지 축소가 더 많이 —더 적게가 아니라— 일어날 수 있다. 이러한 책임성효과accountability effect(Bonoli, 2001: 244-245)는 ① 여당의 대안세력이 될 수 있는 강력한 야당이 존재하는 매우 경쟁적인 정치체계에서, ② 비례대표제에 비해 선거패배가 의회의 의석수에 매우 큰 영향을 미치는 소선거구제 방식의 정치체계에서 더 강하게 나타날 가능성이 있다. 또한 책임성효과는 정치인들이 여론의 동향에 민감하게 반응하는 선거기간에 더 강하게 나타날 수 있다. 하지만 반대로 권력집중효과power concentration effect는 선거 후 임기가 막 시작되었을 때 더 강하게 나타날 수 있다. 따라서 책임성효과는 대부분의 유럽국가들보다는 미국에서 더 강하게 나타나는 경향이 있다. 유럽국가들에서 책임성효과는 시간에 따라 다르게 나타나는데 이는 앞에서 본 여러 조건들이 시간에 따라 상이하게 결합하여 나타나기 때문이다.

연방제든 아니든 여하한 정치체계에서든지 거부지점을 활용할 수 있다고 말한다 해서 이것이 거부지점이 실제로 정책결정을 방해하기 위해 활용되는 것을 의미하는 것은 아님에 주목할 필요가 있다. 거부지점에 대해 흔히 가정되는 방해효과는, 유력한 정치행위자들이 복지국가에 대해 명확히 구분되는 서로 다른 선호를 가지고 있다고 가정할 수 있을 때에만 의미가 있다(Manow, 2005). 오직 그 경우에만 반反복지정당이 친복지정당의 지출선호를 막기 위해 제도적 거부지점을 활용할 수 있다. 하지만 이런 경우가 항상 일어나는 것은 아니다. 예컨대, 독일의 경우 사회민주당과 기독교민주당은 둘 다 복지국가의 확대를 선호하기 때문에 "개혁노력을 방해한 것은 연방제 구조의 방해효과라기보다는 정당 간 경쟁의 동학"이었다(Manow, 2005: 225).

사회입법의 채택소요시간과 사회입법의 결과에 거부권 행사자가 어떤 영향을 미치는가 하는 것은, 그 입법을 누가 시작했는가에 의해서도 영향을 받는다(Däubler, 2008). 의회의 집권당이 발의한 법안이 다음과 같은 상황, 즉 ① 연정에 참여하는 정당의 수가 많은 상황이거나, ② 연정에 참여하는 정당들 간에 이념적 차이가 큰 상황, ③ 상원이 야당에 의해 장악되어 있는데 법안의 통과를 위해서는 상원의 승인이 필요한 상황, ④ 좌파에 속하는 대부분의 거부권 행사자들이 실제로는 우파적인 상황, ⑤ 그 법안이 확장적 정책 혹은 이른 바 혼합정책(즉, 축소와 확장이 동시에 포함된 정책)인 상황에서는 그 채택이 지연될 수 있다. 흥미롭게도 이 상황들이 내각이 발의한 법률안에는 아무런 영향을 미치지 않는다. 이는 거부권 행사자들이 의회 전前 단계에서 중요한 역할을 할 가능성을 배제하는 것은 아니다. 왜냐하면 내각이 법안을 준비하는 단계에서 거부권 행사자들에게 적어도 약간의 자문이라도 구했을 것이기 때문이다. 하지만 거부권 행사자들이 정책결정에 영향을 미칠 가능성을 배제하는 것은 아니지만 내각이 중범위 수준에서 제안하고 추진하는 것과 개별 집권정당이 제안하고 추진하는 것을 구분하는 것이 적절할 것이다.

권력공유(예컨대, 거부권 행사자의 존재)는, 개혁의 대상이 되는 정책영역을 정부가 통제할 수만 있다면 높은 개혁능력으로 이어질 수도 있다(Lindvall, 2010). 다른 한편, 거부권 행사자들은 자신들이 장래에도 여전히 거부권 행사자로 역할을 할 수 있다는 확신을 가질 수 있어야 한다. 일반적으로, 유럽에서의 연금개혁을 경험적으로 추적한 연구의 결과들은, 거부지점이 개혁을 방해하기만 한다는 주장이나 거부지점의 수가 적을수록 개혁이 용이하다는 주장을 지지하지 않는다. 하지만 거부지점의 수가 많은 나라에서 개혁은 부수적인 보상이 따르는 등의 패키지 형태의 개혁으로(즉, 다차원적인 개혁으로) 진행되는 경향이 있다(1장 참조).

1990년대 중반에서 2000년대 초반에 이르는 기간 동안 많은 학자들은 폴 피어슨Paul Pierson과 에스핑-안데르센 등의 연구를 따라 전후 서구선진국에서 성립된 복지국가가 보인 놀라운 안정성에 주로 초점을 맞추었다. 그리하여 많은 학자들은 정치적 방해와 제도적 어려움이 결합적으로 작용하여 복지국가 개혁을 어렵게 만든다는 이론적 주장을 펼쳐 왔다. 만일 이러한 주장이 옳다면, 개혁의 결여가 개혁을 방해하는 요인들을 한층 더 강화하였을 것이다.

복지국가의 위기와 붕괴를 예측하였던 초기의 주장들이 성행하였다는 배경을 생각할 때 그리고 복지국가 개혁이 생각보다 그리 진행되지 않았고 그것을 설명하는 강력한 이유들이 존재한다는 점을 생각할 때, 상당기간 동안 복지국가의 비교연구자들이 개혁의 놀랄만한 부재를 설명하는 데 거의 전적으로 관심을 쏟았다는 사실은 어쩌면 당연한 일이었는지도 모른다. 피어슨(Pierson, 1996: 179)은 복지국가의 탄력성에 관한 그의 분석을 다음과 같은 평가와 예측으로 마무리하고 있다.

> 현대 민주주의 체제에서 정부는 선거라는 피할 수 없는 관문에 항상 직면하기 때문에 복지 축소에 따르는 정치적 비용을 최소화할 수 있는 방법이 있을 경우에만 복지 축소에 나서게 된다. 하지만 … 그런 방법을 찾기란 쉬운 일이 아니다. 이 분석이 정책결과의 차이를 설명할 수도 있는 핵심요인을 제시한 것일 수도 있지만, 이 분석의 가장 유의미한 발견은 차이가 아니라 공통점에 관련된 것이다. 복지 축소는 모든 나라에서 힘든 일이다. 복지국가는 전후 정치경제의 가장 탄력성 있는 요소로 여전히 남을 것이다.

피어슨(Pierson, 1998)은 복지국가를 "거부할 수 없는 요인들"에 의한 변화압력에도 불구하고 안정성의 요새로 굳건히 존속하는 "요지부동의 실체"라고 규정하기까지 하였다. 보다 최근에 와서 피어슨(Pierson, 2011: 15)은 "조직노동의 권력자원이 전반적으로 감소한 흐름과 함께 지난 30여 년간 나타났던 상당한 정도의 인구학적·경제적 압력"을 감안할 때 우리는 사회적 급여의 수준과 사회지출에서 실제 진행되었던 것보다 훨씬 더 급격한 변화를 목격했어야 할 것이라고 주장하고 있다. 그는 복지국가 황금기 이후 기간 동안 주요 사회정책의 적용범위와 급여수준을 살펴보면 복지국가의 가장 두드러진 특징은 바로 안정성임을 알 수 있다고 강조한다. 그가 말한 기간에 큰 개혁을 겪은 복지국가는 없었지만 그럼에도 불구하고 복지국가체제 간 차이는 있었다. 특히 보수주의적 복지국가체제가 안정성을 가장 크게 보이는 것으로 간주되었다. 보수주의적 복지국가의 이러한 경향에 대해 에스핑-안데르센(Esping-Andersen, 1996: 66-67)은 "결빙된" 복지국가체제, "변화에 면역이 된" 복지국가체제라 명명한 바 있다.

4
제도적 변화로 복지국가 개혁을 설명하기?

제도주의자들이 주장해 온 바와 같이, 복지국가가 인구학적·경제적 압력에서 유래한 공격과 복지국가를 해체하려는 의도를 가진 정치행위자들로부터 유래한 공격에 대해 놀랄 만큼 잘 견뎌온 것은 사실이다. 또한 복지국가 축소에 대항하는 데 뒷받침이 되는 강력한 경제적 근거들도 있다(Glennerster, 2010: 692-693 참조). 첫째의 경제적 근거는 시장실패와 관련된 것이다. 당초 사회적 위험으로부터의 보호를 위한 국가개입을 뒷받침했던 논리가 이제는 국가개입의 급격한 축소에 반대하는 논리로 작동하고 있다. 예컨대, 국가가 실업이라는 위험에 관여하게 된 것은 시장이 실업위험에 대한 보호를 제공하지 못했기 때문인데, 이제 예산상의 이유로 국가가 실업위험에 대해 제공하던 보호나 기타 다른 위험에 대해 제공하던 보호(예컨대 연금 등)에서 개입을 철회하거나 축소하는 것은 그동안 사적 해결책이 실패해 왔고 따라서 앞으로도 사적 해결책은 실패할 것이 확실시된다는 바로 그 이유로 인해 설득력을 갖기가 어렵다. 따라서 시장실패를 근거로 보았을 때 복지국가의 급격한 축소나 재구조화가 일어날 가능성은 별로 없는 것이다.

복지국가의 축소와 재구조화가 어려운 또 하나의 경제적 이유는 노동집약적 서비스의 민영화가 비용을 억제하는 것이 아니라 오히려 비용을 증가시킨다는 데에 있다.

> 민간의 대인서비스는 대개 고임금의 **보다** 숙련된 인력에 의한 **보다** 집중적인 서비스를 … 판매한다. 사립학교들은 교실규모도 작으며 교사의 자질도 우수하다. 영국의 경우 수업료는 1996/7년에서 2001/2년의 기간 동안 34% 올랐고, 2001/2년에서 2006/7년의 기간 동안에는 39% 올랐다. 이 증가율은 영국의 전반적인 물가상승률을 뛰어넘는 것임은 말할 것도 없거니와 심지어는 전문직종 및 경영직종 임금인상률의 2배가 넘는 증가율이다. 그리하여 민간부문은 사실상 거의 확대되지 못하였다. 이와 유사하게 전 세계적으로

민간의료보험 회사 및 종사자들에게도 의료비용의 상승이 큰 문제이다(Glennerster 2010: 692, 강조는 원저자).

하지만 복지국가의 회복탄력성이 곧 개혁의 부재를 의미하는 것은 아니라는 점을 염두에 둘 필요가 있다. 사실 피어슨의 저작에 영향을 받은 많은 제도주의적 연구들은, 지난 수십 년간 진행된 작은 규모이지만 누적될 경우 상당한 의미를 가질 수 있는 개혁들에 그리 주목하지 않았다. 또한 제도주의적 연구들은, 대부분의 복지국가에서 실제로 개혁 —이들 중 일부는 상당히 급진적이고 재구조화적인 것이었다—이 진행되어 왔다는 사실을 발견한 후에는 그것을 설명하는 데 큰 어려움에 봉착하였다. 변화의 부재라는 예기치 못한 현상에 모든 주의를 집중한 제도주의자들은 역사적 역동성에 주목해야 한다고 강조한 피어슨의 지적에도 불구하고, 복지국가의 **정태성**statics에만 지나치게 초점을 두게 되었던 것이다. 하지만 그러는 사이 바로 그 지속적 개혁이라는 **역동성**dynamics이 적응문제를 해결하기 위한 일종의 점진적 해결책을 산출 —이로 인해 때로는 매우 극적인 결과가 나타나기도 했다—해냈을 뿐만 아니라 제도적 그리고 경로개척적(즉, 재구조화적인) 개혁을 결과하기도 하였다.

그러므로 복지국가연구에 있어서 중요한 문제 중 하나는, 개혁을 방해하는 제도적 기제와 정치적 저항에도 불구하고 어떤 이유로 개혁이 발생할 수 있으며 또 실제로 발생하는가라는 질문에 답하는 것이다(Palier, 2010a, b 참조). 또한 복지국가가 변화한다면 그 변화의 정도는 어느 정도나 큰 것인지 그리고 그 방향은 어느 방향을 지향하는 것인지 하는 것도 중요한 질문이다. 제도주의적 연구가 복지국가에 실제 일어났던 일을 적절히 포착해내지 못했다는 사실로부터 우리는 우리가 복지국가에 관해 연구해야 하는 것이 무엇인지를 다소간이라도 배울 수 있다. 즉, 우리는 사회정책과 제도와 프로그램과 이해관계의 복잡한 복합체인 복지국가가 외생적·내생적 도전과 위협에 끊임없이 직면해 오면서 어떻게 그것에 지속적으로 적응해 왔는가 하는 것을 연구해야 하는 것이다. 앞의 1장에서 말한 것처럼, 복지국가 개혁은 최근에 와서 일어난 현상이 아니라 복지국가가 영구적으로 가진 특성으로 간주되어야 한다. 복지국가를 둘러싼 환경이 시간의 흐름과 함께 그처럼 많이 변화해 왔다는 사실을 생각할 때 복지국가 역시 그에 맞추어 변화해 왔어야 하는 것이다. 만일 그렇게 변화해 오지 않았다면 우리는 지금보다 훨씬 더 많은 정책표류(사회적 결과의 면에서 정책이 역기능적임이 명백한데도 그것을 변화시키기 않기로 하는 의도적 결정으로 인해 정책이 지속되는 현상)를 목도하고 있을 것이다. 따라서 복지국가의 회복탄력성을 개혁의 부재라는 측면에서만 이론화하는 것은 실제 진행된 변화를 지나치게 저평가하는 결과를 초래할 수 있다.

좀 더 최근에 와서는 복지국가의 안정성보다는 복지국가 개혁을 고찰하는 일련의 연구들이 등장하고 있다. 이들 연구에서 제도는 복지국가 개혁을 설명하는 요인으로 여전히 중요한 역할을 하고 있지만 그럼에도 불구하고 이제는 제도에 의한 설명이 권력과 정치적 선택을 고려한 행위자 중심적인 설명에 의해 보완되는 경우가 많다. 이는 예컨대

1970년대 이래 프랑스와 독일에서 진행된 사회정책 및 경제정책에서의 개혁을 분석한 베일(Vail, 2010)의 연구에서 잘 나타난다. 베일은 개혁을 주장하면서 새롭게 등장한 개혁동맹세력에 주목하면서 긴축이라는 흐름은 개혁의 정치적 동학을 두 가지 측면에서 변화시켰다고 주장한다. 첫째, 전통적인 정치체계가 새로운 사회경제적 도전에 대처할 능력을 상실함에 따라 새로운 개혁동맹세력이 출현하였다. 둘째, 그와 동시에 전통적인 복지자본주의 모델이 사회경제적 변화로 인해 그리고 특히 경제적 성과의 부진으로 인해 결과한 사회적·정치적 불안에 적절히 대처할 수 없게 되었다. 따라서 프랑스와 독일에서 새로운 거버넌스 모델이 등장하게 된 배경은 '개혁을 향한 정치적·경제적 압력과 그러한 압력에 직면하여 적절한 대응책을 내놓지 못한 기존 제도체계의 실패'가 결합적으로 작용한 데에 있는 것이다(Vail, 2010: 11).

제도의 역할은, 1970년대부터 2004년에 이르는 기간 동안 프랑스와 독일, 스위스 세 나라의 연금개혁을 분석한 호이저만(Häusermann, 2010)의 연구에서도 중요한 것으로 나타났다. 하지만 호이저만은 정책변화의 능력과 기회는 제도적 거부권 행사자들에 의해서도 영향을 받지만 연합형성적 유연성(즉, 정당과 노동조합, 고용주단체들이 개혁연합세력에 참여할 수 있는 능력)에 의해서도 영향을 받는다는 사실을 보여주었다. 제도적 거부권 행사자들이 존재하는 경우에 정책변화는 오직 연합형성적 유연성을 통해서만 가능하며, 그러한 제도적 거부권 행사자들이 없는 경우에는 큰 규모의 개혁연합이 꼭 필요치는 않다는 것이다. 호이저만은 '조합주의영역(노사관계영역)과 의회정치영역에서의 권력분산은 그로 인해 보다 다양한 연합형성을 가능케 하기 때문에 개혁의 가능성을 높인다'고 주장한다(91). 이런 점에서 개혁능력은 제도적 거부권 행사자와 연합형성적 유연성 간의 상호작용에 의해 결정되는 것이다. 호이저만의 연구는 거부권 행사자의 수가 많다고 해서 이것이 반드시 개혁을 저해하는 제도적 장벽이 되는 것은 아니며 때로는 그것이 오히려 개혁의 가능성을 높일 수 있음을 보여 주었다.

> 정부가 성공적인 정책변화를 위한 전제조건으로 광범위한 연합(의회 내의 형식적 혹은 실질적 거부권 행사자와의 연합이든 또는 집권블록 내에서의 연합이든)을 형성해야 하는 상황에서는 합의의 정치와 타협의 전통을 가진 나라가 비교우위를 점하게 된다. 그리하여 많은 수의 거부지점(즉, 권력을 분산적으로 가지고 있는 많은 수의 기관들)은 개혁능력의 방해물에서 개혁능력의 자산으로 바뀌게 되는 것이다 (Häusermann, 2010: 202-203).

호이저만(Häusermann, 2010: 7)이 보기에, 개혁의 중요한 계기는 "구조변화와 기존 제도 간의 충돌로 인한 제도 간 알력", 즉 제도적 부정합institutional misfit이다. 제도적 부정합으로부터 고통을 받는 사람들은 개혁을 추구할 분명한 동기를 갖게 될 것이며 그렇지 않은 사람들은 그러한 동기를 갖지 않거나 또는 기존 제도를 고수할 강력한 선호를 갖게 될 것이다. 이로 인해 개혁은 앞서 말한 것처럼 상이한 여러 측면을 갖는 다차원적인 것이 되며 이처럼 개혁이 다차원적인 개혁이 됨

복지국가 개혁의 도전과 응전

으로써 그것은 사회적 이해관계 구분의 기준이 되는 여러 다양한 갈등 전선에 동시에 관계되는 것(예컨대, 어떤 한 차원에서는 노동 대 자본의 갈등이 나타나며 또 다른 차원에서는 내부자 대 외부자 간의 갈등이 나타나는 등이다)이 되는 것이다. 이로 인해 최종적으로 정치적 교환이 가능하게 된다. 요약하자면, "대륙유럽국가들이 복지국가를 성공적으로 현대화할 수 있었던 것은 정책결정자들이 다차원적인 정책개혁공간에서 광범위한 개혁연합을 구축해낼 수 있는 능력을 가질 수 있었기 때문이다. 그리고 이 개혁연합 구축능력은 다시 연합형성 유도전략과 이 전략 실행의 장이 된 제도적 틀에 영향을 받아 형성된 것"이다(Häusermann, 2010: 7).

이와 유사하게, 엥겔리와 호이저만(Engeli and Häusermann, 2009)은 정부의 조종능력을 강조하는데 그들에 의하면 이 조종능력은 안정적인 제도에서도 발휘될 수 있다. 정부가 정책변화를 얼마나 성공적으로 이루어낼 수 있는가 하는 것은, 연합조종전략coalition engineering의 치밀함에 달려 있다. 모든 정책은 ① 다차원성(다양한 목적과 의도를 반영하기 때문에 나타나는 특징)과 ② 지지연합의 이질성과 불안정성이라는 두 가지 특징을 갖는데 이 두 가지 특징은 연합조종전략을 수립하는 정부의 능력에 영향을 미친다. 연합조종전략에는 세 가지가 있고 이 중어떤 것을 활용하느냐 하는 것은 거부지점의 수와 행위자 및 이해관계의 결합구조에 따라 달라진다. 세 가지 연합조종전략 중 첫째의 전략은, 정치적 교환을 통해 또는 대체 불가능한 여러 요소들로 구성된 개혁안을 거부권 행사자들에게 제시함을 통해 개혁에 대한 반대를 분열시키는 전략이다. 둘째 전략은, 서로 다른 정책목적을 가진 여러 행위자들이 대체로 동의할 수 있는 '모호한' 절충안을 제시하고 그에 대해 모호한 합의를 도출하는 전략이다. 셋째의 전략은, 개혁을 반대하는 세력을 배제하거나 그들의 정당성을 훼손시킴으로써 개혁을 지지하는 연합세력의 형성을 촉진하는 전략이다(1-2, 8 이하).

우리는 복지국가의 광범위한 개혁이 지금까지의 대부분의 제도주의 분석과 정책연구가 가정해 온 것처럼 오로지 외부충격에 의해서만 일어나는 것이 아니라 그보다 더 다양한 원인에 의해 일어날 수 있다는 엥겔리와 호이저만의 주장에 동의한다. 또한 우리는 내생적 역동성과 '변화주체들'이 제도의 점진적인 변화를 추동하는 것이며, 변화의 규모와 방향이 제도 자체에 본질적으로 내재한 것은 아니라는 견해에 대해서도 의견을 같이 한다. 그리고 정부가 개혁을 조정하고 견인할 재량을 창출할 수 있는 여지를 기존의 많은 연구들이 가정한 것보다 더 많이 가지고 있다는 것도 사실이다. 하지만 엥겔리와 호이저만의 분석에 간과된 사항이 있는데, 그것은 정부로 하여금 여러 가지 형태의 개혁을 조정하고 견인할 여지를 확보하게끔 추동하는 요인이 무엇인가 하는 것이다. 엥겔리와 호이저만이 말하는 세 가지 형태의 연합조종전략은 정치적인 면에서 성공적으로 작동할 수도 있다. 하지만 그것이 성공적이라 해도 여전히 연합조종전략을 구사하는 일은 많은 노력이 소요되는 번거로운 일이다. 따라서 정부가 왜 그런 번거로운 일을 해야 하는가를 질문해볼 수 있다. 이와 관련하여 우리가 이 책에서 제시할 개방적·기능적 접근은 보다 완전한 설명을 제공할 수 있다. 왜냐하면 개방적 · 기능적 접근은 정부가 왜 그와 같이 많은 노력이 소요되는 번거로운 일을 진척시키고자 하는지에 대한 답을 제공함으로써 개혁의 촉발요인을 파악하는 데 도움을 줄 수 있기 때문이다.

대부분의 제도주의적 분석은 1990년대를 극도의 정체성으로 묘사해 왔지만 이것은 그 시기를 적절히 묘사한 것이 아니다. 이는 비록 1990년대가 제도적 정체와 정치적 교착이 극에 달했고 이는 특히 대륙유럽국가들에서 두드러졌던 것은 사실이지만, 그럼에도 불구하고 심지어 개혁이 정체되었다는 독일에서조차 실제로는 나름의 변화가 지속적으로 진행되고 있었는데 제도주의적 분석은 이러한 실제변화를 거의 완전히 간과하였기 때문이다(Van Kersebergen, 2012). 이런 점에서 제도주의적 접근은 복지국가 발전에 관한 잘못된 접근으로 비판받을 소지가 있다(물론 이 비판은 사태가 진행된 후에 얻은 통찰에 힘입은 바 큰 것이 사실이다). 지속적 개혁이라는 정치적 동학이 적응문제에 대처하기 위한 해결책을 계속 산출하고 있었거나 혹은 정책표류를 만들어내고 있었지만, 제도주의자들은 그런 사실들보다는 복지국가의 정체성 혹은 안정성에만 주목하고 있었던 것이다. 사회정책을 둘러싼 환경의 변화에 직면하여 복지국가 개혁이 시도될 수도 있고 또는 그런 개혁을 시도하지 않기로 하는 결정이 이루어질 수도 있는데 이들이 제도주의자들에게는 모두 예외적인 것으로 간주되었다. 이제는 복지국가가 왜 그리고 어떻게 그들이 직면하는 내생적 · 외생적 도전에 대응하기 위해 지속적으로 변화해 왔는가에 초점을 두어 연구해야 한다는 사실이 분명해졌다. 복지국가 개혁을 설명하기 위해서는 여러 가지 모습으로 나타나는 복지국가 개혁이 결국은 기능적 압력에 대한 대응이라는 사실을 인식할 필요가 있다. 우리가 개방적 · 기능적 접근을 채택한 것은 바로 이러한 필요 때문이다.

5
복지국가 개혁에 대한
개방적 · 기능적 접근의 개요

우리는 복지국가 개혁을 연구하기 위한 접근으로 개방적 · 기능적開放的 · 機能的 접근open functional approach(Becker, 2009 참조)을 제안한다. 이 접근은 정치행위자와 구상構想(=아이디어)이 정책변화에 인과적 영향을 미친다는 점을 인정하지만 어떤 정치행위자가 지배적인 역할을 할 것인지 그리고 어떤 개혁구상이 어떻게 얼마나 중요한 역할을 할 수 있을 것인지는 무엇보다 정치행위자와 개혁구상을 둘러싼 기능적 맥락의 선별성에 의해 결정된다고 보는 접근이다. 개방적 · 기능적 접근은 우리들로 하여금 개혁의 사회경제적 · 제도적 · 정치적 기회 및 제약을 고찰할 수 있게 해 주며, 그러한 기회機會와 제약制約이 어떻게 발생하는지를 설명할 수 있게 해 주고, 나아가 그 기회와 제약이 어떤 결과를 낳는지를 살펴볼 수 있게 해 준다. 개방적 · 기능적 접근은 기존의 몇몇 주요 비교복지국가연구가 산출한 중요한 통찰에 기초하고 그것을 채택한 것인데, 그 통찰로는 특히 ① 샤프와 슈미트(Scharpf and

Schmidt, 2000)의 초기 저작에 발표된 연구들에 의해 발전된 도전-역량-취약성 접근挑戰-能力-脆弱性 接近, the challenges-capabilities-vulnerabilities approach과 ② 홀(Hall, 1993)에 의해 최초로 주창되었고 후에 비서와 헤이머레이크(Visser and Hemerijck, 1997: 3장), 헤이머레이크와 슐디(Hemerijck and Schuldi, 2000), 헤이머레이크(Hemerijck, 2013) 등의 연구에 의해 더욱 발전된 정책학습접근政策學習接近, policy learning approach을 들 수 있다. 그런데 정치행위자들은 특정한 맥락 속에서 여러 형태의 복지국가 개혁에 관한 결정 혹은 비非결정을 내리게 되는데 이때 개방적·기능적 접근은, 이들 두 접근들보다 훨씬 더 명시적으로 그리고 구성주의적 접근과는 명백히 대조적으로, 그런 결정 혹은 비결정을 내리는 정치행위자들이 위치한 맥락의 특성이 무엇인가를 설명하는 데에는 국내적·국제적 환경으로부터 유래하는 '객관적' 변화압력이 결정적으로 중요하다는 점을 강조한다.

개방적·기능적 접근은 복지국가가 직면하는 도전이 기존의 사회정책체계를 존재론적으로 위협할 경우에는 그 도전을 정책변화를 압박하는 기능적 요구(=기능적 압력 혹은 기능적 필요)로 파악한다. 이런 도전은 정치적 선택과는 무관하게 발생하는 것이라는 점에서 '객관적인' 문제압력이라 할 수 있다. 하지만 사회정책체계가 존재론적 위협에 직면하고 있는지 어떤지를 알기가 어렵기 때문에 우리는 객관적인이라는 단어를 따옴표를 써서 표기하였다. 우리가 강조하는 요지는, 어떤 정치행위자가 정책결정에 영향을 미칠 것인지 그리고 그 정치행위자들이 고려할 혹은 고려할 수 있는 구상은 어떤 범위의 구상일 수 있는지 하는 것들이 바로 기능적 문제압력에 의해 결정된다는 것이다. '객관적인' 문제압력은, 특정 구상을 채택하게끔 유도하는 한편 그 외 다른 구상에 대해서는 그것을 간과 또는 포기하게 하는 선별적인 맥락을 형성한다. 그런 선별적 맥락의 조건에서 특정 구상이 채택되면 이번에는 그 구상이 정치행위자가 추진할 개혁의 형태에 영향을 미치게 된다. 그래서 상이한 구상은 상이한 개혁안으로 나타나게 되지만, 그러나 그렇다고 해서 모든 구상이 각각의 기능적 · 선별적 맥락에서 똑같은 정도의 실현가능성을 갖는 것은 아니다.

복지국가 개혁, 그중에서도 특히 이미 나름대로 자리를 잡고 있는 기존의 사회정책 관행 및 체계로부터의 상당한 이탈離脫(즉, 재구조화 혹은 큰 폭의 축소 등과 같은 급진적인 개혁)이 실행될 수 있는가 없는가는, 정치행위자들(정당, 정책결정자들, 행정부 등)이 개혁에 반대하는 사회적 · 정치적 저항을 어느 정도나 우회迂廻할 수 있는가에 달려 있다. 개혁에 대한 저항을 우회하는 한 가지 중요한 방법으로는 비난회피非難回避, blame avoidance strategy(예컨대, Pierson, 1994; Vis and Van Kerseber-gen, 2007; Hood, 2011 참조)를 들 수 있다. 비난회피의 한 방법은 개혁 조치를 취한 데 따른 책임을 전가할 희생양을 내세우는 것이며, 또 다른 방법은 위기상황에서는 어떤 정당이 집권했더라도 급진적 개혁이 시도되었을 것이라는 불가피론不可避論 혹은 필연성론必然性論, crisis imperative을 유포하는 것이다(Kuipers, 2006). 복지국가 개혁은 그것을 추진하는 정당으로서는 표를 잃을 수도 있는 것이고 따라서 선거정치라는 측면에서 위험이 따르는 일이기 때문에 정치적으로 볼 때 비난회피전략의 필요성은 있다. 급진적 개혁의 경우 이러한 비난회피전략의 필요성은 더더욱 크다고 할 수 있다. 객관적 압력을 복지국가 개혁으로 이어지게 하는 기제는 다양하게 존재하지만, 급진적 개혁을 추진하려는 정치행위자들에게 비난회피는 특히 중요한 의미를 갖는 전략이다.

기능적 압력은 정치행위자의 대응을 필연화시킨다. 즉, 기능적 압력은 강제성을 띤 압력이라 할 수 있다. 하지만 그렇다고 해서 정치행위자들이 기능적 압력에 언제나 대응한다거나 또 기능적으로 대응한다는 의미는 아니다. 오히려 개혁을 소홀히 취급하거나 아무런 조치도 취하지 않기로 결정하거나(정책표류) 또는 잘못된 대응을 하는 등의 가능성이 충분히 존재한다. 하지만 이와 같은 부적절한 대응은 체계를 불안정하게 만드는데, 바로 이로 인해 개혁을 추진하려는 강력한 동기가 생겨나게 된다. 따라서 기능적 필요는 정치적 행위의 구조적 맥락을 구성하는 결정적인 측면 혹은 요소인 것이다. 기능적 필요는 정치행위자들이 직면하는 제약이다. 제약으로서의 기능적 필요는 특정 행위자가 다른 행위자에 비해 보다 지배적인 위치를 점하여 행위할 수 있게 한다는 점에서 그리고 정치행위자가 선택하여 실행에 옮길 수 있는 정책대안의 범위를 제한하고 나아가 다른 결정에 비해 특정 결정을 좀 더 가능성 있는 것으로 만든다는 점에서 선별적이며 제약적이다. 하지만 기능적 필요는 특정 행위자의 행위역량을 증진시키고 그들의 행위를 촉진함으로써 새로운 선택지와 기회를 열어젖힌다는 점에서 개혁을 가능하게 하고 추동하는 강력한 요인이 되기도 한다.

이와 같은 기능적 압력 혹은 기능적 필요라는 이론적 창구를 통해 우리는 유사한 형태의 기능적 요구에 직면하면서도 왜 각 나라는 그에 대해 상이한 유형의 대응을 하는지(이 상이한 유형의 대응에는 무대응까지도 포함된다)를 설명하는 데 도움을 받을 수 있으며 바로 이 때문에 여기서 채택한 기능적 접근에 '개방적'이라는 수식어가 붙은 것이다. 상이한 유형의 복지국가 개혁을 기능적 압력이라는 측면에서만 설명하려 할 경우 그것은 불완전한 설명으로 귀결된다. 이는 왜냐하면 복지국가 개혁과 관련하여 우리는 행위자들이 선택한 실제의 개혁전략과 정치적 행위라는 맥락을 통해 그 모습을 드러내는 기능적 요구 양자를 연결짓는 기제가 무엇인가에 관한 설명도 할 수 있어야 하는데 기능적 요구에만 초점을 둔 접근으로는 이러한 설명은 제공하기가 어렵기 때문이다. 다시 말해서 우리는 기능적인(혹은 기능적이지 않은) 복지국가 개혁이 언제 어떻게 일어나는지(혹은 일어나지 않는지)까지도 설명하고자 하는 것이다.

복지국가는 몇 가지 유형으로 구분되기는 하지만 모든 선진 자본주의적 민주주의 국가에서 발견된다(Flora and Heidenheimer, 1981a). 우리가 채택한 개방적 · 기능적 접근은 일차적으로 이러한 나라들에 적용된다. 이 나라들은, 처음에 노동재해 프로그램과 같이 일부 특수한 위험과 욕구에 대응하기 위한 소수의 시험적인 사회 프로그램의 시행에서 출발하여 충분히 성숙한 포괄적인 복지국가에 이르러 복지국가 발전과정을 '완주'했다고 할 수 있는 나라들이다. 우리가 이 책에서 살펴보고자 하는 나라들은 호주, 캐나다, 아일랜드, 뉴질랜드, 영국, 미국, 오스트리아, 벨기에, 프랑스, 독일, 네덜란드, 이탈리아, 스위스, 덴마크, 핀란드, 스웨덴, 그리고 노르웨이인데 이들은 복지국가를 민주주의와 자본주의라는 흐름 속에서 발전시켜 왔다. 이런 점에서, 최근에 고도의 발전을 이룬 나라들과 최근에 새롭게 부상하고 있는 나라들에서 급속히 등장하여 형성되고 있는 복지국가는 이 책에서 살펴보는 보다 전통적인 복지국가와 상당히 다르다고 할 수 있다(이와 관련해서는 Jones, 1993; Glatzer and Rueschemeyer, 2005; Walker and Wong, 2005; Segura-Ubiergo, 2007; Haggard and Kaufman, 2008; Chan et al., 2008; Schubert et al., 2009; Castles et al., 2010; Huber and Stephens, 2012; Hudson and Kuhner, 2012; Kam, 2012 등 참조). 선진 자본주의적 민주주의 국가에서의 복지국가 발전을 설명하기 위한 이론과 접근이 새롭게 등장하여 발전하고 있는 복지국가에도 적용될 수 있는지 여부와 만일 적용할 수 있다면 어느 정도나 그러한지 등에 관해서는 아직 결론이 내려지지 않은 상태이지만 우리들은 우리가 채택한 개방적·기능적 접근이 최근에 등장하고 발전하고 있는 복지국가를 설명하는 데에도 조금이라도 기여할 수 있기를 희망한다.

　모든 선진 자본주의 국가들이 복지국가가 된 것은 사실이지만, 그들이 똑같은 모습의 복지국가가 된 것은 아니다. 이들 나라에서의 복지국가는 사회지출수준이나 포괄하는 위험의 범위, 제도적 구성, 재정구조, 효과성, 정치적 견고성, 그리고 대중적 인기 등 여러 면에서 서로 많은 차이가 있다. 하지만 그 차이가 무작위적인 것은 아니며 서로 뚜렷하게 차이나는 몇 가지 양식으로 구분된다. 최근 복지국가 발전에서

2. 복지국가: 역동적 발전, 위기, 회복탄력성, 그리고 변화

수렴경향이 나타나고 있다는 사실(Schmitt and Starke, 2011 참조)에 대해서도 어느 정도 인정하지만, 우리는 기본적으로 에스핑-안데르센의 고전적인 복지국가유형 구분 —즉, 자유주의 유형과 보수주의 유형, 그리고 사회민주주의 유형으로의 구분, 그리고 에스핑-안데르센이 구분한 것은 아니지만 아마도 굳이 한 가지를 덧붙인다면 남부유럽 유형 혹은 지중해 유형까지 포함해서— 이 경험적 연구에서나 탐색적·발견적 목적의 연구에서 아직도 유용하다고 생각하며 이렇게 생각하는 근거에 대해서는 4장에서 좀 더 자세히 살펴볼 것이다(에스핑-안데르센의 유형론에 대한 최근의 중요한 갱신과 관련해서는, Scruggs and Allan, 2004, 2006, 2008; Paetzold, 2012 참조; 또 각 복지국가유형의 특징에 대한 세밀한 경험적 분석으로는 Goodin et al., 1999; Vrooman, 2009: 4장; Ferragina and Seeleib-Kaiser, 2011; Ferragina et al., 2012 참조). 앞으로 이어지는 장들에서 우리는 각 유형별로 국가를 묶어 살펴볼 것이며, 또한 자유주의 유형의 대표적 국가로 영국과 미국을, 사회민주주의 유형의 대표적인 국가로 스웨덴과 덴마크를, 보수주의 유형의 대표적인 국가로 독일을, 그리고 제4유형인 지중해 유형의 대표적인 국가로 이탈리아를 선정하여 이들 나라에 대해서는 보다 상세하게 고찰할 것이다. 그리고 네덜란드는 어느 한 복지국가 유형에 귀속시키기 어려운 혼합형으로 취급될 것이다(Vis et al., 2008 및 이 책의 4장 참조).

6
결론

역사적으로 볼 때, 자본주의 시장의 등장과 산업화는 복지국가의 출현과 발전을 설명함에 있어서 반드시 고려해야 하는 거시적 맥락이다. 복지국가는 현대화가 초래한 여러 가지 영향들과 타협하기 위해 사회가 발전시킨 한 수단이다. 자본주의는 엄청난 역동성을 가진 체계이기 때문에 정치행위자들은 새로운 사회적·경제적·정치적 쟁점에 끊임없이 직면하며 따라서 끊임없이 새로운 해결책을 내놓아야만 하는 상황에 놓이게 된다. 자본주의 체계는 사회 내의 비자본주의 부문에 대해 끊임없이 자본주의 원리로의 복속을 요청하는 경향과 주기적인 위기를 초래하는 경향을 내장하고 있기 때문에 복지국가는 그에 대응하지 않을 수 없었고 그래서 늘 위기론에 시달려 왔다. 복지국가의 소멸이 거론된 것은 한 두 번이 아니다. 하지만 복지국가 발전을 둘러싼 환경이 지속적으로 변화해 왔고 경제적 시련이 반복적으로 나타났음을 감안할 때, 복지국가의 생존기술은 놀랄 만큼 고도로 발전해 있다고 볼 수 있다.

복지국가는 여전히 건재한 편이지만, 이와 같은 안정성이 복지국가가 개혁에 저항해 왔음을 의미하는 것으로 해석되어서는 안 된다. 오히려 우리는 '그 모든 악조건에도 불구하고' 복지국가가 안정성을 유지하는 놀라운 성과를 거두어 온 것은 복지국가가 그것의 지속적인 생존을 위해서는 개혁을 필수요건으로 해 왔음을 보여주는 것이라고 본다. 복지국가의 지속성을 보장하기 위한 개혁이 어떤 결정적 영역에서 그리고 어떤 제약조건 하에서 일어나는가를 밝히기 위해서는, 사회적·정치적 행위자들의 동기와 복지국가발전의 추동력, 행위자들이 피할 수 없는 공공정책적 고려사항들, 그들이 내린 선택을 뒷받침하는 가치들, 그리고 이 모든 것들을 연결시키는 권력기제들 등 여러 요인들 간의 복잡한 정치적 상호연관에 주목해야 한다. 이어지는 장들에서 이 작업을 할 것이다.

3

복지국가의 논리:
복지국가는 왜 필요했으며, 우리는 어떻게
복지국가를 갖게 되었는가?

1
서론

역사를 돌이켜보면, 우리는 사회정책을 설계하고 실행한 정치행위자들이 가지지 않았던 가치를 복지국가에 부여하는 경향을 보여 왔다. 예컨대, 사람들은 흔히 복지국가의 가장 우선적인 가치가 평등이나 연대, 사회정의와 같은 것들이라고 생각하는 경향이 있다. 물론 사회주의자들이 이런 가치들을 근거로 하여 그들의 개혁을 정당화해 온 것은 사실이다. 하지만 사회주의자 이외의 다른 세력들에게 복지국가는 일차적으로 사회적 욕구와 고통에 대응하기 위한 집합적 해결책이자 사회질서의 유지를 위한 수단이었다. 또한, 많은 자유주의자들과 보수주의자들 그리고 기독교 사회개혁가들은, 그들 스스로를 실용적 정치인으로 자부하면서 다양한 사회입법의 도입을 시도하였는데 이는 자선을 비롯한 전통적인 사회보장을 대체하고자 하기 위함이었다. 또 다른 사람들은 사회입법을 통한 사회통제와 사회규율의 확립을 중시하기도 하였다. 실제로 부자들은 빈곤과 도시의 비위생적 환경을 부자들 자신들의 안전과 건강을 위협하는 것으로 생각했으며 또 대중들이 혁명에 나서지 않을까 두려워하여 사회정책을 통해 대중들의 혁명적 정서를 진정시키기를 원했다. 이런 다양한 동기들은 오늘날의 복지국가 정책에서도 중요한 동기이자 목적이며 수단이다.

오늘날 우리는 많은 나라에서 일어난 복지국가의 발전을 되돌아볼 수 있고 또 그 발전과정을 이론적으로 보다 더 풍부하게 이해할 수 있는 위치에 있기 때문에, 복지국가의 **근거**根據, rationales 혹은 복지국가의 **논리**論理, logics를 포착함에 있어서, 다시 말해서 복지국가 발전의 이면에 놓인 동기動機, 추동력推動力, driving forces, 정책적 고려사항政策的 考慮事項, 가치價値, 인과기제因果機制 등을 의식적으로 재구성함에 있어서 보다 유리한 상황에 있다. 여기서 복지국가의 근거 혹은 논리라는 개념을 사용한다고 해서 우리가 복지국가 발전의 사회과학적 일반화를 역사적으로 구체화한다든가 또 그러한 일반화를 역사적으로 가능하게 하는 어떤 방안을 주장하려는 것은 결코 아니다. 우리는 단지 사회적·정치적 행위자들이 가진 다양한 동기(이념, 이해관계, 권력 등)와 추동력(인구학적 변화, 민주화, 지구화 등), 공공정책적 고려사항(보장保障, security, 건강, 효율성, 자원 등), 가치(평등, 연대, 자유, 자율성 등), 그리고 인과기제(권력동원, 선거, 정책학습 등) 간의 복잡한 정치적 상호작용을 분석적으로 파악해내고 유형화할 수 있게끔 도움을 주는 탐색도구探索道具, heuristic device를 제시하려는 것이다. 이와 같은 복지국가의 근거 혹은 논리라는 개념을 통해 우리는 복지국가 개혁을 둘러싼 정치적 기회와 제약이라는 보다 큰 맥락을 밝히고 나아가 우리들의 첫째 질문, 즉 우리는 애초에 왜 복지국가를 필요로 하게 되었는가 그리고 우리는 어떻게 하여 복지국가를 갖게 되었는가라는 질문에 답하고자 한다. 분석적으로 볼 때, 복지국가의 근거 혹은 논리를 다음의 네 가지로 요약할 수 있는데 이들은 상호 연관되어 있으며 또 부분적으로는 중첩되기도 한다.

- **사회경제적 발전**社會經濟的 發展**과 현대화**現代化**의 논리**: 사회경제적 발전과 현대화는 기존의 사회적 균형에 새로운 문제를 던지고 균열을 초래하며 따라서 사회통합을 유지하기 위해서는 새로운 균형을 만들어내게끔 강제하는 기능적 필요 내지 압력을 낳는 경향이 있다. 이 논리에서는 자본주의적 발전, 자본주의의 동학, 시장의 형성, 산업화, 탈산업화, 서비스화tertiarization, (재)상품화 등과 같은 개념들을 중요한 요소로 한다.

- **정치적 통합**政治的 統合**과 국가형성**國家形成, state-building**의 논리**: 이 논리에서 사회정책은 사회통제의 시행과 정치적 공동체의 구축, 정체성 형성을 위해 지배집단이 활용하는 주요 기능적 수단으로 그려진다. 여기서 핵심적인 개념들은 국가운영, 사회권과 시민권, 정치적 정당성, 국민통합 및 영토적 통합성, 권력동원수단으로서의 사회정책, 평등과 연대 등이다.

- **욕구충족**慾求充足**과 위험재할당**危險再割當, risk reapportion**의 논리**: 이 논리에서 복지국가는 일차적으로 사회적 위험에 대해 위험분산危險分散, risk pooling과 위험재할당을 통해 집합적으로 대처하고 사회적 욕구를 충족하려는 기제로 간주된다. 이 논리의 핵심개념은 평등과 형평, 시장실패, 역선택逆選擇, adverse selection, 도덕적 해이道德的 解弛, moral hazard, 강제적 사회보험, (새로운) 사회적 위험((신)사회위험) 등이다.

- **계급정치**階級政治, class politics**와 재분배**再分配**의 논리**: 이 논리에서는 복지국가적 개입의 정도와 유형이 계급과 그들을 대표하는 집단

의 힘과 계급 간의 정치적 연합(동맹coalition)에 의해 결정되는 것으로 간주된다. 여기서의 핵심적인 개념은 계층화, 동원, 권력자원, 탈상품화, 재분배, 민주적 계급투쟁 등이다.

2
논리 I : 사회경제적 발전과 현대화

어떤 사회적 요인이 복지국가의 등장과 역사적 발전을 추동하였는가? 복지국가적 개입은 어떤 욕구에 대응하고자 한 것이었는가? 전통적인 사회보호기제는 왜 쓸모없게 되었는가? 사회경제적 발전과 사회정책의 발전 간의 관계는 무엇인가? 이러한 질문들에 대한 답을 구함으로써, 우리는 복지국가의 출현과 성장에 기여해 온 요인들이 복지국가 개혁의 기회와 제약을 형성하는 데에도 영향을 미치는지, 만일 미친다면 어떤 조건에서 그러한지 그리고 어느 정도나 영향을 미치는지를 이해하는 데 도움을 얻을 수 있을 것이다.

복지국가의 발전에 영향을 미친 중요한 요인의 하나를 든다면 그것은 빈곤의 만연이라 할 수 있다(Alber, 1982). 물론 빈곤문제가 근대사회만의 문제인 것은 아니다. 산업혁명 이전에, 대략 16세기에서 18세기 사이에 형성된 구빈법救貧法, Poor Laws이 시장이 아직 지배적인 지위를 점하고 있지 않던 농촌사회의 빈민을 돌보았다(Rimlinger, 1971: 36). 종교개혁 이후 어떤 기독교 교리가 지배하느냐에 따라 빈민에 대한 태도가 지역별로 달라지기 시작하였지만, 대체로 중세유럽에서 자선의 형식으로 이루어진 빈민구제는 지역별로 큰 차이가 없었다(Heclo, 1974: 49; Kahl, 2009). 예수의 가르침에서 가난한 자는 특별한 지위를 차지하였기 때문에 중세의 전통적인 견해로 볼 때 가난은 원칙적으로 용인될 수 있는 것이었으며 나아가 수사修士, monk나 은자隱者, hermit 들에게 빈곤은 바람직한 것으로까지 여겨졌다. "기독교적 가르침에서 빈곤은 덕德으로 간주될 수 있는 것이었으며 구걸은 생계수단으로 용인되었다(Heclo, 1974: 47)." 기독교는 사람들로 하여금 각자는 자신의 가난한 형제를 돌보아야 한다는 계율을 따르도록 가르쳤다. 하지만 그와 동시에 기독교는 사람들로 하여금 가난한 사람은 자신의 먹을 것을 위해 일해야 한다는 계율도 받아들이게끔 가르쳤다. 실제 현실에서 가난한 사람들은 골칫거리로 간주되는 경우가 더 많았고 따라서 사람들은 빈민을 내버려두지 않고 형벌을 가하거나 일을 하도록 강제하였다.

빈민을 구제하도록 가르친 기독교의 가르침은 종교개혁Reformation 이후에 교리에 따라 분화하기 시작하였는데, 로마 가톨릭과 루터교, 캘빈교 간의 차이는 오늘날의 사회부조 제도에도 그 흔적이 남아 있다 (Kahl, 2009). 로마 가톨릭Roman Catholicism은 "빈민을 먹여 살린다feed the poor"는 자선적 태도에 가장 가까운 입장을 가지고 있었다. 반反종교개혁Counter-reformation의 흐름 속에서 열린 "트리엔트 종교회의(Council of Trent, 1545-1563)는 빈민구제에 관한 전통적 원칙을 재확인하고 구걸금지에 반대하는 입장을 채택하였다. 사람들은 예수에 대한 믿음에 의해 그리고 선행을 행하는 삶에 의해 정당화되었기 때문에 자선을 베푸는 행위는 개인적인 행위라는 것이었으며 자선을 구하는 구걸행위도 금지되어서는 안 된다는 것이었다(Kahl, 2009: 279)." 이와 같은 로마 가톨릭과 대조적으로 캘빈교Calvinism는 엄격한 노동윤리를 적극적으로 옹호하였다. "캘빈Calvin은 구걸을 맹렬히 비난하면서 구걸하려는 자는 구걸 대신 일을 해야 한다고 주장하였다. 또한 그는 자선을 행하는 행위와 방종은 교회의 타락을 보여 주는 것이라고 비판하였다. 캘빈은 '스스로의 힘으로 일하는' 대신 '다른 사람의 노력에 기대어 사는' 자는 '폭력배나 강도와 다를 바 없는 존재'라고 격렬히 비난하였다(Calvin and Kahl, 2009: 274에서 재인용)." 루터교Lutheranism는 로마 가톨릭과 캘빈교의 중간 정도에 해당하는 입장을 가지고 있어서 노동의 지위를 신을 기쁘게 하는 활동이자 빈곤을 피하게 하는 수단 정도로 간주하였다. 이러한 입장은, 일하지 않는 것은 가난을 의미하며 이는 신을 기쁘게 하는 것이 아니라는 의미를 함축하는 것이었다. 가난한 사람은 일을 해야 하는데, 그렇지만 "일단 일을 하면 그는 최저수준의 생활을 할 권리를 보장받아야 하며, 만일 그가 일을 할 수 없는 상태에 있거나 일자리가 없는 경우에는 그들에게 도움이 제공되어야 하는" 것이었다(Kahl, 2009: 271).

위와 같은 기독교 교리와 달리 세속적인 중상주의重商主義 전통은 빈민들을 노동력 공급자로 간주하여 그들을 가치있는 존재로 여겼다(Rimlinger, 1971: 14-15). 사회의 최선의 이익을 위해서는 빈민들이 지속적으로 일하는 것이 무엇보다 중요한 것이었으며 빈민들이 일하지 않는다면 그들은 부유한 사회를 만드는 데 아무런 도움도 되지 못할 것이었다. 빈민들은 가난한 상태로 존재해야 하며 또 많은 숫자로 유지될 수 있어야 했다. 빈민들은 일을 하게끔 강제당하지 않으면 본성적으로 게을러지는 경향을 가진 존재로 간주되었다(Rimlinger, 1971: 17-18). 따라서 중상주의적 접근에서 빈민구제는 일차적으로 빈민 및 그 아이들을 위한 일자리를 만드는 수단이었으며 그 과정에서 때로 억압과 임금보조가 수반되었다(Rimlinger, 1971: 19).

흔히 복지국가의 등장을 전前산업사회의 구빈법 전통과의 근본적 결별이라고 해석해 온 경향이 있었지만 카알Kahl에 따르면 이는 매우 단순한 해석이다. "빈민구제는 욕구가 있는 사람들을 대상으로 한 최초의 공적 재분배 정책이었다는 점에서 그리고 근대국가의 초기 정책의 핵심적인 일부였다는 점에서 그것은 복지국가의 역사적 토대였다. 또한, 빈민구제가 어떻게 설계되는가가 사회부조에 대한 국가개입이 도덕적으로 어느 정도까지 허용되는지 또 그런 국가개입이 제도적으로 어느 정도까지 실행 가능한지를 조건짓는 역할을 하였다(Kahl, 2009: 281-282)." 산업혁명과 시장의 확대에 뒤이어 나타난 복지에 대한 국가개입, 특히 노동분야에서의 복지에 대한 국가개입은 대개 그 이전의 빈민구제 제도에 추가되는 형식으로 나타났다. 그리하여 예컨대 중앙화되고 조세에 기초한 구빈체계를 발전시킨 루터교 국가들에서 현대화에 대한 대응으로서의 사회보험이 최초로 도입되었던 것이다.

빈곤이 그 자체로 현대화 때문에 발생하는 것은 아니다. 기술의 진보와 산업혁명으로 인해 등장한 새로운 사회구조와 자본주의의 동학은 전통적인 사회관계를 뿌리째 흔들어놓았을 뿐만 아니라 빈곤에 대처해 오던 전통적인 방식도 완전히 허물어뜨렸다. 하지만 이것은 18세기와 19세기에 서구유럽에서 전개된 산업혁명과 함께 등장하게 된 현대서구사회를 형성한 한 가지 사건에 불과한 것이었다(Hobsbawm, 1962, 1979). 산업혁명은 빈곤의 모습 자체도 바꾸어 버렸으며 빈곤에 대응해 온 기존의 모든 체계도 쓸모없는 것으로 만들어 버렸다. 맬더스Malthus와 같은 자유주의 경제학자들에 따르면, 농촌의 빈곤을 다루는 데 적절하게끔 고안된 과거의 구빈법은 경제성장에 해로운 영향을 미치고 인구 증가를 조장하는 경향이 있어서(Rimlinger, 1971: 39) 기능적으로 그 쓸모가 다한 것이었다. 빈민구제는 사회 전체적으로도 해로운 것일 뿐만 아니라 빈민 자신에게도 해로운 것으로 간주되었다. 빈민구제는 노동할 동기를 감소시키고 빈민들을 구제에 의존하게끔 하며 빈민들의 비참한 처지를 더욱 강화할 것으로 생각되었다. 영국에서는 맬더스가 그리고 다른 나라에서는 또 다른 많은 사람들이 구빈법을 폐지하는 것만이 가난한 자들을 노동하게끔 강제할 수 있는 유일한 수단이라는 결론에 도달하였다(Rimlinger, 1971: 40). 악명 높은 스핀햄랜드 법(1795년에 도입)은 일하는 사람들에게 충분한 가족임금(자녀의 수와 빵의 가격에 의해 결정되는)을 보장해 주기 위해 그가 받는 임금에 추가적인 급여를 더해 주었지만 결과적으로는 빈곤의 덫을 만들어 냈다는 것이다. 스핀햄랜드 법 하에서 고용주들은 임금을 높여 줄 하등의 유인을 가질 수 없었고 노동자들은 생산성을 높일 하등의 유인을 가질 수 없었다. 구빈법위원회의 1834년 보고서는 스핀햄랜드 법을

"나태와 악덕에 대한 보너스"요, "보편적 구걸체계"라고 비난하였다(Deane, 2000: 151에서 재인용). 신구빈법은 자유방임적 자본주의라는 새로운 경제이념에 적절히 부합하는 것으로서, 자유시장을 창출하고 빈민들을 시장이나 작업장에서 일하게끔 강제하는 데 기여하였다.

현대화 관점은 바로 이 지점에서 등장하는데 그것은 복지국가 발전의 출발점이 현대화 및 그것과 연관된 것으로서 산업화, 세속화 그리고 민주화라는 점을 강조한다. 산업자본주의의 도래와 자유로운 노동시장의 등장은 대규모의 혼란을 초래하였고 수많은 사람들은 생존에 필요한 소득을 얻기 위해 지극히 불안정한 노동시장에 전적으로 매달릴 수밖에 없는 처지에 놓이게 되었는데 그와 함께 교회에 기반을 둔 자선활동과 같은 전통적인 사회보호체계는 무너져버렸다. 산업자본주의의 동학은 사회의 결속과 안정 그 자체를 위험에 빠뜨릴 정도로 엄청난 변화를 초래하였다. 사회 전반에 걸친 혼란과 무질서, 고통과 빈곤은 그에 대한 여하한 형태로든지의 개입을 압박하였으며 대중들의 저항과 사회적·정치적 운동은 그런 개입을 요구하였다.

그러나 변화는 그것보다 더 심대한 것이었다. 변화는 노동하는 빈민, 즉 장시간 힘든 일을 해도 제대로 된 삶에 필요한 돈을 벌 수 없는 혹은 단순한 생계유지를 위해 필요한 돈도 벌 수 없는 남성과 여성, 그리고 아이들이라는 전혀 새로운 사회집단을 창출하였다. 이들 중 일부는 저항에 나섰고 또 일부는 그럭저럭 해서 중간계급으로 진입하기도 했다. 하지만 대부분의 노동자들은,

그들이 이해할 수 없었던 사회적 재난에 직면하여 헐벗고 착취당하였으며, 음침함과 불결함으로 가득한 슬럼가나 점차 확산되는 소규모의 공장촌 주택에 무리지어 살면서 별다른 희망을 가질 수 없는 생활을 이어가야만 했다. … 도시와 공장지대가 아무런 계획도 감독도 없는 채로 빠르게 늘어났다. 노동자들이 거주할 주택은 말할 것도 없고 거리청소나 수도공급, 위생 등 가장 기본적인 도시생활서비스들은 빠르게 늘어나는 도시와 공장을 따라잡을 수가 없었다 (Hobsbawm, 1962: 241).

그 결과 노동하는 빈민들은 단지 가난하기만 한 것이 아니었다. 그들은 콜레라나 장티푸스, 티푸스, 결핵 등을 앓아 건강까지도 나빴다.

따라서 현대화는 사회보호社會保護, social protection의 압력pressure과 요구demand 모두를 증가시켰으며, 사회정책을 통한 국가개입은 사회에 대한 국가의 물리적 · 재정적 관여를 획기적으로 확대시켰을 뿐만 아니라 국가가 빈곤구제와 산업사회의 사회적 위험으로부터의 보호의 제공과 사회서비스의 제공을 새로운 중요한 기능으로 받아들임에 따라 국가의 성격 그 자체까지도 혁명적으로 변화시켰다(Flora and Heidenheimer, 1981b: 23). 초기 세대의 복지국가 연구자들은 산업화(보다 일반화해서 말하면 현대화)와 복지국가 발전 간의 인과관계를 거의 한 목소리로 강조하였다(Wilensky and Lebeaux, 1958; Kerr et al., 1960; Cutright, 1965; Pryor, 1968; Rimlinger, 1971; Jackman, 1975; Wilensky, 1975).

하지만 전통적 사회보호 체계를 붕괴시키고 엄청난 혼란을 초래하는 데 기여한 주요 요인은 산업화에 있었다기보다는 19세기에 완전히 성숙된 그리고 자기조정적自己調整的, self-regulating인 노동시장이 등장하여 빠르게 확산된 것에 있었다고 보는 것이 더 적절하다.[4] 폴라니(Polanyi, 1944[1957]: 40-41)는 다음과 같이 말한다.

> 정교한 기계와 설비가 상업사회의 생산에 일단 사용되면 자기조정적 시장이라는 관념이 형태를 갖추기 시작한다. … 정교한 기계는 비싸기 때문에 그것으로 많은 양의 재화를 생산해야만 타산을 맞출 수가 있다. 기계를 이용한 생산은, 재화의 유통이 합리적인 수준으로 보장될 때만이 그리고 기계를 작동시키는 데 필요한 자재의 부족으로 생산이 중단되는 일이 없을 때만이 손실 없이 작동될 수 있다. 상인들에게 이것은 관련된 모든 생산요소가 판매 가능한 것이어야 함을 의미한다. 다시 말해서 모든 생산요소는 그에 값을 치를 준비가 되어 있는 사람에게는 그가 누구이든지 필요한 수량만큼 판매될 수 있어야 한다는 것이다. 이 조건이 충족되지 않는다면, 전문화된 기계에 의존하는 생산방식은 그에 자금을 투입한 상인의 관점에서도 너무나 위험한 생산방식이며 또 소득과 고용, 그리고 여타 필요한 물품의 확보를 지속적인 생산에 의존하게 된 공동체 전체의 관점

---

4 폴라니에 관한 서술은 Manow and Van Kersebergen(2009)에 기초한 것이다. 이 연구에 그것을 사용할 수 있게 허락해 준 필립 매노우Philip Manow에게 감사한다.

3. 복지국가의 논리: 복지국가는 왜 필요했으며, 우리는 어떻게 복지국가를 갖게 되었는가?

에서도 너무나 위험한 생산방식인 것이다.

폴라니가 자본주의 시장경제는 시장의 논리를 사회의 모든 영역에 침투시킨다고 주장했다는 사실을 상기할 필요가 있다. 시장**경제**는 시장**사회**에서만 작동할 수 있으며 시장사회는 그에 대한 어떠한 개입도 관용하지 않는다. 그것은 자기조정적 시장**체계**로만 존재해야 하는 것이다. "자기조정적이란 모든 생산이 시장에서의 판매를 위한 것이며 모든 소득이 그러한 판매로부터 발생함을 의미한다. 따라서 모든 산업 요소에 대응하는 시장이 존재하게 되는데 재화(항상 서비스를 포함한다) 시장뿐만 아니라 노동과 토지, 화폐 시장도 존재하게 되는 것이다"(Polanyi, 1944[1957]: 69). 다시 말해서 모든 재화와 용역(서비스)은 (는) 상품이 되는 것이다.

자기조정적 노동시장의 문제는, 그것이 노동자와 그들의 노동력을 상품처럼 다룬다는 데 있다. 자본주의 시장은 노동을 **상품화**商品化, commodification해 왔다. 그러나 폴라니는 노동이 판매를 목적으로 생산된 것이 아니라는 사실을 강조하였다. 노동은 그것이 마치 상품인 것처럼 노동시장에서 기능하게끔 강제된 것이며 따라서 허구적 상품虛構的 商品, fictitious commodity이다. 노동은 수요와 공급의 힘에 종속되었으며 가격기구에 종속되었다. 하지만 문제는 현실에서 노동은 실제의 상품처럼 기능할 수 없다는 데에 있다. 왜냐하면 만일 노동이 규제되지 않은 시장에서 정말로 상품처럼 취급된다면 그것은 사회를 파괴할 것이기 때문이다.

의제擬制된 상품인 '노동력'은 그것을 아무렇게나 사용하거나 너무 심하게 사용하거나 또는 심지어는 사용하지 않은 채로 내버려두거나 하게 되면 반드시 이 특수한 상품을 몸에 담고 있는 인간 개인에게 어떤 형태로든 영향을 미치지 않을 수 없게 된다. 인간의 몸속에 들어 있는 노동력을 처리함으로써 자본주의 체제는 실제로는 노동력이라는 꼬리표에 달려 있는 신체적·정신적·도덕적 실체로서의 '인간'을 처리하는 셈이 된다. 이제 인간은 문화제도라는 보호막을 박탈당한 채 사회에 완전히 그대로 노출되어 스러져갈 것이다. 인간은 온갖 악덕과 도착倒錯과 범죄와 굶주림을 경험하면서 극심한 사회적 혼란의 희생자가 되어 죽어갈 것이다(Polanyi, 1944[1957]: 73).

노동은 시장논리에 종속되어야 했고 또 시장논리는 사회의 다른 부문으로 확산되어야 했으며 종국적으로 시장 이외의 사회의 다른 부문은 모두 시장이라는 '경제체계의 부속물'로 전락하게 되었다(Polanyi, 1944[1957]: 75). 노동의 상품화는 가공可恐할 결과를 낳았고 "인간사회는 상품화라는 자기파괴적인 기제의 작동을 막고 사회를 보호하는 반작용反作用이 없었더라면 절멸했을 것이다."(75) 상품화는 반드시 **탈상품화**脫商品化, decommodification라는 반작용을 초래한다. 상품화와 탈상품화라는 '이중운동二重運動, double movement'이 19세기 사회사社會史의 핵심을 이룬다. "사회는 자기조정적 시장체계에 내재한 위험에 대항하여 스스로를 보호해 온 것이다."(76) 상품화에 대항한 반작용은 최초에는 노동입법으로 나타났으며 후에는 사회보호입법으로 나타났다. 이런 점에서 노동입법이나 사회보호입법의 등장과 발전은 상품화에 대한 반작용으로 설명할 수 있는 것이다. 현대화 과정을 거친 모든 나라는 먼저 자기조정적 노동시장이 등장하여 확산되고 그에 따라 극심한 혼란과 고통을 사회에 만연시키는 단계를 경험하며, 그리고 그 후에는 곤궁을 비롯한 다양한 사회적 병폐로 인해 노동입법이나 사회보호입법과 같은 반작용이 나타나는 단계를 경험하게 되는 것이다.

자기조정적 시장과 그것에 내장된 파괴적인 힘은 복지국가적 개입을 요구하는 중요한 기능적 요구를 낳는다. 즉, 자본주의 시장에서 노동력의 상품화는 탈상품화를 향한 거대한 압력을 생성시킨다는 것이며 이는 현대화를 경험한 모든 나라들이 서로 앞서거니 뒤서거니 하면서 사회보호입법을 도입하게 된 사실을 설명해 준다. 폴라니(Polanyi, 1944[1957]: 147)는 다양한 사회적·정치적 행위자들이 서로 다른 유형의 체제에서 활동하지만 자본주의 시장을 구제하기 위해 나설 수밖에 없음을 보여 주는 비교역사적 진술을 한 바 있다.

> 빅토리아 시대의 영국과 비스마르크의 프러시아는 엄청나게 다른 면을 가지고 있었으며, 이 둘은 또 프랑스 제3공화국이나 합스부르크 왕국과 같은 점이 전혀 없을 정도로 달랐다. 하지만 이들 네 나라는 모두 자유무역과 자유방임의 시대를 거쳤고, 그에 이어 공공보건, 공장의 근로조건, 도시의 공공설비 운영, 사회보험, 항로보조航路補助, 공기업 운영, 노동조합 등에서의 반反자유주의적 입법의 시대

를 거쳤다. 이들 네 나라에서 유사한 변화가 일어난 연도를 표시한 달력을 만든다면 그리 어렵지 않게 만들 수 있을 것이다.

폴라니(147-148)는 실제로 각 나라에서 유사한 변화가 일어난 연도를 열거하면서, 그런 변화를 지지한 세력들은 매우 다양하다고 언급하였다.

> (그 지지세력들은) 어떤 경우에는 비엔나Vienna에서처럼 폭력적인 반동적·반反사회주의적 세력이었으며, 또 어떤 경우에는 버밍엄Birmingham에서처럼 '급진적 제국주의자들'이었고, 또 어떤 경우에는 리용Lyons 시장이었던 프랑스인 에두아르 에리오Edouardo Herriot처럼 순수 자유주의적 성향을 가진 세력이었다. 개신교가 지배한 잉글랜드에서는 보수당 내각과 자유당 내각이 공장법의 도입을 위해 간헐적으로 노력하였다. 독일에서는 로마가톨릭과 사회민주당이 공장법 도입을 위해 노력하였고, 오스트리아에서는 교회와 교회를 열렬히 지지하는 전투적인 지지자들이 그런 역할을 하였다. 반면에, 프랑스에서는 반反교회주의자들과 반反교권주의자들이 거의 똑같은 법률을 도입하는 데 앞장섰다. 서로 매우 다른 동기를 가졌던 수많은 나라의 수많은 정당들과 사회계층들이, 지극히 다양한 구호 아래, 수많은 복잡한 주제들에 관련하여 거의 정확히 동일한 조치를 실현시킨 것이다.

이러한 사실들로부터 우리는 산업자본주의 체제에서 규제되지 않은 자유로운 노동시장은 불안정不安定, insucurities과 위험을 생성시키며, 따라서 그 시장이 지속적으로 존속하고 작동하기 위해서는 국가의 개입을 필요로 한다는 사실을 알 수 있다. 노동입법 형태의 국가개입은 **기능적 요구**functional requirement인데 왜냐하면 그러한 국가개입이 없다면 노동이라는 허구적 상품을 대상으로 하는 자기조정적 시장은 인간을 아무런 보호장치 없이 사회에 노출시켜 결국은 인간을 소멸시킬 것이기 때문이다. 하지만 폴라니의 이론은 어떤 사회정치적 세력이 어떤 조건에서 기능적 탈상품화라는 도전을 수행하는지에 대해서는 구체화하지는 않고 있다. 바로 이 지점에서 우리는 복지국가의 다른 논리를 살펴볼 필요가 있다. 먼저 정치적 통합과 국가형성의 논리부터 논의해 보자. 이 논리에서는 사회정책이 일차적으로 사회통제를 위한 지배계급의 수단이자 정치적 공동체를 구축하고 정치적 정체성을 확립하려는 기능적 수단으로 간주된다.

3
논리 II : 정치통합과 국가형성

폴라니가 보여준 바와 같이, 1850년경에 이르면 대부분의 산업자본주의 국가들은 어떤 형태로든 근대적인 구빈법을 갖추게 되었으며 노동보호입법을 도입하기 시작하였다. 하지만 사회보장, 즉 사회보험社會保

險은 그보다 좀 더 후에 도입되었다. 프러시아는 1840년대 이래 사회보험 실험(건강기금 실험)을 한 바 있었지만(Hennock, 2007), 전국적 규모의 강제적 사회보험을 최초로 도입한 나라는 독일제국이었다(Kuhnle and Sander, 2010). 독일제국은 1883년에 질병보험, 1884년에 노동재해보험, 그리고 1889년에 노령·장애보험을 도입하였다. 독일제국이 도입한 사회보험은 곧 다른 나라에서도 도입되었는데 오스트리아는 좀 빨리 도입하였고 네덜란드와 같은 나라는 좀 더 늦게 도입하였다. 복지국가의 탄생시점은 비스마르크의 독일제국이 최초의 근대적 사회보험을 도입한 1883년이라고 보는 것이 일반적이다. 비스마르크가 사회보험을 도입한 근거는 사회주의를 억압하기 위한 것이었다. 비스마르크의 사회보험은 노동자들의 혁명적 잠재력을 순치馴致시키는 한편, 1878년 시행된 대단히 억압적인 사회주의자 진압법 Sozialistengesetze이 효과를 거두지 못하고 있는 상황을 개선하기 위해 설계된 것이었다(Rimlinger, 1971).

비스마르크의 국가주의國家主義, etatism는 보수주의적 국가형성 전략이었다(Van Kersebergen and Kremer, 2008 참조). 즉, 비스마르크가 사회권을 승인한 것은, 위계적 사회의 통합을 증진시키고, 국가의 강화를 목표로 한 국가와 노동자 간의 결속을 형성하며, 사회집단 및 지위집단들 간의 전통적인 위계적 관계를 유지하고, 자유주의자들과 사회주의자들이라는 현대화 세력에 대항할 수 있는 권력을 유지하기 위한 것이었다는 점에서 그것은 근본적으로 보수주의적인 것이었다. 비스마르크는 이런 사회정책 전략과 함께 알프스 산맥 남쪽의 로마의 교권敎權을 우위에 두는 '초국가주의적ultramontane' 지향성을 가진 가톨릭에 반대하는 문화정책을 병행하였다. 이런 점에서 그의 국가주의는 "군주제적 사회주의monarchical socialism"의 원리, 즉 "신민臣民의 복지를 위한 가부장적·권위주의적 책무라는 절대주의적 모델"과 연결된다(Esping- Andersen, 1990: 40).

비스마르크가 펼쳤던 반反사회주의적인 정책과 그가 도입했던 사회정책에 담긴 정치적 의도, 그리고 사회정책의 운영을 국가에 의한 중앙집중적 방식으로 하려 했던 그의 계획 등 이 모든 것들은 바로 그와 같은 국가주의에서 비롯된 것이다. 다른 보수주의자들은 사회문제 해결을 위한 조합주의적 해결책 또는 낭만주의적인 준準봉건적 해결책이나 가족주의적 정책 또는 자유주의자들과 유사하게 작은 정부에 대한 지지를 강조하였지만, 비스마르크는 새로운 독일제국을 경쟁력 있고 강력한 국민국가로 만들기를 원했으며 따라서 그는 자유주의자들과 보수주의자들의 압력에 대항할 수 있는 강력한 국가주의적 정책을 강조하였다. 에스핑-안데르센(Esping-Andersen, 1990: 59)은 다음과 같이 말한다.

> 비스마르크는 그가 최초의 사회보험을 제안했을 때, 두 가지 전선에서 동시에 싸워야 했다. 하나의 전선은 시장적 대안을 선호한 자유주의자들과의 전선이었으며, 다른 하나의 전선은 길드모델 혹은 가족주의를 선호했던 보수주의자들과의 전선이었다. 비스마르크는 시장도 길드도 가족도 아닌 국가의 우월성을 구현하고 싶었다. 비

스마르크는 사회보험의 재정조달과 급여지급을 모두 국가가 담당해야 한다고 주장하였는데, 그는 이렇게 해야만 노동자들을 동업조합(길드)이나 시장이 아니라 군주의 가부장적 권위에 직접적으로 연결시킬 수 있다고 생각하였다.

국가주의적 사회정책은 국가형성 전략의 일환이었다. 독일제국에서 선구적으로 등장한 비스마르크형 사회정책은 정치적으로 소외된 노동자계급이 가진 혁명적 잠재력을 완화緩和하기 위해 그들을 국가와 직접적으로 연결시키려는 분명한 의도를 가진 것으로서 대륙유럽의 다른 많은 나라들이 도입한 사회정책의 중요한 모델이 되었다. 비스마르크형 사회정책의 기본논리는, 일단 노동자들이 얻는 소득의 안정성을 국가의 안정성과 직접적으로 연결시킨다면 그들은 혁명革命에 참여하는 것이 실제로는 그들의 진정한 이익에 배치背馳된다는 사실을 깨닫게 되리라는 것이었다. 그렇게 하여 노동자들의 충성심을 확보하기 위해서는 노동자들로 하여금 그들이 누리는 혜택이 국가의 지원에 의해 주어지는 것임을 직접적으로 인식하게 할 필요가 있었고 이를 위해서는 사회보험을 국가가 운영하는 강제적 사회보험으로 제도화하고 또 사회보험에 정부가 재정을 지원하도록 제도화할 필요가 있었다(Rimlinger, 1968, 1971; Beck, 1995). 비스마르크는 사회질서를 유지하고 노동자계급을 통제하기 위해서는 노동자들로 하여금 그들의 삶 속에서 국가의 존재를 보다 직접적으로 그리고 분명하게 인지할 수 있는 형태로 감지하게끔 해야 한다고 굳게 믿었기 때문에, 국가의 지원을 간접적으로 행사하는 조합주의적 방식에 대해 그것은 오히려 위험하다고 생각하였다. 상층 부르주아계급은 국가의 간섭이 없는 조합주의 방식을 선호하였는데 이는 그들이 보기에 조합주의적 방식이 보다 완벽한 도덕적 모델이었기 때문이다. 즉, 조합주의적 사회정책은 지위격차나 소득격차를 변화시키지 않을 것으로 생각되었고 또 그와 동시에 고용주의 통제 하에 있는 제도 내에서 고용주와 근로자 간의 위계적 관계를 더 강화할 것으로 생각되었던 것이다. 가장 가까운 동맹세력의 반대에 부딪힌 비스마르크는 그가 구상한 순수한 형태의 국가주의적 모델은 그 실현에 필요한 충분한 지지를 받지 못하리라는 사실을 깨달았다. 그리하여 비스마르크는 당초의 국가주의적 구상을 조합주의적 요소를 받아들이는 방향으로 수정하였다. 그리하여 고용주들에게 사회보험제도 운영에 참여할 권리를 부여하였다. 하지만 그 운영을 국가가 감독하도록 하였다. 그러나 연금보험의 경우에 비스마르크는 정치적으로 매우 중요한 제도적 요소인 국가에 의한 재정지원이라는 요소를 도입하는 데 성공하였다. 비스마르크는 1889년 노령·장애연금법을 둘러싸고 벌어진 논쟁에서 "우리가 국가로부터 연금을 받아 생활하는 70만 명의 연금생활자를 갖는다면 그것은 큰 이익이라고 나는 생각한다. 특히 그 연금생활자들이, 대격변大激變에 의해 별로 잃을 것이 없고 오히려 그러한 대격변에 의해 많은 것을 얻을 수 있으리라는 잘못된 믿음을 가진 계급에 속한 경우라면 더욱 그러하다"라고 말하였다 (Rimlinger, 1968: 414에서 재인용).

비스마르크의 사회정책은 사회정책과 복지국가를 정당화하는 국가주의적 정당화 논리의 중요한 예이다. 사회정책을 통한 국가형성노력은, 시민권을 체계화하고 그것을 보다 많은 사람들에게 확대하는 데 노력한 마셜(T. H. Marshall, 1964)의 시민권 이론에 따라 좀 더 일반화하여 접근할 수 있다. 국민국가國民國家, nation state 구축을 둘러싼 투쟁에서 가장 중요한 쟁점 중의 하나는, 누구를 시민으로 간주할 것이며 또 누구로 하여금 사회정책의 결실로부터 이득을 얻게 할 것인가 하는 것이다. 마셜은 시민권市民權, citizenship을 공민권(자유권)과 정치권 그리고 사회권으로 구성되는 것으로 보았는데 이들 세 가지 권리는 국가형성의 역사적 단계와 대략 일치한다.

> 공민권은 인신人身의 자유liberty of the person, 언론 · 사상 · 신앙의 자유, 재산을 소유하고 유효한 권리를 체결할 권리, 그리고 공정한 재판의 권리right to justice 등으로 구성된 것으로서 개인의 자유를 보장하는 데 필요한 제반 권리들을 의미한다. 정치권은 정치적 권위를 부여받은 단체의 구성원으로서 혹은 그런 단체의 구성원을 선출하는 유권자로서 정치적 권력을 행사하는 데 참여할 수 있는 권리를 의미한다. 사회권은 적정수준의 경제적 복지와 안정을 누릴 권리에서부터 해당 사회의 지배적인 기준으로 보았을 때 문명화된 삶이라고 할 수 있는 삶을 영위하고 그 사회의 사회적 유산을 충분히 공유할 수 있는 권리에 이르는 광범위한 권리를 말한다. 우리는 이 세 가지 권리의 형성 시기를 각기 다른 세기로, 즉 공민권은 18세기, 정치권은 19세기, 그리고 사회권은 20세기로 설정할 수 있는데 이렇

게 해도 이것이 역사적 사실을 크게 왜곡하는 것은 아니다. (Marshall, 1964: 78, 81)

따라서 **공민권**公民權, civil right(자유권自由權)은 개인이 자유로울 수 있는 권리로 등장한 것이며 이는 특히 경제영역에서 의미가 있다. **정치권**政治權, political right은 집단으로 하여금 법인격을 가진 존재로 행위할 수 있게끔 하고(단체교섭권의 승인에서 보듯이) 또 보편적 참정권을 보장하는 것으로서 개인의 공민권을 강화한 것, 다시 말해서 강화된 개인적 공민권이라 할 수 있다. **사회권**社會權, social right은 공민권이 현실에서 실제로 작동할 수 있게 하려는 노력, 즉 공민권과 정치권의 완전하고도 평등한 실행을 방해하는 제반 요소를 제거하려는 노력의 결과로 발전한 것이다. 자본주의적 시장관계와 빈곤, 부적절한 교육 등은 공민권과 정치권을 형식적인 권리로 전락시키는 주범으로서 사회정책의 필요성을 창출하는 모순들이다. 그러므로 국가형성의 마지막 단계는, 국가공동체의 구성원들로 하여금 시민적 자유와 정치적 평등을 시민으로서 빠짐없이 모두 **실질적으로** 누릴 수 있게끔 보장하는 사회프로그램을 발전시키는 것이다.

복지국가의 발전은 국민국가의 영토적 공고화의 마지막 단계이다. 왜냐하면 복지국가는 "지역 간 그리고 계층 간에 혜택과 기회를 균등화하는 조치를 통해 일정한 영토 내에서 창출된 경제적 연대經濟的 連帶"이기 때문이다(Flora, 1999: 58). 로칸Stein Rokkan은 "**재분배기관**redistributive agency의 성장, 공공복지서비스의 형성, 그리고 소극적으로는 누진적 과세를 통해 그리고 적극적으로는 부유한 계층 및 지역으로부터 가난한 계층 및 지역으로의 이전을 통해 경제적 조건의 평등화를 이루기 위한 전국적 차원의 정책"에 대해 언급한 바 있다(1975: 572, 고딕 강조는 로칸). 이렇게 볼 때, 복지국가는 본질적으로 정치발전의 두 가지 문제에 대한 답, 즉 '국민국가의 형성 및 그것의 프랑스 혁명 후의 대중민주주의로의 전환 그리고 산업혁명 이후 지배적인 생산양식이 된 자본주의의 발전'에 대한 답이라 할 수 있다(Flora and Heidenheimer, 1981b: 22).

우리는 앞에서 복지국가란 사회·경제적 안정을 바라는 요구에 반응하여 발전한 것이라는 사실과 국가가 자기조정적인 자본주의적 노동시장의 파괴적 힘을 제어하기 위해 개입하게 되면 국가 자체의 성격이 변화하게 된다는 사실을 이미 보았다. 국가는, 그 전환의 속도와 전환의 형태·과정은 서로 차이가 있지만(본문 4장 참조), 그럼에도 불구하고 복지국가로 전환되는 경향이 있고 이는 적어도 일부는 사회적·경제적 현대화의 결과이다. 하지만 정치적으로 볼 때, 복지국가는 민주화해 가는 국민국가의 내부질서를 안정화하는 데 대단히 중요한 역할을 담당해 왔다. '제약된 구조화bounded structuring'에 관한 로칸의 선구적 논의를 따라 페레라(Ferrera, 2003: 618)는 이 점을 다음과 같이 잘 진술한 바 있다.

> 이러한 안정화는 (어느 정도의a modicum of) 물질적 자원에 대한 명시적 수급권리의 보장을 통해 사람들의 삶의 기회를 국가제도에 직접적

으로 연결시킴으로써 이룰 수 있다. 체계특수적 사회권은 국가구성원으로서의 자격을 누림에 있어서 새로운 중요한 요건이 되었다. 사회권의 도입으로 시민권 개념과 영토적 정체성 개념 간의 융합이 가속화하였다. 정치적 참여(일정하게 구획된 영토 내에서의)와 함께 하는 문화적 정체성이라는 두 가지 기본적인 요소가 이제 사회적 공유[5]라는 새로운 요소에 의해 보완되기에 이르렀다. … 이 사회적 공유는 한편으로는 국민국가라는 구성체를 지탱하는 데 필수적인 '우리의식we-ness'을 강화하는 것이었으며, 다른 한편으로는 국가의 지배계급에게 내부자와 외부자를 구분할 수 있는 새로운 도구를 제공하는 것이었다.

더구나 국민국가의 새로운 토대로서의 '우리의식'은 지배계급이 이용할 수 있는 이데올로기적·정서적 권력자원을 강화한다는 추가적인 이점도 가졌다. 로칸의 분석은 사회정책이 국가형성을 위한 중요한 수단이었음을 상기시켜 주고 있다. 실제로 사회정책은 복지국가에서 국가통치의 핵심적인 수단으로 기능해 왔고(Banting, 1995) 국민국가에 대한 충성심을 고양시키는 능력을 가지고 있다. 국민국가의 정부들은 영토를 보전하는 것은 물론이고 거기서 더 나아가 사회보장의 제공을 통해 권력을 얻기 위한 투쟁을 정합게임으로 재구조화하고 사람들의 이해관계에 긍정적인 영향을 미치는 급여를 도입함으로써 정부의

---

5   사회권 – 역자 주.

통치에 대한 사람들의 정치적 지지를 증가시키기 위해 노력하였다.

영토보전의 일환으로서의 국민국가의 사회통합을 자발적으로 그리고 자동적으로 시도한 국가는 하나도 없다. 전全국민적인 복지국가가 형성된 과정은 격렬한 사회 · 정치적 투쟁, 계급 간 · 인종 간의 전쟁 같은 갈등을 완화하고자 한 수많은 실패한 시도들, 전국민적 연대의 구축을 둘러싼 극심한 충돌 등으로 점철되어 있다(Stjernø, 2004 참조). 서구유럽에서도 사회적 재분배를 위한 효과적인 기제가 적절한 수준으로 제도화되고 대규모의 재분배가 정당하다는 인식이 상당정도로 자리를 잡게 된 것은 2차 대전 이후의 일이었다.

많은 학자들은 복지국가가 **정치적인 면에서** 가진 가장 중요한 장점으로 아마도 정당성正當性, legitimacy을 꼽는 데 주저함이 없을 것이다. 킹(King, 1983: 22)은 매우 흥미로운 그러나 지금은 사람들의 기억 속에서 잊혀진 장章에서, "복지국가가 없었다면 정치적 보수주의자들은 그런 비슷한 것을 어떻게든 만들어내야 했을 것"이라고 하면서 복지국가가 정치적 안정성을 보장하는 보호장치이자 변화를 완충하는 완충장치임을 주장한 바 있다. 큐늘리(Kuhnle, 2003: 54)는 "고도로 발달한 민주적 복지국가는 체계의 정당성을 유지시킴과 동시에 경제의 활력과 변혁이 가능하게끔 공공정책을 조정해 나가는 데 탁월한 역량을 갖추고 있다"고 주장하였다. 샤프와 슈미트(Scharpf and Schmidt, 2003: 3)가 주창한 도전-역량-취약성 접근challenges-capabilities-vulnerabilities approach (본문 2장 참조)은 다음과 같은 전제, 즉 시민들의 삶의 기회에 노동과 복지가 대단히 중요하므로 민주국가의 정치적 정당성은 복지국가의 성과에 의해 결정적으로 좌우된다는 전제를 기초로 삼을 정도로 복지국가가 정당성에 미치는 영향을 중시하고 있다. 마르크스주의적 관점에서 복지국가의 역할 혹은 기능은 '평화구현책peace formula'으로 그리고 주된 사회적 모순의 정치적 해결책으로 규정할 수 있다(Offe, 1984: 147).

정치행위자들은 사회정책이 정치적으로 유리한 결과를 가져다준다는 사실 —이를 사회정책이 처음부터 의도한 것은 아닐지라도— 을 어떤 시점에서는 깨닫게 되고 그런 유리한 영향을 자신들의 이해관계에 맞게 더 강화하고자 노력하게 된다. 이러한 정치적 효과가 어떻게 보존되고 공고화되었는가를 잘 보여주는 사례가 바로 스칸디나비아의 사회민주주의이다. 스칸디나비아 지역에서는 사회권 국가social citizenship state가 정치적 운동의 가장 중요한 권력자원이었다(Esping-Andersen, 1985a). 사회주의자들은 사회권을 그 자체로 목적으로 간주하였을 뿐만 아니라 권력동원을 위한 수단으로 간주하였다. 보편주의적 사회정책은 계급 간 연대를 형성하였으며 국민적 정체성을 구축하는 데 도움을 주었다. 나아가 사회정책은 노동시장에서 채찍처럼 가혹하게 노동자들을 속박하는 시장적 규율로부터 노동자들을 해방시켰으며 또 자본에 대한 노동자들의 상대적 힘을 강화하였다. 또한 사회정책은 사회주의자들이 추구하는 여러 많은 목표들의 전제조건이 되는 평등을 진작시키는 데에도 기여하였다. 에스핑-안데르센(Esping-Andersen, 1985a: 148-149)은 다음과 같이 말한다.

사회민주주의적 노동운동의 장기적인 정치적 운명은 그것이 사회 입법을 통해 연대와 탈상품화와 평등을 실현시켜 나갈 수 있느냐 하는 그 능력에 달려 있게 되었다. 자유주의적 혹은 보수주의적 개혁에 대해 사회주의적 대안을 제시하여 그것을 실현시키지 못한다면 노동자계급의 단결과 사회민주주의적 권력동원을 이끌어낼 능력은 약화되어 갈 것이다.

사회정책의 정치적 효과와 관련된 또 하나의 예로는, 기독교민주주의의 '사회적 자본주의' 프로젝트를 들 수 있을 것이다. 이것은 주로 독일과 이탈리아, 네덜란드 등과 같은 나라에서 권력자원을 동원하기 위한 수단으로 그리고 그와 동시에 그런 권력동원의 결과로서 나타난 것이었다. 유권자들 사이에서뿐만 아니라 정당 내부에서의 계급초월적 연합階級超越的 聯合, cross-class coalition이 기독교민주주의의 특징이다. 계급초월적 호소력과 다양한 사회집단의 통합은 계급초월적 연합의 중요한 토대로 작용해 왔다. 계급초월적 연합은 집단 간의 이익 등의 교환, 사회적 보상, 지지단체들 간의 광범위한 관계의 유지 등에 의해 가능하였다. 복지국가가 가진 조세 및 급여 체계는 이른 바 중재의 정치를 가능케 하는 수단, 즉 사회적 이해관계 간의 갈등은 연대의 고양을 위해서(사회민주주의의 경우) 또는 자연적이고 유기체적인 사회조화를 회복하기 위해서(기독교민주주의의 경우) 정치적으로 타협되어야 하고 또 타협될 수 있다는, 이데올로기적으로 고취되고(기독교민주주의의 경우 종교적으로 고취된 면도 있다) 제도적으로 뿌리내린 그리고 정치적으로 실천되는 신념을 가능케 하는 수단으로 그리고 기독교민주주의에 유리한 계급초월적 정치연합이 형성되는 데에 도움이 되는 수단으로 기능하였다(Van Kersebergen, 1995, 1999).

기능적 필요와 사회·정치적 통합에의 압력이라는 측면에 중점을 두어 지금까지 논의한 내용들은, 전후 선진 산업민주주의 국가들의 구조적 요소로서의 복지국가가 갖는 두 가지 대단히 핵심적이고 긍정적인 통합효과를 밝히는 데 도움이 된다. 그 두 가지 통합효과 중 첫째는 **사회통합**社會統合, social integration으로서 이것은 사회정책을 비롯한 복지국가의 다양한 정책들이 사회적 갈등을 ―그중에서도 유일한 갈등은 아니지만 특히 계급갈등을― 효과적으로(효과적인 정도는 나라에 따라 차이가 엄청나게 크다) 중재하고 조절하며 타협시켜 온 것을 말한다. 둘째의 통합효과는 **국민통합**國民統合, national integration 혹은 **영토적 통합**領土的 統合, territorial integration으로서 이것은 복지국가가 부자로부터 빈자(사람과 지역 모두에 있어서)에게로 자원을 재분배함으로써 국민적 정치공동체를 성공적이고 적극적으로(성공적인 정도와 적극적인 정도는 나라에 따라 차이가 있다) 구축하고 강화해 온 것을 말한다. 이들 두 가지 효과는 2차 대전 후 국가형성의 지속적 추진과 영토적 재공고화, 그리고 국민국가의 정치적 정당성의 재구축을 위해 없어서는 안 될 요소였다(Milward, 1992).

사회적·경제적·정치적 조건들은 끊임없이 변화하고 따라서 새롭게 적응해야 할 필요를 지속적으로 창출하기 때문에, 사회적·정치적 질서라는 것도 그것이 본질적으로 안정적일 것이라고 가정하는 것은 대단히 비현실적인 태도이다(본문의 2장 참조). 사회적 갈등의 타협(사회통합)과 국민적 정치공동체의 구축(국민통합)과 관련해서도 그것이 모든 정치체가 고정적으로 가진 속성이라고 생각해서는 안 된다. 사회적 갈등의 타협이나 국민적 정치공동체의 구축은 언제나 사회정치세력들 간에 형성되는 연합의 제도화에 의존하는 것인데, 사회정치적 연합의 제도화 자체가 가변적이기 때문이다. 그러므로 우리들의 연구목적에 비추어 여기서 얻을 수 있는 교훈은, 사회정책을 매개로 한 사회통합과 정치통합은 연속적이며 역동적이고 또 상황에 따라 조건적이고 상황이 변화하면 그에 따라 변화해야 하는 그런 적응적 과정適應的 過程, adaptive process이라는 것이다. 복지국가는 그것이 지금까지 아무리 안정적이었고 또 현재도 안정적이라 할지라도, 사회통합과 정치통합을 끊임없이 재보장하고 재강화해야 하는 존재이다. 복지국가 개혁을 시도한다는 것은, 따라서 정책의 변화를 의미함은 물론이고 거기서 더 나아가 사회정책과 정치질서, 그리고 정치적 정당성 간에 지금까지 존재했던 호혜적 연관성을 재규정하고 재구조화하는 정치적으로 매우 위험한 작업까지도 수행해야 함을 의미한다. 사회정책이 국가형성의 수단으로서 그리고 국민적 정체성 구축의 수단으로서 거둔 성공은 긍정적 환류기제를 만들었고 이를 통해 복지국가의 정치적 정당성을 확립하는 데 기여하였으며 동시에 급진적인 복지국가 개혁을 어렵게 만드는 중요한 원인이었다.

4

논리 Ⅲ: 욕구충족과 위험의 재할당

정치행위자들이 탈상품화라는 반작용을 실현하는지(논리 I) 여부와 그들이 국민국가를 구축하고 국민적 정체성을 형성하는지(논리 II) 여부에 관계없이, 그들은 그들 사회에 실제 존재하는 사회적 욕구나 요구, 그리고 정치적 목적에 실질적으로 관계하는 사회정책을 만들어 운영해야 한다. 볼드윈(Baldwin, 1990)과 에스핑-안데르센(Esping-Andesen, 1999)의 논의를 따라 이 책에서 우리는 그러한 사회적 욕구나 필요의 처리와 관련된 복지국가의 근거는 많은 논자들이 주장해 왔던 바 사회경제적 평등이나 부자로부터 빈자로의 재분배에 관련된 것이 아니라 사회적 위험의 분산과 재할당에 관련된 것이라고 본다. 위험危險은 어떤 사건(예컨대, 노동재해)이 발생할 확률과 그 사건으로 인한 영향(예컨대, 소득상실)의 곱으로 정의된다. 우리는 사회적 위험社會的 危險, social risk을 사회적 지위와 생애주기에서의 위치와 연관된 복지상실福祉喪失, welfare loss의 확률(이 확률은 물론 계산하기가 대단히 어려운 것은 사실이다)로 규정한다. 볼드윈(Baldwin, 1990: 1)은 다음과 같이 주장한다.

> 복지국가는, 지속적으로 다변화해 가는 위험과 불운으로부터 점점 더 많은 사람들을 보호하기 위해 사회보험이라는 수단을 적용함으로써, 사회구성원 각자를 보다 평등하게 처우할 사회적 능력을 크게 향상시킬 수 있었다. 하지만 이러한 능력의 향상은 부의 재분배를

통해 이루어진 것이라기보다는 위험과 불행의 비용을 재할당하여 이루어진 것이었다. 보험은 숙명과 운運과 무도한 사회환경이 미치는 영향을 현금과 현물과 서비스라는 공통의 요소로 전환시키고 나아가 이러한 공통의 요소로의 전환을 통해, 불운을 피할 수 있었던 사람들에 대해서는 그들이 직접 겪지 않은 사건에 책임을 나누어지도록 하고 불운을 피하지 못하여 그로부터 고통을 당하는 사람들에 대해서는 평균적인 부담만 지게 함으로써 그 공통의 요소들을 재할당한다. 동일한 위험공동체에 속한 구성원들은 불운의 영향이라는 측면에서 모두 평등한 것이다.

따라서 복지국가는 볼드윈이 주장하는 바 위험의 균등화와 같은 근거에 의해서도 정당화될 수 있는 것이다. 물론 그런 종류의 근거라도 구체적인 내용은 국가에 따라 다를 수 있다. 어떤 복지국가는 기여에 기초한 전통적인 사회보험이나 지위에 따른 격차를 보존하는 사회보험을 선호하여 개별적 **형평성**을 강조하는 반면, 또 어떤 복지국가는 계급이나 지위에 따른 차이를 제거하기 위한 보편주의적 제도를 선호하여 **평등**을 강조하기도 한다(Esping-Andersen, 1999; 또한 이 책의 4장도 참조). 볼드윈의 논의로부터 얻을 수 있는 교훈은 이러한 차이에도 불구하고 모든 복지국가는 사회적 위험에 대한 보호를 목표로 한다는 것이다. 평등이라는 것은 개인들이 공동대처 가능한 유사한 위험에 직면하는가 여부에 일차적으로 관련된 것이다. 볼드윈은 위험범주라는 개념을 주창하였는데 그에 의하면 '위험범주危險範疇, risk category'란 '보장수단과의 관계를 공유한다는 사실에 의해 그리고 사회보험에 의한 위험의 재할당으로부터 이익 혹은 손실을 공유한다는 사실에 의해 공통의 이해관계를 가지게 된 행위자들의 집합'을 의미한다. 이것은 볼드윈이 말하는 다른 개념, 즉 연대의 가능성이라는 개념, 즉 유사한 위험의 공유라는 면에서 동일한(평등한) 사람들 간의 연대라는 개념과 연결된다.

그런데 국가는 왜 그리고 언제 사회적 위험에 대한 보호를 주창하고 조직하고 심지어는 보장하기까지 하는가? 사회적 행위자들과 정치적 행위자들은 어떻게 사회적 위험에 대한 보호를 제도화하는 데에 나서게 되는가? 그러한 사회보호의 제도화에 나선다면 그 근거는 도대체 무엇인가? 우리는 기존의 복지체제론의 연구성과로부터 가족과 시장과 국가 모두가 일과 복지, 그리고 사회적 위험으로부터의 보호를 위해 나름의 역할을 하고 있다는 사실을 알고 있다. 또한 우리는 가족, 시장, 국가와 같은 사회제도들이 사회적 위험에 대한 대처에 있어서 상호 대체가능한 기능적 등가물인 것은 아니라는 사실도 알고 있다(Esping-Andersen, 1990, 1999). 위험의 사회적 분배에 국가가 개입하는 것은 논리 II에서 논의한 정치적 통합과 국가형성 주장을 보완하는 것인데, 그처럼 국가가 위험의 분배에 관여하게 된 주된 이유는 가족과 시장이 사회적 위험에 대한 보호를 적절히 제공하지 못하기 때문이다.

시장실패市場失敗, market failure와 시장비효율성市場非效率性, market inefficiency은 널리 알려진 현상이다(Barr, 2004 참조).[6] "보이지 않는 손의 정리定理, invisible hand theorem"(Barr, 2004: 73)에 따르면, 시장은 시장

모델의 전제가 되는 표준가정이 모두 충족될 때 그리고 오직 그때에만 청산淸算된다. 그 첫째 가정은 **완전경쟁**完全競爭, perfect competition 가정인데 이것은 "모든 경제주체가 가격수용자價格受容者, price-taker여야 하며 또 동등한 힘을 가져야 함을 의미하는 것이다(Barr 2004: 73)." 하지만 예컨대 경제적 독점이 발생하여 모든 경제주체가 가격수용자여야 한다는 조건이 충족되지 않거나 경제주체들 간에 힘이 균등하게 분배되지 못하게 되면, 시장비효율성이 나타나게 된다. 둘째의 가정은 **시장실패 부재**absence of market failure의 가정인데, 이 가정은 다음의 상황에서는 충족되지 못한다.: ① 재화가 공공재公共財, public goods일 경우 시장실패가 일어나는데, 공공재는 일차적으로 무임승차자無賃乘車者 문제free-rider problem를 발생시키기 때문에 시장에서 적절히 공급되지 못한다. ② 외부효과外部效果, external effect가 존재할 경우 시장실패가 일어나는데, 외부효과는 A가 B에게 비용(혹은 편익)을 발생시킬 때 그 비용(혹은 편익)이 보상되지(A로부터 B에게)(편익의 경우는 B로부터 A에게) 않을 때 발생한다. ③ 어떤 기업이나 생산자에게 규모規模에 대한 수확체증收穫遞增 현상increasing returns to scale이 존재하여 그런 현상을 경험하지 못한 경쟁자는 시장에서 퇴장해야 할 때 시장실패가 일어난다.[7] 셋째의 가정은 재화의 품질과 가격에 관한 **완전**完全한 **정보**情報, perfect information 가정

---

6 이 부분의 논의는 드 비어 외(De Beer et al., 2009)의 논의에 크게 의존한 것이다.
7 공공재의 가장 중요한 특징은 그 재화에 비용을 지불하지 않은 사람을 그 소비에서 배제할 수 없다는 것이다. 공공재로부터 이익을 누리면서도 공공재의 생산에 소요된 비용을 부담하지 않는 사람이 무임승차자이다. 규모에 대한 수확체증은, 예컨대 노동과 자본의 투입을 두 배 증가시켰는데 산출이 두 배 이상 증가하는 경우에 발생한다.

인데 이 가정 역시 충족되지 못하는 경우가 많다. 예컨대 보건의료의 경우 서비스(진료나 처치 등)의 질을 '우수'하다고 평가하려면 고도의 전문지식을 필요로 하는데 이러한 전문지식은 보건의료서비스를 공급하는 주체들(의사 등의 의료전문직)만이 가지고 있다. 따라서 보건의료의 경우 정보를 획득하는 데 비용이 소요되며 또 정보를 얻기도 용이하지 않다. 게다가 보건의료의 경우에는 불완전한 정보 혹은 획득불가능한 정보와 그로 인한 잘못된 선택이 엄청난 비용(예컨대, 건강상실 등의 면에서)을 유발할 수도 있다. 보건의료서비스의 가격을 비교하는 것은 불가능하지는 않을지라도 대단히 어렵기 때문에 보건의료의 경우 완전한 정보라는 가정은 충족되지 못한다. 또한, 미래사건에 대한 보험이라는 측면에서 볼 때, 미래에 대한 완전한 정보란 사실 불가능한 것이다. 이와 관련하여 복지국가를 정당화할 반☒사실적 근거를 발견할 수 있다. 만일 우리가 확실성의 세계에서 살고 있다면 우리는 아마 복지국가라는 것을 필요로 하지 않을 것이다. 바아(Barr, 2004: 79)는 다음의 예를 들어 이를 잘 보여주고 있다.

- 확실성의 세계에 산다면 위험이라는 것이 존재하지 않을 것이므로 보험도 필요 없다.
- 사람들은 자발적 저축을 통해 그들의 노후를 대비할 것이며, 또 완전한 자본시장에서의 차입을 통해 교육비도 조달할 것이다. 소비수준의 유지는 민간기관을 활용한 자발적 노력에 의해 가능할 것이다.

- 단기적 빈곤(즉, 일시적 빈곤) 역시 차입이나 저축으로 대처 가능할 것이다. … 일생 동안 내내 가난한 것이 아니라 일시적으로 가난에 빠질 수 있는 사람들을 대상으로 그들의 일시적 빈곤 문제를 다루는 것은 전통적인 구빈제도라기보다는 소비수준의 유지라고 하는 편이 더 정확하다.
- 확실성의 세계에서 복지국가가 존재한다면 그 유일한 이유는 일생동안 내내 가난한 사람의 빈곤구제를 하기 위한 것뿐이다.

시장모델의 마지막 가정은 **완전한 시장**complete market 가정인데, 이 것은 '사람들이 그 생산비용을 지불할 준비가 되어 있는 모든 재화와 용역을 공급하는' 시장을 말한다(Barr, 2004: 74). 이 완전한 시장이라는 가정도 충족되지 못하는 경우가 많은데 가장 널리 알려진 경우가 공공재이다. 이 책에서의 논의와 가장 적합한 것은 보험이 성립할 수 없는 위험uninsurable risk, 예컨대 실업의 경우이다. 이들 네 가지 가정 중 어느 하나라도 충족되지 못하면 이는 시장비효율성을 초래하며 따라서 국가개입을 정당화하게 된다. 복지국가의 근거는 우리가 사는 세계가 보이지 않는 손의 정리에 따라 작동하는 세계가 아니라는 사실로부터 주어지는 것이다.

실업보험은 이와 같은 경제이론적 근거를 예증하는 가장 분명한 예일 것이다. 실업이라는 위험에 대해 보험을 제공함에 있어서의 문제는 실업이 무작위적 혹은 보편적 위험이 아니라는 사실에 있다. 실업의 경우 체계적 외부성外部性, externalities(=외부효과)이 존재한다. 즉, 어떤 사람이 실업할 위험은 다른 사람의 실업할 위험과 독립적이지 않다. 예컨대, 경기가 침체기에 있을 때에는 많은 노동자들이 한꺼번에 해고될 수 있다. 하지만 실업은 그 발생범위를 예측하기가 어려우며 그 지속기간이나 수준도 예측하기가 어렵다. 이로 인한 불확실성으로 말미암아 개인의 실업확률을 보험수리적保險數理的 측면에서 추정하거나 계산하기가 어렵게 되고 이 때문에 실업이라는 사회적 위험은 매우 특수한 위험이 된다. 따라서 만일 민간보험회사가 실업보험을 운영한다면 그 회사는 수많은 가입자들이 동시에 실업할 가능성에 대비하기 위해 엄청난 규모의 완충기금을 마련해 두어야 한다. 이에 따라 민간보험회사가 운영하는 이 실업보험은 보험료가 엄청나게 높아지게 된다.

개별 노동자들은 각자 자신들의 실업위험을 어느 정도 합리적으로 예측할 수 있다. 그들은 자신들이 회사에서 어떻게 일을 할지 그리고 회사가 어떻게 할지(예컨대 미래의 어느 시점에 해고할지) 등을 어느 정도 알고 있다. 하지만 민간보험회사는 개별 노동자들의 실업위험을 그처럼 예측할 수가 없으며 따라서 실업위험에 따라 보험료를 차등화할 수가 없다. 즉, 실업위험에 관해서는 노동자들이 보험회사보다 더 많이 아는 정보의 비대칭성非對稱性, information asymmetry이 존재하게 되는 것이다. 이것은 불량위험不良危險, bad risk을 가진 사람이 보험회사에 자신이 불량위험을 가졌다는 사실을 숨기는 '역선택逆選擇, adverse selection'을 초래하게 된다(Barr, 2004: 109, 389). 보험회사는 실업위험이 낮은 노동자, 즉 '우량위험優良危險, good risk'을 가진 노동자(저위험집단)를 가입시키고 싶기 때문에 낮은 보험료와 낮은 보장범위, 낮은 보험금을 제공하는 저低보장제도를 제시하게 되는데 이는 높은 보장범위를 원하는 고위험집단에게는 매력적이지 않은 것이다. 저위험가입자들은 높은 보장을 제공하는 고高보장보험을 떠나게 되며 이에 따라 보험료는 더 오르게 된다. 이로 인해 더 많은 가입자들이 다시 고보장제도로부터 이탈하여 저보장제도를 택하게 되며 이에 따라 저위험가입자들은 또 다시 보장범위가 더 낮은 보험을 택하게 되고 이 과정은 계속 반복된다. 이 결과 실업보험시장은 실패하게 된다.

일반적으로 보험은 '도덕적 해이道德的 解弛'의 문제를 안고 있는데, 이것은 보험회사가 인지하지 못한 상태에서 가입자가 보험회사의 배상책임에 영향을 미치는 상황을 말한다(Barr, 2004: 111, 392도 참조). 좀 더 쉽게 말하면 도덕적 해이는 보험가입자가 보험가입으로 인해 그 보험이 대상으로 하는 위험에 대해 위험회피적인 태도를 덜 갖게 되는 현상이라 할 수 있다. 예컨대 실업보험에 가입하게 되어 실직 시 급여를 받게 되었다고 하면 실직이 주는 심각성은 감소하게 되고 따라서 근로자들은 실업을 회피할 동기와 실직 시 새로운 직장을 구할 동기가 약화될 수 있는 것이다.

역선택의 문제와 도덕적 해이의 문제로 인해 민간실업보험이 생겨나기는 매우 어렵다. 역선택 문제를 해결하는 방법은 **강제보험**強制保險, compulsory insurance을 도입하여 모든 사람을 의무적으로 가입토록 하는 것이다. 이렇게 되면 '고위험집단'도 의무적으로 가입해야 하지만 '저위험집단'도 고위험집단에게 제공되는 보험에 기여금을 의무적으로 납부해야 한다. 도덕적 해이의 문제를 해결하는 방법으로는 강제보험

내에서 기여금을 차등화하는 방법을 들 수 있다. 하지만 강제보험은 개인의 실업위험이 사회적 위험으로서 상호의존적이라는 문제를 해결하지는 못한다. 그래서 강제보험이라도 이것이 민간에서 운영되는 경우에는 보험회사가 거대한 규모의 완충기금을 조성해놓든지 아니면 국가가 보험회사의 파산에 대비하여 급여의 지급을 보증하든지 해야 한다. 결론은, 실업과 같은 위험에 있어서는 민간보험시장이 발달할 가능성이 없거나 혹 있더라도 지극히 일부의 고위험집단을 대상으로 한 보험만 있을 수 있다는 것이다. 이 문제를 해결하는 방법은 모두가 똑같이 기여금을 납부하도록 하는 **공적**公的, public 강제보험을 도입하는 것이다.[8] 공적 강제보험은, 사후적으로 기여금을 인상시킬 수 있기 때문에(이론적으로 그렇다는 것이며 실제로는 반드시 그렇지 않은데 이는 2009년 이래 그리스의 부채위기에서 증명된 바 있다. 국가는 파산하지 않는다) 역선택의 문제와 엄청난 완충기금의 문제를 피함으로써 연대의 문제를 해결할 수 있다. 간단히 말해서 해결책은 강제적 사회보험이라는 것이며, 강제적 사회보험은 민간보험과 두 가지 결정적인 점에서 차이가 있다. 바아(Barr, 2004: 117)는 이 차이를 다음과 같이 말한다.

---

8 여기서 우리는 제3의 선택지는 배제하고 있다. 그 제3의 선택지는 노동조합에 의한 강제보험 모델이나 겐트 시스템Ghent system 등을 가리키는데 이들을 고려대상에서 제외한 이유는 역사적으로 이들 역시 민간보험이 실패한 것과 유사한 이유로 인해 국가부문으로 흡수되었기 때문이다. 노동조합모델이 실패한 것은, 이 모델이 그 정의상 노동시장 외부자를 제외할 수밖에 없었고 그러다보니 위험발생확률의 상호의존성이 매우 높은 사람들만을 대상으로 하게 되었고 따라서 재정적 지속가능성을 확보할 수 없었기 때문이었다. 겐트 시스템이 오랜 기간 존속한 나라들이 있는데 이 경우는 지방정부가 급여를 보조(벨기에의 경우)하든지 아니면 기여금을 보조(덴마크의 경우)하였기 때문이다(Alber, 1981 참조).

첫째, 가입이 … 의무화되어 있기 때문에, 보험료와 개별위험 간의 연결을 해체하는 것이 … **가능하다.** 따라서 위험분산은 필수적인 것이 아니라 선택할 수 있는 하나의 대안이 된다. 둘째, 민간보험과 달리 사회보험에서 계약의 내용은 그리 구체적이지 않다. 이는 두 가지 장점을 갖는데 하나는 민간보험에서는 다루지 않는 위험에 대해서도 보호를 제공할 수 있다는 것이고 … 다른 하나는 시간이 지남에 따라 그 성격이 변화하는 … 위험에 대해서도 보호를 제공할 수 있다는 것이다. … 보험수리에 엄격히 입각해야 하는 민간보험과 달리 사회보험은 위험뿐만 아니라 **불확실성**에 대해서도 보호를 제공할 수 있는 것이다. (고딕 강조는 원저자)

물론 도덕적 해이의 문제는 공적 사회보험에서도 해결되지 않는다. 사실, 공적 실업보험은 가격(이 경우는 기여금)을 놓고 경쟁하는 경쟁자가 없는 관계로 실업자를 노동시장으로 빠른 시간 내에 재진입시키고자 하는 유인이 없어 오히려 도덕적 해이 문제를 악화시킬 수 있다. 이 결과 연대를 장려하는 공적 실업보험이 높은 수준의 실업을 초래하는 경향을 보이는 것이다. 이런 이유로, 정책결정자들은 정책실행에 있어서 경쟁의 요소를 도입한다든지 수급자격 조건을 비롯한 여타 조건들(급여수준, 급여기간, 대기기간, 자산조사여부 등)을 구직동기의 저하를 최소화하는 방향으로 설정한다든지 하는 조치들과 함께 개인 및 부문의 실업위험에 따라 기여금을 차등화하는 조치를 도입하는 등의 실험을 시도해 오고 있는 것이다.

지금까지의 논의를 요약해 보자. 사회적 욕구와 요구에 대응한다는 측면에서 볼 때, 복지는 무엇보다 사회적 위험을 분산하고 그것을 재할당하려는 것이라 할 수 있다. 사회적 위험은 민간보험시장의 발전을 저해하는 특별한 속성을 갖고 있는데 이것이 강제적 사회보험이 등장하게 된 중요한 원인이다. 질병이나 노령과 같은 일부 사회적 위험은 계급특수적階級特殊的, class-specific인 것이 아니며(Esping-Andersen, 1999: 41-43 참조) 생애주기에 보다 전반적으로 연관된 위험이다. 이런 위험의 경우에는 위험분산이 모두에게 분명한 대안이 될 수 있고 위험의 재할당은 일차적으로 위험범주들 사이에서 수평적으로 일어난다. 하지만 사회적 위험 중에는 그 위험에 노출된 사람이 사회구조에서 어떤 위치를 차지하고 있느냐에 따라 상당히 다른 결과를 초래하는 위험도 있다. 이는 특히 사회계급과 관련하여 그러하다. 실업이나 노동재해와 연관된 장애 같은 계급위험은 위에서 본 노령이나 질병 같은 위험과는 뚜렷이 구분되는데, 이는 이들 위험이 부와 소득의 수직적 재분배라는 정치적으로 논란의 소지가 있는 요소를 내포하고 있기 때문이다. 이는 복지국가의 마지막 논리인 계급정치와 계급연합, 그리고 재분배 논리로 이어진다.

5
논리Ⅳ: 계급정치, 계급연합, 그리고 재분배

"복지국가는 시민들의 욕구를 충족하기 위해 존재한다. 물론 이것은 복지국가의 많은 존재근거 중 한 가지에 불과하지만, 욕구충족을 하지 않는 복지국가를 옹호한다는 것은 매우 이상한 일이 될 것이다 (Zutavern and Kohli, 2010: 169)."

앞의 논리Ⅰ(3.2절)에서 본 현대화 이론은 복지국가의 기원과 발전을 그것이 충족시키는 욕구에 비추어 설명하는 **기능주의적 이론**이다. 주타번과 콜리Zutavern and Kohli는, "기능주의적 설명은 그것이 복지국가의 책임이라고 전제하는 욕구의 구체화와 운명을 같이 하는 것"이라고 주장하였다(2010: 169). 기능주의적 이론에 대한 주된 비판은 그 이론이 사회경제적 발달이라는 견인요인pull, 즉 개입의 필요성이라는 견인牽引요인과 사회적·정치적 행위자들이 개입 확대를 위해 가하는 사회·정치적 추동推動요인push을 구분하지 못한다는 것이다. 이로 인해 기능주의적 이론은 사회적·정치적 행위자들이 그들의 요구를 실현시킴에 있어서 보이는 다양한 정도의 성공과 실패로 인해 초래되는 차이 혹은 변이에 대해서는 아무런 설명도 하지 못하는 경향이 있다. 주타번과 콜리의 적절한 분석과 언급에 따르면, '사회·경제적 변화가 인간의 욕구에 미치는 영향을 정책변화로 이어지게 하려면 그 영향을 복지국가가 다루어야 하는 문제로 구체화해야' 하는 것이다(Zutavern and Kohli, 2010: 174). 사회·경제적 변화의 영향을 정책변화로 이어지게 하는 것이야말로 복지국가에 관한 우리의 개방적 · 기능적 접근이 하고자 하는 바이다. 이런 점에서 우리가 살펴보고자 하는 마지막 넷째의 논리는 계급정치와 계급연합 그리고 재분배의 논리이다.

복지국가에 대한 권력자원론적 접근權力資源論的 接近, power resources approach은 기능주의적 접근을 비판하기 위한 접근으로 등장한 것이다. 권력자원론적 접근에 따르면, 특히 노동자계급 혹은 좀 더 일반화하면 임금노동자들의 사회적으로 조직된 이해관계(예컨대, 노동조합)와 정치적으로 조직된 이해관계(예컨대, 정당)는 그들의 요구(선호)와 이익을 복지국가가 다루어야 하는 문제로 구체화하고자 투쟁하였다는 것이다. 이러한 이해관계에 기초한 접근 혹은 선호에 기초한 접근은 이해관계를 부분적으로나마 욕구의 개념화에 근거하여 규명하고 있다. 이렇게 말할 수 있는 것은 우리가 합리성을 전제할 때, 조직된 이해관계가 그들이 욕구하지 않는 것을 원하리라고 생각할 수는 없다는 점에서 그러하다(Zutavern and Kohli, 2010: 174).

하지만 권력자원론은 실제 역사의 전개와 맞지 않는 문제가 있다. 임금노동자 운동의 힘은 현대사회정책의 기원과 직접적으로 연관되지 않는다. 강제적 사회보험의 선구자인 비스마르크는 산업노동자들의 비참한 운명을 개선하는 데 관심을 가진 사회개혁가가 아니라 보수주의적인 국가형성 추구자였다는 사실이 이를 잘 보여 준다. 하지만 비스마르크의 사회주의자 진압법은 당시 같이 도입된 사회보험과 함께 초기 사회주의 운동과 노동자문제 혹은 사회문제에 대응하기 위한 것이었다는 점에서 노동운동의 힘과 현대사회정책 간의 연관성이 간접적인 것으로 존재했다고 주장할 여지는 있다. 비록 사회주의자들이 현대사회정책을 도입한 최초의 행위자는 아니었을지라도, 그들은 사회적 욕구가 발생하는 상황에서 개혁을 추동하는 역할을 계속 수행하였다. 복지국가의 확장과 그것이 미친 분배적 영향은 사회주의적 혹은 사회민주주의적 노동운동의 힘이라는 정치논리에 적어도 일부라도 기대지 않고는 설명될 수가 없다.

흔히, 권력자원론은 임금노동자들의 사회민주주의적 조직화 정도(노동자계급에 있어서 조직화는 중요한 권력자원이다)와 복지체계의 보편주의와 연대, 재분배의 수준을 인과적으로 연결시키는 접근으로 특징지워진다. 사회민주주의적 권력은 복지국가를 통해 높은 수준의 사회적 평등을 이루고자 한다. 좌파정당이 자본주의 사회에서 그런 평등한 결과를 가져올 정치적 효능은 그들이 강력한 노동조합의 지지를 어느 정도나 받을 수 있는가 그리고 중앙화된 조합주의적 노사관계체계라는 노동조합의 힘을 촉진하는 제도가 어느 정도나 잘 갖추어져 있는가 여부에 달려 있다.

복지국가에 대한 권력자원론적 논리는, 노사관계와 노동시장이 사회계층화를 상당 정도로 결정한다는 신념을 그 출발점으로 삼고 있다. 삶의 기회에 영향을 미치는 사회적 균열은 많이 있지만, 자본주의 사회에서는 계급에 따른 균열, 즉 계급균열階級龜裂이 가장 중요한 균열이다. 권력자원론적 접근의 '아버지'이자 그것의 가장 중요한 옹호자인 코르피(Korpi, 2006: 172)는 다음과 같이 주장하였다.

노사관계와 노동시장은 사회경제적 계층화의 핵심을 이룬다. 노동시장과 노사관계에서 행위자들은 두 가지 형태의 기본적인 권력을 갖는데, 그중 하나는 경제적 자산이며 다른 하나는 노동력, 즉 인적자본이다. 이 둘 간의 중요한 차이는, 인적자본과 달리 경제적 자원은 그것을 그 소유자로부터 분리하여 다른 행위자들에게 이전시킬수 있으며 따라서 전형적으로 경제적 자원은 인적자본보다 훨씬 더 강력하게 집중화시킬 수 있다는 사실에 있다. 따라서 일차적으로 자신의 인적자본에 의존하는 개별 근로자는, 궁극적으로 다양한 형태의 자본에 대한 통제로부터 권력을 이끌어내는 고용주에게 노사관계에 있어서 일반적으로 종속적인 위치에 서게 된다.

인적자본이 다소간이라도 유의미한 권력원천이 되기 위해서는 집단행동集團行動, collective action(=집합행동)이 필수적이다. 따라서 노동력을 위한 투쟁은 곧 집단행동을 가능케 하는 조건을 확보하고 그것을 개선하기 위한 투쟁을 의미한다. 마르크스가 말한 바와 같이, 자본주의사회에서 노동이 어떤 영향력이든 그것을 발휘하려면 노동자들은 즉자적 계급即自的 階級, Klasse an sich에서 대자적 계급對自的 階級, Klasse für sich으로, 즉 노동자의 위치와 욕구를 자각하고 그런 자각을 조직하며 계급투쟁이라는 관점에서 사고하고 행위하는 계급으로 변화되어야한다.

사회계급과 복지국가 간의 연관성은 다음과 같다.

서로 다른 사회경제적 계급에 속한 시민들은 그들이 생애주기 동안 직면하는 위험에서도 차이가 나게 된다. 어떤 생애주기적 위험은 보편적인 과정으로 사람들에게 나타나지만, 노령이나 질병, 노동재해, 실업, 빈곤, 아동양육 등 대부분의 위험들은 각 개인이 사회경제적 계급구조에서 어떤 위치를 차지하느냐에 따라 시민들 사이에 불평등하게 분배되어 나타난다. 뿐만 아니라 계급은 이러한 생애주기적 위험에 대처하는 데 필요한 자원과도 관련되어 있어서 위험과 자원 간의 부정적인 상관관계를 만들어낸다. 그리하여 위험에 더 많이 노출되는 시민들일수록 그 위험에 대처하는 데 필요한 자원을 더 적게 가지는 경향이 있다. 따라서, 노사관계 및 노동시장의 행위자들이 통제할 수 있는 권력자원의 차이로 인해 계급은 분배갈등의 주요 토대가 되는 것이다. (Korpi, 2006: 173)

물론, 집단행동과 분배갈등 및 분배결과에 영향을 미치는 사회정치적 정체성의 원천은 계급 외에 종교, 인종, 직업지위 등 여러 가지가 있다. 하지만 권력자원론은 계급관련적 분배갈등이 가장 지배적인 것이라고 가정한다. 코르피에 의하면, "계급초월적 균열이 어느 정도나 동원될 수 있는가는 구조적 요인에 의해 영향을 받지만, 분배적 갈등이 그러한 다양한 균열의 상대적 중요성에 영향을 미치는 것 역시 중요하다(Korpi, 2006: 173)."

복지국가에 있어 중요한 사실은, 그것이 노동계급의 조직들, 즉 사회민주당과 노동조합이 추진한 계급프로젝트였다는 사실이다. 하지만 쉐보르스키와 스프라그(Przeworski and Sprague, 1986)가 주장하듯이 사회주의자들은 어디에서도 스스로의 힘으로는 짧은 기간 동안만이라도 선거에서 과반의 지지를 얻은 적이 없었다. 따라서 노동계급은 그들이 선호하는 사회정책을 도입하고 안착시키기 위해서는 다른 계급과 사회조직, 정당들의 지지를 필요로 했으며 그리하여 이들에게 평등과 사회정의, 노동자들의 삶의 조건 개선, 탈상품화와 같은 고상한 사회주의적 목표를 지지해줄 것을 설득해야만 했다. 이런 점에 착안하여 에스핑-안데르센은 권력자원론의 초기 논리를 수정하고 나아가 "정치적 계급연합의 역사가 복지국가의 다양성을 설명하는 데 가장 결정적인 원인"이라고 주장하였다(Esping-Andersen, 1990: 1; 이 책의 4장 참조).

에스핑-안데르센의 관점에 따르면 복지국가의 등장과 확장은 계급 및 그 계급이 참여하는 연합이 전개한 사회·정치적 투쟁에 의한 것이다. 계급의 사회적 조직(노동조합 대 사용자단체, Ebbinghaus, 2010b 참조)과 정치적 조직(사회민주당 대 여타 정당, Schmidt, 2010 참조) 사이의 권력관계가 복지국가 발전의 변이를 결정짓는다. 다소 과도하게 단순화하여 말하자면, 노동계급의 조직화된 권력이 강할수록 복지국가의 규모가 크게 된다고 할 수 있다.

우리는 이 책의 4장에서 권력자원론적 접근을 좀 더 정교화하고 수정할 것인데 이 과정에서도 보게 되겠지만, 갈등과 연합이 복지국가의 다양성을 이해하는 데 중요하다는 착상은 사회민주주의적 권력과 복지국가 발전 간에 선형적 관계가 존재할 수는 없다는 생각을 함축한

복지국가 개혁의 도전과 응전

다. 다른 정치세력들도 노동계급을 포함한 다양한 계급들로부터 지지를 받아 왔으며, 그 정체세력들 중 특히 기독교민주주의 세력(Van Kersebergen, 1995; Kalyvas and Van Kersebergen, 2010)이 가장 두드러졌다. 복지국가 체계의 다양성을 설명함에 있어서 가장 중요한 문제는, 어떤 종류의 친복지국가 연합이 형성되는가, 노동계급 및 노동계급을 대변하는 조직들과의 그러한 친복지국가 연합에 중간계급이 포함되느냐 배제되느냐 만일 포함 혹은 배제된다면 어떻게 해서 중간계급이 포함 혹은 배제되느냐를 밝히는 것이다.

6
결론

이 장에서 우리는 복지국가의 네 가지 근거 혹은 논리에 대해 살펴보았다. 이를 통해 우리는 복지국가의 발전과 행위자들의 다양한 동기들, 그리고 기능적 요구와 복지국가 개혁 간의 인과기제 등에 영향을 미치는 다양한 추동력들의 복잡한 상호연관관계에 대해 고찰할 수 있었다. 또한 우리는 복지국가의 네 가지 논리들을 통해 복지국가 개혁을 둘러싼 정치적 기회와 제약이라는 보다 넓은 맥락이 어떻게 되어 있는지도 그려볼 수 있었다. 이제 이들 네 가지 복지국가 논리를 요약하고 나아가 오늘날 진행되고 있는 복지개혁의 기회와 제약에 대해 이 논리들이 무엇을 우리에게 가르쳐 주고 있는지에 대해서도 간략히 언급해 보고자 한다.

　일반적인 의미에서, 복지국가의 네 가지 논리들은 모두 우리가 애초에 왜 복지국가를 필요로 하게 되었는지 그리고 우리는 어떻게 해서 복지국가라는 것을 갖게 되었는지와 같은 '큰' 질문에 관련된 것들이다. 첫째 논리인 사회경제적 발전 및 현대화 논리는 어떤 사회적 발전과 사회적 요인이 복지국가의 등장과 발전에 영향을 미쳤는가에 초점을 둔다. 우리는 앞에서 빈곤이 중요한 요인이었음을 본 바 있다. 구빈법은 기본적으로 농촌경제적 빈곤을 다루기 위해 설계된 것이었으며 따라서 산업혁명 이후 나타난 광범위한 빈곤에 대처하기에는 효과적이지 못하였다. 산업노동의 위험과 빈민들의 욕구는 이러한 욕구에 대응하기 위한 새로운 조치들을 탄생시키는 데 기여하였다. 현대화는 빈곤의 모습을 완전히 바꾸어 버렸을 뿐만 아니라 빈곤에 대한 대처방법도 완전히 바꾸어 버렸다. 현대화 이론에 따르면, 사회적 혼란과 고통, 빈곤은 새로운 개입을 압박하였으며 동시에 그러한 개입을 요구하는 대중적 저항을 초래하였다. 이것이 현대화 이론으로부터 우리가 얻을 수 있는 교훈이다. 하지만 복지국가의 성장이 산업사회에서의 욕구의 증가로부터 직접적으로 초래된 결과라고 간주할 수는 없다. 우리는 폴라니의 논의를 따라, 19세기의 복지국가의 등장과 발전은 다음과 같은 맥락, 즉 자기조정적 시장이 창출되고 그 다음으로 자기조정적 시장에 의한 노동의 상품화가 사회적 혼란을 초래하게 되고 그리고 이렇게 되면서 사회보호라는 반작용이 등장하게 되는 맥락 내에서 가장 잘 이해할 수 있다고 주장하였다. 이는 왜 모든 나라가 자기조정적 시장과 노동의 상품화와 관련하여 거의 동일한 고통스러운 경험을 갖게 되는지 그리고 왜 자기조정적 시장과 노동의 상품화가 그에 대응해야 하는 기능적 압력을 낳는지를 설명해 준다. 따라서 우리는 자기조정적 시장의 논리 그리고 노동의 '허구적' 상품화라는 논리에 대해서는 이를 찬성한다. 하지만 우리는 그러한 논리로부터 노동의 탈상품화가 자동적으로 추진된다는 주장에 대해서는 동의하지 않는다. 사회적 행위자들과 정치적 행위자들은 그들이 처한 조건도 다양하며 노동의 상품화라는 문제에 대응하는 방식도 다양하다. 다시 말해서 현대화 이론은 개혁을 압박하는 기능적 압력과 실제 개혁을 연결시키는 것이 무엇인지에 관한 설명을 결여하고 있는 것이다. 기능주의적인 현대화 이론과 달리, 이 책에서 제시한 개방적 · 기능적 접근은 문제에 대한 대응이 자동적으로 생성된다거나 혹은 그러한 대응이 모든 나라에서 동일한 형태를 갖게 된다는 가정을 하지 않는다.

둘째 논리인 정치통합 및 국가형성 논리는 바로 이러한 점과 관련하여 —즉, 문제에 대한 대응이 자동적으로 등장하거나 그런 대응이 모든 나라에서 동일한 형태를 띠는 것이 아니라는 점과 관련하여— 첫째 논리를 보완할 수 있는 유용한 설명을 제공한다. 왜냐하면 정치통합 및 국가형성 논리는, 특정한 조건에서 정치행위자들은 사회정책을 사회통제의 수단으로 그리고 정치공동체와 국민적 정체성 구축의 수단으로 활용한다는 설명을 제공하기 때문이다. 비스마르크가 선구적으로 도입하고 다른 유럽국가들이 '모방한' 사회정책은 노동계급으로 하여금 국가에 의존하도록 하고 이를 통해 노동계급의 혁명적 잠재력을 둔화시키려는 목적을 가진 것이었다. 이러한 사회정책이 도입되어 시행된다면 이는 노동자들의 소득을 적어도 부분적으로나마 국가에 의존토록 할 것이며 따라서 국가에 대항한 혁명운동에 참여하는 것을 노동자 자신들의 이익에 반하게 만들리라는 것이었다. 그로부터 한 세기 이상의 세월이 흐른 지금에 와서 볼 때, 노동자들 그리고 보다 일반적으로는 시민들을 국가와 연결시킨 전략은 대단히 성공적인 전략이었다고 볼 수 있으며 나아가 그러한 성공이 오늘날 복지국가에 대한 대중적 지지가 지속되는 상황에서 그 개혁이 왜 그렇게 어려운 일이 되고 있는지를 설명하는 데 기여하고 있다고 할 수 있다. 이로부터 우리는 복지정책을 축소시키는 것이 개인과 가족의 삶에 직접적인 타격을 가할 정도로 복지국가가 개인과 가족의 삶에 너무나 깊게 얽혀 있다는 사실을 알 수 있다. 따라서 19세기에 복지국가를 발전시키는 데 기여했던 요인들이 오늘날에는 복지국가 개혁을 혹은 개혁과 유사한 조치라도 그것을 제약하는 요인으로 작동하고 있는 것이다.

셋째 논리인 욕구충족 및 위험재할당 논리는 복지국가라는 것이 무엇보다 위험분산과 위험의 재할당에 의해 사회적 욕구와 사회적 위험의 문제에 대응하려는 것임을 우리에게 알려 준다. 세계가 보이지 않는 손의 정리에 따라 움직이는 것은 아니기 때문에, 다시 말해서 시장실패가 발생하기 때문에, 복지국가가 존재해야 할 근거가 생긴다. 시장은 실업과 같은 사회적 위험에 대해 충분한 보호를 제공하지 못한다. 그렇다고 이런 사회적 위험을 가족이 떠맡을 수도 없다. 이를 맡아야 하는 주체는 바로 국가이다. 즉, 국가는 동일한 위험범주에 속하지만 위험프로필(위험발생확률 등)이 상이한 사람들을 동일한 형태의 사회보험에 가입토록 강제함으로써 그와 같은 사회적 위험에 효과적으로 개입할 수 있다. 우리는, 복지국가 개혁의 기회 및 제약과 관련하여, 욕구충족 및 위험재할당이라는 셋째 논리로부터 사회적 위험이 예컨대 노동시장의 탈산업화와 같은 원인에 의해 변화하면 그런 위험에 대응하기 위한 사회정책도 그에 따라 변화해야 한다는 사실을 알 수 있다(본문 8장 참조). 시장실패뿐만 아니라 가족실패로 인해 이 경우에도 신사회위험을 재할당해야 할 주체는 국가가 될 수밖에 없다.

마지막 넷째 논리인 계급정치 · 계급연합 · 재분배의 논리는 복지국가 발전을 추동하는 (집합적) 행위자들에 대한 중요한 통찰을 제공하며, 또 일부 사회적 위험범주는 다른 집단, 예컨대 사회계급과 중첩된다는 사실을 우리에게 알려 준다. 부와 소득의 재분배가 복지국가의 일차적인 목적이나 수단이 아니었을 수 있지만 그렇다고 해서 그것이 중요하지 않았다고 할 수는 없다. 여러 사회계급과 여타 여러 사회집단들 그리고 그들을 대변하는 사회적 · 정치적 조직들은 부와 소득의 재분배를 그들 각자의 이해관계에 유리한 방향으로 이끌기 위해 권력을 동원하고자 쟁투爭鬪하였다. 분배투쟁에서 승리를 거두고 따라서 복지국가와 재분배를 증진하는 데 기여해 온 행위자들이 오늘날에는 현상유지를 강력하게 옹호하는 방어자가 되었고 나아가 개혁의 제약요인이 되었다. 하지만 이와 동시에 새로운 분배연합이 등장하고 있으며 이 새로운 연합(동맹)은 복지국가의 근본적 개혁을 위한 정치적 기회를 제공하고 있다(Häusermann, 2010; Bonoli and Natali, 2012a; 본문 8장 참조). 이제 복지국가 개혁의 정치에 대해 살펴보기 전에 먼저 왜 우리는 상이한 복지세계를 갖게 되었는지 그리고 그 상이한 복지세계는 시간의 흐름에 따라 변화하는지라는 '큰' 질문에 대해 살펴보자 (본문 4장). 이를 살펴본 후 우리는 또 다른 큰 질문, 즉 상이한 유형의 복지국가들이 실제로 무엇을 하였는가라는 질문에 대해 살펴볼 것이다(본문 5장).

4

복지국가체제:
우리는 왜 상이한 복지체제를 갖게 되었으며,
그 상이함은 지금도 여전히 유효한가?

1
서론

우리는 3장에서 복지국가의 다양한 추동요인들을 이해하기 위한 목적에서 복지국가의 근거 혹은 논리에 대해 살펴보았다. 그 논의에서 우리는 복지국가들 간에 존재하는 상당한 경험적 차이를 대체로 무시한 채 논의를 전개하였다. 하지만 이 장에서는 단일한 복지국가라는 것은 존재하지 않으며 뚜렷이 구분되는 여러 가지 복지세계가 존재할 뿐이라는 사실에 대해 고찰하고 설명할 것이다. 이 장에서 우리는 복지국가들 간의 차이와 상이한 각 복지국가의 사회경제적 기원과 토대, 그리고 발전과정에 대해 분석할 것이다. 이와 관련하여 우리는 다음의 두 가지 큰 질문을 제기한다.: ① 우리는 왜 상이한 복지세계를 갖게 되었는가? ② 복지세계의 상이함은 지금도 여전히 유효한가? 이 질문들에 대한 답을 통해 우리는 복지국가의 다양성을 좀 더 잘 이해하게 될 것이다.

복지국가에 관한 비교연구는 에스핑-안데르센Gösta Esping-Andersen의 저작에 의해 지배되고 있으며 또 그의 저작에 크게 빚지고 있다.『복지자본주의의 세 가지 세계The Three Worlds of Welfare Capitalism』라는 제목으로 1990년에 발표된 그의 획기적인 저작은 사회과학자들이 복지국가를 어떻게 바라보아야 하는가라는 그 접근방법을 혁명적으로 변화시켰다. 그의 저작에서 비롯된 두 가지 혁신이 특히 중요하다. 첫째, 에스핑-안데르센은 복지**체제**福祉體制, welfare regime라는 개념을 도입함으로써, 특정 유형의 일과 복지의 조합을 산출하기 위해 사회의 주요 제도들(국가, 시장, 가족 등)이 상호작용하는 방식이 나라에 따라 다양하다는 것을 훨씬 더 폭넓게 잘 이해하게 하는 데 기여하였다. 이를 통해 그는 그간 복지국가 비교연구에서 복지국가의 관대성을 측정하기 위한 지표로 이론적으로 만족스러운 근거가 결여된 상태에서 사회지출에만 과도하게 의존해 온 관행(이른 바 종속변수의 문제에 대한 논의로는 Green-Pedersen, 2004; Clasen and Siegel, 2007 참조)을 제거하는 데 기여하였을 뿐만 아니라 체계적인 비교연구를 위한 완전히 새로운 영역을 개척하였다. 둘째, 에스핑-안데르센은 복지체제의 질적 다양성(종속변수로서의) 개념을 도입하고 그 다양성을 실증하고 설명하였다. 그는 이들 다양한 복지체제(독립변수로서의)가 사회적 결과에서 보이는 차이, 특히 고용구조와 노동시장행위에서 보이는 차이와 보다 최근에는 미시적 차원에서의 복지국가가 미치는 영향(예컨대, Krammer et al., 2012)이라는 측면에서 보이는 차이와 어떻게 체계적으로 관련되는지를 보여 주었다.

에스핑-안데르센이 체제유형론을 발표한 이후 이를 더욱 발전시키고 검증하고 수정하고 비판하고 또 다양한 방식으로 그것을 적용하기 위한 수많은 학문적 노력이 전개되어 왔으며 그의 유형론을 복지국가의 분류기준으로 그리고 발견적 · 탐구적heuristic 연구수단으로 비판적이고 진지하게 성공적으로 활용한 많은 저서와 논문이 발표되었다. 이 과정에서 그의 유형론은 복지국가를 구분하는 전형적 기준이 되었다(Arts and Gelissen, 2010: 569). 에스핑-안데르센의 체제유형론을 활용한 여러 경험적 연구들을 검토한 후 아츠와 겔리슨(Arts and Gelissen, 2010: 581)은 "해결되어야 할 모든 종류의 개념적 문제와 조작화操作化 및 자료의 문제에도 불구하고 … 그의 유형론은 복지국가모델에 관련된 연구를 지속시키기에 충분한 자격을 가지고 있다"고 평가하였다. 하지만 아츠와 겔리슨은 에스핑-안데르센 유형론의 향후 발전 여부는 현재와 장래의 복지국가모델(규범적 이상이 아니라 설명범주로서의)을 뒷받침하는 보다 튼튼한 이론적 토대를 발전시킬 능력이 있는가 여부에 달려 있다는 평가도 잊지 않았다. 그들의 이러한 평가는 '복지모델사업welfare model business'(이 용어는 아브라함슨(Abrahamson, 1999)이 처음 사용했다)이 경험적 세부증거에 지나치게 많은 관심을 기울인 나머지 이론화를 보다 심화시키는 데에는 상대적으로 주의를 기울이지 못해 왔다는 포웰과 바리엔토(Powell and Barriento, 2011)의 주장과 일맥상통하는 점이 있다. 이 장에서도 이 문제에 대해 논의할 것이다.

에스핑-안데르센에서 시작된 유형론과 관련해서는 그것의 분석적 효용과 경험적 지위에 대한 비판적 평가가 계속 제기되어 왔으며(예컨대, Kasza, 2002; Ferragina and Seeleib-Kaiser, 2011; Van der Veen and Van der Brug, 2013), 최근에는 현재의 복지국가의 전개과정이나 복지국가의 개혁을 설명할 설명력이 제한되지 않느냐는 지적으로 인해 점점 더 많은 공격을 받고 있다. 우리는 이들 비판이 나름의 의미를 갖는다고 생각하지만 이 비판들에 대해서도 문제제기를 할 것이다. 우리는 복지국가 삼체체론福祉國家三體制論 혹은 복지 삼체제론福祉三體制論이 여전히 발견적 · 탐구적 목적에서 유용한 수단이라고 생각한다.

첫째, 우리는 복지체제론이 복지국가 발전에 관한 이론적 · 경험적 연구들로부터 어떻게 발전해 왔는지에 대해 살펴본다. 복지체제론은 사회민주주의적인 권력자원론으로부터 그 주요 영감을 얻은 것이다. 복지체제론적 접근에 기초한 많은 연구들에 대한 검토를 통해 우리는 탈상품화 개념이 왜 그처럼 복지체제유형론에서 중요한 의미를 갖는지 그리고 다른 복지체제가 왜 사회민주주의 체제와 어떻게 다른가의 측면에서 규정되는지를 밝히고자 한다.

둘째, 복지체제 개념을 둘러싼 논쟁에서 중요한 문제이자 혼란을 일으키는 커다란 원천은, '유형론'이라는 용어 및 그것의 이론적 위치에 관련된 것이다(Aspalter, 2013 참조). 우리는 이와 관련된 방법론적 문제에 대해 살펴보면서 논쟁의 구도를 분명히 하고 유형론이 무엇이며 무엇이어야 하는지에 관한 다소 왜곡된 이해에서 비롯된 일부 논란을 정리하며 나아가 복지체제 유형에 대해서도 살펴볼 것이다.

셋째, 우리는 복지체제 분류가 경험적으로 여전히 타당성이 있는지, 타당성이 있다면 어느 정도나 있는지에 대해서 살펴볼 것이다. 이와 관련하여 우리는 복지체제론적 접근이 아직도 분석적으로 유용하며 경험적으로 타당하다는 점을 보이기 위해 복지국가의 질적 특성(Scruggs, 2004; Scruggs and Allan, 2006; Vrooman, 2009; Van Vliet and Caminada, 2012)을 보여 줄 수 있는 자료들을 활용할 것이다. 에스핑-안데르센의 복지체제 분류는 기본적으로 탈상품화 지수, 즉 개인이 시장에 의존하지 않고도 생활을 어느 정도나 유지할 수 있는지를 측정한 지수에 기초한 것이었다. 스크럭스와 브루먼Scruggs and Vrooman이 제공한 최신 자료는 초기 분류에서의 계산오류로 인한 오분류와 일부 기이한 결과들을 제외하면, 최신자료에 의해 매겨진 국가순위와 기타 분석들이 '삼체제' 유형론의 타당성을 더욱 강화하고 있다는 증거를 제공하고 있다. 에스핑-안데르센의 방법을 그대로 반복하여 적용한 이들 연구에서 복지체제의 순서는 그대로인 것으로 나타났다. 즉, 사회민주주의적 복지국가가 탈상품화 지수에서 가장 높은 순위를 차지하였고, 대륙유럽 복지국가는 중간 순위, 자유주의적 복지국가(캐나다는 예외)는 가장 낮은 순위를 차지하였던 것이다. 결국 복지삼체제론이 여전히 유용한 분류도구라는 주장을 지지할 증거는 충분하다고 말할 수 있는 것이다. 이는 중요한 제도적·정치적 차이, 그리고 여기에 한 가지를 더한다면 문화적 차이까지도 포함하여 이런 차이들이 다양한 복지국가를 분류해낼 수 있게 하는 요인들임을 의미한다.

하지만 복지국가는 끊임없이 현대화하는 환경에 지속적으로 적응해내가야 하는 영구적 적응체이기 때문에(본문 2장 참조) 체제 내적 차이가 증가해 왔는지 혹은 감소해 왔는지가 중요한 질문이다. 새로운 분석기법과 보다 최신의 자료를 사용한 분석에서도, 많은 경험적 증거들은 복지삼체제론이 그동안의 개혁에도 불구하고 놀랍게도 여전히 적절함을 보여 주고 있다(Scruggs and Allan, 2006; Vrooman, 2009).

이 장에서 다룰 마지막 넷째의 문제는 각 국의 복지체제가 서로 다른 유형으로 나아가게 된 원인이 무엇인지를 어떻게 설명할 수 있을 것인가 하는 것이다. 우리는 복지체제의 분류를 받아들이지만, 그럼에도 불구하고 당초 에스핑-안데르센에 의해 정립된 복지체제유형론이 상이한 계급연합class coalition(=계급동맹)이 어떤 원인에 의해서 그리고 어떤 과정을 거처 상이한 복지체제를 낳게 되었는지를 설명할 수 있는 굳건한 이론적 토대를 결여하고 있다는 일부 논자들의 비판에 동의한다. 그러므로 여기서 우리는 아이버슨과 소스키스(Iversen and Soskice, 2006) 그리고 반 커스버겐과 매노우(Van Kersebergen and Manow, 2009)의 연구에 의지하여 상이한 복지체제 형성을 좀 더 이론적으로 그리고 역사적으로 구체화하는 작업을 하려고 한다. 우리가 여기서 문헌고찰을 통해서 좀 더 정교화하고 수정하고자 하는 권력자원론적 접근은 복지국가의 역사가 계급갈등 및 정치적 계급연합(계급동맹)에 의해 추동되었다는 사실을 강조한다. 우리는 권력자원론의 이와 같은 주장에 동의하지만, 중요한 것은 중간계급이 친복지국가연합(=친복지국가동맹)에 포함되는가 혹은 배제되는가 또 현실정치에서 어떤 정당이 중간계급의 이익을 대변하는가 하는 문제이다. 중간계급과 관련된 이 문제는 복지국가체제의 재분배적 특징을 상당 정도로 결정한다.

2
복지자본주의의 세계: 지적 연원

체계적인 복지국가연구가 비교사회정책의 주요 흐름이 된 이래로 복지국가는 주로 경험적 유형론에 입각한 분석과 논의의 대상이 되어 왔다. 예컨대, 산업화가 미국의 사회복지에 어떤 영향을 미쳤는가에 관

한 윌렌스키와 르보(Wilensky and Lebeaux, 1965[1958])의 기능주의
적 연구는 일찍이 복지를 두 유형으로 나눈 바 있었는데 이 이분법은
복지국가연구에 큰 영향을 미쳤다. 그 두 유형 중 첫째는 **잔여적**residual
유형인데 이것은 "사회복지제도가 가족과 시장 같은 정상적인 공급구
조가 붕괴하였을 경우에만 작동하는" 유형이다(138). 둘째 유형은 **제
도적**institutional 유형인데 이것은 "사회복지가 산업사회의 정상적인 제
일선적 기능을 수행하는" 유형이다(138).

　티트머스(Titmuss, 1968: 113, 128)는 윌렌스키와 르보(1965[1958])
의 구분에 대해 논평을 하였는데 그 역시 유사한 이분법을 택하여 사
회서비스와 재분배에 있어서의 보편적universal 모델과 선별적selective
모델을 구분하였다(보편적 모델은 후에 보편주의적universalist 모델로 명칭
이 변경되었다). 티트머스는 어떻게 하면 영국의 1834년 신구빈법의 특
징이었던 사회적 낙인을 회피할 수 있을 것인가 하는 문제에 특히 많
은 관심을 쏟았다. 티트머스(Titmuss, 1968: 113)가 말한 바와 같이, "신
구빈법의 제도적 틀을 설계한 사람들은 그것이 개인의 존엄성과 자존
감을 해치게끔 의도적으로 제도를 설계하였다. 제도의 효과적인 작동
을 보장하기 위해 치욕을 주고자 하였고 이를 위해 여러 가지 수단이
동원되었는데 구제담당관리에 의한 심문은 그중 한 가지에 불과하였
다." 사회정책에서 보편주의 원칙을 채택했던 한 가지 중요한 이유는,
"모든 사람에게 복지서비스를 이용할 수 있게 함으로써 복지서비스를
이용하는 사람들로 하여금 그들이 가진 지위나 존엄성, 자존감을 굴욕
적으로 상실하는 일을 당하지 않게끔 하려는 것이다. 공적으로 제공되

는 서비스를 이용함에 있어서는 어떠한 열등감이나 빌어먹는다는 느낌이나 수치심이나 낙인감도 주는 일이 없어야 한다."(129) 티트머스는 자신의 후기 저작(Titmuss, 1974)에서 복지국가를 세 가지 형태로 구분하는 유형화를 제시하였는데, 그 세 가지는 ① 시장과 가족의 심각한 실패가 발생한 경우에만 개입하는 잔여적 모형residual model과 ② 노동시장에서의 개인의 성과가 그의 수급권리 획득에 결정적인 역할을 하는 산업적-업적-성과 모형industrial-achievement-performance model, 그리고 ③ 보편적이고 평등주의적인 제도적 재분배 모형institutional redistributive model이다. 에스핑-안데르센(1999: 74, 각주 1)이 스스로 인정한 것처럼, 그의 복지국가 유형화와 티트머스의 유형화는 유사하다.

에스핑-안데르센이 발전시킨 복지체제접근의 지적인 연원은 복지국가연구에 대한 두 가지 비판에서 유래하는 것이다. 그 비판 중 첫째는, 산업화 수준에서 큰 차이가 없을 정도로 다 같이 고도로 산업화된 자본주의 사회들도 복지노력福祉努力, welfare effort(사회지출로 측정한)에서 서로 간에 엄청난 차이를 보이는데 기존의 기능주의적 접근으로는 이와 같은 차이를 설명하기 어렵다는 점과 관련하여 지속적으로 제기되어 왔던 비판이다. 둘째의 비판은, 민주화가 복지국가의 확장을 설명할 수 있다는 중위투표자 가설은 기능주의적 접근의 한 대안일 수 있지만 이 역시 민주주의 국가들 사이에 존재하는 사회지출의 차이를 설명할 수 없다는 비판이다.

중위투표자 가설과 관련해서는, 민주주의가 어떻게 소득재분배를 이끌어내는지를 설명하기 위해 멜처와 리차드(Meltzer and Richard,

그림 4-1 우편향 분포의 예

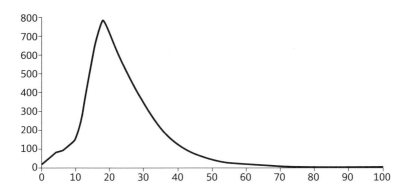

※ 주: 네덜란드의 2010년도 (균등화) 가구소득 수준(X축, 1,000유로)에 따른 가구 빈도(Y축, 1,000가구)
※ 출처: CBS, 2012: 21.

1981)가 제시한 정치경제적 모델을 들 수 있다. 그들은 기본적으로 소득불평등이 증가하면 유권자들 사이에 소득재분배에 대한 요구가 증가한다고 주장한다. 일반적으로 소득분포는 오른쪽으로 꼬리가 길게 드리워진 우편향 분포right-skewed distribution를 보인다. 〈그림 4-1〉은 우편향 소득분포의 한 예를 보여 주고 있는데, 이것은 2010년 네덜란드의 가구소득 분포로서 가구소득수준별 가구의 수(단위는 1,000)를 나타낸 것이다(가구소득은 가구균등화지수를 적용한 것이며 단위는 1,000유로). 우편향 분포가 일반적으로 그러한 것처럼, 이 분포에서도 중위가구소득은 21,000유로로 평균가구소득 23,300유로보다 작다.

멜처/리차드 모델은 중위투표자는 평균소득수준에 도달하게끔 소득을 재분배하기를 원하며 따라서 그러한 재분배를 약속하는 정당을 지지한다고 주장한다. 소득분배가 불평등할수록 소득재분배 요구는 더 커진다. 그리고 빈자들이 투표에 더 많이 참여할수록 재분배 정도는 더 커진다. 따라서 복지국가가 재분배정책의 측면에서 어느 정도나 발전하는가 그리고 재분배정책의 측면에서 국가별로 왜 차이를 보이는가 하는 것은 민주주의의 도입과 발전의 차이로 설명할 수 있다는 것이다. 요컨대, 민주주의가 복지국가를 통한 재분배를 결과한다는 것이다.

중위투표자에 초점을 둔 이와 같은 민주화 이론은 두 가지 단점으로 인해 비판을 받았다. 첫째는, 민주주의의 발전수준이 유사한 나라들이라 할지라도 그 나라들이 복지노력의 수준에서는 상당한 차이를 보인다는 것이다. 둘째는, 불평등이 심각한 나라들이 재분배를 많이 하는 나라가 아니라는 것이다. 실제로 불평등과 재분배는 서로 역逆관계에 있는 것 같다. 임금격차가 상대적으로 작은 나라가 재분배에서도 선구적인 나라이며(예컨대, 스웨덴), 반면에 노동시장에서의 격차가 큰 나라들이 복지국가에서도 후진국이다(예컨대, 미국). 권력자원론적 접근(에스핑-안데르센도 이 접근의 발전에 기여하였다)은 민주주의가 재분배의 가능성과 정도에 영향을 미치는 필요조건인 것은 사실이지만 각 나라가 재분배노력에서 어떤 경로로 나아갈 것인가 하는 것은 (정당)정치적 투쟁과 (정당)정치적 동맹(연합)에 의해 결정된다고 주장한다. 복지국가의 재분배적 특징, 복지국가가 재분배의 측면에서 어떤 특징을 보이는가 하는 것은 일차적으로 정치적으로 조직된 노동(사회민주주의와 노동조합)에 의해 결정된다는 명제는 수많은 연구들에 의해 증명되어 왔다. 이들 연구에 의하면, 노동을 정치적으로 대변하는 사회민주주의가 복지국가의 확장과 높은 수준의 재분배를 추동하는 단일한 가장 강력한 요인이다(고전적 연구로는 Hewitt, 1977; Korpi, 1983; Stephens, 1979; Hicks and Swank, 1984; Esping-Andersen, 1985b; Hicks, 1999 참조. 여러 접근들을 아울러 연구한 것으로는 Huber and Stephens, 2001 참조).

그러나 사회민주주의가 재분배에 긍정적인 영향을 미친다는 주장 역시 비판을 받는데 이는 보편주의와 복지급여의 관대성이 반드시 부자로부터 빈자로의 재분배를 의미하는 것이 아니며 오히려 중산층에게 더 많은 혜택을 가져다준다는 사실로 인한 것이다(Esping-Andersen, 1990; Korpi and Palme, 1998; 또한 이 책에 5장의 재분배의 역설에 관한 논의도 참조). 체제유형론이 정식화되는 데에는 연구자들이 사회민주주의의 영향을 복지노력과 재분배의 수준(양적 차원)에서가 아니라 보편주의와 국가에 의한 사회권 보장, 시장의 변덕에 대항하여 제공되는 높은 수준의 보호(즉, 시장의 힘으로부터의 보호를 의미하는 탈상품화), 완전고용, 관대한 수급조건 등에 의해 측정되는 사회민주주의적 복지체계(질적 차원)에서 찾으려고 시도한 것이 중요한 계기로 작용하였다.

그런데 이처럼 사회민주주의의 영향을 질적인 차원에서 접근하려는 연구는, 초기의 사회민주주의적 복지국가 개혁이 정작 사회민주주의 세력에 의해 추진된 경우는 있다 해도 극히 드물고 실제로는 그런 개혁이 보수주의 세력(예컨대, 독일의 비스마르크)이나 자유주의 세력(예컨대, 영국의 경우 1906~1914년에 시도된 자유주의적 개혁; Hay, 1978;

Mommsen and Mock, 1981 참조)에 의해 추진되었다는 사실로 인해 이론적으로나 경험적으로 곤란한 상황에 처하게 된다. 뿐만 아니라 몇몇 나라(예컨대, 네덜란드)에서는 기독교민주주의 세력이 집권했을 때 사회민주주의적인 정책이 추진되었다는 사실도 설명하기 어려운 문제 중의 하나이다(Van Kersebergen and Becker, 1988 참조). 결국, 사회민주주의적 접근은 복지국가의 기원이나 복지국가의 다양성을 설명하는 이론으로서 그리 설명력이 높지가 않다고 할 수 있다. 기독교민주주의 역시 친복지세력으로 기능하여 급여의 관대성이나 사회지출 등의 면에서 사회민주주의에 필적하는 수준이다(당파적 영향에 관한 최근의 고찰로는 Schmidt, 2010 참조). 노동자들의 표를 얻기 위한 사회민주주의 세력과 기독교민주주의 세력 간의 경쟁이 정부의 복지노력에 큰 영향을 미쳤을 가능성이 있다(이와 관련해서는 Van Kersebergen, 1995 참조; 또한 Jensen, 2010; Häusermann et al., 2013도 참조).

사회민주주의적 접근은 기능주의적 접근과 달리 정치행위자의 역할을 강조함으로써 사회지출의 차이와 복지국가의 질적 측면의 차이를 설명하는 데 상당한 기여를 하였다. 하지만 이 접근은 정치적 투쟁의 역할과 정당의 영향에 지나치게 주목한 관계로 인구고령화나 탈산업화, 서비스경제의 성장, 공공부문의 내재적 팽창성향 등 정치행위자들이 직접적으로 통제할 수 없는 사회경제적 과정과 사건들의 궤적을 간과하는 경향이 있다(Van Kersebergen and Manow, 2011). 오늘날 선진복지국가들 중 이와 같은 세속적인 도전을 피해갈 수 있는 국가는 하나도 없지만 그러한 도전에 대응함에 있어서 각 나라가 어떤 약점을 가지며 어떤 기회를 가질 수 있는가 하는 것은 그 나라의 정치·제도적 구조가 어떠한가에 따라 달라진다. 복지국가연구에 대한 에스핑-안데르센의 공헌이 중요한 것은 바로 이와 관련해서이다. 에스핑-안데르센의 체제접근과 유형론은 그 이전까지 유행하였던 양적 접근, 즉 복지국가의 발전과 다양성을 국내총생산GDP의 비중으로 주로 측정한 사회지출의 측면에서만 연구해 온 접근에 대한 강력한 비판이었다. 에스핑-안데르센은 복지국가의 개념을 질적 측면에서 초점을 맞추어 새롭게 정식화함으로써 복지국가연구의 지향성 자체를 근본적으로 혁신하였다. "지출은 복지국가의 이론적 내용의 부수현상"(1990: 19)이라는 견해와 "지출수준 그 자체를 위해 투쟁하는 것을 생각하기는 어렵다"(1990: 21, 고딕 강조는 에스핑-안데르센)는 성찰을 바탕으로 하면서 에스핑-안데르센은 복지국가연구가 복지국가체제의 전형적인 특징을 이루는 세 가지 차원을 분석함으로써 커다란 진전을 이룰 수 있을 것이라고 주장하였다. 첫째, 에스핑-안데르센은 사회권의 질이 중요하다고 강조하였다. 즉, 복지국가가 사람들을 시장의 불확실성과 생애주기와 연관된 사회적 위험으로부터 얼마나 잘 보호하는가가 중요하다는 것이다. 둘째, 그는 사회정책이 만들어내는 계층화 유형에 주목해야 한다고 주장하였다. 즉, 사회정책이 사람들을 차별적으로 대하는지 아니면 사람들에게 동등한 사회적 권리를 부여하는지 또 사회정책이 지위나 여타 사회적 차이를 극복하는지 아니면 그런 차이를 재생산하는지 등에 주목할 필요가 있다는 것이다. 셋째, 그는 복지를 생산하는 것은 국가만이 아니며 시장과 가족도 복지의 생산에 불가분리하게 관

4. 복지국가체제: 우리는 왜 상이한 복지체제를 갖게 되었으며, 그 상이함은 지금도 여전히 유효한가?

계되어 있다는 점을 강조하였다. 즉, 한 나라의 노동과 복지를 구조화하는 복지체제를 형성함에 있어서 그 사회의 공공부문과 민간부문이 어떻게 상호작용하는지를 주의 깊게 분석해야 한다는 것이다.

이들 세 가지 차원을 포착하는 다양한 지표들을 경험적으로 측정함으로써 에스핑-안데르센은 세 가지 유형의 복지국가체제를 구분해낼 수 있었는데, 그것은 사회민주주의 체제와 자유주의 체제, 그리고 보수주의 체제이다. 이들 세 가지 복지국가체제는 사회보장을 제공하는 주된 제도의 종류(국가, 시장, 혹은 가족)와 이들 제도들의 상호결합에 의해 생성되는 계층체계의 성격, 그리고 '개인 혹은 가족이 시장에 참여하지 않고도 사회적으로 용인될만한 수준의 생활을 유지할 수 있는 정도'(Esping-Andersen, 1990: 37)를 의미하는 탈상품화의 정도라는 세 가지 측면에서 차이를 보인다.

3
복지체제 유형론

복지국가 삼체제론을 적절히 설명하고 그에 대한 비판을 적절히 평가할 수 있기 위해서는 먼저 유형론類型論, typology의 분석적 의미에 대해 간략하게나마 논의할 필요가 있다. 우리가 보기에 유형론은, 이념형이라는 이론적 도구와 달리, 현실에 존재하는 사례들을 관심의 대상이 되는 개념적 속성을 가진 유의미한 대표유형으로 분류함으로써 현실에서 관찰되는 복잡함을 감소시켜 주는 경험적 분류도구이다. 이러한 경험적 분류는, 이론적인 면에서 적절하다고 판단되는 특징(변수)을 정한 후 이 특징을 수량화하고(즉, 측정하고) 그렇게 하여 도출된 값 중 다소 자의적이지만 특정 값을 분류도식, 즉 유형체계 내에서 사례를 어느 곳에 위치시킬 것인지를 결정하는 기준으로 사용함으로써 이루어진다. 그리하여 각 변수에 있어서 예컨대 유사한 값 또는 거의 동일한 값을 가진 사례들은 동일한 유형에 속하는 것으로 분류되는 식이다.

유형론이 암묵적인 혹은 명시적인 (원형적) 이론을 토대로 하여 구축된 것이어야 함은 분명하지만, 그렇다 해도 그것은 본질적으로 분류도구일 뿐이어서 현실에서 볼 수 있는 현상의 '무질서할 정도의 복잡함'을 보다 질서정연하고 명료하며, 보다 이해하기 쉬운 형태로 정렬하는 데 도움을 주는 역할을 핵심으로 하는 것이다. 유형분류가 적절히 된 경우 그것은 현실의 복잡성을 효율적이면서도 신뢰할 만하게 감소시키는 것은 물론이고 거기서 더 나아가 망라적exhaustive이어야 하며 또 상호배타적mutually exclusive이어야 한다. 유형분류가 망라적網羅的이어야 한다는 것은 다음 두 가지를 의미하는데, ① 첫째로는 설정된 유형이 이론적으로 타당한 차원들을 모두 포함한 것이어야 한다는 것을 의미하며, ② 둘째로는 현실에 존재하는 모든 사례를 설정된 유형의 어느 하나에는 반드시 소속시킬 수 있어야 함을 의미한다. 유형분류가 상호배타적相互排他的이어야 한다는 것은 현실의 사례는 반드시 특정 유형 한 가지에만 소속되어야 함을 의미한다. 결국, 유형론은 개념적 목적과 기술적記述的 목적을 위한 도구인 것이다.

이를 복지국가체제 유형론에 적용해보면, 먼저 이론적으로 타당한 차원들이 규명되어야 함을 알 수 있다. 에스핑-안데르센(Esping-Andersen, 1990: 21)은, 마셜(Marshall, 1964)을 따라, 복지국가의 핵심이념을 사회적 시민권으로 규정하고 있으며 이 사회적 시민권은 탈상품화를 보장하는 사회권의 승인(유형론의 첫째 차원)과 그러한 사회권의 승인에 의해 계층화가 유지 혹은 수정되는 정도(유형론의 둘째 차원)라는 두 가지 차원을 통해 구현된다. 또한, 국가의 복지활동이 사회복지에 대한 시장과 가족의 기여와 어느 정도나 상호 연관되는가 하는 것이 그의 복지국가체제 유형론 구축에 관련된 셋째의 차원이다. 에스핑-안데르센은 이들 세 가지 차원 하나하나마다 기존의 복지세계들을 비교하였고 이를 통해 현실의 복지국가들은 각 차원의 특정 값 주변에 체계적으로 군집된다는 것을 발견하였다.

사회권(연금, 상병보험, 그리고 실업급여)의 탈상품화 정도를 조작화하기 위해 에스핑-안데르센은 ① 수급자격 획득 규칙(기여기록이나 욕구조사와 같은 수급자격요건이나 수급권리에 대한 제한 등), ② 소득대체율, ③ 수급권리의 지속기간을 살펴보았다. 탈상품화 정도를 고-중-저로 구분하는 방법은 이를 이론적으로 정당화한 것이 아니라 기술적으로 접근하였는데, 즉 평균(중)을 기준으로 1 표준편차 아래를 '低 탈상품화'로 그리고 1 표준편차 위를 '高 탈상품화'로 구분하였다(Esping-Andersen, 1990: 54, 부록). 하지만 각 나라의 최종순위는 "대체로 그들이 평균을 중심으로 어떻게 군집되는가"에 근거하였다(Esp-

표 4-1 탈상품화를 기준으로 한 복지국가들의 순위, 1980

	탈상품화 점수
호주	13.0
미국	13.8
뉴질랜드	17.1
캐나다	22.0
(일본)	(22.3)
아일랜드	23.3
영국	23.4
이탈리아	24.1
프랑스	27.5
독일	27.7
핀란드	29.2
스위스	29.8
오스트리아	31.1
벨기에	32.4
네덜란드	32.4
덴마크	38.1
노르웨이	38.3
스웨덴	39.1
평균	26.9
표준편차	7.8

※ 주: 원자료에는 일본의 탈상품화 합계 점수가 27.1로 잘못 합산되었고 따라서 이탈리아 다음에 위치하여 중간 정도인 것으로 분류되었다. 하지만 일본의 올바른 점수는 22.3이고 따라서 이 표에서처럼 캐나다와 아일랜드 사이에 위치되어야 한다(Scruggs and Allan, 2006 참조). 일본의 점수가 교정되었기 때문에 이 표에서는 평균과 표준편차도 그에 따라 교정된 수치를 제시하였다.
※ 출처: Esping-Andersen, 1990: 52, 〈표 2.2〉에서 필자 수정.

ing-Andersen, 1990: 51). 〈표 4-1〉은 그의 유형분류의 첫째 차원인 탈상품화 차원에서의 각 국의 순위를 나타낸 것이다. 이 탈상품화 순위와 수치를 기초로 에스핑-안데르센(Esping-Andersen, 1990: 51)은 세 가지 국가군을 발견할 수 있다고 하였다. 즉, "앵글로-색슨의 '비교적 젊은' 국가들은 모두 이 차원에서 하위에 집중적으로 분포하고 있으며, 스칸디나비아 국가들은 상위에 위치하고 있고, 이들 두 국가군의 중간 정도에 대륙유럽 국가들이 위치하고 있는데 이들 대륙유럽 국가들 중 몇몇 국가(특히 벨기에와 네덜란드)는 노르딕 국가군에 좀 더 가까이 위치하고 있(는)" 것이다.

유형분류의 둘째 차원인 계층화는 사회정책이 사회구조에 어떤 영향을 미치는지를 주목해야 한다는 근거에 기반하여 설정된 기준이다. 에스핑-안데르센(Esping-Andersen, 1990: 58)은 복지국가 중에는 '위계와 지위를 배양'하는 유형이 있는데 이는 보수적인 사회정책에서 그러하며, '또 다른 유형은 이원화'를 유도하는 경향이 있는데 이는 자유주의 유형에서 특징적으로 나타나고, '셋째 유형은 보편주의'를 촉진하는 경향이 있는데 이것은 사회민주주의 유형에서 두드러지게 나타나는 특징이라고 하였다. 계층화는 다음과 같은 방법으로 조작화되었다.

> 조합주의 모델은 사회보험이 어느 정도나 직종별·지위별 프로그램으로 분할 혹은 분절되는가를 확인함으로써 가장 잘 파악될 수 있다[지위]. 이렇게 사회보험이 분할 혹은 분절될 경우 급여수준도 최고수준과 최저수준 간에 큰 격차가 있을 것이라 생각할 수 있다. 국가주의를 파악하는 가장 간단한 방법은 공무원들에게 상대적으로 얼마나 많은 특권을 허용하는지를 확인하는 방법이다[위계]. 이와 달리, 자유주의적 원칙은 복지국가의 잔여주의의 정도 그중에서도

특히 자산조사에 부여된 상대적 중요성이라는 기준과 위험에 대비하기 위한 재정책임이 개인에게 상대적으로 어느 정도나 많이 부과되는가라는 기준 그리고 민간부문의 복지공급을 상대적으로 중시하는 태도라는 기준 등에 의해 파악할 수 있다. 사회주의적 이상을 포착하는 방법은 확실히 보편주의의 정도이다. 사회주의 체제는 급여수준의 차등이 가장 낮게 나타나리라 기대할 수 있다. (Esping-Andersen, 1990: 69)

조합주의corporatism는 직종별로 분할된 공적연금의 수로 측정되었으며, 국가주의etatism는 정부부문 종사자들을 대상으로 한 연금에의 지출액으로 측정되었고, 자산조사는 총공공사회지출 대비 자산조사프로그램에 대한 지출의 비중으로 측정되었고, 개인책임 및 민간부문 지배성은 총연금지출 대비 민간연금지출의 비중과 총보건의료지출에 대한 민간보건의료지출의 비중으로 측정되었고, 보편주의universalism 중 프로그램의 보편주의를 의미하는 것은 16~64세 인구 중 상병·실업·연금급여 적용인구 비중의 평균으로 측정되었고 급여평등을 의미하는 보편주의는 상병·실업·연금급여에서 최고급여액과 표준급여액 간의 차이(이 차이는 순급여, 즉 세후급여금액으로 계산되었다)의 평균으로 측정되었다.

이렇게 측정한 후 에스핑-안데르센(Esping-Andersen, 1990: 75, 〈표 3.3〉)은 각 지표들의 측정값을 누적적으로 반영한 평균값과 표준편차에 기초하여 각 국가가 계층화에서 고-중-저 가운데 어디에 해당하는지를 결정하였다. 그는 세 가지 군집이 뚜렷이 부각된다고 결론지었다.

> 우리가 채택한 보수주의의 종합지표에서 높은 점수를 받은 나라들
> (이탈리아, 독일, 프랑스, 그리고 벨기에)은 모두 자유주의와 사회주의
> 지표에서는 낮은 점수 혹은 기껏해야 중간 정도의 점수를 받는 것으
> 로 나타났다. 이와 달리 강한 자유주의 경향을 보인 나라들(호주, 캐
> 나다, 일본, 스위스, 그리고 미국)은 보수주의와 사회주의에서 낮거나
> 중간정도의 점수를 받았다. 마지막으로 사회주의 군집은 스칸디나
> 비아 국가들과 네덜란드를 포함하는데 이들은 모두 다른 두 체제 특
> 징에서 낮은 (혹은 중간 정도의) 점수를 기록하였다. (Esping-Andersen,
> 1990: 76)

유형분류의 셋째 차원은 이론적으로 볼 때 사회복지의 제공에 있어
서 국가와 시장, 가족 간의 혼합유형을 포착하려는 것인데 하지만 에
스핑-안데르센은 이 차원과 관련해서는 연금에서의 공사연금의 혼합
만을 경험적으로 분석하였다. 이 셋째 차원의 분석에서 가족을 명시적
으로 제외한 것과 관련하여 그는 놀랍게도 아무런 정당화도 하지 않았
다.[9] 연금은 사회적 이전 중 가장 규모가 크고 가장 중요한 이전프로그
램이기 때문에 그것을 분석대상으로 한 것은 나름의 논리가 있는 선택

---

[9] 가족 그리고 여성의 변화하는 역할은 에스핑-안데르센의 이후 작업(Esping-Andersen, 1999, 2009)에서는 중요한 주제로 포함되었다.

이었다. 즉, "연금은 일과 여가 사이, 근로소득과 재분배 사이, 개인주의와 연대 사이, 시장주의와 사회권 사이의 관계를 결정짓는 중요한 고리이며, 그러므로 연금은 갈등의 소지를 늘 안고 있는 일련의 자본주의적 원리들을 밝히는 데 도움을 줄 수 있다"는 것이다(Esping-Andersen, 1990: 79-80).

에스핑-안데르센은 연금을 이론적으로 세 유형으로 구분하였는데, 첫째는 다양한 형태의 **공적연금**public pension으로서 여기에는 정부가 입법을 통해 시행하는 연금제도와 정부에 의해 의무화된 민간연금제도 등도 포함된다. 둘째는 **공무원연금**civil-service pension인데 이것은 사회권의 승인에 기초한 것이 아니라 국가주의 및 조합주의의 유산을 반영한 것이어서 공적연금이라기보다는 직업연금으로 간주되었다. 셋째는 **민간연금**private pension으로서 이것은 단체보험 혹은 노동조합에 의한 보험과 같은 기업연금뿐만 아니라 개인이 순수하게 자발적으로 가입하는 개인연금을 모두 포함한다. 연금에 있어서의 공사혼합은 각 연금유형의 지출규모와 노인세대의 소득원천의 구성으로 측정되었다. 첫째 지표, 즉 각 연금유형의 지출규모라는 지표를 측정하는 과정에서 사회보장연금의 수준이 낮은 나라에서는 민간연금이 확대되는 경향이 있다는 사실과 공무원연금의 규모가 매우 큰 나라들은 조합주의와 국가주의 전통이 강한 나라들뿐이라는 사실이 밝혀졌다. 또한 자유주의 유형의 국가들에서는 민간연금이 가장 발달해 있었으며 사회민주주의 유형의 국가에서는 민간연금의 발전수준이 가장 낮았다. 이로부터 세 가지 연금체제가 확인되었다(이는 둘째 지표, 즉 노인세대가 가진

4. 복지국가체제: 우리는 왜 상이한 복지체제를 갖게 되었으며, 그 상이함은 지금도 여전히 유효한가?

소득원천의 구성에 의해서도 뒷받침되었다)(Esping-Andersen, 1990: 85-87):

> 조합주의적 국가지배적 보험체제. 여기서는 연금제도의 구조에서 지위가 가장 중요한 요소이다. 이 체제에서 민간연금은 일반적으로 주변적인 역할만 하며, 사회보장은 직종별로 매우 분절되어 있으며 공무원에 대한 특혜가 상당한 수준이다. 오스트리아, 벨기에, 프랑스, 독일, 이탈리아, 그리고 일본이 여기에 해당하며 좀 더 포함시킨다면 아마 핀란드를 포함할 수 있을 것이다.
>
> 잔여주의적 체제. 여기서는 시장이 사회보장 혹은 공무원의 특혜 혹은 이 둘 모두를 대신하여 지배적인 역할을 하는 경향이 있다. 호주, 캐나다, 스위스, 그리고 미국이 여기에 해당한다.
>
> 보편주의적 국가지배적 체제. 여기서는 주민들 전체에 사회권이 적용됨으로 인해 지위에 따른 특권과 시장 둘 다가 지배적인 역할을 하지 못한다. 뉴질랜드, 노르웨이, 스웨덴이 이에 해당하며, 좀 더 포함시킨다면 덴마크와 네덜란드를 포함할 수 있을 것이다.

지금까지의 고찰을 통해 우리는 에스핑-안데르센이 유형론을 제시했을 때, 그것은 서로 다른 많은 복지체제를 세 가지 집단으로 묶음으로써 현실의 경험적 복잡성을 감소시키는 분류도구가 될 것을 의도한 것임을 알 수 있다. 또한 세 가지 유형을 가르는 경계선이 이론적으로 다소 자의적인 방법을 통해 그어졌는데, 그런데 또 각 국가사례가 세

복지국가 개혁의 도전과 응전

표 4-2 복지체제 특징에 대한 간략한 요약

구분		자유주의 유형	사회민주주의 유형	보수주의 유형
역할비중	가족	주변적	주변적	중심적
	시장	중심적	주변적	주변적
	국가	주변적	중심적	보족적
복지국가의 특성	연대의 지배적 양식	개인주의	보편주의	친족 중심, 조합주의, 국가주의
	연대의 주된 근거	시장	국가	가족
	탈상품화 정도	최소 수준	최고 수준	고 수준 (주소득자 대상)
대표적인 국가		미국	스웨덴	독일, 이탈리아

※ 출처: Esping-Andersen, 1999: 85, 〈표 5.4〉에서 인용.

유형 중 어느 한 유형에 속하는 것으로 분류될 때에는 여러 다양한 변수들에서 유사한 점수를 받았다는 것을 근거로 그렇게 되었다. 이렇게 하여 결론적으로는, 에스핑-안데르센이 정리한 바와 같이, 복지의 세계는 세 가지 체제유형으로 나타나게 되었다. 〈표 4-2〉는 체제의 유형별 특징을 에스핑-안데르센이 최초에 정리한 대로 제시한 것이다.[10] 〈표 4-3〉은 브루먼(Vrooman, 2009: 214-215, 〈표 4.1〉)이 보다 상세하게 정리한 복지국가체제의 유형별 특징을 제시한 것이다.

자유주의적 복지국가 유형에는 미국, 영국, 호주, 뉴질랜드와 같은

---

[10] 이런 점에서 여기서 에스핑-안데르센의 논의를 살펴봄에서 있어서 그간 각 복지국가체제에는 때로는 매우 근본적인 변화도 나타난 바 있었지만 그런 것은 고려하지 않은 것이다.

표 4-3 복지체제 특징에 대한 상세한 요약

		복지체제 유형		
		자유주의 유형	보수주의 유형	사회민주주의 유형
집합적 급여	적용범위 (주된 표적집단)	제한적 - 자산이 없는 빈민	선별적이며 위계적 - 직업집단	보편적 - 모든 거주자
	수급자격 요건	매우 엄격 - 근로무능력 - 자산조사	상당히 엄격(보험수리적) - 고용·경력 필요 - 기여기록 필요	근로와 연계될 경우에만 엄격 - 일정기간 이상의 거주 - 구직활동 - 훈련 혹은 근로연계프로그램에의 참여
	급여기간	엄격히 제한됨 - 수급자가 일을 할 수 없는 기간에만 지급됨	(준)보험수리적 - 수급권이 충분할 경우 장기간의 급여 지급	그리 엄격하지 않음 - 위험이 존재한다면 급여는 계속 지급
	급여수준	낮음 - 생존수준의 최저한	높음 - 임금비례적	높음 - 사회적으로 적절한 수준 혹은 임금비례적
	특정 직업 집단을 위한 집합적 제도	거의 없음 - 공무원	많음 - 자위집단 - 공무원(고위직)	없음
	기여수준	낮음	상당히 높음	높음
	재정마련방식	일반조세로 충당	주로 기여금으로 충당	일반조세로 충당
민간복지 급여	적용범위	넓음(중산계급 포함) - 세제혜택을 통해 장려	제한적	제한적
	최저임금	없거나 있어도 매우 낮음	높음	높음
고용	여성취업 유도 (혹은 저해)	저해 요인이 없음 - 낮은 수준의 급여	많은 저해 요인 - 가장임금 중심의 급여	많은 유인체 - 개인단위 수급권 부여

		유형 1	유형 2	유형 3
고용	(여성 고용)	→여성의 꽤 높은 노동참여	- 관대한 모성수당 및 아동수당 - 보육시설 부족 →여성의 낮은 노동참여	- 돌봄을 위한 정교한 휴직제도 - 보육시설 풍부 - 높은 기혼급 수준이 두 파트너 모두를 일하게끔 강제함 →여성의 높은 노동참여
	노인 및 장애인 고용 유도 (혹은 저해)	자체로 요인 없음 - 조기퇴직유도 등 집합적 퇴직표로 그램 없음 →노인·장애인의 높은 노동참여	많음 지체 요인 - 조기퇴직급여, 장애급여, 실업급여 등을 위한 집합적 기금 →노인·장애인의 낮은 노동참여	적은 지체 요인 - 조기퇴직 등 집합적 퇴직프로그램 없제 - 장애인의 적극적 재통합 →노인·장애인의 높은 노동참여
	고용보장을 위한 집합적 노력	사실상 없음	제한적으로 존재 - 장애인의 보호고용	광범위하게 존재
	탈산업적 고용	광범위한 이중구조 - 전문적 기업서비스 부문의 좋은 일자리 - 저숙련의 "싸구려 일자리(junk job)"	별로 없음	광범위한 정부부문 고용 - 복지, 돌봄, 사회보장, 교육 등 - 중산층 일자리에 여성이 대거 진출
계층화	체제에 의한 시민들 간의 격차	아래 집단 간 격차를 강화 - 복지수급자/근로빈민 - 중간계급 - 특권계급	아래 기준에 따른 계층화와 재생산 - 직업집단 - 젠더 - 가구형태	없음 - 보편주의적
	예상되는 전개방향	프롤레타리아화	내부자/외부자 문제 - 취업자와 비취업자 사이의 대립	공공과 민간부문 문제 - 공공부문에 주로 취업한 여성과 민간부문에 주로 취업한 남성 간의 대립
탈상품화*		낮음. 아래 요인이 중요: - 엄격한 자산조사 - 최저수준의 급여	중간정도. 아래 요인이 중요: - 급여의 소득대체율 - 엄격한 보험수리원칙 - 사회부조의 범위	높음. 아래 요인이 중요: - 급여수준

* 체제가 사회구성원 각자가 가진 시장가치와 무관하게 사회적으로 용인되는 수준의 생활을 유지할 수 있게 해주는 정도

※ 출처: Vrooman, 2009, 214-215, <표 4.1>에서 인용.

4. 복지국가체제: 우리는 왜 상이한 복지체제를 갖게 되었으며, 그 상이함은 지금도 여전히 유효한가?

나라들이 속하는데 이 유형에서는 매우 엄격한 수급자격기준이 적용되는 낮은 수준의 정액급여 제도가 운영된다. 급여는 일차적으로 빈곤의 경감 혹은 예방을 의도한 것으로서 자산조사를 거쳐 지급되고 그 수준이 낮으며 대개의 경우 일반조세수입을 재원으로 한다. 만일 시민들 중 기본적인 보호보다 더 높은 수준의 보호 —예컨대, 생명보험이나 민간연금 등— 를 원하는 시민이 있다면, 그 시민은 그런 보호를 제공하는 제도를 시장에서 구입하거나 고용주를 통해 얻어야 한다. 그리고 이런 제도들은 세금공제나 소득공제 등의 세제상 혜택을 통해 장려되고 있다. 자유주의 유형의 복지국가체제는 집합적 급여의 규모가 크지 않으며 공공사회서비스도 취약한 편이다. 복지국가는 가난한 사람들이나 극도로 취약한 상태에 있는 사람들, 그리고 가장 욕구수준이 높은 사람들만을 대상으로 한다. 그래서 자유주의 유형의 복지국가는 사회적 차이를 강화하는데 특히 복지수급자와 중산층과 특권층 간의 사회적 차이와 고임금의 전문직종사자들과 저임금의 하층 근로빈곤자들 간의 사회적 차이를 강화한다. 간단히 말해서 자유주의 유형의 복지국가는 사회구성원들에게 제대로 된 보호를 제공하지 않으며 또 시장에서 발생한 불평등에 별로 개입하지 않는 대단히 인색한 복지국가라 할 수 있다.

사회민주주의 유형의 복지국가는 스칸디나비아 국가들에서 주로 발견되는데 이 유형 역시 자유주의 유형과 유사하게 일반조세수입으로 재정을 마련하지만 수급자격요건이 훨씬 관대하며(자산조사가 없다) 급여와 서비스 제공수준도 훨씬 높다. 이러한 관대한 급여와 서비

164
복지국가 개혁의 도전과 응전

스가 소득비례급여를 제공하는 강제적 사회보험과 함께 운영된다. 사회민주주의적 복지국가는 급여와 서비스를 통한 높은 수준의 사회적 보호를 모든 시민에게 권리로서 제공하는 것을 목표로 한다. 그것은 비용이 많이 드는 복지국가이며 따라서 공공사회지출수준도 높고 조세수준도 높다. 이에 따라 모든 집단의 최대한의 노동시장 참여가 그 자체로 바람직한 목적으로서뿐만 아니라 보편적이고 값비싼 복지국가를 유지하는 데 필수적인 수단으로서 대단히 중요시된다. 사회민주주의 복지국가체제는 특히 공공사회서비스(사회적 돌봄, 보건의료, 노동시장서비스, 교육 등) 제공에 있어서 발군의 면모를 보인다. 사회서비스에서 시장의 역할은 극히 제한적이다. 사회민주주의 복지국가 자체가 사회서비스 부문에서 가장 거대한 고용주이며 여기서 특히 여성들이 취업하고 있다. 스칸디나비아 국가들에서 소득재분배는 복지체제를 구성하는 중요한 한 요소이며, 복지체제가 보편적 특성을 가지고 있기 때문에 사회적 차이도 상당 정도로 감소시키고 있다.

보수주의 유형의 복지국가는, 사회권이란 사회구성원들이 사회에 대한 자신의 경제적 기여(취업) 또는 가족 내에서의 사회적 역할(주로 주부)을 근거로 하여 획득하는 것임을 강조한다. 따라서 사회적 급여에 소요되는 재정은 기여금 수입에 의해 마련되며, 직업이 없는 사람들, 특히 어머니로서의 역할을 하는 여성들은 그들이 취업자(그 취업자는 남편일 수도 아버지일 수도 때로는 다른 가족성원일 수도 있다)와 맺는 관계를 매개로 사회적 급여의 수급권리를 갖게 된다. 수급자격은 엄격한 편이어서 보험수리원칙에 따라 성과(예컨대, 기여기간과 고용경력

등)에 기초하여 수급권이 결정된다. 다른 복지국가체제와 달리 보수주의적 복지국가체제는 여성의 고용과 장애인 및 노인의 고용을 억제하는 경향이 있다. 사회적 급여의 수준은 수급자의 과거 소득 및 보험기금에의 기여에 기초하여 결정된다. 또한 사회적 급여를 제공하는 집합적 프로그램은 여러 집단을 대상으로 하여 여러 개의 별도 제도로 구성되며 특히 공무원을 우대한다. 보수주의적 복지국가체제에서도 시장의 역할은 비교적 제한적이다. 이 체제는 그 배타적인 속성으로 인해 직업적 위세가 다른 집단들 간의, 성별 간의, 그리고 서로 다른 형태의 가족들 간의 격차를 더욱 강화함으로써, 기존의 사회계층을 재생산하는 경향이 있다. 또한 이 체제는 사회서비스에서 가장 취약한 실적을 보이며, 직종별로 분절된 복잡한 제도들을 통한 현금이전에 주로 의존하는 경향을 보인다.

4
유형론과 혼합형 및 이념형의 특질

우리는 앞에서 좋은 유형론의 기준에 대해 언급한 바 있었는데 에스핑-안데르센의 유형론이 이러한 기준에 부합하는가, 다시 말해서 그의 유형론이 현실의 복잡함을 감소시킴에 있어서 효율성과 신뢰성, 망라성과 상호배타성을 가지는가? 복잡성의 감소에 있어서의 효율성이라는 면에서 에스핑-안데르센의 유형론은 제법 좋은 점수를 받을 수 있을 것 같다. 왜냐하면 그는 18개 복지국가(당시 자료를 구할 수 있었던 나라들이다)를 3가지의 복지국가체제로 묶어 복잡성을 크게 줄였기 때문이다. 또한, 그의 유형분류는, 일부 자의적인 점도 있지만(이에 대해서는 뒤에서 다시 논한다), 전체적으로 신뢰성을 충분히 가진 것이다. 또한 그의 유형분류는 망라적이라 할 수 있는데, 이는 첫째, 탈상품화와 계층화, 공사혼합이라는 세 가지 차원이 유형분류에서 이론적으로 타당한 차원들이라 할 수 있고, 둘째, 분석대상이 된 18개 국가 모두가 적어도 어느 한 유형으로 분류되어 소속될 수 있었기 때문이다. 다만 사회정책에서의 공사혼합이라는 차원과 관련하여 가족의 역할을 고려하지 않은 것은 대단히 아쉬운 대목이라 하겠다.

하지만 에스핑-안데르센의 유형론은 상호배타성의 면에서는 그리 높은 점수를 받기가 어렵다. 왜냐하면 경계선에 위치한 몇몇 사례들은 세 가지 체제유형 중 어느 한 유형으로 산뜻하게 분류되지 않기 때문이다. 예컨대, 에스핑-안데르센 스스로도 말하고 있는 바이고 또 본문의 〈표 4-1〉을 통해서 알 수 있는 바이지만, 벨기에와 네덜란드, 오스트리아는 매우 높은 탈상품화 수준을 보이고 있어서 사회민주주의 유형과 함께 묶일 수 있을 정도이다. 그런데 탈상품화 점수에 있어서 오스트리아(높은 점수를 받은 국가들 중 최하위)와 덴마크(사회민주주의 국가들 중 최하위)의 점수 차이는 7점(38.1-31.1)인데 이는 오스트리아와 이탈리아(중간점수를 받은 국가들 중 최하위)의 점수 차이와 똑같다 (31.1-24.1). 그러면 오스트리아는 보수주의 유형으로 분류되어야 하는가 아니면 사회민주주의 유형으로 분류되어야 하는가? 실제로 에스핑-안데르센이 사용한 분류기준은 다소 모호한 점이 있다. 만일 그가 말한 것처럼 평균과의 1 표준편차 거리라는 규칙이 그대로 적용되었다면, 우리는 아마도 평균보다 1 표준편차 아래(19.1)인 호주와 미국, 뉴질랜드로 이루어진 집단 및 평균보다 1 표준편차 위(34.7)인 덴마크와 노르웨이, 스웨덴으로 이루어진 집단, 즉 뚜렷이 구분되는 두 집단과 대륙유럽의 모든 국가들뿐만 아니라 캐나다와 아일랜드, 영국, 일본, 핀란드에 이르기까지 많은 국가들을 다소 무차별적으로 포괄하는 하나의 거대한 집단을 보게 되었을 것이다.

에스핑-안데르센의 유형 분류는 탈상품화 이외의 다른 차원에서도 분류의 어려움에 봉착하고 있는데, 예를 들면 자유주의 국가인 캐나다와 스위스에서 높은 수준의 보편주의가 관찰된다든지[11] 네덜란드가 높은 수준의 사회민주주의적 체제의 특성을 보인다는 것 등이 그런 예들이다. 에스핑-안데르센은 이들 모든 경우에 있어서 문제가 되는 논점과 사례에 대해 언급하고 있지만, 그가 자신이 다루는 모든 사례들을 세 유형 중 한 유형에 그리고 오직 한 유형에만 할당하기 위해 내린

---

11 반 데르 빈과 반 데르 브루그(Van der Veen and Van der Brug, 2013)는 에스핑-안데르센 모델이 타당성 문제를 안고 있다고 주장한 바 있다. 즉, 에스핑-안데르센이 사용한 지표가 세 가지 복지국가체제를 측정하는 타당한 척도가 아니라는 것인데, 이는 특히 에스핑-안데르센이 제도를 측정하는 척도와 결과를 측정하는 척도를 혼합하여 사용하였기 때문이라는 것이다. 반 데르 빈과 반 데르 브루그는 복지국가체제를 측정하기 위한 척도로 제도적 변수만을 포함한 새로운 사회보험모델을 구축하여 '사회주의' 차원을 '보편주의'로 대체하였는데 그 결과 일부 국가의 분류에 변화가 나타났다. 특히 그들의 모델에서 캐나다와 스위스는 '혼합형'으로 분류되었다. 에스핑-안데르센 모델의 척도구성의 타당성 문제는 이후 연구들로 하여금 복지국가체제의 인과적 영향에 대해 잘못된 추론을 하게끔 만들기도 하였다.

선택에 대해 언제나 적절히 정당한 근거를 제시한 것은 아니다.

어쨌든 에스핑-안데르센은 '상호배타성'이라는 기준을 충족시키려는 노력을 하는 가운데 몇몇 사례와 관련해서는 상당히 큰 어려움을 겪었던 것이 분명하다. 실제로 그는 복지국가 삼체제론을 재검토하면서 자신의 삼체제유형론은 일차적으로 분류를 위한 수단이었다는 점을 명시적으로 밝힌 바 있다(Esping-Andersen, 1999: 73 이하). 나아가 그는 유형론은 그것이 절약성parsimony 요건을 만족시키며, 현상의 이면에 놓인 유형과 인과관계를 드러내 주고, 검증 가능한 가설의 생성을 가능케 해 준다는 점에서 유용성이 있다고 하였다. 또한 그는 여러 비판에 대해 유형론적 접근을 옹호하는 입장을 취하였다.

에스핑-안데르센은, 자신의 유형론이 여전히 강건성robustness과 타당성을 가지고 있는지를 논의하면서, 유형론은 '어떤 면에서 이념형'이라고 하면서도 또 그렇기 때문에 '모호한 사례가 있기 마련'이라는 다소 혼란스러운 주장을 펼치고는(Esping-Andersen, 1999: 86) 네덜란드가 바로 그런 모호한 사례로서 때로는 사회민주주의 유형의 성격을 갖지만 또 때로는 보수주의 유형의 성격을 갖는다고 말하였다. 하지만 유형분류 방법이라는 맥락에서 볼 때, 어떤 사례를 모호한 사례라 하는 것은 가능하지 않은 것이며 따라서 올바르지도 않다. 왜냐하면 경험적 사례는 현실에 존재하는 그대로이지 모호할 수 없기 때문이다. 모호할 수 있는 것이 있다면 그것은 연구자가 특정 사례를 특정 유형으로 분류하여 할당하는 바로 그 방법이다. 만일 특정 사례를 유형화하기 어렵다면 ─예컨대 분류기준에 따른 점수가 하나 이상의 유형에

할당할 수 있게 나온 관계로 유형화하기 어렵다면— 그것은 그 유형론이 상호배타성을 갖지 못함을 의미하는 것이다. 모호한 것은 유형론이지 경험적 사례가 아니다.

문제는 에스핑-안데르센이 유형분류 접근과 이념형적 접근을 혼동하고 사례와 유형을 혼동하는 오류를 범하였다는 것이며 또 이러한 오류가 이후의 연구들에서도 무비판적으로 반복되었다는 것이다(예컨대, Vrooman, 2009: 217; Arts and Gelissen, 2010: 572 이하; Aspalter, 2011; Powell and Barrientos, 2011; Aspalter, 2013; Rice, 2013 참조; 또한 Becker, 2009: 8 이하도 참조). 이념형은 이론적 구성개념으로서 그것에 맞는 경험적 사례는 존재하지 않는다. 반면에, 유형론은 우리가 앞에서 말한 것처럼, 분류도구로서 모든 경험적 사례는 어느 한 유형에 그리고 그 한 유형에만 할당되어야 한다. 유형론에서는 특정의 경험적 사례가 어느 한 유형에 속하든지 그렇지 않든지 둘 중의 하나이다. 이념형적 접근에서는 특정의 경험적 사례가 이론적인 이념형에 부합하는지 아닌지 둘 중 어느 하나를 판단하는 것이 중요한 것이 아니라 현실의 경험적 사례가 이념형에 어느 정도나 부합하는지를 판단하는 것이 중요하다. 적합도適合度, goodness of fit라는 기준은 이념형적 접근에서만 의미가 있는 기준이다.

따라서 복지국가 삼체제론에서 네덜란드는 보수주의 유형에 속하는 것으로 분류되든지 아니면 사회민주주의 유형에 속하는 것으로 분류되든지 했어야 한다. 만일 이렇게 하는 것이 삼체제론을 구성하는 분류차원들 각각에서 측정된 수치들이 의미하는 내용과 상충한다면,

두 가지 대안을 생각할 수 있다. 첫째는 '망라성'과 '상호배타성' 요건을 충족시키게끔 삼체제유형론을 수정하여 네덜란드와 같은 사례를 적절히 분류하는 것이며,[12] 둘째는 네덜란드와 같은 사례를 적절히 분류할 수 없다는 것을 받아들임으로써 삼체제유형론이 분류도구로서 단점을 갖고 있음을 인정하는 것이다. 둘째의 대안을 택하는 경우 네덜란드와 같은 사례를 '혼합형'이라 이름붙이는 것(이 용어가 다소 혼동을 초래할 여지는 있지만)은 아무 문제가 없다. 하지만 이런 혼합형으로의 분류는 그것이 유형론의 분류차원을 기준으로 했을 때 일부 사례는 어느 한 유형으로 확실하게 분류해 할당할 수 없음을 보여 주는 것으로 사용될 수 있음을 전제로 할 때에만 문제가 없는 것이다. 이런 점에서 '혼합형'은 해당 사례가 어떤 이념형으로부터 일탈한 것을 의미한다든가 아니면 해당 사례가 몇 가지 서로 다른 이념형의 속성을 혼합하여 가지고 있다든가 하는 것을 의미하는 것으로 받아들여져서는 안 되는 것이다(Becker, 2009: 8 이하 참조).

12　이것이 우리가 다른 연구, 즉 우베 베커Uwe Becker와 함께 한 다른 연구(Vis et al., 2008)에서 한 작업이었다. 이 연구에서 우리는 각 나라가 시장의 위험 및 시장의 실패(그리고 가족의 실패)에 대처하는 방식에 지침이 되는 보다 심층적 차원의 전제까지도 고려하는 보다 종합적인 분류방법을 제시하였다. 우리는 정치와 시장, 사회의 기질(위계적인가, 사회평등적인가, 혹은 개인주의적인가), 복지책임의 소재(엘리트인가, 사회인가 혹은 시민인가), 자유 · 기회평등 · 조건평등의 상대적 중요도 간의 관계를 고려하였다. 이러한 기준들에 기초하여, 우리는 에스핑-안데르센이 설정한 보수주의 유형을 가부장적 유형 및 공동체주의적 유형(이 두 유형은 보수주의적이기는 하지만 그럼에도 불구하고 상호 뚜렷한 차이도 있다)으로 분류하고 그와 함께 두 가지 유형(클라이언텔리즘적 속성을 가진 유형과 초보적 유형)을 추가한 복지국가 유형분류를 제시하였다. 우리는 1960년대까지 네덜란드 복지국가는 '강자'가 '약자'와 뚜렷이 구분되고 약자는 '복지국가verzorgingsstaat'에 의해 보호받는 가부장적 유형에 속하였다고 주장하였다.

유형론과 이념형을 분별하는 것은 매우 중요한데, 왜냐하면 그것을 통해 우리는 체제유형론에 대한 건설적이며 정곡을 찌르는 비판과 체제유형론을 이념형적 접근과 혼동한 나머지 제기된 그리 유용하지 못한 공격을 구분하는 데 그리고 그런 비판들에 대한 적절한 대응과 그렇지 못한 대응을 구분하는 데 도움을 얻을 수 있기 때문이다. 초기의 체제유형론에 대한 타당한 비판으로는, 체제유형론이, 예컨대, 가족이나 가구 그리고 사회서비스 등과 같이 복지국가의 분류에 있어서 이론적으로 마땅히 고려해야 할 제도들을 포함하고 있지 못하여(Esping-Andersen, 1999: 73) 망라적이지 않다는 문제 제기를 한 비판을 들 수 있다. 실제로 초기의 체제유형론은 이들 제도들을 포함하지 않은 관계로 복지국가체제들 간의 중요한 차이와 유사점을 포착하지 못하였다.

또한 유형 분류를 위해 선택된 차원들이 현실의 모든 복지국가 사례를 적절한 범주로 분류하여 할당하게 하지 못한다는 비판도 타당한 비판이라 할 수 있다. 우리는 앞에서 네덜란드의 사례가 이런 문제를 안고 있음을 언급한 바 있다. 한편 캐슬과 미첼(Castles and Mitchell, 1993)은 일찍이 임금중재체계wage arbitration system라는 또 다른 경험적 변이의 차원을 통해 소득을 보장하는 이른 바 임금소득자 유형wage-earner model을 추가함으로써 삼체제론을 확대할 것을 제안하기도 하였다. 그들에 의하면, 초기의 복지국가 삼체제론은 공공정책에 초점을 둔 관계로, 호주와 뉴질랜드의 복지체제가 가진 소득보장(그리고 따라서 탈상품화)의 특징을 과소평가한 경향이 있었다는 것이다. 그리고 실제로 이들 나라의 복지체제는 에스핑-안데르센의 분류에서 그려진 것보다 자유주의적 지향이 훨씬 더 약하다는 것이다. 이에 대해 에스핑-안데르센(Esping-Andersen, 1999: 89)은 1990년대에 들어온 이후 호주와 뉴질랜드에는 시장자유주의화의 물결이 거대하게 몰아쳐 이들 나라의 복지국가체제가 자유주의 체제로 완전히 전환되었다고 할 만큼 변화하였다고 반박하였다.

일부 연구자들(Leibfried, 1992; Ferrera, 1996)은 남부유럽의 복지국가들이 잔여적인 사회부조프로그램만을 운영한다는 독특성을 갖고 있기 때문에 지중해 유형Mediterranean type을 추가하는 것이 유용하다고 주장하였다. 하지만 에스핑-안데르센은 이러한 주장을 받아들이지 않았다. 스페인이나 이탈리아와 같은 나라의 복지국가체제가 복지국가 삼체제론이 포착하지 못한 어떤 특성을 가진 것이 증명되지 않는 한, 유형론이 가져야 할 절약성 요건을 희생시킬 이유가 없다는 것이다. 그러나 사회부조의 저발전은 이들 나라의 강한 가족주의의 한 반영이라고 볼 수도 있는데 이는 지중해 유형을 추가할 근거가 될 수도 있는 것이다. 하지만 궁극적으로 지중해 유형(=남부유럽유형)을 추가하는 것은 거부되었는데 이는 보수주의 유형과 지중해 유형 간의 차이가 그리 크지 않아 둘을 또 다시 구분하는 것이 별로 적절치 않다는 경험적 이유 때문이었다.

또 다른 일부 연구자들은 유럽과 북미 및 오세아니아 지역 이외 지역의 복지국가들이 어느 정도나 나름의 특성을 갖는지를 분석하여 복지국가체제 유형론을 선진복지국가의 세계 너머까지 확장시키려고 시도해 왔다. 이와 관련해서는 새롭게 등장하고 있는 아시아적 체제 혹은 유교주의적 체제(예컨대, 일본, 한국, 대만 등)의 특징(Peng and Wong, 2010 참조)이나 라틴 아메리카 공공정책의 독특한 궤적과 그것이 보수주의 체제 및 지중해 체제와 갖는 유사성(Huber and Bogliac-cini, 2010), 그리고 동부유럽과 러시아에서의 또 하나의 독특성을 가진 탈공산주의적 체제의 등장가능성 등을 둘러싼 논쟁이 진행되고 있다. 이러한 논쟁은 복지국가체제 유형론이 갖는 발견적·탐구적 가능성을 잘 보여 주고 있다.

유형론에 대한 잘못된 비판으로는, 복지국가체제는 너무나 복잡하고 또 너무나 자주 많이 변화하기 때문에 어떤 유형분류로도 그것들을 유형화하기가 어렵다는 주장을 들 수 있다. 이러한 주장은 슈베르트 등(Schubert et al., 2009)이 펼치는 주장인데, 그들에 의하면 우리는 전前비교단계로 한발 물러나서 현실의 사회정책이 갖는 복잡한 실제를 기록하고 그것에 주목해야 한다는 것이다. 이 견해를 따르게 되면, 유럽연합의 다양한 복지국가체제를 연구하는 것만 해도 그것은 27개국이나 되는 복지국가체제를 가능한 한 많은 변수들에 대해 개별적으로 연구하는 작업이 될 것이다. 이것은 슈베르트 등(Schubert et al., 2009)도 인식하는 바와 같이 분석적으로도 한발 뒤로 후퇴하는 것이다. 유럽연합에 속한 27개국을 개별적으로 다룬 장들에 뒤이은 장을 쓰면서 바잔트와 슈베르트(Bazant and Schubert, 2009)는 어떤 면에서 그들로서는 당연하다고 할 수 있는 결론, 즉 단일한 실체로서의 복지국가나 단일한 실체로서의 유럽적 사회모델이라는 것은 존재하지 않으며 사회지출이나 재정, 행위자, 동기(지도원리) 등과 같은 중요한 차원에서의 어떠한 체계적인 변이도 존재하지 않는다는 결론을 내렸다. 결국 이들이 시도한 작업의 주요 결론은, "기존의 선행연구들에서 제시된 유형들을 실증하는 것은 불가능하며 나아가 … 새로운 유형을 찾아내는 것도 불가능하다"는 것이다(533).

유형론적 접근에 대한 이와 같은 비판은, 유형론이 분석적·비교적 목적을 위해 현실의 복잡성을 유의미하고 효율적이며 신뢰성 있게 감소시키려는 수단으로서의 역할을 하는 것이라는 유형론의 본래 목적을 완전히 간과한 비판이다. 또한 그 비판은 모든 유형론이라는 것이 현실을 단순화함으로써 현실의 복잡성을 감소시키는 것이라는 점을 완전히 놓치고 있다. 현실을 단순화하는 것은 유형론적 접근의 단점이 아니라 유형론적 접근이 **원래 하고자 하는 바**이다. 따라서 유형론이 경험적 현실의 그 모든 복잡성을 충분히 고려하지 않는다고 비판하는 것은 핵심을 완전히 빗나간 것이다. 슈베르트 등의 작업은 결국, 경험적 정확성의 면에서도 사실상 아무런 성과도 내지 못한 상황에서 분석력마저 완전히 상실한 상태로 끝나버린 것이다.

에스핑-안데르센의 복지체제유형론은 지금까지 가장 영향력 있고 가장 많은 결실을 낸 유형론이며, 오늘날까지도 비교연구를 이끄는 데 성공적으로 기여해 왔다. 하나의 예를 들면, 2012년도 사회과학인용지수Social Science Citation Index; SSCI의 통계에 의하면 에스핑-안데르센이 1990년에 발표한 『복지자본주의의 세 가지 세계』는 3,000회 이상 인용되었으며 1999년에 발표한 『탈산업경제의 사회적 토대』는 1,000회

이상 인용된 것으로 나타났다. 구글학술검색의 통계에 의하면 이 둘은 각각 16,500회와 4,800회 인용된 것으로 나타났다.

초기의 유형론은 대체로 1980년경의 자료에 기초한 것이었으며, 복지자본주의는 세 가지 체제로 구분된다고 다소 강하게 주장한 편이었다. 그 후 경험적 유형을 다양한 방법을 사용하여 검증하려는 시도들이 줄을 이었는데, 하지만 그 결과는 일관되지 않았으며 때로는 세 가지 유형에 다른 유형을 추가하는 것이 유용할 수 있다는 결과가 나오기도 하였다(이들에 관한 상세한 고찰로는 Arts and Gelissen, 2010 참조. 또한 Powell and Barrientos, 2011; Aspalter, 2011도 참조). 유형론의 강건성은 에스핑-안데르센의 원래의 유형분류를 새로운 자료를 사용하여 똑같이 반복해 본 스크럭스와 알란(Scruggs and Allan, 2006)의 연구에 의해 입증되었다(〈표 4-4〉 참조).

스크럭스와 알란은 우선, 일부 국가들은 처음부터 다소 잘못 분류되었다는 점을 발견하였으며, 국가군의 내적 일관성은 에스핑-안데르센이 당초 주장했던 것보다 약하다는 사실도 발견하였다. 스크럭스와 알란은 새로운 데이터를 활용하여 분석한 결과 체제유형론은 제한적으로 경험적 지지를 받을 수 있다는 결론에 도달하였다. 하지만 이 결론은 그들이 제시한 데이터에 비추어 볼 때 다소 놀라운 추론이라 할 수 있다. 〈표 4-4〉에서 에스핑-안데르센의 분류(표의 왼쪽 부분)와 스크럭스와 알란의 관대성 지수를 비교해 보면 체제유형에 따른 국가의 군집이 놀라울 정도이다. 이는 에스핑-안데르센이 원래 사용했던 데이터와 스크럭스와 알란이 새로 갱신한 데이터 간의 상관계수가 상당히

표 4-4 탈상품화와 급여관대성 지수, 1980

	실업 급여	상병 급여	연금 급여	탈상품화 계[a]		실업 급여	상병 급여	연금 급여	탈상품화 계[a]
호주	4.0	4.0	5.0	13.0	미국[b]	7.4	0.0	11.3	18.7
미국[b]	7.2	0.0	7.0	13.8	일본	4.5	6.2	9.4	20.0
뉴질랜드	4.0	4.0	9.1	17.1	호주	5.0	5.0	10.1	20.1
캐나다	8.0	6.3	7.7	22.0	이탈리아	3.2	7.3	10.0	20.5
아일랜드	8.3	8.3	6.7	23.3	아일랜드	6.9	6.2	8.3	21.4
영국	7.2	7.7	8.5	23.4	영국	7.2	7.2	8.5	22.9
이탈리아	5.1	9.4	9.6	24.1	뉴질랜드	5.0	5.0	13.3	23.3
일본	5.0	6.8	10.5	27.3	캐나다	7.2	6.4	11.4	25.0
프랑스	6.3	9.2	12.0	27.5	오스트리아	6.9	9.7	11.2	27.8
독일	7.9	11.3	8.5	27.7	프랑스	6.3	9.5	12.0	27.8
핀란드	5.2	10.0	14.0	29.2	핀란드	4.9	10.0	13.0	27.9
스위스	8.8	12.0	9.0	29.8	독일	7.5	12.6	8.7	28.8
오스트리아	6.7	12.5	11.9	31.1	네덜란드	10.6	9.7	11.5	31.8
벨기에	8.6	8.8	15.0	32.4	스위스	9.2	11.0	12.0	32.2
네덜란드	11.1	10.5	10.8	32.4	벨기에	10.2	8.6	14.0	32.9
덴마크	8.1	15.0	15.0	38.1	덴마크	8.6	12.6	11.8	32.9
노르웨이	9.4	14.0	14.9	38.3	노르웨이	8.5	13.0	11.9	33.4
스웨덴	7.1	15.0	17.0	39.1	스웨덴	9.4	14.0	15.0	38.4
평균	7.1	9.2	10.7	27.2	평균	7.1	8.6	11.3	27.0
표준편차	1.9	4.0	3.4	7.7	표준편차	2.1	3.5	1.9	5.8
변이계수	0.27	0.44	0.32	0.28	변이계수	0.29	0.41	0.17	0.21
					최초점수와의 상관계수	0.87	0.95	0.70	0.87

프로그램 간 상관관계
실업급여-상병급여=0.44
실업급여-연금급여=0.23
상병급여-연금급여=0.72
Cronbach's Đ=0.72

프로그램 간 상관관계
실업급여-상병급여=0.45
실업급여-연금급여=0.36
상병급여-연금급여=0.30
Cronbach's Đ=0.59

a: 탈상품화 계의 점수는 에스핑-안데르센(Esping-Andersen, 1990)의 〈표 2.2〉의 수치이며, 이 표의 프로그램별 점수의 합계가 아님.
b: 미국은 상병급여 프로그램이 없음.
※ 출처: Scruggs and Allan, 2006: 68에서 인용.

4. 복지국가체제: 우리는 왜 상이한 복지체제를 갖게 되었으며, 그 상이함은 지금도 여전히 유효한가?

높아서 〈표 4-4〉의 오른쪽 아랫부분을 보면 연금의 0.70에서 상병급여의 0.95에 이르고 있을 정도라는 사실에서도 잘 드러난다.

자유주의 유형에 속하는 호주와 미국, 영국, 뉴질랜드는 1980년에도 탈상품화 점수가 가장 낮은 것으로 나타났는데 새로운 데이터에서도 이들 나라들은 가장 잔여적인 복지국가인 것으로 나타났다. 새로운 데이터에 의한 분석에서 일본은 자유주의적 복지국가에 속하는 것으로 분류되고 있는데 사실 일본은 1980년의 데이터에서 그렇게 분류되었어야 했지만(〈표 4-1〉 참조), 당시에는 계산의 착오로 자유주의 유형에 분류되지 않았었다. 1980년 데이터에서 탈상품화 점수가 가장 높았던 나라들(덴마크, 노르웨이, 스웨덴)은 새로운 데이터에 의한 관대성 지수에서도 역시 가장 높은 점수를 기록하였다. 보수주의적 복지국가 체제(오스트리아, 벨기에, 프랑스, 독일, 네덜란드) 역시 새로운 데이터에서도 동일하게 분류되었다. 몇몇 나라들은 분류하는 데 어려움이 있다. 스위스는 자유주의 유형에 속하는 것으로 간주되지만 탈상품화 점수는 사회민주주의 유형에 근접하거나 보수주의 유형 중 최고수준에 해당한다. 핀란드는 스칸디나비아 국가에 속하고 사회민주주의 체제를 지향하여 발전해 왔지만 아직 탈상품화 수준에서는 사회민주주의 체제에 이를 만큼 도달하지 못하고 있다. 이탈리아는 탈상품화 점수가 너무 낮아 이제는 자유주의 유형에 속해야 할 정도가 되었다. 캐나다는 흔히 자유주의 유형에 속하는 것으로 알려져 있지만 실제로는 보수주의 체제에 보다 가까운 정도(그리 관대한 보수주의 체제는 아니지만)가 되었다.

최근에 브루먼(Vrooman, 2009)은 1990년대 초의 데이터를 활용하여 사회보장제도의 54가지 특징에 대해 범주적 주성분분석categorical principal component analysis을 적용한 바 있다. 이 분석에서 복지국가체제 특성(다소 예외적인 지표인 장애프로그램 수급권도 포함하여)의 세 가지 주요 군집과 사회보장 적용의 차원(잔여적 사회권 대 포괄적 사회권) 및 보편주의 정도의 차원(특수주의적 경향 대 보편주의적 경향)의 두 가지 차원이 분명하게 드러났다. 브루먼은 그가 산출한 대상점수object score(사회보장적용 차원과 보편주의의 정도 차원이라는 두 차원에 있어서 최적 척도화 절차optimal scaling procedure에 기초하여 각 나라에 부여된 값)를 검토하고 또 다양한 분석기법(예컨대 군집분석 등)을 동원한 분석을 한 끝에, 에스핑-안데르센의 삼체제유형론이 여전히 유효하다는 것을 보여주었다. 다만, 네덜란드가 사회보장적용 차원에서는 사회민주주의 체제와 매우 유사한 모습을 보이면서도 보편주의의 정도 차원에서 사회민주주의 체제가 통상 보이는 수준보다 훨씬 낮은 수준을 보여 유일한 예외사례로 규정되었다(Vrooman, 2009: 231; 또 Vrooman, 2012도 참조).

세 가지 복지국가체제는 아직도 존재하는가? 달리 질문하면 복지국가 삼체제유형론이 시간이 지나도 강건성을 유지하는가? 브루먼은 다른 연구자들과의 공동연구(Soede et al., 2004)에서 에스핑-안데르센의 방법과 똑같은 분석방법을 적용하고 다만 데이터만 1998~2000년의 것으로 활용하여 분석한 결과 동일한 군집을 얻었다. 그는 그 자신이 수행한 연구를 포함하여 수많은 경험적 연구들을 검토한 끝에,

"전체적으로 보아 그간의 연구들은 1980년부터 2000년에 이르는 기간 동안 에스핑-안데르센이 최초로 제안한 세 가지 복지체제가 존재해 왔음을 증명하고 있다. 분류기준이 된 차원들과 국가들의 군집이 상당히 안정적이라는 점에서 유형론은 그 20년의 기간 동안 경험적으로 타당했다(Vrooman, 2009: 232)"는 결론에 도달하였다(하지만 Van der Veen and Van der Brug, 2013도 참조할 것). 브루먼은 복지국가의 급진적 개혁의 가능성과 제약과 관련하여 흥미로운 관찰을 내놓았다.

> 물론 … 이것이 상이한 여러 복지국가체제가 미래에도 지속적으로 유지되리라고 확증하는 것은 아니다. 다른 한편으로 경로의존성이 중요한 역할을 할 수도 있다. 복지국가체제를 급격히 변화시키는 데에는 물질적·사회적 비용이 매우 많이 소요될 것이다. 정책결정자들이 익숙하게 가지고 있는 인지도식과 이해관계도 복지국가의 급격한 전환을 방해하는 요인일 수 있다. 유권자들이 가진 비공식적 규칙도 변화의 방향이나 변화의 속도와 관련하여 수용 가능한 범위를 제한할 수 있다. (Vrooman, 2009: 232)

이 인용문에 언급된 것들은 이 책의 이후 장들에서 다룰 쟁점들이다.

이제 지금까지의 논의를 요약해 보자. 여러 나라들을 세 가지의 서로 구분되는 복지국가체제로 군집함으로써 다양하고 복잡한 복지의 세계를 단순화시킨 것은 충분히 의미 있는 일이다. 여러 가지 분석기법을 서로 다르게 적용한 수많은 경험적 연구들도 대체로 각 국가들이 세 유형에 올바르게 할당되었음(일본과 같은 다소 예외적인 경우도 있지만)을 증명해 주고 있으며 또한 그러한 체제유형론이 시간이 지나도 강건성을 유지하고 있음을 보여 주고 있다. 세 가지 유형에 다른 유형(지중해 유형(?))을 추가하는 것이 갖는 유용성 혹은 특정 유형으로 분류하기가 어려운 사례(네덜란드(?))가 있음을 인정하는 것이 갖는 유용성에 대해 토론하는 것이 타당할 수도 있으나, 삼체제유형론이 시간의 흐름에도 불구하고 강건성을 유지하고 있음이 지속적으로 증명되어 왔다. 또한 지난 수십 년 동안 진행된 사회정책개혁으로 인해 새로운 유형론의 필요성이 더욱 높아지고 있다. 그렇긴 하지만, 유형론적 접근은 복지자본주의의 복잡 다양한 세계를 경험적 차원에서 효과적으로 군집화하여 몇 가지의 유형으로 일목요연하게 재정열시킴으로써 분석적·비교적 목적에 입각하여 현실의 복잡성을 감소시키는 기능을 하려는 것임을 기억하는 것이 중요하다. 유형론의 취지는 그 이상도 그 이하도 아니다.

5
변이 설명하기: 정치적 계급연합과 복지체제

지금까지 복지국가체제 유형론의 이론적·경험적 배경에 대해 어느 정도 살펴보았으므로 이제 여기서는 왜 우리가 서로 다른 유형의 복지국가체제를 가지게 되었는가라는 '거시적' 질문에 대한 답을 찾아가는 작업을 해 보자. 제도와 규제에 있어서 그처럼 다양성이 생겨나게 된 원인은 어디에 있는가? 이 책에서 우리는 복지국가 개혁의 정치적 기회와 제약이 각 복지국가체제의 정치권력구조에 따라 달라질 것이라고 전제하고 있는데 바로 이러한 점에서 이 질문은 중요한 의미를 갖는다.

정치적으로 볼 때, 복지체제의 다양성은 중간계급中間階級, middle class이 노동계급勞動階級, working class과 얼마나 강하게 연대하여 복지국가를 지지하는가 그리고 어떤 정당이 친親복지국가연합pro-welfare state coalition을 대표하는가에 의해 설명될 수 있다. 중간계급이 복지급여의 수혜계층에 포함되지 않으면 그런 복지체제는 잔여적 복지체제로 귀결된다. 하지만 중간계급이 복지급여의 수혜자에 포함되면 국가는 보다 광범위하고 관대한 사회정책을 시행할 수 있게 된다. 결국, 중간계급이 복지국가에 대해 적대적인 나라는 잔여적이고 자유주의적인 복지체제를 갖게 되고, 중간계급이 친복지국가연합의 확고한 일원이 된 나라는 포괄적이고 보편적인 사회민주주의적 복지체제를 갖게 되며, 중간계급의 일부가 친복지연합에 포함된 나라는 이 둘의 중간 정도인 보수주의적 복지체제를 갖게 되는 것이다.

그러면 중간계급의 포섭이 왜 이처럼 체제마다 다른가? 즉, 중간계급이 포섭되지 못하는 경우(자유주의 체제)와 조건부로 포섭되는 경우(보수주의 체제) 그리고 완전히 포섭되는 경우(사회민주주의 체제)가 각기 발생하는 이유가 어디에 있는가? 그 이유를 찾아내기 위해서는, 이 책의 저자들 중 한 명이 다른 연구에서 주장한 바와 같이(Manow and

Van Kersebergen, 2009),[13] 정치적 계급연합政治的 階級聯合, political class coalitions의 형성 및 안정화 이면에 놓인 논리를 파악해야 한다. 중간계급은 어떤 경우에는 노동계급과 힘을 합쳐 보다 관대한 분배체제를 지지하지만 또 다른 경우에는 상위계급과 연대하여 저부담低負擔-저복지低福祉 체제low tax-benefit regime를 지지하는데 그 원인은 어디에 있는가? 아이버슨과 소스키스(Iversen and Soskice, 2006)는 상이한 정치적 계급연합이 어떻게 하여 상이한 분배체제分配體制, distributional regime를 결과하는지에 관한 설명을 시도한 바 있다. 그들은, 2차 대전 이래 선진 자본주의적 민주주의 국가에서 좌파는 다당제多黨制 정치체계multi-party system에서 집권한 경우가 더 많았고, 우파는 양당제兩黨制 정치체계two-party system에서 집권한 경우가 더 많았다는 대단히 흥미로운 사실로부터 그들의 논의를 출발하였다. 중간계급(혹은 중간계급 유권자들)은 양당제 정치체계에서는 좌파가 집권할 경우 잃을 것이 더 많은 반면, 다당제 정치체계에서는 좌파와 연합할 경우 얻을 것이 더 많다.

양당제 정치체계에서 중간계급은 정부가 자신들과 상층계급에 세금을 매겨 이를 가지고 하위계급에게만 이익이 되는 제도를 운영하지 않을까 하는 두려움을 가지는 경향이 있는데 이는 좌파정당이 지배적인 위치에 있을 때 더 심하게 나타난다. 하지만 양당제 정치체계에서 우파가 지배적인 위치를 점할 경우 중간계급과 상위계급은 세금을 더

---

13 이 절의 논의는 매노우와 커스버겐(Manow and Van Kersebergen, 2009)의 연구에 기초하여 서술되었다. 그 연구성과를 여기에 서술할 수 있게 허락해 준 필립 매노우Philip Manow에게 감사한다.

4. 복지국가체제: 우리는 왜 상이한 복지체제를 갖게 되었으며, 그 상이함은 지금도 여전히 유효한가?

내지 않아도 되며 따라서 재분배는 그리 위협적인 것이 되지 못할 것이다. 양당제 정치체계에서 중간계급은 좌파가 집권하여 아무런 혜택도 못 받으면서 세금을 내는 쪽을 선택하든가 아니면 우파가 집권하여 혜택도 못 받지만 세금도 안내는 쪽을 선택하든가 해야 한다. 이 경우 세금을 내지 않는 선택이 확실히 선호될 것이다. 하지만 비례대표제比例代表制, proportional representative; PR 방식의 다당제 정치체계에서는 중간계급의 선택이 달라지게 된다. 중간계급 정당은 좌파정당과 연합하여 부자들에게 세금을 부과하고 그로부터 얻은 세입을 안정적으로 나눠 가질 수 있는 것이다. 따라서 다당제 정치체계에서는 좌파가 집권하는 빈도가 더 많으며 그리하여 재분배도 더 많이 이루어지고 보다 관대한 복지국가가 확립될 것이라고 예측할 수 있다. 반대로 다수결 원리에 기초한majoritarian 양당제 정치체계에서는 중간계급이 중도우파 정당에 보다 많이 투표하고 정부는 보수적인 분파로 구성되는 경우가 더 많으며 따라서 복지국가는 잔여적인 성격을 지속하게 되고 재분배는 주변적인 기능이 되리라 예측할 수 있다.

아이버슨-소스키스 모델은 앵글로색슨 국가들의 자유주의적이고 잔여적인 복지국가와 스칸디나비아 국가들의 관대한 복지국가의 차이를 설명하는 데 대단히 유용하다. 하지만 이 모델은 스칸디나비아 국가들 내부에 존재하는 상당한 차이를 설명하거나 스칸디나비아 국가들만큼 관대하지만 그것과는 상당히 다른 보수주의적 복지국가를 설명하는 데에는 한계가 있다. 또한 앞에서 이미 살펴보았지만 여러 경험적 연구들에 의하면, 복지국가유형은 두 가지가 아니라 세 가지라고 보는 것이 적절하다. 따라서 우리는 세 방향의 변이를 설명할 수 있는 틀이 필요하며 바로 이 지점에서 계급 이외의 요인, 즉 종교라는 요인의 중요성에 주목할 필요가 있다.

선거에서의 다수결 규칙은 양당제 정치체계와 연관되는데, 이러한 정치체계에서 중간계급은 중도우파정당을 지지할 가능성이 더 높다. 그러한 양당제 정치체계에서는 자본과 노동 간의 분열이 정치를 지배하게 된다. 그 외의 다른 모든 균열 —예컨대 종교적 균열이나 중심부와 주변부 간의 균열이 정치적으로 두드러진 쟁점이 될 경우도 포함하여— 은 잠복해 있거나 아니면 자본-노동 간 균열이라는 기본적 균열에 흡수되어 버린다. 따라서 아이버슨-소스키스 모델이 기본적으로는 들어맞는다. 다수결 선거규칙이 적용되는 사회에서 양대 정당은 경제적 균열을 반영하기 마련이며, 이런 정치체계에서 중간계급은 대개 보수정당을 지지하게 된다. 그래서 복지국가는 잔여적인 체제(자유주의적 체제)로 귀결되는 것이다.

이와 대조적으로, 비례대표제 하에서는 유효정당의 수가 많기 때문에 자본-노동 간 균열이라는 기본적인 균열 외의 추가적인 균열이 정치적으로 대표될 가능성이 생긴다. 정당체계를 통해 대표될 그와 같은 추가적인 균열이 어떤 종류의 것이 될 것인지는 해당 국가의 상황에 따라 다르다. 바로 이 지점에서 노르딕 국가와 대륙유럽국가 간의 차이 그리고 이들 나라의 복지체제 간의 차이가 특히 중요하다. 우선 북유럽지역의 국가들은 종교적으로 이질적이지 않아 다양한 종파가 없었기 때문에 이 지역에서는 종교가 정치화되거나 정당정치로 전환되지 않았고 또 '시민혁명'이 국가와 교회 간의 심각한 갈등을 유발하지도 않았다. 대신에 1차 산업과 2차 산업(즉, 농촌과 도시) 간의 분할이 정치적으로 더 중요한 문제였다.

　북유럽지역 루터교 국가들의 교회는, 남부유럽 지역의 가톨릭교회와 달리, 새로운 국민국가가 출현하여 과거 교회가 맡았던 책임을 가져가는 것에 대해 그것을 교회에 대한 근본적인 도전이나 위협이라고 생각하지 않았다. 스칸디나비아 국가들에서는 교권반대주의anti-clericalism가 한 번도 강력한 정치적 흐름이 되어본 적이 없다. 오히려 북유럽국가들은 산업화의 출발이 늦었던 관계로 이들 국가들에 대중민주주의가 확산될 당시에도 농업부문이 강력한 영향력을 발휘하고 있었기 때문에 농업적 이해관계와 산업적 이해관계 간의 균열이 정치화되었고 또 정당정치에서 매우 중요한 문제였다. 유럽에서 2차 대전 이후에도 농업을 대변하는 강력한 정당이 활동하고 상당한 유권자를 확보한 지역은 북유럽 지역이 유일하다. 노르딕 복지국가의 역사적 전개과정을 설명하려는 거의 대부분의 연구가 복지국가 형성과정에서 그리고 그 이후의 복지국가 확장과정에서 노동계급과 농민계급 간의 동맹 혹은 연합(=노농동맹勞農同盟 혹은 적록동맹赤綠同盟, red-green coalition)을 강조해 온 것은 이 지역 국가들에서 강력한 농민당이 존재해 왔기 때문이다.

　북유럽국가들에서 농민당이 차지한 정치적 위상을 대륙유럽국가에서는 기독교민주당이 차지해 왔다. 기독교민주당Christian democratic parties은 정치적 가톨릭교political Catholicism에서 기원한 것으로서 19세

복지국가 개혁의 도전과 응전

기 말과 20세기 초에 있었던 국가와 교회 간의 격렬한 갈등의 산물이다(Kalyvas, 1996; Kalyvas and Van Kersebergen, 2010 참조). 다양한 종교가 혼합되어 있기도 하고 또는 가톨릭으로 동질화되어 있기도 한 대륙유럽국가들에서 좌파와 우파 간의 균열 외에 정당정치에 가장 큰 영향을 미친 균열을 든다면 그것은 바로 국가와 교회 간의 균열을 들 수 있다. 이로 인해 대륙유럽에서는 농민의 이해관계를 대변한 정당이 아니라 종교적 이해관계를 대변한 정당이 발전하게 되었다. 대륙유럽 지역에서는 이들 종교적 이해관계를 대변한 정당들이 이 지역에서 2차대전 후 시도된 복지국가 구축과정에서 사회민주당의 가장 중요한 동맹세력이었다.

정치적 계급연합의 이러한 역사로부터 우리는 왜 다수결선거원칙을 적용하는 나라(대표적으로 영국)에서 자유주의적 복지체제가 형성되었는지 그 이유를 알 수 있다. 또한, 정치적 계급연합의 역사로부터 우리는 북유럽국가에서 발견되는 관대한 사회민주주의적 복지국가가 사회민주당과 농민당 간의 정치적 연합의 소산이라는 사실도 알 수 있다. 적록동맹을 가능케 하는 한 가지 중요한 전제조건은 강력한 종교적 균열이 없어야 한다는 것인데, 이러한 균열이 없었던 관계로 스칸디나비아 국가들의 정당체계에는 종교적 이해관계를 대변하는 정당이 중요한 위치를 차지하지 못했던 것이다. 하지만 대륙유럽 국가들에서 우리는 보수주의적 복지국가를 발견할 수 있는데, 이는 좌파가 너무나 허약한데다 분열되어 있어서 공공정책에 큰 영향력을 행사할 수 없었던 이탈리아와 같은 나라에서처럼 복지국가가 기독교민주주의 세력만의 힘으로 구축될 수 있었던 경우가 아닌 한 복지국가는 사회민주주의(적색)와 기독교민주주의(흑색) 간의 정치적 연합의 산물이기 때문이다. 대륙유럽 국가들의 경우 좌우파 간의 균열, 즉 다시 말해서 자본-노동 간의 균열이라는 기본적 균열 외의 이차적 균열로서 정당체계에 반영된 균열은 종교적 균열이었다.

이제 지금까지의 논의를 요약해 보자. 아이버슨과 소스키스가 하층계급과 중간계급 간의 계급연합이 복지체제의 재분배적 특질을 결정짓는 중요한 추동요인이라는 점을 강조한 것은 전적으로 올바른 것이다. 하지만 어떤 종류의 중간계급 정당이 사회민주주의 세력과 연합을 형성할 것인가를 파악하기 위해서는 북유럽 및 대륙유럽 국가들의 상이한 균열구조가 이들 국가들의 정당체계에 어떻게 영향을 미쳤는가라는 점까지 고려해야만 한다. 이러한 통찰을 가질 수 있을 때 우리는 상이한 정치적 계급연합으로 인해 나타난 세 가지 서로 다른 복지국가체제를 이론적으로 설명할 수 있게 될 것이다. 그리고 이러한 이론적 설명을 할 수 있을 때 우리는 에스핑-안데르센에게서 결여되었던 복지국가 삼체제론의 이론적 토대를 마련할 수 있게 될 것이다.

6
결론

지금까지의 논의에서 우리는 에스핑-안데르센의 복지자본주의 삼체제론은 그 모든 의도와 목적에 비추어 볼 때, 현실의 다양한 복지자본주의의 세계를 경험적인 차원에서 효과적으로 군집하고 나아가 그것을 세 가지 서로 다른 유형으로 분류하여 재정리하는 유형 분류의 일환으로 의도된 것임을 기억하는 것이 중요하다. 에스핑-안데르센이 제시한 초기의 유형론은 지금까지의 많은 데이터들이 보여 주는 바와 같이, 오늘날의 다양한 복지자본주의의 세계를 이해하는 데에도 여전히 상당 정도의 적절성을 유지하고 있다. 상이한 선거제도(다수결 제도 대 비례대표제) 하에서의 계급연합논리는 왜 중간계급이 어떤 경우에는 친복지연합에 포함되지만 또 어떤 경우에는 배제되는지를 설명해 준다. 중간계급이 배제되는 경우, 복지국가는 자유주의적 복지체제에서 볼 수 있는 바와 같이 빈민들의 욕구를 충족하는 데에 주로 치중하는 잔여적 복지국가가 될 가능성이 높다. 농민적 중간계급 및 그들의 이익을 대변하는 정당이 노동계급을 대변하는 사회민주당과 연합을 형성하는 경우, 스칸디나비아의 사회민주주의적 복지체제에서 볼 수 있는 것처럼 매우 포괄적이며 재분배적인 복지국가가 등장하는 경향이 있다. 중간계급을 친복지연합에 포섭시키는 데 기독교민주주의가 주도적인 역할을 할 경우, 복지국가는 대륙유럽의 보수주의적 복지체제에서 볼 수 있는 바와 같이, 사회민주주의 유형보다 훨씬 덜 보편적이고 재분배적이지만 동시에 자유주의 유형보다는 훨씬 덜 잔여적인 복지국가가 될 가능성이 높다. 다음 장에서는 이러한 상이한 복지체제가 실제로 무엇을 하였는가라는 그 성과에 대해 개관하고 경험적으로 검토해 볼 것이다. 이와 관련하여 우리는 상이한 복지체제는 서로 매우 다른 작용을 해 왔기 때문에 사회적 · 경제적 영향의 면에서도 서로 상당히 다른 모습을 보일 것이라 예측하며 또 그런 상이함에 초점을 둘 것이다.

5

복지국가가 실제로 한 일은 무엇인가? :

사회적 위험에 대한 보호를 제공하고
빈곤과 불평등을 해소하기 위해 복지국가는
어떻게 하였는가?

1
서론

복지국가는 무엇을 위한 것인가? 또 복지국가는 무슨 일을 하는가? 이것이 우리가 이 장에서 다룰 '거시적' 질문들이다. 여기서 우리는 복지국가에 관한 니콜라스 바아의 정의(1장 참조)를 다시 인용해 보자. 바아(Barr, 2004: 7)는 복지국가의 존재 이유를 다음과 같이 규정하였다. 즉 복지국가는 ① 취약계층에게는 주로 사회적 돌봄을 제공하고, ② 빈곤계층에게는 재분배적 소득이전을 제공하며, ③ 취약계층도 빈곤계층도 아닌 사람들에게는 위험으로부터의 보호와 소비의 안정화를 보장하기 위한 현금급여를 조직하고 의료보험과 학교교육을 제공함으로써 이들 모두(취약계층, 빈곤계층 및 이들 이외의 사람들)의 복지를 향상시키기 위해 존재하는 것이라고 하였다. 바아의 이런 정의는 복지국가가 하는 일을 다소 일반적인 차원에서 규정하는 것이다. 즉, 그는 복지국가의 일을 취약계층에 속하는 사람들의 복지를 향상시키는 것과 모든 사회구성원들을 위한 사회적 보호를 제공하고 촉진하는 것으로 규정하고 있는 것이다.

　4장에서 우리는 각 복지국가가 그 모습과 규모에서 차이가 있다는 사실을 보았다. 각 국의 복지국가는 사회적 권리와 의무에 관한 각기 상이한 개념화에 근거하고 있으며, 우선시하는 가치도 다르고(자유, 평등, 연대), 이루고자 하는 목표도 각기 다르다. 4장에서 우리는 복지체제의 다양성을 결정짓는 차원들에 대해 살펴보았는데, 이들 각 차원에서 상이한 모습을 보이는 각 복지체제는 그에 따라 서로 매우 다른 일을 하게 된다. 따라서 우리는, 취약계층의 복지향상과 모든 국민에 대한 사회적 보호의 제공이라는 복지국가의 일반적인 목표가 처리되는 방식이 각 복지체제에 따라 서로 다를 것이라고 예상할 수 있다. 앵글로색슨 국가들의 자유주의적이고 시장지향적이며 표적화된 복지국가는 취약계층에게 혜택을 제공하는 데 치중하는 경향이 있다. 하지만 스칸디나비아 지역의 국가중심적이고 보편주의적인 복지국가는 사회적 시민권이라는 이상에 기초하여 세워진 것이므로 취약계층뿐만 아니라 중간계급에게도 혜택을 제공하고자 한다. 대륙유럽과 남부유럽의 가족지향적이고 특수주의적 복지국가는 이 둘의 중간 정도에 위치한다. 대륙유럽 및 남부유럽의 복지국가는 다양한 직업집단들에게 각 집단별 표준에 따른 혜택을 제공하지만 동시에 가족이 제공하는 보호에도 상당히 많이 의존한다. 그러나 이러한 차이에도 불구하고 복지국가가 취약계층의 복지를 향상시키는 일과 모든 주민에 대한 일정 수준의 사회적 보호의 제공을 조직하고 촉진하는 일을 하려는 것이라는 바아의 정의는 복지국가가 하는(혹은 해야 하는) 일을 일반적인 의미에서 규정한 것으로서 의미가 있다고 하겠다.

스칸디나비아 지역에서는 재분배가 복지국가의 핵심적인 요소로 간주되고 있지만, 그 외 지역에서 복지국가는, 앞의 3장에서 본 것처럼, 사회적 위험(노령, 실업, 상병 등과 같은)의 분산과 재할당을 위한 것으로 간주되는 경우가 더 많다(Baldwin, 1990). 부자로부터 빈자에게로 부와 소득을 재분배하는 것이 자유주의적 복지국가와 보수주의적 복지국가에서 명시적 목적인 적은 거의 없었다. 사실 사회보험원리는 이미 획득한 사회경제적 지위와 불평등을 재생산하려는 의도를 가진 것이다. 또한 대부분의 복지국가들은 "경제활동연령인구에게서 퇴직 연령인구에게로, 자녀가 없는 사람에게서 자녀가 있는 사람에게로, 건강한 사람에게서 병든 자에게로, 취업자에게서 실업자에게로 등등" 소득계층 내에서의 이전에 주력하고 있다(Barry, 1990: 505). 이러한 사실은 복지국가가 실제로 무엇을 하는가를 보려면 먼저 복지국가가 주요 위험에 대한 보호의 제공을 통해 사회적 위험을 재할당하는지 그리고 재할당한다면 얼마나 잘 하는지를 살펴보아야 함을 의미한다. 이 장의 5.3절에서 바로 이 작업을 할 것이다. 그런데 우리는 광범위한 빈곤의 존재가 애초에 복지국가를 등장시킨 중요한 계기였다는 사실 —비록 그 계기가 실제로는 빈민들의 혁명적 사회주의의 잠재력을 억제하기 위한 것뿐이었다고 해도— 도 알고 있다(3장 참조). 그래서 4절에서는 복지국가가 빈곤문제에 어떻게 대처해 왔는가에 대해 살펴볼 것이다. 불평등한 사회보다는 평등한 사회에 사는 시민들이 더 건강하고 서로를 더 믿으며 더 행복해 한다는 증거가 있다(Wilkinson and Pickett, 2009; Stiglitz, 2012). 불평등이 심각한 사회에서 유권자들은 불만에 가득 찰 가능성이 높으며 이들은 그에 대한 반응으로 과격한 행동을 할 수도 있다. 우리는 5절에서 상이한 복지국가체제가 불평등을 실제로 어떻게 감소해 왔는가를 살펴볼 것이다.

우리가 복지국가의 하는 일이 무엇인지를 알고자 하는 한 가지 중요한 이유는, 복지국가의 성과가 복지국가 개혁의 기회와 제약에 영향을 미칠 것이라고 생각하기 때문이다. 우리가 이렇게 생각하는 이유는 간단하다. 첫째, 만일 복지국가가 그것이 원래 의도한 바를 하지 않거나 혹은 더 이상 하지 못한다면 이는 정책실패 혹은 정책조정의 실패(즉, 정책표류)로 간주될 것이며 따라서 개혁에 대한 저항이 그리 크지 않을 수 있다는 것이다. 실제로 복지국가가 그 해야 할 일을 못하는 경우 대중들 혹은 좀 더 좁게는 유권자들은 복지국가가 빈곤과 불평등 감소라는 면에서 거대한 정책실패를 낳고 있음을 알아차리게 될 것이다. 이런 상황에서는 원래부터 복지국가에 반대했던 사람들이나 복지국가로부터 무언가를 기대하였지만 실망한 사람들이나 모두 복지국가에 대한 중대한 개혁을 찬성하게 될 것이다. 전자의 사람들은 비용이 많이 들지만 기능적이지 않은 체계를 해체하는 개혁을 희망할 것이며, 반면 후자의 사람들은 복지국가가 빈곤과 불평등 감소의 면에서 좀 더 성과를 내기를 바랄 것이다. 이로 인해 평소에는 거의 불가능한 복지개혁 지지연합의 구축을 위한 토대가 마련될 수 있다. 둘째, 복지국가가 좋은 성과를 내는 경우에는 개혁의 기회가 첫째와는 상당히 다르다. 빈곤과 불평등 감소정책으로부터 직접적인 혜택을 얻는 사람들은 그런 정책이 지속되기를 바라는 명백한 이해관계를 갖게 되는 반면, 복지국가를 반대해 온 사람들은 여전히 빈곤과 불평등 감소정책을 반대하기는 하겠지만 그렇다고 해서 그에 대한 반대를 노골적으로 하기는 어렵다. 따라서 이런 경우는 근본적 개혁을 지지하는 연합의 구축이 이루어지리라 전망하기는 어렵고 또 어떤 형태의 개혁이든 그것이 복지국가의 빈곤 및 불평등 경감효과에 큰 영향을 미치지 않으리라는 점이 확실하게 증명되어야 개혁이 가능할 수 있다. 셋째, 만일 빈곤과 불평등을 경감하는 데에 중요한 비효율성이 존재한다면, 그것을 복지 국가 프로그램의 폐지를 의미하는 증거로 간주하는 사람들과 "악을 선 으로" 전환시키기를 희망하는 사람들 간에 커다란 갈등이 발생할 것이 다(Levy, 1999).

마지막으로 우리는 1장에서 이미 언급한 바, 복지국가가 제 기능을 발휘한다면 그것은 복지국가가 지속적으로 변화하는 사회·경제적 여건에 적응하기 위해 끊임없이 조정과 갱신, 축소 또는 재구조화 과 정을 거침으로써 계속적인 개혁과정을 거쳐 왔음을 보여 주는 것이라 는 반反사실적 논증을 다시 한 번 강조하고자 한다. 만일 그러한 개혁 을 지속적으로 해 오지 않았다면 복지국가는 취약계층의 복지 향상과 모든 주민에 대한 사회적 보호의 제공이라는 기능을 하지 못했을 것이 다. 이러한 반사실적 논증은 의도적인 정책표류가 낳은 경험적 현상을 보더라도 설득력이 있다는 것이 증명된다. 정책표류는 정책결정자들 이 환경의 변화에 맞추어 정책을 조정하지 않으려는 의식적인 결정을 내리는 것을 말하는데 이로 인해 정책결정자들은 그들이 내세운 목표 를 달성하지 못함은 물론이고 그 목표 자체마저 손상시키는 결과를 낳 게 된다(1장 참조).

이 장에서 우리는 18개 선진복지국가를 복지국가체제 유형에 따라 군집하여 1970년대 중반부터 2000년대 중반의 기간에 대해 비교할 것인데 데이터가 있는 경우에는 2000년대 중반 이후의 기간도 분석에 포함시킬 것이다. 분석에 포함될 국가를 다시 한 번 나열하면, 호주, 캐나다, 아일랜드, 뉴질랜드, 영국, 미국(이상 자유주의 체제), 오스트리아, 벨기에, 프랑스, 독일, 이탈리아, 네덜란드, 스위스(이상 보수주의 체제), 덴마크, 핀란드, 스웨덴, 노르웨이(이상 사회민주주의 체제), 그리고 일본이다. 이 장에서의 비교분석의 결과를 통해, 우리는 복지국가가 실제로 무슨 일을 하는 것인지를 보여 주고 나아가 복지국가가 직면하고 있는 도전과 위협에 비추어 볼 때 복지국가는 놀라울 정도로 훌륭한 성과를 거두고 있다는 것을 보여줄 것이다. 복지국가가 대상으로 하고 있는 위험의 범위는 시계열적으로 볼 때 상당히 안정적이며 때로는 확대된 경우도 있다. 사회적 급여와 관련해서는 예컨대 특히 실업급여의 경우 정책표류 및 명시적인 정치적 선택의 결과로 1980년대 초 이래 급여의 실질가치가 점진적으로 하락해 온 것(Green-Pedersen et al., 2012)이 사실이지만, 전체적으로 보아 사회적 급여의 관대성도 시계열적으로 상대적 안정성을 유지하고 있다. 새로운 사회적 위험, 즉 신사회위험 —일·가정 양립과 같이 전통적인 복지국가정책으로는 적절히 다루어지지 못하는 위험(Bonoli, 2005, 2006)— 에 대응하기 위한 사회지출도 증가해 왔는데 더욱이 이러한 신사회위험에 대한 지출 증가가 구사회위험에 관련된 사회지출의 감소를 수반치 않은 상태에서 이루어졌다는 점이 주목할 만하다. 복지국가는 또한 빈곤과 불평등을 감소시키기 위해서도 지속적으로 노력해 왔다(물론 빈곤과 불평등 감소를 성공적으로 이루는 데에는 점차 어려움이 가중되고 있고, 그 어려움의 정도는 나라에 따라 차이가 있다). 전체적으로 보아 복지국가는 나름대로 잘 작동하고 있고 시계열적으로 보아 비교적 안정성을 유지하고 있다.

물론 그 성과는 나라마다 차이가 있다. 사회민주주의 체제가 가장 성과가 우수하며 자유주의 체제가 성과가 가장 나쁘고 보수주의 체제는 이 둘의 중간이다.

2
방법론적으로 유의할 사항

서로 다른 복지국가 그리고 서로 다른 복지국가체제가 사회적 위험에 대처하고 빈곤을 퇴치하고 불평등을 감소시키기 위해 어떻게 하는지를 평가하기 전에, 방법론적으로 주의해야 할 중요한 문제에 대해 언급할 필요가 있다. 복지국가에 대한 평가와 관련하여 흔히 적용범위, 빈곤, 불평등, 그리고 또 더 든다면 경제활동 참가 등에 복지국가가 미치는 영향을 추정하는 작업이 일상적으로 시도되지만 실제로 그에는 매우 조심스럽게 접근해야 할 사항이 있다(Kenworthy, 2004; Esping-Andersen and Myles, 2009). 그 이유는 복지국가가 그것의 개입 **이후** 거둔 성과를 측정할 수 있기 위해서는 복지국가의 개입으로 영향을 받기 **이전**의 세계에 관한 정보, 예컨대 일차적인 소득분배나 원초적인 빈곤수준 등에 관한 정보가 있어야 하지만 복지국가는 이미 '자유로운' 노동시장과 일차적인 소득분배 또는 원초적인 빈곤수준에 연루連累되어 있기 때문이다. 에스핑-안데르센과 마일스(Esping-Andersen and Myles, 2009: 640-641)가 강조하는 바와 같이, 복지국가는 원초적인 소득분배에 두 가지 방식으로 영향을 미친다. 첫째로 복지국가는 시장소득이 낮거나 심지어는 시장소득이 거의 영(零)에 가까운 많은 인구집단을 양산하기 때문에 복지국가가 존재한다는 것 자체만으로도 상당한 시장불평등이 발생하게 된다. 둘째로 복지국가는 교육이나 취업모지원 등과 같이 개인의 가득능력에 영향을 미치는 자원을 제공함으로써 일차적인 소득분배에 영향을 미친다. 이러한 사실들은 에스핑-안데르센과 마일스(Esping-Andersen and Myles, 2009: 640-641)가 주장하는 바와 같이 다음을 의미한다.

> 재분배를 진정으로 측정하기 위해서는 우리는 사회정책으로부터 전혀 영향을 받지 않은 반(反)사실적인 '순수한' 분배상태를 창조해야 할지도 모른다. 하지만 현실에서 그런 분배상태는 있을 수가 없다. 재분배 이전의 불평등과 재분배 이후의 불평등을 비교하는 방법으로 인한 왜곡의 정도는 복지국가에 따라 상당한 차이가 있을 것이다. [게다가], ⋯ 사회서비스의 제공이 복지의 분배에 상당한 영향을 미칠 수 있는데도 대부분의 소득통계는 그런 영향을 포착하지 못하고 있다. 사회보험은 일차적으로 생애주기에 따라 소득의 흐름을 안정화하는 데 기여하는 것이기 때문에, 사회보험의 재분배효과는 생애소득과 연관 지어 파악하는 것이 보다 적절하다.

이와 유사하게, 손더스(Sauders, 2010: 528)는 복지국가 프로그램이 존재하지 않게 된다면 혹은 지금과 같은 정도만큼으로라도 존재하지 않게 된다면 "사람들은 정부에 의해 제공되던 것이 제공되지 않음으로 인한 '공백을 메우기' 위해 그들의 행동을 변화시킬(예컨대 사람들이 일하는 시간을 늘리거나 퇴직에 대비한 저축을 하는 것 등으로) 것이며 … 그리고 이로 인해 시장소득에 변화가 오고 따라서 시장소득의 분배에도 변화가 나타나게 될 것"이라고 하고 있는데 이는 매우 타당한 지적이다. 에스핑-안데르센과 마일스(Esping-Andersen and Myles, 2009: 241)는 복지국가의 재분배원칙은 다양하여 어떤 복지국가는 "결과의 평등 또는 기회의 평등을 향상하는 것을 지향하지만 또 다른 복지국가는 그런 평등의 향상과는 반대방향을 지향하기도 한다"는 것을 명심해야 한다고 조언한다. 또한 그들은, 손더스의 지적과 연결되는 것이지만, "우리가 일상적으로 사용하는 소득데이터는 복지국가의 전반적인 영향의 극히 일부만을 보여줄 뿐"이라는 사실을 결코 잊어서는 안 된다고 주의를 촉구한다(Esping-Andersen and Myles, 2009: 241). 이러한 점들을 염두에 두고서 이제 상이한 복지국가와 상이한 복지국가체제가 사회적 위험에 대한 보호를 어떻게 제공하며 빈곤과 불평등 문제에 어떻게 대처하는지에 대해 살펴보자.

3
복지국가는 사회적 위험에 대해 어느 정도나 보호를 제공하며 또 어느 정도나 관대한가?

복지국가가 주요 위험(예컨대, 노령으로 인한 소득상실의 위험 등)에 대한 강제보험을 통해 위험을 재할당하려는 것이라면, 가장 먼저 살펴보아야 할 것은 당연히 시장의 힘에 노출된 사람들이 그러한 강제보험으로부터 얼마나 적절히 보호를 받는가 하는 점일 것이다. 〈표 5-1〉은 네 가지 주요 사회보험(연금보험, 실업보험, 상병보험, 그리고 노동재해보험)의 적용률을 1975년과 2000년에 대해 제시한 것이다. 여기서 적용률適用率, coverage ratio은 가입자 수를 경제활동인구로 나누어 얻은 값이다(Korpi and Palme, 2007). 적용률을 보는 첫 시기로 1975년을 선정한 것은, 1970년대 중반이 되면 비록 복지국가의 확장속도가 많이 둔화되기는 하지만 그래도 1975년까지는 여전히 복지국가의 확장이 멈추지는 않은 시기라고 볼 수 있기 때문이다. 석유 위기와 그로 인한 스태그플레이션이 나타나면서 그 직후에 바로 지출억제 및 제도축소 시도가 나타나기 시작하였지만, 1975년의 수치에는 그 시도의 영향이 나타나지 않는다. 따라서 1975년은 복지국가 황금기, 즉 영구적 긴축의 시대인 '백은'시대白銀時代, silver age(Taylor-Gooby, 2002; Ferrera, 2008) 직전까지의 전성기를 대표하는 연도라 할 수 있다. 한편 적용률에 관한 비교연구 데이터를 확보할 수 있는 최근 연도는 2000년이다. 〈표 5-1〉에 포함된 제도는 모두 법률에 의해 국가차원에서 사회적 권

리로 급여를 제공하는 제도들이다. 이 표에는 국가차원의 법률에 의해
창설되어 시행되는 제도 또는 수급권리와 관련된 조건이 국가에 의해
규제되는 제도이면서 국가가 재정적으로 일부라도 기여하는 제도들
만 포함되어 있다. 연방제 국가의 경우에는 해당 국가 전체 차원의 법
률이 없더라도 모든 주에서 시행되는 제도라면 그것을 포함시켰다(이
와 관련된 개념정의와 데이터는 사회권지표프로그램Social Citizenship Indicator
Program; SCIP에서 차용한 것이다.; Korpi and Palme, 2007 참조).

〈표 5-1〉에 제시된 네 가지 사회보험의 적용률을 보면, 복지국가가
주요 위험에 대한 보호를 상당히 많은 경제활동인구에게 제공하고 있
다는 사실을 알 수 있으며, 그와 함께 그럼에도 불구하고 그 보호가 모
두를 포괄하지는 못하고 있다는 사실도 알 수 있다. 전체적으로 보아,
적용률은 연금보험과 노동재해보험이 가장 높아서 이 두 제도는 경제
활동인구의 80~90%에게 적용되는 것으로 나타나고 있다. 연금은 노
령으로 인한 노동시장 이탈이라는 위험에 관련된 제도이며, 노동재해
보험은 근로능력상실로 인한 노동시장 이탈이라는 위험에 관련된 제
도이다. 이 두 사회보험의 적용률이 이처럼 높은 것은 아마도 이 제도
들이 노동시장의 작동에 별로 영향을 미치지 않는 위험에 관련된 제도
들이고 또 이 제도들에 있어서는 근로동기를 진작시킬 필요가 없거나
혹 있더라도 그 필요가 크지 않다는 사실에서 기인하는 것으로 보
인다.

시간적으로 보면, 연금의 적용률은 1975년과 2000년의 두 시점 모
두에서 높은 수준이고 또 그 높은 수준이 안정적으로 유지되고 있음을

표 5-1 주요 사회보험 프로그램의 적용률과 관대성(경제활동인구 중 가입자의 비율), 1975년과 2000년

	연금의 적용률		실업보험 적용률		상병보험 적용률		노동재해보험 적용률		급여 관대성		실업보험급여의 순소득대체율		
	1975	2000	1975	2000	1975	2000	1975	2000	1975	2000	1975	2000	2009
호주	1.00	.82[a]	.00	.00	.00	.00	.75	.75	17.6	18.4	.47	.64	.54
캐나다	1.00	1.00	.90	.78	.00	.78	.79	.80	24.6	25.5	.77	.76	.72
아일랜드	.53	.78	.71	.97	.71	1.00	.81	1.00	17.2	26.9	.78	.50	.64
뉴질랜드	1.00	1.00	.00	.00	.00	.00	1.00	1.00	22.2	23.7	.63	.57	.47
영국	.58	.69	.74	.83	.78	.90	.90	.83	16.0	21.4	.67	.54	.52
미국	.59	.73	.74	.90	.00	.00	.73	.89	16.8	18.8	.59	.57	.52
LR 평균	**.78**	**.84**	**.52**	**.58**	**.40**	**.45**	**.83**	**.88**	**19.1**	**22.5**	**.65**	**.60**	**.57**
오스트리아	.66	.64	.66	.66	.80	.76	.95	1.00	23.7	28.9	.48	.72	.68
벨기에	.54	.57	.68	.63	.79	.84	.59	.63	27.5	32.6	.62	.59	.60
프랑스	.53	.60	.61	.62	.85	.82	.79	.79	26.7	28.0	.36	.72	.70
독일	.62	.60	.73	.69	.71	.73	1.00	1.00	28.3	27.5	.70	.71	.72
이탈리아	.61	.57	.50	.51	.74	.62	.48	.82	19.2	26.7	.20	.49	.73
네덜란드	1.00	1.00	.77	.84	.77	.84	.77	.84	32.2	35.8	.92	.78	.72
스위스	1.00	1.00	.33	.85	1.00	.85	.53	.85	25.2	19.6	.81	.82	.83
CR 평균	**.71**	**.71**	**.61**	**.69**	**.81**	**.78**	**.73**	**.85**	**26.1**	**28.4**	**.58**	**.69**	**.71**
덴마크	1.00	1.00	.44	.77	1.00	1.00	.80	1.00	29.2	35.4	.69	.66	.62
핀란드	1.00	1.00	.57	1.00	1.00	1.00	.83	.81	25.5	30.7	.51	.68	.63
노르웨이	1.00	1.00	.91	.88	1.00	1.00	.94	.88	30.0	41.6	.67	.72	.72
스웨덴	1.00	1.00	.75	1.00	1.00	1.00	1.00	1.00	38.9	36.2	.83	.72	.63
SDR 평균	**1.00**	**1.00**	**.67**	**.91**	**1.00**	**1.00**	**.89**	**.92**	**30.9**	**36.0**	**.68**	**.70**	**.65**
일본	.74	.82	.44	.50	.57	.52	.64	.72	12.6	20.4	.66	.56	.56
전체 평균	**.80**	**.84**	**.58**	**.69**	**.70**	**.70**	**.79**	**.87**	**24.1**	**27.7**	**.63**	**.65**	**.64**

※ a는 퇴직 후의 연금수급률 수치임(Korpi and Palme, 2007). 호주의 2000년에 대해 연금수급률 수치를 제시한 이유는 본문 참조.
※ 주: LR 자유주의 유형; CR 보수주의 유형; SDR 사회민주주의 유형; 실업보험급여의 순소득대체율은 홑벌이 가구를 기준으로 한 것임.
※ 출처: 적용률은 Korpi and Palme(2007); 급여 관대성은 Scruggs(2004); 실업보험급여의 순소득대체율은 Van Vliet and Caminada(2012).

볼 수 있다. 흥미롭게도 자유주의 체제에 속하는 세 나라(아일랜드, 영국, 미국)에서 연금 적용률이 1975년과 2000년 사이에 10%포인트 이상이나 증가하였다. 2007년도 사회권지표프로그램SCIP 데이터에 따르면 호주의 연금적용률은 1975년 100%에서 2000년에 0%로 떨어진 것으로 되어 있는데 이는 오류이다. 왜냐하면 호주의 공적연금이 폐지된 것도 아니고 적용범위가 급격히 축소된 바도 없기 때문이다(Rein and Turner, 2001). 여기서는 이런 오류를 피하고 보다 정확한 수치를 제시하기 위해 호주의 2000년 연금적용률에 있어서는 퇴직연령 이상의 사람들이 연금을 수령하는 비율, 즉 수급률take-up rate 수치를 사회권지표프로그램의 데이터에서 구하여 제시하였다. 이 수치는 81%인데 이는 호주의 공적연금 적용률로 라인과 터너(Rein and Turner, 2001: 114)가 추정한 82%와 상당히 정확하게 맞아떨어진다.

복지국가체제별로 연금 적용률을 보면, 사회민주주의 체제가 가장 높은 적용률을 보이며(2000년에 100%), 그 뒤를 자유주의 체제(84%)와 보수주의 체제(71%)가 따른다. 보수주의 체제에 속하는 국가들 중 이탈리아와 벨기에는 연금적용률이 57%로 상당히 낮은 반면, 네덜란드와 스위스는 100%로 나타나고 있어, 보수주의 체제는 특정 체제에 속하는 국가들 간의 차이, 즉 체제 내 변이가 다른 체제에 비해 더 크다.

노동재해보험의 적용률은 전체적으로 1975년에서 2000년에 약 8%포인트 증가하였다. 이 증가는 주로 스위스의 적용률 증가(43%포인트 증가)와 그 외 이탈리아(34%포인트), 아일랜드(19%포인트), 그리고 미국(16%포인트)의 적용률 증가에 기인하는 것이다. 이들 나라에서의 적용률 증가는 같은 기간 핀란드(−2%포인트), 노르웨이(−6%포인트), 영국(−7%포인트)에서 일어난 노동재해보험 적용률의 감소분을 상쇄하고도 남는 것이었다. 복지국가체제별로 본 노동재해보험 적용률은 연금의 경우와 동일한 순서를 보여 사회민주주의 체제가 가장 높고 (2000년에 100%) 그 뒤를 자유주의 체제(88%)와 보수주의 체제(85%)가 따르고 있다.

연금보험이나 노동재해보험과 달리 실업보험의 적용률은 낮은 편이어서 1975년에 전체 평균이 58%로 상당히 낮고 2000년에 연금보험의 적용률 수준에 좀 더 근접하지만 여전히 69% 정도이다. 실업보험 적용률과 관련해서는 그 적용률이 평균보다 낮은 나라들이 대개 상대적으로 엄격한 고용보호제도를 가지고 있는 나라들이어서 이들 나라의 경우 평균보다 낮은 적용률을 유지하는 주된 목적이 노동시장유인에 있는 것은 아니라는 점에 주의할 필요가 있다. 사실 실업급여와 고용보호 간에는 상충관계가 존재한다(Neugart, 2008). 어쨌든 대부분의 나라는 실업보험 적용률을 큰 변화 없이 그대로 유지하는 경향을 보인다. 적용률을 변화시킨 나라는 주로 적용률을 상승시킨 나라들이다 (미국 16%포인트, 스웨덴 25%포인트, 아일랜드 26%포인트, 덴마크 33%포인트, 핀란드 43%포인트, 그리고 스위스 52%포인트). 실업보험 적용률은 전체적으로 보아 사회민주주의 체제에서 가장 높고(91%) 그 뒤를 보수주의 체제(69%)와 자유주의 체제(58%)가 따른다. 그런데 여기서 우리는 사회보험의 적용률을 보기 위해 두 시점을 택하고 있는데 이것으로는 시간에 따른 적용률의 등락을 볼 수 없는 단점이 있다는 점에 주의해야 하는데, 기실 시간에 따른 적용률 등락이 가장 두드러지게 나타나는 제도가 바로 실업보험이다. 시간에 따른 실업보험 적용률의 증가가 꾸준히 진행된 나라는 두 나라(덴마크와 핀란드) 뿐이었는데 이들 나라에서는 1980년과 1985년, 1990년 등의 시점에서 적용률의 증가가 있었다. 이들 외의 다섯 나라에서는 실업보험 적용률이 1975~1980년 기간 또는 1980~1985년 기간에 증가하였고, 그 후에는 적용률이 보합세를 보이거나(스위스, 스웨덴) 또는 1995~2000년 기간에 하락하였다(영국, 벨기에). 이탈리아는 1975~1980년 기간에 적용률이 내려갔고 1980~1985년 기간에는 적용률이 올라갔다. 이는 실업보험의 적용범위가 1975~2000년 기간에 보편주의적 확장이라는 한 가지 경로로만 진행되었던 것이 아니고 많은 나라들이 축소와 확장(혹은 확장과 축소)을(를) 모두 경험하였음을 보여 준다. 하지만 그럼에도 불구하고 1975~2000년 기간 동안 실업보험의 적용률의 전체적인 추이는 증가세였다고 할 수 있다.

상병보험 적용률은 전체 평균이 1975년과 2000년에 모두 70%이다. 그런데 복지국가체제 간의 차이는 다른 세 사회보험보다 훨씬 크다. 사회민주주의 체제는 상병보험 적용률이 100%인 반면, 자유주의 체제는 그에 속하는 세 나라의 적용률이 0%이고(호주, 뉴질랜드, 미국) 그리하여 다른 세 나라(캐나다, 아일랜드, 영국)가 비교적 높은 적용률을 보이기는 하지만 적용률의 체제 평균은 상당히 낮은 편이다(1975년에 40%, 2000년에 45%). 보수주의 체제는 이 두 체제의 중간에 위치하는데, 적용률의 체제평균이 1975년에는 81%, 2000년에는 78%로 나타나고 있다. 보수주의 체제의 평균적용률이 1975년에 비해 2000년에 다소 하락한 것은 이탈리아의 적용률이 12%포인트 하락한 것에서 주로 기인한 것이다. 이탈리아를 제외한 다른 보수주의 국가들은 적용률이 소폭 상승하였다.

전체적으로 보아, 적용범위의 측면에서 복지국가는 비록 국가 간 차이가 있고 이는 특히 상병보험에서 두드러지지만, 위험에 대한 보호를 제공하고 있다고 보는 것이 타당할 것이다. 하지만 적용률은 급여의 관대성에 관련해서는 아무런 정보도 제공하지 않는 것이기 때문에 그것만으로는 노동자들이 주요 위험으로부터 얼마나 잘 보호를 받고 있는지를 정확히 알 수 없다. 그래서 〈표 5-1〉에는 관대성 지수도 함께 제시하였는데, 이것은 에스핑-안데르센(Esping-Andersen, 1990)의 탈상품화 지수(4장 참조)에 근거하여 스크럭스(Scruggs, 2004)가 개발·측정한 것이다. 관대성 지수寬大性 指數, generosity index는 실업보험 및 상병보험의 적용범위에 관한 정보뿐만 아니라 급여의 소득대체율과 급여기간에 관한 정보, 그리고 급여를 받기 전 자격기간과 대기기간을 요구하는지 여부와 어느 정도나 기여금을 납부해야 하는지, 연금수급 자격을 획득한 사람이 실제로 급여를 얼마나 청구하는지(즉, 연금수급률) 등에 관한 정보 등을 모두 종합적으로 고려한 것이다(Scruggs and Allan, 2006 참조). 관대성 지수가 높을수록 그 복지국가는 보다 관대한 것, 즉 탈상품화적인 것이라고 할 수 있다.

이론적으로 관대성 지수는 0에서 100까지의 값을 가지는데, 이때 0은 시민들이 그들의 삶을 전적으로 시장에 의존하는 상태(즉, 복지국가가 존재하지 않는 상태)를 의미하며 100은 복지국가가 시민들의 삶을 위해 모든 것을 제공하는 상태(즉, 시장이 아무런 역할도 하지 않는 상태)를 의미한다. 경험적으로 관대성 지수는 11.0(1971년의 일본)에서 45.1(1983년의 스웨덴)의 값을 갖는 것으로 나타난 바 있는데 이는 관대성 지수가 가장 높은 나라에서조차 시민들은 그들의 삶을 상당부분 시장에 의존해야 한다는 것을 의미한다. 선진민주주의 18개 국가의 평균 관대성 지수는 1975년에 24였고 2000년에는 약 28인 것으로 나타나고 있다. 하지만 국가 간 그리고 복지국가체제 간 차이는 상당하다. 1975년의 경우 네 나라(아일랜드, 일본, 영국, 미국)의 관대성 지수는 평균보다 1표준편차 이상이나 작았으며, 반면 또 다른 네 나라(네덜란드, 덴마크, 스웨덴, 노르웨이)는 1표준편차 이상이나 큰 것으로 나타나고 있다. 복지국가체제별 평균점수를 보면 사회민주주의 체제가 1975년에 평균 관대성 지수 31, 2000년에 36으로 가장 높은 순위를 차지하고 있다. 보수주의 체제는 관대성 지수의 체제평균이 1975년에 26, 2000년에 28로 그 다음 순위이며, 자유주의 체제는 체제평균이 1975년에 19, 2000년에 23으로 가장 낮은 순위를 차지한다.

최근에 반 블릿과 카미나다(Van Vliet and Caminada, 2012)는 스크럭스Scruggs의 데이터를 갱신하여 실업보험의 순소득대체율(수급자가 받은 급여를 그가 받은 임금 대비 비중으로 계산하되 세금을 제외하고 계산하여 얻은 값)을 2009년도 수치로 제시하였다. 〈표 5-1〉의 마지막 행에는 자녀 둘을 둔 홑벌이 가장의 실업보험 순소득대체율이 1975년, 2000년, 2009년에 대해 제시되어 있다. 매우 흥미롭게도 이 수치들을 보면 2000년대에 일어난 복지 축소라는 것의 실체가 어떤 것이었는지를 알 수 있다. 우리는 여러 복지태도조사에서 실업급여 수급자들이 가장 가치 없는 수급자로 인식되고 있다는 사실을 알고 있다. 따라서 복지 축소가 일어난다면 그것은 실업급여를 대상으로 일어날 가능성이 가장 클 것으로 예측할 수 있다. 하지만 평균적으로 보았을 때 그리고 실제 많은 나라에서 복지 축소는 그렇게 일어나지 않았다. 전체적으로 보아 보수주의 체제의 2009년도 실업보험 순소득대체율이 가장 높다. 보수주의 체제의 이 수치는 1975년 58%에서 2009년 71%로 상승한 결과로서 체제평균으로 세 가지 복지국가체제 중 가장 높은 수치이다. 보수주의 체제에 속하는 대부분의 나라에서 실업보험의 순소득대체율은 1975년 이후 상승하였는데, 이는 특히 이탈리아(1975년 20%에서 2009년 73%)와 프랑스(1975년 36%에서 2009년 70%)에서 두드러지며, 또 증가폭은 이들 두 나라보다 좀 작지만 오스트리아(1975년 48%에서 2009년 68%)도 그러하다. 보수주의 체제 국가들 중 이 기간에 실업보험 순소득대체율이 하락한 나라는 네덜란드뿐인데, 하지만 네덜란드는 순소득대체율이 매우 높은 수준에 있다가 하락한 것이다(1975년 92%에서 2009년 72%). 보수주의 체제와 달리 자유주의 및 사회민주주의 체제는 실업보험 순소득대체율이 1975년과 2009년 사이에 하락하였다(자유주의 체제는 65%에서 57%, 사회민주주의 체제는 68%에서 65%). 사회민주주의 체제를 국가별로 보면, 하락폭이 가장 큰 나라는 스웨덴(83%에서 63%)이고 가장 작은 나라는 덴마크(69%에서 62%)이며, 핀란드는 실업보험 순소득대체율이 1975년에서 2000년 기간에는 상승하였고(51%에서 68%) 2000년에서 2009년 기간에는 하락하였다(68%에서 63%). 노르웨이는 순소득대체율이 1975년에서 2000년 기간에 상승하였고(67%에서 72%) 그 수준이 나머지 기간에 그대로 유지되었다. 자유주의 체제의 경우는 그에 속하는 대부분의 나라들에서 실업보험 순소득대체율은 1975년에서 2000년 기간에 하락하였고 2000년에서 2009년 기간에 또 다시 하락하였다(캐나다, 뉴질랜드, 영국, 미국이 이에 해당한다). 아일랜드는 순소득대체율이 1975년에서 2000년 기간에 하락하였다가(78%에서 50%) 2009년에 64%로 상승하였다. 호주는 순소득대체율이 1975년에서 2000년 기간에 상승하였다가(47%에서 64%) 2009년에 54%로 하락하였다. 지금까지 본 세 가지 복지국가체제를 전체적으로 보면, 6개 국가에서는 1975년에서 2009년 기간 실업보험 순소득대체율이 하락보다는 상승세를 보였다고 할 수 있다. 그리고 많은 나라에서 실업보험 순소득대체율이 하락한 것은 사실이지만, 전체 평균을 보면 1975년 63%, 2000년 65%, 그리고 2009년 64%로 거의 변화가 없다고 할 수 있다.

요약하면, 〈표 5-1〉의 수치들은, 복지국가가 사회적 위험에 대해 어느 정도 적절한 보호를 제공하고 있고 시장의존성을 감소시키는 보호를 제공하고 있다고 결론 내려도 크게 무리가 없음을 잘 보여 준다고 할 수 있다. 물론 모든 나라가 모든 사회적 위험에 대해 똑같이 좋은 보호를 제공하고 있는 것은 아니다. 그리고 제도의 관대성 면에서 나라 간에 그리고 복지국가체제 간에 상당한 차이가 있는 것도 사실이다. 하지만 그럼에도 불구하고 1975년에서 2000년대에 이르는 기간 동안 사회보험이 보인 추이에서 일어난 가장 놀랍고도 또 아마도 예상하지 못했던 사실은, 이 기간에 많은 사회보험 프로그램에 일어난 축소와 재구조화에도 불구하고 그 평균적인 적용범위와 전반적인 관대성은 **확장되고 증가하였다**는 사실이다. 이는 시계열적으로 보았을 때 복지국가가 사회적 보호의 제공에서 실제로 그 성과를 향상해 왔음을 보여 주는 것이다.

하지만 여기서 이제 우리는 적용범위와 급여관대성 수치에 대해 주의해야 할 사실을 언급할 때에 도달하였다. 즉, 그 수치들은 사회의 여러 집단들이 사회보험에 어느 정도나 서로 다르게 포괄되는지를 보여 주지 못한다는 것이다. 일반적으로, 대부분의 사회보험 프로그램은 경력단절을 경험한 적이 없는 전일제 노동자들을 포괄하고 있으며, 노동시장 외부에 있는 사람들(예컨대, 주부)이나 비전형적 고용경력을 가진 사람들(예컨대, 경력단절이 있는 사람들이나 시간제 노동자들)은 그 프로그램에 적절히 포괄되지 못하는 경향이 있다(Emmenegger et al., 2012 참조). 또한 적용률이나 급여관대성 등의 자료는, 예컨대 일·가정 양립과 같은 신사회위험(Bonoli, 2005, 2006 참조)에 대한 보호에 대해서는 별로 알려주는 바가 없다. 비전형고용과 신사회위험이 실제로 대부분의 나라에서 훨씬 더 정규적인 상황이 되어가고 있으므로(8장 참조), 이는 전통적인 사회적 위험과 관련된 적용률 수치를 평가함에 있어서 매우 중요하게 염두에 두어야 할 사항이다.

마지막으로 총급여와 순급여 간의 차이도 주의해야 할 사항이다. 복지국가체제 간 관대성을 비교함에 있어서 우리는 수급자들이 추가적인 소득만을 획득하는 것인지 아니면 세금도 내야 하는 것인지를 고려해야 한다. 이를 고려하면, 사회민주주의 및 보수주의 체제와 자유주의 체제 간의 관대성 차이는 그리 크지 않은 것으로 나타난다(Adema, 2000; 또한, Esping-Andersen, 2005 참조). 직접지출 수준이 높은 나라들(특히 덴마크, 핀란드, 스웨덴)은 그것이 낮은 나라들에 비해 직접지출의 더 많은 부분을 조세제도를 통해 환수한다. 사회민주주의 체제의 순지출과 총지출 간의 평균 차이는 1995년의 경우 9.6%포인트 정도였으며 이는 2005년에는 5%포인트로 하락하였다. 보수주의 체제에서 순지출과 총지출 간의 차이는 이보다 더 낮지만 여전히 작은 편은 아니다. 2005년 현재 보수주의 체제는 주로 조세제도의 변화로 인해 순지출이 총지출보다 평균적으로 더 크다(물론 그 차이가 상당히 작기는 하다). 흥미로운 것은, 자유주의 체제에 속하는 모든 국가들은 순지출이 총지출보다 크다는 점이다. 이는 아마도 자유주의 체제 국가들의 부가가치세value added tax; VAT가 사회민주주의 체제 국가들과 비교해서는 말할 것도 없고 보수주의 체제 국가들보다 더 낮은 데서 기인하는 것으로 보인다. 미국의 순지출과 총지출 간의 차이는 놀라울 정도이다. 미국은 1995년에 총사회지출이 GDP의 17%로 직접지출이 최하위 수준에 속하였는데 순사회지출은 총사회지출보다 무려 7.5%포인트 가까이나 더 높았다. 그리하여 순지출을 기준으로 할 때 1995년의 미국은 그 무렵 복지국가의 관대성으로 유명했던 네덜란드에 필적하는 수준인 것으로 나타난다. 2005년에 미국의 순사회지출은 총사회지출보다 11%포인트나 더 높았고 그 결과 순지출 기준으로 미국은 네덜란드보다 관대성이 더 높은 나라가 되었다. 이리하여 순지출을 기준으로 하면 세 가지 복지국가체제 간 평균점수의 차이는 총지출을 기준으로 할 때보다 훨씬 작은 것으로 나타난다(이 수치들은 Adema, 2000: 194, 〈표 1〉 및 Adema and Ladaique, 2009에서 필자 계산).

4
복지국가는 빈곤을 어느 정도나 감소시키는가?

대부분의 학자들 그리고 아마도 정책결정자들과 나아가 시민들까지도 빈곤경감이 복지국가의 중요한 한 가지 목적 —혹은 더 나아가 복지국가의 유일한 목적이라고까지 할 수 있을지도 모르겠지만— 이라는 데 동의할 것이다(예컨대, Fraser, 1994; Kenworthy, 1999 참조). 실제로, 배리(Barry, 1990: 503)가 언급한 바와 같이, 복지국가는 빈곤을 경감할 뿐만 아니라 '사실상 빈곤이 일어나지 않게끔 … 수급자격이 있는 사람들에게 현금을 제공함으로써' 빈곤을 예방하는 기능을 수행한다. 하지만 빈곤은 가장 관대한 복지국가들조차도 앞으로도 계속 다루어야 하는, 좀처럼 없어지지 않는 끈질긴 현상이다. 〈표 5-2〉는 2009년도 일부 유럽 국가들에서 빈곤과 배제의 위험에 처한 사람들의 비중을 제시한 것이다. 여기에 사용된 척도는, 각 국가의 중위소득中位所得(균등화한 가처분소득 기준이며 이 가처분소득可處分所得은 사회이전소득社會移轉所得을 포함한 것이다)의 60%를 빈곤위험기준선으로 설정하고 균등화 가

처분소득이 이 기준선 이하인 사람의 수치로 계산한 것이다. 균등화소득均等化所得이란 '가구규모와 가구구성에 따른 차이를 고려한 가구소득 측정치로서 모든 가구규모와 가구구성에 대해 동등한 가치를 갖도록 가구소득을 조정하여 얻은 값'을 말한다(http://epp.eurostat.ec.europa.eu/statistics_explained/index.php/Glossary:Equivalised_income, 2011년 10월 검색). 이 표에 제시된 유럽연합통계청의 데이터는 빈곤을 경감하는 데 그리 성과가 좋지 못한 복지국가가 있음을 보여 주는데 특히 지중해地中海 국가들(남부유럽 국가들)이 그러하다. 하지만 빈곤경감의 면에서 가장 우수한 복지국가(네덜란드)도 사회이전급여를 포함하여 계산한 것인데도 빈곤위험에 있는 인구가 11%에 이르고 있다.

그러면, 복지국가의 중요한 목적 중 하나가 빈곤예방과 경감인데 왜 복지국가는 그 목적을 달성하는 데 그처럼 어려움을 겪고 있는가? 켄워디(Kenworthy, 1999)와 힐(Hill, 2006)의 논의를 기초로 하여, 우리는 그 첫째 원인을 사회정책에 투입된 돈이 가난한 사람들에게 도달하지 못하고 혹은 사회정책에 투입된 돈 중 충분한 양이 가난한 사람들에게 도달하지 못하고 대신 그보다 소득이 많은 사람들에게 배분되고 있다는 것에서 찾을 수 있다. 이는 이른 바 마태효과Matthew effect라 하는 것으로 성경의 "무릇 있는 자는 받아 풍족하게 되고 없는 자는 그 있는 것까지 빼앗기리라"(마태복음 25장 29절)라는 구절에서 유래한 것이다. 일부 연구들은 마태효과가 특히 교육분야에서 상당하며 또한 신사회위험新社會危險에 대한 대처에 관련된 연금과 서비스에서도 크게 나

표 5-2 사회이전소득 고려 후에도 빈곤위험에 있는 사람의 비중
(총인구 대비 %, 2009년)

	빈곤위험에 있는 사람의 비중
아일랜드	15.0
영국	17.3
LR 평균	**16.2**
오스트리아	12.0
벨기에	14.6
프랑스	12.9
독일	15.5
그리스	19.7
이탈리아	18.4
네덜란드	11.1
포르투갈	17.9
스페인	19.5
스위스	15.1
CR 평균	**15.7**
덴마크	13.1
핀란드	13.8
노르웨이	11.7
스웨덴	13.3
SDR 평균	**13.0**

※ 주: LR 자유주의 유형; CR 보수주의 유형; SDR 사회민주주의 유형.
※ 출처: Eurostat, http://epp.eurostat.ec.europa.eu/tgm/table.do?tab=table&plugin=1&language=en&pcode=tessi010[2011년 10월 검색].

타난다고 보고하는(Cantillon, 2010, 2011: 5; 그러나 Vandenbrouke and Vleminckx, 2011도 참조) 반면, 다른 연구는 신사회위험에 관련된 사회투자정책은 평등주의적 성격을 갖는다(혹은 가질 수 있다)고 보고하고 있다(Vaalavuo, 2010; Hemerijck, 2013: ch. 10; 그러나 Cantillon,

2011도 참조).

복지국가가 빈곤을 경감시키지 못하는 둘째 이유는 재분배정책이 복지의존福祉依存을 조장할 수 있고 따라서 그 연장선상에서 빈곤을 조장할 수 있다는 데 있다. 복지정책이 근로동기를 어느 정도 감소시킬 수 있다는 것은 사실이지만, (관대한) 급여와 복지의존성 간에 직접적인 관계가 있는지는 경험적으로 불확실하다. 스칸디나비아 국가들처럼 가장 관대한 복지급여를 운영하는 나라들에서 상대적으로 빈곤율이 낮게 나오는 것이 이를 잘 보여 준다. 또한 미국에서 급여관대성의 감소와 빈곤의 증가 간의 관계를 보면 둘 사이에 일 대 일의 직접적인 관계가 있는 것은 아니라는 사실을 알 수 있다.

복지국가가 빈곤경감의 목적을 달성하지 못하는 셋째의 이유는 둘째 이유와 연관된 것인데 관대한 복지급여가 경제성장을 저해할 수 있다는 데에 있다. 이는 이른 바 평등과 효율성 간의 상충관계 가설로 유명한 것인데, 이 가설에 의하면 높은 누진세와 관대한 복지급여는 근로동기와 투자동기를 감소시키고 따라서 경제성장을 저해한다는 것이다(예컨대, Okun, 1975 참조; 그러나 Brady, 2003, 2005; Kenworthy, 1999; Scruggs and Allan, 2006도 참조). 복지국가가 빈곤경감에 긍정적 영향을 미칠 수 있다는 것을 부정하는 주장 가운데 제법 설득력 있는 주장으로는, 복지국가가 빈곤을 감소시키는 것이 사실일지라도 그것은 단기간 동안만 그럴 뿐이며 또 빈곤을 상대적 개념으로 규정할 경우(예컨대, 해당 국가의 중위소득의 일정 비율 이하 소득을 가진 사람을 빈곤자로 규정할 경우 등)에만 그러할 뿐이라는 주장을 들 수 있다. 상대적 빈곤척도와 절대적 빈곤척도 중 어느 것을 선호하느냐는 학문적으로 상당한 논쟁이 있는 문제이다(Kenworthy, 2008: ch. 2 참조). 선진국을 대상으로 하는 많은 연구들은 상대적 빈곤척도를 사용하는데 이 경우 전형적으로 사용되는 척도는 중위소득의 50% 또는 60%라는 기준이다(예컨대, Brady, 2003, 2005 참조). 유럽연합의 '공식적' 빈곤선은 해당 국가의 균등화 중위소득의 60%이다(이 책에서도 앞에서 이를 활용하였다). 선진국들을 대상으로 한 연구에서는 상대적 척도가 적절한 것일 수 있다. 왜냐하면 이들 나라에서 빈곤 여부는, 통상적인 지출행태에 의해서도 영향을 받지만 그 나라의 특수한 상황에 의해서도 영향을 받기 때문이다(Nolan and Marx, 2009). 예컨대, 유럽연합 27개국에서 성인 2인과 14세 미만 자녀 2인으로 구성된 가구의 빈곤위험기준은 2008년 현재 룩셈부르크의 34,661피피에스PPS로부터 불가리아의 5,882피피에스에 이르기까지 매우 편차가 크다(Atkinson et al., 2010). 피피에스purchasing power standards; PPS는 각 나라의 통화로 표시된 금액을 구매력을 동등화한 공통의 금액으로 전환하여 서로 다른 통화 간에 (동일한 통화를 사용하는 나라 간에는 말할 것도 없고) 비교를 가능케 한 것으로 일종의 가상적 통화이다.

상대적 빈곤척도가 가진 문제점은 그것이 복지프로그램의 동태적 영향, 특히 "복지프로그램이 경제성장률을 늦춤으로써 가난한 사람들에게 장기적으로 초래할 가능성이 있는 악영향"을 가린다는 데에 있다 (Kenworthy, 1999: 1123). 만일 복지정책이 평등과 효율성 간의 상충관계 가설이 주장하는 것처럼 장기적으로 근로동기와 투자동기를 감소시키는 것이라면, 그것이 단기적으로 어떠한 긍정적 결과를 가져오더라도 장기적인 효과의 면에서는 가난한 사람들에게 매우 부정적인 영향을 낳으리라고 볼 수 있다. 따라서 그런 장기적인 정책영향을 보고자 한다면 그 경우에는 절대적 빈곤척도가 더 적절할 것이다. 절대적 빈곤을 측정할 때 연구자들은 흔히 특정 국가(예컨대 미국)에 대해 가구구성원의 수를 고려하여 조정한(즉, 균등화한)(왜냐하면 가구규모에 따른 규모의 경제가 존재하므로) 세후/이전후post-tax/post-transfer 가구소득을 사용하며 빈곤선으로는 중위소득의 일정비율(예컨대 50%)에 해당하는 금액을 사용한다. 그리고 이것은 다른 나라에 대해서도 적용된다(물론 이 때 다른 나라의 균등화 세후/이전후 가구소득 금액은 물가상승을 감안하여 조정된 금액이며 또 구매력평가지수에 따라 미국 달러로 전환된 금액이어야 한다). 하지만 개발도상국의 경우 절대빈곤 개념은 가구가 그들의 생활에 필요한 필수품을 획득할 능력의 부재를 평가하기 위한 개념으로 활용된다. 이런 의미의 절대빈곤을 측정하기 위한 기준으로는, 하루 1달러 미만으로 생활하는 사람을 '극빈자extremely poor'로 그리고 하루 2달러 미만으로 생활하는 사람을 '빈자poor'로 규정한 세계은행World Bank의 분류를 들 수 있다(Ferreira and Ravallion, 2009 참조).

상대적 빈곤척도를 사용하느냐 절대적 빈곤척도를 사용하느냐의 문제가 중요한 것은 맞지만 그럼에도 불구하고 대부분의 경험적 연구들을 보면 복지국가가 상대적 빈곤과 절대적 빈곤의 두 가지 개념의 빈곤 모두를 경감시키는 것으로 나타난다. 절대적 빈곤개념에 입각하여 복지국가가 빈곤에 미치는 영향을 분석한 켄워디(Kenworthy, 1999)

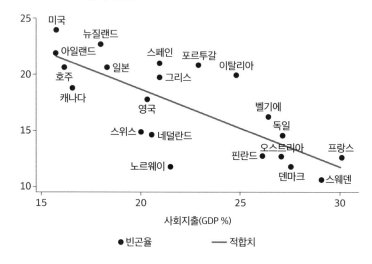

그림 5-1 **사회지출(GDP 대비 %)과 빈곤(중위소득 60% 이하) 간의 관계, 2000년대 중반**

※ 주: 회귀계수 −0.67; 베타값 −0.77; Adjusted R^2 0.57.
※ 출처: OECD dataset, http://stats.oecd.org/Index.aspx?DataSetCode=POVERTY; http://stats.oecd.org/Index.aspx?DataSetCode=SOCX_AGG(2013년 2월 검색).

는 사회정책의 빈곤감소효과가 간접적 효과와 동태적 효과를 고려하더라도 유의미하게 나타난다는 사실을 발견하였다. 이와 유사하게, 스크럭스와 알란(Scruggs and Allan, 2006)은 보다 관대한 수준의 복지수급권이 절대적 빈곤과 상대적 빈곤 모두를 감소시킨다는 분석결과를 내놓았다. 최근의 연구에 의하면, 경제활동연령인구 집단 사이에서의 상대적 빈곤이 감소되는 정도와 복지국가의 규모(사회지출의 수준) 간에는 상당히 강한 연관성이 있는 것으로 나타나고 있다(〈그림 5-1〉 참조). 복지국가들마다 빈곤경감을 위해 사용하는 전략이 다를 수 있지

복지국가 개혁의 도전과 응전

만, 놀란과 마르크스(Nolan and Marx, 2009: 329-330)가 강조하는 바와 같이, 〈그림 5-1〉의 데이터가 보여 주는 것은 높은 수준의 사회지출이 없이는 낮은 수준의 빈곤율을 결코 달성할 수 없다는 것이다.

따라서 평등을 추구할수록 그것이 비효율을 초래한다(즉, 경제성장을 저해한다)는 주장이 경험적으로 타당한 것인가가 의문시될 수 있는 것이다. 평등과 효율은 상충하지 않을 수 있다. 예컨대 복지급여는 소비자들의 수요를 안정화시킬 수 있고 또 가난한 사람들에게 교육훈련의 기회를 더 많이 제공할 수 있다. 과거 매우 오랜 기간 동안 학자들과 정책결정자들은 하나같이 두 가지 모델만 가능한 것으로, 즉 자유주의 체제의 신자유주의 모델이라는 '나쁜' 모델과 스칸디나비아 체제의 사회민주주의 모델이라는 '좋은' 모델의 두 가지만 가능한 것으로 생각해 왔다(보수주의 체제의 모델은 '추한ugly' 모델로 여겨졌다; Esping-Andersen, 2002; Manow, 2004 참조). 하지만 자유주의 체제 국가들이 2008년의 금융위기와 경제위기의 여파에 대응하는 데 가장 큰 어려움을 겪고 있는 반면, 독일과 같은 보수주의 체제 국가들은 상대적으로 좋은 성과를 보이고 있다(10장 참조).

어쨌든, 빈곤경감은 그것 자체로만으로도 중요한 목적인데 이와 같은 빈곤경감이 복지국가의 중요한 일이 되어온 것은 분명하며 또 비록 그 어떤 복지국가도 빈곤을 완전히 없애지는 못하고 있지만 복지국가가 빈곤경감에 매우 중요한 영향을 미쳐왔던 것 역시 사실이다. 에스핑-안데르센과 마일스(Esping-Andersen and Myles, 2009: 656-657)는 빈곤에 빠질 위험성이 높은 집단 ―자녀가 있는 가족― 에 대해 복

표 5-3 빈곤(균등화중위소득의 50% 기준) 감소 정도(자녀가 있는 가족 대상, 1990년대 중반)

	시장빈곤 (시장소득 기준 빈곤율)	재분배 후 빈곤 (재분배 후 빈곤율)	빈곤감소율
호주	32	17	47
캐나다	29	16	45
아일랜드	28	15	46
영국	39	21	46
미국	31	26	16
LR 평균	**32**	**19**	**40**
벨기에	31	6	81
프랑스	40	10	75
독일	31	12	61
이탈리아	37	21	43
네덜란드	25	8	68
CR 평균	**33**	**12**	**66**
덴마크	30	6	80
핀란드	18	3	83
노르웨이	29	5	83
스웨덴	39	4	90
SDR 평균	**29**	**5**	**84**

※ 주: LR 자유주의 유형; CR 보수주의 유형; SDR 사회민주주의 유형.
※ 출처: Esping-Andersen and Myles, 2009: 656, table 25.3; 평균은 필자 계산.

지국가가 빈곤을 감소시켜 왔음을 설득력 있게 보여 주는 1990년대 중반의 자료를 제시한 바 있다. 그들은 빈곤을 균등화 중위소득의 50% 이하를 기준으로 하여 상대적 개념으로 측정하였다. 이 자료는 〈표 5-3〉에 제시되어 있다.

〈표 5-3〉은 다소 놀라운 것일 수도 있는 사실을 보여 주는데, 즉 재분배 이전의 빈곤, 즉 시장빈곤(시장소득 기준 빈곤율로 나타낸 빈곤)이

복지국가 개혁의 도전과 응전

복지체제 간에 별 차이가 없다는 것이다. 복지체제별 평균을 기준으로 보면, 시장빈곤은 자유주의 체제와 보수주의 체제가 거의 동일하며(각기 32%와 31%) 사회민주주의 체제는 이들보다 약간 낮다(29%). 시장 빈곤은 국가 간 변이도 아주 크지는 않은 편이어서 높게는 프랑스의 40%에서 낮게는 핀란드의 18%의 범위에 있다. 에스핑-안데르센과 마일스(Esping-Andersen and Myles, 2009: 656)는 시장소득을 기준으로 한 아동빈곤은 스웨덴이 심지어 미국보다 더 높은 것으로 나온다고 지적하는데 하지만 그들은 그와 동시에 이런 현상은 예컨대 "스웨덴은 보편적인 법정모성휴가를 시행하고 있지만 미국은 그런 제도를 시행하지 않은 관계로 근로소득(즉, 시장소득)이 0인 여성이 미국보다 스웨덴에서 더 많게 나타나는 현상, 즉 '원초적인' 소득분배상황의 인위성[앞의 5.2절의 논의 참조]으로 인해 나타나는 현상"이라고 설명한다.

재분배를 보게 되면 복지체제 간에 확연한 차이가 드러난다. 사회민주주의 체제가 단연 가장 재분배적이어서 시장빈곤을 무려 84%나 감소시켜 체제 평균으로 볼 때 재분배 후 빈곤(재분배 후 빈곤율로 나타낸 빈곤)을 5%로까지 끌어내리고 있다. 보수주의 체제는 재분배 정도가 중간 정도로 시장빈곤을 평균적으로 66% 감소시켜 재분배 후 빈곤을 12%로 낮추고 있다. 자유주의 체제는 가장 재분배적이지 않아서 체제 평균으로 시장빈곤을 40% 감소시켜 ─이는 사회민주주의 체제의 재분배 폭의 절반 정도이다─ 재분배 후 빈곤을 19%로 낮추고 있다. 개별 국가들을 보면 보수주의 체제에서 재분배 후 빈곤이 높게는 이탈리아의 21%에서 낮게는 벨기에의 6%에 이르러 그 변이가 큰 것을 볼 수 있다. 다른 두 체제에서는 재분배 후 빈곤의 변이가 훨씬 더 작아서 자유주의 체제의 경우는 아일랜드 15%에서 미국 26%의 범위를 그리고 사회민주주의 체제의 경우는 핀란드 3%에서 덴마크 6%의 범위를 보이고 있다.

빈곤율에서의 국가 간 차이를 어떻게 설명할 수 있을 것인가? 놀란과 마르크스(Nolan and Marx 2009: 328 및 그 이하)는 이러한 국가 간 차이를 설명하는 데 도움을 줄 수 있는 몇 가지 요인을 제시하고 있다. 첫째, 높은 고용률은 빈곤을 제거하는 데 기여할 수 있다. 물론 높은 고용률이 빈곤제거의 충분조건은 아니지만, 일자리를 만들어내는 복지국가가 빈곤과 싸우는 데 유리한 것은 분명하다. 둘째, 가구의 소득원이 한 가지 이상인 경우 그 가구의 빈곤위험은 감소한다. 여기서 복지국가의 형태가 중요한 역할을 하는데 왜냐하면 일부 복지국가는 시간제근로를 제약한다든지 추가적인 가구원의 근로 진입에 대해 급여상의 불이익을 준다든지 맞벌이에 대해 세제상의 불이익을 준다든지 또는 보육시설을 충분히 마련치 않는 등으로 소득을 획득하는 가구원이 많은 다多소득자 가구에 부정적 영향을 미치는 정책적 불이익을 주고 있다. 이러한 나라들에서는 만일 일자리가 가구들(개인들이 아니라) 간에 좀 더 평등하게 배분된다면 빈곤율이 훨씬 더 낮아질 수 있을 것이다. 일자리가 가구들 간에 어떻게 배분되는가는 복지국가에 의해 적어도 그 일부가 영향을 받는다. 왜냐하면 복지국가정책은 여성의 노동시장 참가를 촉진하고 장려할 수도 있고 그것을 억제할 수도 있기 때문이다. 셋째, 편모의 고용은 아동빈곤을 상당 정도로 감소시킬 수 있다

복지국가 개혁의 도전과 응전

표 5-4 조세 및 이전 체계에 의한 빈곤감소율(1990년대 중반)

	편모偏母	모친母親
호주	44.2	43.3
캐나다	31.4	38.5
영국	56.9	49.3
미국	14.0	13.3
LR 평균	**36.6**	**36.1**
프랑스	63.7	69.2
독일	28.0	28.6
네덜란드	73.2	53.4
CR 평균	**55.0**	**50.4**
핀란드	86.3	79.2
스웨덴	89.1	89.8
SDR 평균	**87.7**	**84.5**

※ 주: LR 자유주의 유형; CR 보수주의 유형; SDR 사회민주주의 유형.
※ 출처: Christopher, 2002, table 2.

(Esping-Andersen 2009: 124-125도 참조). 편모가 취업할 수 있는가 여부는 아동돌봄에 관련된 도움을 어디서 얻을 수 있는가, 즉 시장에서 얻을 수 있는가, 가족에게서 얻을 수 있는가, 복지국가로부터 얻을 수 있는가에 따라 달라진다. 일반적으로 아동빈곤은 저소득가족에 집중되어 있으므로, 시장은 이런 경우에 돌봄 혹은 충분한 돌봄을 제공하지 못할 가능성이 높다. 가족도 이 경우에는 돌봄을 제공하지 못할 가능성이 높은데 이는 특히 이혼율이 높은 저학력 · 저소득 부부의 경우에는 더욱 그러하다. 그러므로 결국 아동돌봄을 제공해야 하는 것은 복지국가이다. 저소득가족에게 그리고 특히 편모에게 양질의 보육서비스를 제공하는 복지국가가 빈곤을 가장 잘 감소시킬 수 있다. 넷째,

복지혜택을 감소시켜 근로동기를 진작시키려는 정책은 빈곤을 퇴치하는 데 도움이 되지 않는다. 복지급여의 축소가 실제로 초래하는 결과는 빈곤의 증가이다. 따라서 빈곤을 억제하려면 생활수준에 맞추어 복지급여의 수준을 유지해 주어야 하는 것이다.

빈곤율은 국가 간에 차이가 있기도 하지만 한 나라에서 집단들 간에도 차이가 있다. 일반적으로, 빈곤에 빠질 위험이 가장 높은 가구 혹은 개인은 "저학력·저숙련자들과 저임금근로자, 실업자, 장애인, 한부모, 가구원이 많은 가족, 노인, 아동, 소수인종, 이민자 그리고 난민들"이다(Nolan and Marx, 2009: 326). 크리스토퍼(Christopher, 2002)는 복지국가가 한부모 중 가장 큰 집단인 편모의 빈곤을 어떻게 감소시키는지를 분석한 바 있다(〈표 5.4〉 참조). 이 분석결과 전체인구의 빈곤에서와 마찬가지로 사회민주주의 체제가 모친mother 일반의 빈곤뿐만 아니라 편모들의 빈곤을 가장 많이 감소시켰으며 그 다음이 보수주의 체제였고 자유주의 체제는 빈곤감소 정도가 가장 작은 것으로 나타났다. 특히 미국은 편모들의 빈곤을 별로 감소시키지 못하여 빈곤감소율이 14%에 불과하다(편모빈곤의 감소율이 90%에 달하는 스웨덴과 크게 비교된다). 보수주의 체제에서는 독일이 편모와 모친 일반의 빈곤 감소에서 성과가 낮은 대표적인 나라이다(빈곤감소율이 편모의 경우 28%이고 모친 일반의 경우는 29%이다).

5
복지국가는 소득불평등을
어느 정도나 감소시키는가?

이제 소득불평등 문제로 눈을 돌려, 복지국가가 소득불평등을 어느 정도나 억제하고 있는지에 대해 살펴보자. 〈표 5-5〉에는 세후稅後 및 이전후移轉後 지니계수를 사용하여 국가별, 복지체제별, 그리고 시기별 소득불평등의 추이가 제시되어 있다. 지니계수의 값이 클수록 소득분포(즉, 소득분배)의 불평등이 큰 것을 의미한다. 보다 구체적으로, 지니계수의 값이 0인 경우 이는 완전평등상태(모든 개인 또는 모든 가구가 동일한 소득을 가진 상태)를 의미하며 지니계수의 값이 1인 경우 이는 완전불평등상태(한 개인 또는 한 가구가 모든 소득을 가지고 나머지 개인 또는 가구는 전혀 소득이 없는 상태)를 의미한다. 〈표 5-5〉에서 1970년대 중반과 1980년대 중반부터 2000년대 중반에 이르기까지 수치들을 비교해 보면 전체적으로 불평등이 모든 복지체제 그리고 모든 개별국가들에서 증가해 왔음을 알 수 있다. 이 기간에 불평등이 거의 동일한 수준으로 유지된 나라는 아일랜드와 벨기에 두 나라뿐이며 불평등이 감소한 나라는 프랑스 한 나라뿐이다. 1980년대 중반부터 2000년대 중반 동안 불평등이 가장 큰 폭으로 증가한 나라는 뉴질랜드(0.27에서 0.34로 증가)이며, 그 다음을 핀란드(0.21에서 0.27로 증가), 노르웨이(0.23에서 0.28), 미국(0.34에서 0.38), 이탈리아(0.31에서 0.35), 그리고 독일(0.26에서 0.30) 등이 따르고 있다.

표 5-5 지니계수로 본 복지국가의 불평등 추이 (세후/이전후),
1970년대 중반~2000년대 중반

	1970년대 중반	1980년대 중반	1990년경	1990년대 중반	2000년경	2000년대 중반
호주	-	-	-	.31	.32	.30
캐나다	.30	.29	.29	.29	.32	.32
아일랜드	-	.33	-	.32	.30	.33
뉴질랜드	-	.27	.32	.34	.34	.34
영국	.28	.33	.37	.35	.37	.34
미국	.32	.34	.35	.36	.36	.38
LR 평균	**.30**	**.31**	**.33**	**.33**	**.34**	**.34**
오스트리아	-	.24	-	.24	.25	.27
벨기에	-	.27	-	.29	.29	.27
프랑스	-	.31	.30	.28	.28	.28
독일	-	.26	.26	.27	.27	.30
이탈리아	-	.31	.30	.35	.34	.35
네덜란드	.25	.26	.28	.28	.28	.27
스위스	-	-	-	-	.28	.28
CR 평균	**.25**	**.28**	**.29**	**.29**	**.28**	**.29**
덴마크	-	.22	.23	.21	.23	.23
핀란드	.23	.21	-	.23	.26	.27
노르웨이	-	.23	-	.26	.26	.28
스웨덴	.21	.20	.21	.21	.24	.23
SDR 평균	**.22**	**.22**	**.22**	**.23**	**.25**	**.25**
일본	-	.30	-	.32	.34	.32

※ 주: LR 자유주의 유형; CR 보수주의 유형; SDR 사회민주주의 유형.
※ 출처: OECD(2008).

　　주목할 만한 사실은, 이와 같은 비교적 큰 폭의 불평등 증가가 세 가지 복지체제 각각에서 모두 일어났다는 사실이다. 체제평균으로 볼 때 사회민주주의 체제는 시계열적으로 가장 평등한 상태를 유지해 왔

복지국가 개혁의 도전과 응전

으며, 2000년대 중반에도 지니계수는 0.25에 이르고 있다. 노르웨이는 2000년대 중반에도 스칸디나비아 국가들 중에서 가장 불평등한 나라에 속하였는데, 하지만 최근 자료에 의하면 노르웨이의 불평등이 2005년 이후 다시 감소하여 2009년에는 지니계수가 스칸디나비아 국가들의 평균과 거의 완벽히 일치하는 0.24를 기록하였다.[14] 보수주의 체제는 지니계수가 0.29로 여기서도 둘째에 위치하고 있다. 보수주의 체제 내에서는 이탈리아가 상대적으로 불평등이 심한 것으로 나타나는데(2000년대 중반 지니계수 0.35), 이러한 점은 이탈리아가 제4의 복지체제, 즉 가족의 실패와 적절한 사회부조제도의 부재로 빈곤을 보수주의 체제만큼 효과적으로 다루지 못하는 지중해체제地中海體制, Mediteranean regime(Ferrera, 2005)에 속하는 것으로 보는 것이 더 적절할 수 있음을 시사한다(4장 참조). 마지막으로 자유주의 체제는 가장 불평등한 소득분배를 보여 지니계수가 0.34에 이른다. 자유주의 체제 내에서는 미국이 2000년대 중반 지니계수가 0.38에 이르러 소득분배상황이 단연코 가장 불평등한 나라이다.

소득분배에 관한 경제협력개발기구經濟協力開發機構(OECD, 2008)의 한 연구는 지난 수십 년간 세계는 점점 더 불평등해져 왔음을 보여 준다. 이 연구의 주요 결과는 불평등이 증가추세에 있으며 이런 추세는 특히 캐나다, 독일, 미국, 이탈리아, 핀란드에서 두드러지고 있다는 것

---

14 http://www.ssb.no/english/subjects/05/01/iffor_En/tab-2011-03-11-02-en.html[2011년 10월 접속] 참조.

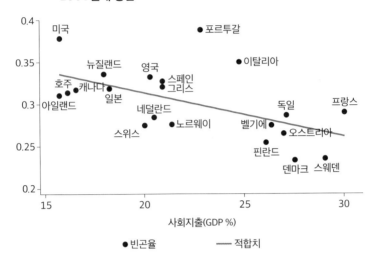

그림 5-2 사회지출(GDP %)과 불평등(세후/이전후 지니계수) 간의 관계, 2000년대 중반

※ 주: 회귀계수 −0.01; 베타값 −0.60; Adjusted R² 0.32.
※ 출처: OECD dataset, http://stats.oecd.org/Index.aspx?DataSetCode=INEQUALITY; http://stats.oecd.org/Index.aspx?DataSetCode=SOCX_AGG(2013년 2월 검색).

이다. 이는 주로 상위소득계층이 중위소득계층 및 하위소득계층과 비교하여 소득이 더 많이 증가하였기 때문에 나타난 현상이다. 불평등이 심한 나라들은 빈곤율도 더 높았다. 그리고 노인빈곤율은 감소하고 있지만 청년층의 빈곤과 자녀를 둔 가족의 빈곤은 증가하고 있다. 하지만 OECD의 연구에 의하면 일부 나라들에서는 실제로 불평등이 감소해 왔으며 이 나라들로는 영국과 호주가 대표적이다. 마지막으로 OECD의 연구결과에서 언급해 두어야 할 것은 국민 1인당 소득은 높지만 불평등한 나라(미국이 대표적)에 사는 빈민이 평균소득은 조금 더 낮지만 평등한 나라(스웨덴이 대표적)에 사는 빈민보다 훨씬 더 못한 삶을 산다는 점이다. 부자들은 평균소득이 낮고 불평등한 나라(예컨대 이탈리아)에서 사는 것이 평균소득 수준이 높고 좀 더 평등한 나라(예컨대 독일)에서 사는 것보다 더 잘사는 것으로 나타났다.

불평등에 관한 OECD 연구의 한 가지 특징은 그것이 평등을 유지하고 빈곤을 감소시키기 위한 복지국가의 역할을 전반적으로 긍정적으로 평가한다는 것이다. 이는 다음과 같은 반사실적 진술, 즉 "만일 정부가 사회급여에 대한 지출을 줄이고 또 조세 및 급여를 빈민에게 덜 표적화하여 불평등을 완화하려는 노력을 중단한다면, 불평등은 훨씬 더 빠른 속도로 증가할 것"이라는 진술에서도 잘 드러난다(OECD, 2008: 19). 뿐만 아니라 OECD(2008: 19)는 "가장 중요한 정책적 메시지는, 불평등을 증가시켜 온 원인이 지구화이든 혹은 그 외 다른 무엇이든 그것에 관계없이 무력감을 느낄 필요가 전혀 없다는 것이다. 정부가 좋은 정책을 펼친다면 분명히 변화가 있을 것"이라고 쓰고 있다.

실제로, 〈표 5-5〉의 수치와 〈그림 5-2〉가 보여 주듯이, 복지국가지출과 불평등 간에 부적 관계가 존재하는 것이 사실이다. 사회지출 수준이 높을수록 불평등 정도가 낮게 나타나는 경향이 있는 것이다. 하지만 그 관계가 모든 나라에 똑같은 정도로 적용되는 것은 아니며 또 사회지출 수준은 불평등 감소를 부분적으로만 설명할 뿐이다. 예컨대, 〈그림 5-2〉를 보면 네덜란드는 스페인과 그리스보다 사회지출 수준은 약간 낮지만 불평등은 이들 나라보다 훨씬 더 낮게 유지하고 있음을 볼 수 있다. 그리고 이탈리아는 노르웨이보다 더 많은 사회지출을 하면서도 불평등이 훨씬 더 높은 수준에 있음을 볼 수 있다. 에스핑-안데르센과 마일스는 사회지출이 10% 증가하면 불평등이 1% 감소한다는 계산을 하였는데(Esping-Andersen and Myles, 2009: 644-645), 하지만 이것은 상이한 복지국가들의 특성을 중요하게 고려할 때 우리가 기대할 수 있는 것이다. 사회지출이 불평등에 미치는 영향을 선형적으로 예측하는 것은 실상을 왜곡할 수 있는데, 이는 왜냐하면 단순한 사회지출의 규모보다 복지국가의 제도적 구조(예컨대 돈이 어떻게 지출되고 무슨 목적으로 지출되는가 등)가 사회의 계층화에 훨씬 더 중요하게 영향을 미치기 때문이다. OECD(2008: 119)는 "이전체계보다는 조세체계를 통해 더 많은 재분배를 이루는 미국을 제외하면 일반적으로 복지국가의 재분배 효과는 조세보다는 공적인 현금지출에서 더 크게 나타나며, 최하소득계층으로의 재분배 정도가 나라에 따라 매우 편차가 큰데 이러한 재분배는 호주와 노르딕 국가에서 가장 크게 나타난다"는 사실을 발견하고 있다.

많은 사람들은 사회정책 및 복지국가와 재분배 및 평등을 연관시키고 있고 이를 당연시하는 경향이 있다. 하지만 재분배가 언제나 더 많은 평등을 의미하는 것은 아니라는 사실을 인식할 필요가 있다. 예컨대 생애주기에 따른 재분배는 그것이 반드시 부자로부터 빈자에게로 일어나는 것이 아니다. 평등과 관련해서는, 특정 집단(예컨대, 노동자계급이나 빈민, 여성 혹은 이주민 등)에 표적화된 사회정책이 불평등 감소에 효과적이냐 아니면 "모든 시민에게 그 소득이나 계급에 관계없이 상대적으로 단일한 서비스나 혜택을 제공하는"(Hall, 2006: 192) 보편주의적 사회정책이 불평등 감소에 효과적이냐를 둘러싸고 학계에서 많은 논쟁이 있어 왔다.

어떤 종류의 재분배가 시도되었는가가 중요한데 이는 예컨대 사회민주주의 체제는 보편주의적 급여를 통해 재분배를 시도하는가 하면 자유주의 체제는 가장 표적화된 복지급여를 통해 시도하는 등 복지체제에 따라 시도하는 재분배의 형태가 매우 다르기 때문이다. 또한, 모든 복지체제에서 사회적 불평등과 지위격차가 직업별 사회보험제도와 소득비례적 사회보험에 의해 재생산되고 있기도 하며 이는 특히 보수주의 체제에서 두드러진다. 보편주의적 복지제도에서도 불평등은 재생산되는데 왜냐하면 숙련수준과 기능수준이 높은 고학력 및 고소득자들이 학력이 낮고 소득수준이 낮은 사람들보다 보편적 서비스(의료나 교육)를 훨씬 더 잘 이용하기 때문이다.

언뜻 생각하면, 표적화된 사회정책은 혜택을 필요로 하는 사람들만을 대상으로 설계된 것이기 때문에 그런 사회정책이 가난한 사람들에게 더 유리할 것으로 생각하기 쉽다. 또한 표적화를 통한 재분배는 도움을 필요로 하지 않는 사람에게로 자원이 흘러가지 않게 함으로써 자원을 낭비하지 않는다는 점에서 형평성과 효율성 면에서도 더 유리한 것으로 보일 수 있다. 하지만 표적화는 본질적으로 부자로부터 돈을 '빼앗아' 빈자들에게 나누어 주는 형식을 띠는 일종의 로빈 후드 전략으로서 이는 부자들을 적대시하는 것이며 따라서 부자들은 표적화 전략에 기초한 제도로부터 벗어나려 하게 된다. 코르피와 팔메(Korpi and Palme, 1998: 672)가 설명한 바와 같이, "표적화 모델은 빈자들을 우대함으로써, 빈자들의 이익을 위해 세금을 내야 하지만 정작 자신들은 아무런 혜택도 받지 못하는 고소득노동자들 및 중산층들의 이해관계와 빈자들의 이해관계 간에 영합적zero-sum 갈등을 창출"하는 경향이 있다.

표적화 모델의 대안으로 모든 사람에게 동액의 급여를 제공하는 단순평등모델을 생각할 수 있다. 모두에게 동액의 급여를 제공하게 되면 그것이 결과적으로 부자들보다는 가난한 사람들에게 상대적으로 더 많은 혜택을 제공하게 된다. 하지만 베버리지 모델로 알려진 이 단순평등모델 역시 중산층 이상의 사람들에게 이 모델 바깥에 있는 민간보험을 추구하게끔 하는 유인을 갖는다. 마지막으로 마태전략 혹은 마태모델을 생각할 수 있는데 이것은 소득비례방식을 통해 빈자들보다 부자들에게 더 많은 혜택을 주는 것이다(앞의 4절 참조). 마태효과는 서비스에 가장 잘 나타나는데, 예컨대 교육(특히 고등교육)에서 부자들은 그 서비스의 대부분을 받을 뿐만 아니라 교육서비스를 통해 그들의 가득능력을 크게 향상시킬 수 있기 때문에 빈자들보다 훨씬 더 많은 이익을 얻는다.

복지체제를 경험적으로 비교해보면 우리는 분배의 역설을 발견하게 된다. 즉, "급여를 빈민들에게 표적화할수록 그리고 모두에 똑같은 공적이전을 제공함으로써 평등을 이루려 할수록, 실제로는 빈곤을 줄이고 평등을 달성할 가능성이 더 낮아지는 것이다(Korpi and Palme, 1998: 681-682)." 핀란드와 스웨덴, 노르웨이에서 발견되는 이른 바 포괄적 모델encompassing model은 단순평등모델과 마태모델을 결합한 것으로 가장 재분배적이며 높은 정치적 지지를 받고 있고 따라서 정치적 정당성의 수준도 높다. 이렇게 될 수 있는 것은, 포괄적 모델에서 복지국가의 영역이 훨씬 크기 때문이며 또 저소득층과 중산층, 고소득층을 한 체계 내에 함께 묶어 사회계급 간의 연합을 촉진하고 중산층 및 고소득층이 체계로부터 이탈할 가능성을 배제하기 때문이다. "포괄적 모델은 중·고소득층에게도 충분한 혜택을 제공하여 이 모델에서 이탈할 유인을 제거함으로써 중·고소득층의 목소리가 그들 자신에게도 이익이 되게 작용할 뿐만 아니라 저소득층에게도 이익이 되게끔 작용하게 되는 것이다(Korpi and Palme, 1998: 672)."

이와 유사한 맥락에서, 스미딩(Smeeding, 2005)은 미국과 같이 표적화 모델을 채택하는 국가들이 가장 높은 수준의 빈곤과 불평등을 보이고 있다는 사실과 이 나라들의 이처럼 높은 빈곤과 불평등이 정치적 결과라는 사실을 보여 주고 있다. 미국에 대해 언급하면서 스미딩(Smeeding, 2005: 980)은 "만일 우리가 빈곤과 불평등을 적극적인 정책목표로 설정한다면 우리는 무언가를 해낼 수 있다. 우리는 다른 나라들보다 더 심각한 빈곤과 불평등을 가질 수 있는데 왜냐하면 우리가 그렇게 하기로 했기 때문"이라고 말하고 있다. 또한 스미딩은 표적화 전략을 택한 나라들에서 그러하듯이 부자들과 빈자들 간의 거리가 지나치게 멀어지면, 부자들은 표적화 모델을 이탈하여 그들을 스스로 돌볼 수 있는 전략을 추구하게 된다고 주장한다. 즉 부자들은 민간보험에 가입하려 하고 값비싼 보건의료서비스를 구입하려 하며 자녀들에게 가능한 한 최선의 교육을 시키고자 하게 된다는 것이다. 이것은 사회적 분할을 재생산하고 나아가 그것을 강화하게 된다. 스미딩(Smeeding, 2005: 980)이 말한 바와 같이, "소득불평등이 커질수록, 기회평등과 계층이동을 촉진하는 데 도움이 되는 소득보장정책이나 교육기회균등정책, 양질의 의료서비스 접근을 평등하게 보장하려는 정책 등 공적으로 공유되는 재화의 생산수준은 낮아지게 되는 것"이다.

경험적 연구들은 각 복지국가체제가 평등과 빈곤에 서로 다르게 미치는 영향을 집중적으로 연구해 왔다(예컨대, Kenworthy, 1999; Korpi and Palme, 2003; Brady, 2005; Scruggs and Allan, 2006; Esping-Andersen and Myles, 2009 참조. 또한 이 장의 앞부분 논의도 참조). 일부 연구는 복지국가가 그 시기와 유형에 관계없이, 빈곤을 상당 정도로 감소시킨다는 사실을 발견하기도 하지만(예컨대, Brady, 2005: 134), 대체적으로는 보편주의가 특히 가장 분명한 영향을 미친다는 데 학자들 간에 합의가 있는 것 같다. 보편주의가 그러한 영향을 미치게 되는 데 작용을 가하는 기제는 여러 가지이다(Hill, 2006: 192-194 참조). 예컨대, 빈민들이 아니라 중상위층 사람들의 기준에 맞춘 양질의 급여와 서비스(특히 교육과 의료부문에서)는 빈민들에게도 이익이 되며 따라서 사회이동성을 향상시킨다. 분절적이고 표적화된, 혹은 특수주의적인 체계(즉, 각 집단에게 별도로 적용되는 각각의 체계)는 사실상 불평등을 강화하고 나아가 국가와 정치가 불평등 조장에 연관된다는 함의를 주게 되어 심각한 정당성의 문제를 야기할 수 있다. 또한, 보편주의적인 서비스 공급은 가계지출을 갑작스럽게 초래하는 사건들(예컨대, 의료지출 등)로부터 빈자와 부자 모두를 보호하며, 따라서 특히 빈자들로 하여금 그런 보편적 서비스가 없었더라면 포기했을 서비스를 받을 수 있게끔 한다. 이와 동시에 중상층의 소득도 보호하여 그들이 빈곤에 떨어질 위험을 없애 준다. 마지막으로, 아동급여나 가족수당과 같은 일부 보편적 현금이전은 사회 전체에 이익을 준다. 특히 보편적 이전급여는 아이가 없는 사람들에게도 이익이 되는데 왜냐하면 다른 사람들의 아이가 그들이 받을 연금에 기여할 것이기 때문이다(Esping-Andersen, 2009 참조). 지금까지의 논의는 초기 세대의 (양적) 비교연구가 세후 및 이전후 소득평등과 복지국가 간의 선형관계를 발견하지 못한 이유를 잘 보여 준다. 하지만 복지국가 유형의 상이함을 고려하고 재분배의 역설을 이해한다면 초기 비교연구가 그러한 선형관계를 발견치 못한 것은 놀라운 일이 아님을 쉽게 알 수 있다. 그럼에도 불구하고 여전히 에스핑-안데르센과 마일스(Esping-Andersen and Myles, 2009: 652-653)는 다음과 같이 말한다.

> 복지국가가 평등주의적인 방향으로 재분배한다는 것은 의심의 여지가 없다. 재분배 후의 지니계수와 십분위배율, 빈곤율은 일차소득분배에서보다 체계적으로 낮다. 또한 그러한 재분배도 복지국가에 따라 달리 이루어지며 따라서 평등화의 정도가 복지국가에 따라 상당히 다르다는 점도 분명하다. … 앵글로색슨 국가들이 다른 두 국가군에 비해 체계적으로 덜 재분배적이라는 것이 분명하며, 이는 앵글로색슨 이외 두 국가군이 이러한 집단적 비교에서는 상당히 유사함을 보여 주는 것처럼 보인다. 하지만 노인인구를 제외하면 이

러한 유사성은 사라지며 대륙유럽 복지국가는 훨씬 더 '자유주의 체제'의 모습을 보이게 된다. … 대륙유럽 국가들의 조세·이전체계는 매우 연금생활자 편향적인 것이다.

방법론적으로 유의해야 할 사항에 대해 앞의 2절에서 논의한 바와 같이, 복지국가가 일차분배에 미리 영향을 미칠 수 있는 방법으로 중요한 한 가지는 서비스(예컨대, 교육이나 보건의료, 직업훈련, 그리고 취업모에 대한 지원 등과 같은)라는 방법을 통하는 것이다. 서비스의 영향은 복지체제에 관계없이 항상 평등주의적인 것이지만 그 강도는 현금이전보다 다소 약하다. 서비스의 재분배 효과는 스칸디나비아 복지국가가 단연 돋보여서 가족복지서비스와 노인돌봄이 불평등을 감소시키는 데 상당한 기여를 하고 있는데 그 감소 정도는 덴마크가 18%, 핀란드 8%, 노르웨이 16%, 그리고 스웨덴 21%이다(평균은 16%). 이에 비해 서비스의 불평등 감소 정도가 자유주의 체제는 4%에 불과하고 보수주의 체제는 3%에 불과하다(Esping-Andersen and Myles, 2009: 654, 〈표 25.2〉).

마지막 쟁점은, 불평등이 대개 소득이나 시장지위를 기준으로 표현되며 그런 점에서 그것은 사회적 분할과 사회계층에 있어서의 계급문제와 연관된다고 말할 수 있다는 사실이다. 여성주의자들은 계급분석의 보다 일반적인 약점, 즉 계급이론이 여성의 계급적 지위를 설명하는 데 큰 어려움을 안고 있다는 점을 비판하며 이러한 어려움은 특히 노동시장에 참가하지 않는 주부들의 계급적 지위와 관련하여 두드러진다는 점을 지적하고 있다. 예컨대, 에스핑-안데르센의 저작을 비판하는 여성주의자들은, 시장과 국가 그리고 가족이라는 측면에서 복지체제의 작동을 이해하고자 한다면 사회계층의 젠더적 차원을 이해할 수 있는 그리고 사회정책이 남성과 여성 간의 관계를 어떻게 전제하며 또 그 관계에 어떻게 영향을 미치는가를 이해할 수 있는 이론적 도구를 먼저 개발해야 한다는 점을 강조한다(예컨대, Bussemaker and Van Kersebergen, 1994).

사회정책은 남성과 여성 간의 분업을 가정한 것이며 또 그런 성별 분업을 강화해 온 경향이 있다(Fraser, 1994). 여성의 지위와 관련하여 핵심적인 것은, 그들이 수급권을 한 개인으로서 보장받느냐 아니면 그 수급권이 남성이 대개 단독 혹은 주된 소득자인 가족에 연계되어 있느냐 하는 점이다. 또 여성은 남성과는 다른 위험과 욕구를 가진다(예컨대, 임신이나 편모가 되는 것 등). 이러한 이유로, 빈곤감소와 평등이라는 측면에서의 복지국가개입과 노동시장행위라는 측면에서의 복지국가 개입은 남성과 여성에게 매우 다른 결과를 낳게 된다. 첫째, 모든 유럽연합 국가들에서 복지국가적 개입이 빈곤위험을 감소시킨 것은 사실이지만, 여성의 빈곤위험은 여전히 남성보다 매우 높은 것도 사실이다 (핀란드와 스웨덴은 예외)(European Commission, 2004: 188). 둘째, 여성의 고용률이 남성의 고용률에 근접하는 복지체제는 사회민주주의 체제밖에 없다. 셋째, 여성의 임금은 모든 나라에서 남성보다 낮다.

마지막으로 언급할 사실은 복지국가의 황금기에 복지국가가 제공했던 소득보장과 시행했던 재분배는 사회정의의 문제로 간주되었을 뿐만 아니라 거시경제적 효율성의 문제로도 간주되었다는 것이다. 이런 점에서 복지국가 지출은 경제적 성과 특히 경제성장과 실업방지와 같은 경제적 성과를 극대화하기 위한 케인즈적 수요관리의 일환으로 간주될 수 있다. 복지국가 프로그램 중 상당수는 노동공급을 증가시키는 데에 기여한다. 특히 복지국가의 일자리와 프로그램들(보육과 부모휴가, 상병급여 등)이 여성노동의 공급을 증가시키는 데 매우 중요한 역할을 해 왔다는 점은 결코 과장이 아니다(Esping-Andersen, 2009 참조). 혹은 달리 말하면, 복지국가는 여성이 노동시장에 진출하는 데 큰 도움을 주었는데, 여성의 노동진출은 복지국가의 도움이 없이는 불가능한 것이었다.

지금까지의 논의를 요약해 보자. 1970년대 중반 이후 불평등의 전반적인 증가에도 불구하고 모든 복지국가는 불평등과 빈곤을 어느 정도 감소시켜 왔는데 그렇지만 복지국가체제와 개별 국가에 따른 차이는 매우 크다. 어쨌든 모든 체제에서 복지국가는 시장에서 발생한 불평등과 빈곤을 완화시키는 데 필수적인 역할을 해 왔으며, 사회민주주의 체제는 보수주의 체제보다 약간 더 그리고 자유주의 체제보다는 상당히 더 우수한 성과를 보여 왔다.

6
결론

빈곤과 불평등에 대한 복지국가의 정확한 영향을 측정하는 데 어려움이 있다는 방법론적 유의사항을 염두에 두고서, 이제 우리는 복지국가가 무엇을 하는 것인가라는 '거시적 질문'에 답할 수 있다. 복지국가는 노령과 실업, 상병, 노동재해와 같은 주요 구舊사회위험으로부터 시민들을 보호하고 있으며 또한 신新사회위험에 대한 보호도 제공하고 있다. 사회민주주의 체제는 가장 많은 국민을 보호해 왔으며 가장 관대한 급여를 제공해 왔다. 보수주의 체제는 적용범위와 급여 관대성 면에서 중간 정도에 위치해 왔다. 자유주의 체제는 거의 모든 프로그램에서 가장 좁은 적용범위와 가장 낮은 급여 관대성을 보이고 있다. 이 순위에서의 유일한 예외가 2000년 노동재해의 적용범위인데 이 적용범위에서는 자유주의 체제가 중간 위치를 차지하였다. 하지만 그럼에도 불구하고 자유주의 체제에서도 대부분의 주요 사회적 위험에 대한 보호가 제법 많은 인구에 적용되고 있다. 복지국가는 빈곤과 소득불평등을 최소 일부 감소시켜 왔으며 여기서의 복지체제의 순서 역시 적용범위와 급여 관대성과 동일한 순서이다. 빈곤과 불평등의 감소에 있어서도 개별 국가들 간에 상당한 차이가 있는 것으로 나타나지만, 그럼에도 불구하고 모든 복지국가가 빈곤과 불평등을 감소시키고 있다.

요약하면, 복지국가는 사회적 위험에 대해 보호를 제공하고 빈곤과 불평등을 감소시키는 일을 하고 있는 것이다. 흥미롭게도 미국과

5. 복지국가가 실제로 한 일은 무엇인가?

같이 평등을 명시적인 목적으로 추구하지 않는 복지국가들조차도 그들의 사회를 보다 평등적인 방향으로 이동시키는 결과를 만들어내고 있다. 또한, 이와 함께 복지체제들 사이에 명백하고 분명한 차이가 있다는 사실도 부정할 수 없다. 자유주의 체제는 가장 덜 재분배적이고 또 빈곤을 경감시키는 데 가장 취약하다. 사회민주주의 체제는 여러 복지체제 중에서 가장 포괄적이고 가장 재분배적인 체제이며 또 가장 효과적인 빈곤퇴치체제로 단연 돋보인다. 보수주의 체제는 빈곤경감과 불평등 억제 모두에서 중간 위치를 점하고 있다.

비록 아직도 많은 사람들이 사회적 위험에 대한 보호를 적절하게 받지 못하고 있고 빈곤도 여전히 남아 있으며 더 나아가 매우 놀랍게도 지난 20여 년 동안 불평등이 증가해 온 것은 사실이지만, 앞에서 우리가 본 반사실적 논증에 입각해 볼 때 우리는 지금까지 많은 복지국가 개혁(조정, 갱신, 비용억제, 축소, 또는 재구조화)이 이루어져 왔고 의도적인 정책표류(정책개혁을 하지 않으려는 혹은 기존 정책을 그냥 내버려두기로 한 의사결정)는 별로 없었다는 결론을 내릴 수 있다. 복지국가는 지속적으로 성과를 내고 있을 뿐만 아니라 몇몇 측면에서는 그 성과를 향상시켜 왔는데 이는 특히 주요 사회적 위험에 대한 보호의 적용범위가 2000년대까지 보인 추이를 볼 때 그러하다. 또한 복지국가는 새로운 사회적 위험(신사회위험)에 대한 보호도 제공하기 시작하고 있다.

복지국가 개혁의 기회 및 제약과 관련하여, 우리는 복지국가가 나름대로 양호한 성과를 거두고 있기 때문에 복지국가를 둘러싼 환경에서 지속적으로 발생하는 변화에 대처하는 복지국가의 역량은 상당히 높은 수준을 유지해 왔다고 생각한다. 이 역량이 실제로 얼마나 클 것인가는 복지국가가 직면하는 압력과 도전이 얼마나 클 것인가에 따라 달라질 수 있다. 이 문제는 이론적인 쟁점이기도 한데, 이에 대해서는 6장에서 다룰 것이며 그런 후에 7장과 8장에서 경험적 증거들을 살펴보고 나아가 정치경제적 환경이 점점 더 어려워지는 가운데 놓여 있는 복지국가가 그것이 지금까지 해왔던 일을 앞으로도 어느 정도나 지속할 수 있을 것인가를 질문해 볼 것이다(10장). 이제 이어지는 6장에서는, 복지국가 개혁 ―조정, 갱신, 비용억제, 축소, 재구조화― 을 설명함에 있어서 기능적 요구와 필수요건이 중요하다는 점을 강조하는 접근인 개방적·기능적 접근에 대해 좀 더 상세하게 살펴보도록 하겠다.

6

복지국가 개혁에 대한
개방적 · 기능적 접근을 향하여

1
서론

5장에서 우리는 복지국가의 지속적인, 그러나 차별적인 성과를 개관하고 여러 증거를 통해 살펴보았다. 우리는 다음과 같은 반사실적 논증, 즉 복지국가가 지금까지 그 기능을 매우 훌륭히 수행해 왔다는 점을 볼 때 복지정치를 둘러싼 사회경제적 맥락의 변화에 맞추어 기존 제도를 수정해 나가기 위해 수많은 개혁이 시도되어 왔다고 보아야 한다는 반사실적 논증을 활용하였다. 물론, 다소간의 정책표류 —변화하는 환경에 대응하기 위해 기존의 사회정책구조를 갱신해야 하는 시도를 의도적으로 하지 않기로 한 결정— 가 모든 나라에서 발생해 왔다는 것 역시 분명한 사실이다. 하지만 복지국가가 그 기능을 얼마나 잘 수행해 왔는가에 관한 경험적 증거들로 볼 때, 불평등과 관련해서는 다소 예외이지만, 전체적으로 정책표류는 제한적으로 존재해 왔다고 볼 수 있을 것이다. 이는 금융위기가 발발하던 시기에 이르기까지 과거 수십 년 동안 변화의 부재라든가 안정이 복지국가의 특징이 되어 왔다기보다는 복지국가가 사회정책을 갱신해 나가는 능력과 지속적으로 변화하는 환경에 적응해 나가는 능력을 갖추고 있음을 보여 주는 것이다. 복지국가의 적응과 갱신, 축소, 혹은 재구조화, 즉 다시 말해서 개혁이 진행되어 왔으므로 이것들이 바로 복지국가가 자신의 기능을 수행할 능력을 안정적으로 유지하는 데 도움을 주었던 것이다. 하지만, 이 책의 7장과 8장에서 다양한 경험적 증거들을 살펴보는 과정에서도 잘 드러나겠지만, 복지국가에 대한 기능적 압력은 그동안 꾸준히 증가해 왔다. 따라서 우리는 앞으로도 훨씬 더 많은 개혁압력이 있을 것이고 또 복지국가정책의 조정과 갱신, 축소, 그리고 재구조화 등 개혁이 지속적으로 진행될 것이라고 예측할 수 있다. 결국 문제는 복지국가가 앞으로도 지속적으로 그 기능을 수행할 수 있을 것인가, 특히 2008년 이래 금융·경제·채무위기가 나타나고 있는 상황에서도 그 기능을 수행할 수 있을 것인가 하는 것이다(10장 참조). 이 장에서 우리는 이러한 문제에 관련된 질문, 즉 복지국가가 지속적으로 변화하는 사회적·정치적 환경에 적응해야 하는 이유는 무엇이며 또 어떤 길을 통해 적응할 수 있을 것인가에 관해 사고함에 있어서 최선의 방법은 무엇인가 등과 같은 질문에 답을 제시하기 위한 이론적 도구를 발전시키고자 한다.

우리는 내생적·외생적 기능적 압력의 역할이 무엇인지, 그러한 기능적 압력이 어떻게 개혁으로 전화되는지, 그리고 어떤 조건에서 개혁이 성공할 수 있는지 등을 이론화하기 위해 복지국가 개혁에 대한 개방적인 기능적 접근open functional approach(=개방적·기능적 접근)을 제시하고자 한다. 그리고 이와 함께 우리는 사회정책을 개혁하고자 하는 혹은 개혁하지 않고자 하는 의도적 결정을 내리는 것과 그러한 결정을 어떤 방법으로 이행할 것인가 하는 것은 어디까지나 정치적인 것임을 강조하고자 한다. 이러한 것이 정치적인 것이라는 사실은 민주적 자본주의라는 맥락에서 볼 때, 사회정책과 관련된 정책결정과정에는 정부와 정당, 유권자, 기업, 노동조합, 이익단체 그리고 기타 수많은 이해관계자들이 연루됨과 동시에 그러한 결정의 결과에 크든 작든 어떤 형태로든 영향을 미칠 수밖에 없다는 것과 그 모든 것들이 다양한 구상과 그것의 실행을 둘러싼 본질적으로 권력투쟁이라는 과정을 매개로 일어난다는 것을 의미한다. 이런 정책결정은 개혁을 지향하는 의도적 선택으로 나타날 수도 있고 혹은 개혁을 하지 않기로 하는 계산된 결정(정책표류를 결과하는 '비결정非決定, non-decision')으로 나타날 수도 있다. 우리는 복지국가 개혁의 정치적 기회와 제약을 이해함에 있어서는 지난 40년 동안 축적된 복지국가 비교연구의 성과들을 활용할 수 있다는 그리고 나아가 그 성과들을 활용해야만 한다는 신념에 근거하여 우리들의 접근을 발전시켰다. 따라서 6.2절에서 우리는 이 책의 목적에 가장 적합한 연구 결과와 통찰에 초점을 맞추어 기존의 복지국가 비교연구의 성과에 대해 살펴볼 것이다.

우리는 복지국가 개혁의 국가 간 차이를 설명하는 데 가장 중요한 요인은 구상(관념, 아이디어)이라고 주장하는 최근의 관념론적·구성주의적 접근들(예컨대, Blyth, 2002; Schmidt, 2008, 2011; Hay, 2011; Stiller, 2010; Wincott, 2011)도 일정 부분 활용한다. 하지만 6.3절에서 우리는 왜 우리가 구상(관념)을 핵심적인 인과적 요인으로 간주하지 않는지 그 이유를 설명할 것이다. 인과적 신념으로서의 구상은 정책결정자들이 왜 특정 유형의 정책을 추구하는지 그 이유를 이해하는 데 중요한 요인이라는 정도의 의미를 갖는다. 마르크스Karl Marx가 1852년 『루이 보나파르트의 브뤼메르 18일』에서 한 유명한 언급에서와 같이, "인간은 그 자신의 역사를 스스로 만들어 간다. 하지만 인간이 그가 원하는 대로 역사를 만드는 것은 아니다. 인간은 그가 스스로 선택한 환경 속에서 역사를 만들지 못한다. 인간은 이미 존재하여 주어진 그리고 과거로부터 전해 내려오는 환경 속에서 그의 역사를 만들어 가는 것"이다.[15] 이미 존재하는 이러한 환경이 곧 정치적 행동의 사회경제적 맥락이며 제도적 맥락으로서 어떤 구상이 중요하며 또 얼마나 중요한가를 결정함으로써 행위자들과 구상을 제약하게 된다. 우리는 복지국가에 대한 주류적 비교연구로서 구조적 요인 혹은 문제 압력이 중요한 역할을 한다고 주장하는 연구들이 제시한 중요한 통찰들을 채택하고 그것들을 토대로 삼고자 한다. 그러한 통찰을 제시한 접근들로 여기서는 특히 ① 도전-역량-취약성 접근the Challenges-Capabilities-Vulnerabilities (CCV) approach(Scharpf and Schmidt, 2000)과 ② 홀(Hall, 1993)에 의해 최초로 제안되었고 그 후 피서르와 헤이머레이크(Visser and Hemerijck 1997, 3장), 헤이머레이크와 슐디(Hemerijck and Schuldi, 2000), 그리고 헤이머레이크(Hemerijck, 2013)에 의해 한층 더 발전된 정책학습 접근the Policy Learning (PL) approach을 채택하고자 한다. 외생적 압력과 내생적 압력은 전략적으로 선택적인 맥락strategically selective context을 만들어내게 되는데, 이러한 전략적 선택맥락에서는 어떤 특정한 행위자와 이해관계, 구상들이 그와 다른 행위자와 이해관계, 구상들을 제치고 더 중요하게 취급될 가능성이 크다.

---

15 "Die Menschen machen ihre eigene Geschichte, aber sie machen sie nicht aus freien Stücken, nicht unter selbstgewählten, sondern unter unmittelbar vorgefundenen, gegebenen und überlieferten Umständen"(http://www.mlwerke.de/me/me08/me08_115.htm[2011년 7월 검색]

우리는 기존의 '객관적인' 문제압력이 정치행위자들이 개혁을 위해 고려하는 구상의 범위에 영향을 미친다고 주장하는데, 이 주장은 구성주의적 접근과 완전히 대조되는 주장일 뿐만 아니라 도전-역량-취약성CCV 접근 및 정책학습PL 접근에서의 주장보다 더 과감한 주장이다. 개혁을 압박하는 압력, 즉 개혁압력은 그것이 체계의 생존을 위한 존재적 조건 자체를 위협하게 될 때 객관적인 압력으로 등장하게 된다. 이러한 객관적 압력은 특정 구상에 대해서는 그것이 채택되게끔 유도하는 경향이 있고 그와는 다른 구상에 대해서는 그것이 무시되거나 포기되게끔 유도하는 경향을 갖는다. 이렇게 하여 채택된 구상은 다시 정치행위자들이 추구하는 개혁의 성격에 영향을 미치게 된다. 따라서 상이한 구상은 상이한 개혁안으로 이어진다고 말할 수 있다. 하지만 모든 구상이 실현가능한 것은 아니다. 정치적 선호와 규범적 관념, 그리고 세계관 등도 행위자들이 어떤 구상을 중요하게 여기는가에 영향을 미치지만(Campbell, 2002: 22-26 참조), 실제로 어떤 구상이 중요하게 취급될 것인가가 결정되는데 가장 중요한 것은 바로 객관적인 문제압력이다.

우리의 이론을 예증할 사례는 5절에서 소개할 것인데, 여기서 우리는 기능적 요구와 특정한 구상이 어떻게 과감한 사회정책개혁을 설명하는 데 소용되는지 보여 줄 것이다. 과감한 사회정책개혁의 사례로 우리가 살펴볼 것은 1990년대 네덜란드가 추진한 장애급여의 급진적인 재구조화이다. 인과적 신념으로서의 구상이 복지국가 개혁을 설명하는 데 중요한 것은 사실이지만, 구상의 설명적 역할이라는 것은 기능적 요구가 정치행위자들의 행위 및 그들이 가진 구상의 작용에 '객관적인' 제약으로 작용함이 인식될 때에만 가능할 수 있다. 그러한 제약은, 기든스(Giddens, 예컨대 1984: 179)가 말한 바와 같이, 행위자들의 행동에 한계를 설정할 뿐만 아니라 행동을 가능케 하기도 하며 그러한 결과 "모든 설명은 … 행위자들의 합목적적이고 이성적인 행동 그리고 그러한 행동이 그것을 둘러싼 사회적·물리적 맥락을 가능케 하기도 하고 제약하기도 하는 특성들과 갖는 상호작용 모두를 고려하게 된다."

2
이론과 접근의 통합

자본주의 체계의 동학은 다양한 경제적·재정적·사회적·정치적 도전과 압력을 생성하며(2장 참조) 그러한 도전과 압력들은 선진 복지국가의 핵심 정책과 제도에 대해 (급진적) 조정을 강요한다. 복지국가에 관한 수많은 비교연구 문헌들은 이러한 사실들을 줄기차게 강조해 왔다. 예컨대, 경제의 국제화(즉, 지구화globalization)의 가속화는 아마도 무역에 의한 이득을 가져다줄 수 있겠지만 그러한 거시적 차원의 이득은 직업의 재구조화나 노동절약화 등과 같은 미시적 차원의 손실에 의해 상쇄될 수 있다. 이와 함께, 지역통합regional integration(유럽연합 등에서처럼)으로 인한 재정적·통화적 자율성의 제한과 같은 정치·경제적 제약으로 인해 각 국의 정부는 미시적 손실에 의해 발생하는 정치적 요구를 수용하기가 어려워지는 처지에 놓이고 있다. 또한 지구화는 조세와 정부지출에 대해 그것을 낮추게끔 압박하는 하향조정압력으로 작용하고 있다. 그에 따라 높은 수준의 지구화가 낮은 수준의 복지노력을 결과할 수도 있게 되었다. 2008~9년 금융위기는 모든 복지국가에 매우 큰 타격을 가했는데 이는 세계 각 국의 국민경제가 상호 대단히 밀접하게 연관되어 있었기 때문이다. 이 금융위기가 초래한 재정적·경제적 여파는 그렇지 않아도 이미 상황이 좋지 않은 일부 복지국가(예컨대 남부유럽 복지국가들)의 상황을 더욱 악화시키고 있으며 더 나아가 복지국가 전체에 대해 복지정치를 지극히 곤란한 지경으로 몰아넣고 있다. 하지만, 지난 수십 년간의 복지국가역사를 돌아볼 때 우리는 이들 국가들이 매우 빠르게 변화하는 환경에 맞추어 적응과 갱신, 축소, 재구조화 등과 같은 개혁을 통해 스스로를 조정해 나갈 수 있다고 믿을 근거를 가질 수 있다. 어쨌거나 지구화로 인한 압력은 그것을 긍정적인 것으로 보든 부정적인 것으로 보든 복지국가 개혁을 향한 기능적 압력을 창출하고 있다(7장과 10장도 참조).

그러나 복지국가에 대한 도전이 외부, 즉 자본주의의 동학으로부터만 오는 것은 아니다. 여성 역할의 혁명적 변화와 같은 내생적 변화—물론 그러한 내생적 변화들도 자본주의의 발전(예컨대, 탈산업적 노동시장으로 변화하면서 여성노동에 대한 수요가 증가하는 것과 같은 변화 등)과 관련된 것이기는 하다— 는 그 자체의 동학을 가지고 있을 뿐만 아니라 전후 성립된 복지국가를 뒷받침해 온 토대를 급속히 변화시켜 기존의 사회정책적 전제를 유지하는 것이 불가능하지는 않지만 점점 어려워지는 상황을 만들어내고 있다(예컨대, Esping-Andersen, 2002, 2009 참조). 또한, 인구노령화와 노동시장의 탈산업화와 같은 도전들도 적응·갱신·축소 혹은 그보다 더 근본적인 개혁을 압박하는 기능적 압력으로 작용하고 있다(8장 참조).

우리는, 복지국가체제의 등장과 확장, 국가 간 변이의 원인에 대한 많은 연구 성과들에 기초하여, 사회정책이 언제나 국가개입이라는 (기능적) 요구를 압박하는 다양한 사회적 욕구와 요구에 대응하여 형성되는 것이라는 사실을 알 수 있다(Wilensky and Lebeaux, 1965[1958]; Flora and Heidenheimer, 1981a). 하지만 또한 우리는 그러한 사회적 욕구와 요구에 대한 대응의 성격과 유형, 그리고 효과성은 당해 국가의 권력구조에 따라 달라진다는 사실도 알고 있다(예컨대, Korpi, 1983; Esping-Andersen, 1985a, b 참조). 또한, 유사한 요구라 할지라도 그에 대한 대응은 상이한 사회적·정치적 행위자들이 다양한 형태의 연합을 형성하면서 벌이는 나름의 개입 혹은 의도적인 비개입을 거치면서 상이하게 나타난다(3장 참조). 더욱이 초기의 국가개입은 그 자체의 생명을 가지게 되어 이른 바 경로의존성을 만들어낸다. 즉, 초기의 국가개입은 그 다음 단계의 사회정책발전에 대해 마치 거푸집과 같은 역할을 함으로써 결국 특정한 사회정책 구조 혹은 체제로 정착해 가는 경향이 있는 것이며 이러한 특정한 사회정책 구조 혹은 체제는 그에 맞는 특정한 유형의 상호의존성과 상보성을 내포하게 된다. 따라서 특정한 복지국가체제는 그 체제에 고유한 개혁능력뿐만 아니라 개혁무능력을 창출하고 그것을 발전시키게 되는 것이다(Esping-Andersen, 1990, 1996a, 1999).

우리는, 복지국가위기에 관한 다양한 문헌들(예컨대, O'Connor, 1973; Ginsburg, 1979; Gough, 1979; Offe, 1984; Flora, 1985, 1986-87; OECD, 1981, 1985 참조; 또한 이 책의 2장도 참조)에 근거하여, 복지국가의 성장에는 어떤 일정한 한계가 있으며 또 자본주의적 민주주의라는 맥락에서의 복지국가의 발전은 내적 모순과 정당성 위기까지는 아니더라도 적어도 끊임없는 긴장을 초래하게 된다는 추론을 할 수 있다. 또한, 우리는 인구고령화, 지구화, 지역통합(유럽통합), 그리고 사회의 탈산업화 등과 같은 다양한 내생적·외생적 도전들이 지금까지 운영되어 온 기존의 복지국가구조의 안정성을 무너뜨리고 새로운 사회적 위험과 욕구를 창출하고 있다는 사실(Armingeon and Bonoli, 2006)도 알고 있다. 그러므로 우리는 복지국가가, 그것에 위협까지는 아닐지라도 도전이 되는 경제적·사회적·정치적 맥락에서의 변화에 지속적으로 대면하고 대응해 온 매우 역동적인 실체라는 사실을 인정해야 한다.

많은 연구자들은 복지국가가, 2장에서 논의한 바와 같이, 복지국가의 변화를 강하게 압박하였던 압력들과 복지국가의 근간을 뒤흔들 것으로 예상되었던 위기상황에 대한 대응에서 그리 큰 움직임을 보이지 않았다는 사실을 발견하고서 적잖게 당황스러워하였다. 복지국가는 과거에 수행했던 기능을 그대로 수행하였던 것이다. 하지만 그렇다고 해서 아무런 변화가 없었다고 추론할 수는 없다. 복지국가의 회복탄력성回復彈力性, resilience이 불평등이나 빈곤의 증가 등과 같은 근본적인 사회적 변화가 없었다거나 복지국가 개혁(예컨대, 축소 등)이 없었다는 것을 의미하는 것은 아니다(Hacker, 2004). 우리는 그동안 진행되었던 규모는 작았을지 모르지만 그 의미는 작지 않았던 여러 가지 개혁들이 꾸준히 진행되어 왔다는 사실을 인정하지 않으려는 제도주의적 연구를 비판하였다. 나아가 엄격한 제도주의적 접근으로는 보다 근본적이고 제도적인 개혁에 대해 그런 개혁이 왜 가능했는지를 설명하기가 대단히 어렵다. 결국, 제도주의적 분석은 복지국가의 정학에 지나치게 중점을 두었으며 그로 인해 그동안 지속적으로 진행되어 온 개혁의 동학이 제도주의적 접근에서는 사실상 설명하기가 매우 어려운 수수께끼가 되어 버렸다.

하지만 그렇다고 해서 복지국가의 회복탄력성에 대한 제도주의적 접근으로부터 아무 것도 배울 것이 없다는 의미는 아니다. 우리가 말하고자 하는 바는 피어슨(Pierson, 2011)의 그것과 같이, 복지국가는 그 존재의 지속성을 심각하게 위협하는 여러 악재들과 복지국가에 대해 변화를 압박할 뿐만 아니라 그 작동방식 자체를 위협하는 거대한 변화들에도 불구하고 지금까지 놀라울 정도로 훌륭하게 그 기능을 수행해 왔다는 것이다(5장 참조). 제도주의적 연구들(이에 관한 포괄적인 논의를 보려면 Vrooman, 2009 참조; 또한 이 책의 2-3장도 참조)은 복지국가가 대단히 높은 '점착성'과 회복탄력성을 가지고 있다는 사실과 이런 성질을 가지고 있다고 믿을 충분한 이유가 있다는 사실을 우리들에게 알려주고 있다. 피어슨의 유명한 주장, 즉 복지국가 축소의 신新정치는 복지국가 확장의 구舊정치와 근본적으로 다르다는 주장과 관련해서는, 비록 구정치 역시 여전히 중요하다는 사실(Scarbrough, 2000; Schumacher et al., 2013)과 복지국가 개혁이 단순히 긴축이나 축소에 관한 것만은 아니라는 사실(예컨대, Weishaupt, 2011; Bonoli and Natali, 2012b; Hemerijck, 2013 참조)을 염두에 두어야 하겠지만, 피어슨의 그 주장 역시 진지하게 고려해야 할 주장이라 할 수 있다. 전후 복지국가 프로그램이 급속히 확대되면서 그러한 프로그램으로부터 혜택을 받는 새로운 프로그램 특수적 클라이언트 집단과 직업 집단이 창출되었는데 이들은 복지국가 프로그램의 지속과 추가적인 확장을 희망하는 이해관계를 발전시키게 되었다. 또한 많은 사회정책 프로그램들이 유권자들 사이에 인기를 얻게 되었고 또 그 인기를 계속 유지하게 되었다. 그 결과, 사람들의 삶 속에 깊이 뿌리내리게 된 프로그램을 급진적으로 축소하려는 정치적 시도는, 그것이 비록 절대적으로 실패할 수밖에 없다고만 말할 수 있는 것은 아니지만(Giger and Nelson, 2011), 유권자들의 응징투표에 대한 두려움으로 실행하기가 대단히 어려운 것은 사실이다.

복지국가의 회복탄력성에도 불구하고 그리고 복지국가의 정치적·제도적 경화증硬化症에도 불구하고 어떤 조건 하에서 복지국가 개혁이 일어나는가에 관한 가장 최근의 연구결과들(Starke, 2008; Häusermann, 2010; Palier, 2010a; Stiller, 2010; Vis, 2010; Hemerijck, 2013)로부터 우리는 복지국가의 제도적 '점착성粘着性, stickiness'과 복지프로그램의 정치적 인기가 개혁지향적인 행위자들에게는 대단히 극복하기 어려운 명백히 존재하는 사실임에 틀림없지만 그럼에도 불구하고 많은 복지국가에서 급진적 개혁이 실천에 옮겨져 왔다는 반가운 통찰을 얻을 수 있다. 오늘날 복지국가연구가 직면한 수수께끼는, 복지국가 개혁이 그것을 어렵게 하는 것으로 보이는 각종 제도적·정치적 기제들에도 불구하고 왜 발생하는가 그리고 그런 개혁들이 어느 방향을 향해가는 것인가를 어떻게 설명할 것인가 하는 것이다.

선행연구(예컨대, Scharpf and Schmidt, 2000의 CCV 접근)와 일치되게(그리고 선행연구로부터 영감을 받아), 우리는 오늘날의 복지국가가 여러 가지 커다란 도전에 직면해 있고 이러한 도전들에 대한 대응의 일환으로 각종 정책들을 수립하고 있는데 이 정책들은 고용과 사회보장, 평등에 관련된 각 복지국가 나름의 열망수준을 유지하면서도 그것들을 조정해 나가는 것을 목표로 하는 것들로서 각 국가의 제도적 조건에 따라 그 조정이 효과적일 수도 있고 그렇지 않을 수도 있다는 사실을 알 수 있다. 이러한 사실에 근거하여 우리는, 복지국가의 개혁역량과 정책변화(조정, 갱신, 축소, 재구조화, 또는 정책표류 등)의 지향성(방향)은 복지국가의 구조와 복지국가가 직면하는 도전의 성격, 복지국가가 만들어내는 긍정적 또는 부정적인 사회·정치적 환류기제, 그리고 (정치적) 권력의 배분구조에 따라 결정적으로 달라질 수 있다고 주장한다. 2장에서 말한 바와 같이, 자본주의의 역동성에 의해 생성되는 정치적으로 유의미한 새로운 사실과 쟁점, 갈등의 끊임없는 흐름은 각 시기 복지국가 개혁의 기회이자 제약이 되어 왔다. 그러나 또 다른 한편으로 복지국가 개혁의 기회와 제약은, 복지국가의 조정·갱신·축소·재구조화 등 경제적으로 효율적이며 사회적으로 바람직한 그러면서 정치적으로 실현 가능한 개혁안의 묶음package —물론 여기서 아무런 개혁을 하지 않기로 의도적으로 결정하는 안도 언제나 생각할 수 있다— 을 설계해낼 수 있는 행위자들의 능력 여부에 의해서도 매우 중요하게 영향을 받는다.

최근에 와서, 보다 넓게는 비교정치연구 전반에 걸쳐 그리고 보다 좁게는 비교복지국가연구比較福祉國家研究에서 관념론적觀念論的, ideational 이고 구성주의적構成主義的, constructivist인 방향으로의 관심의 전환 (Blyth, 2002)이 나타나고 있다(이에 대한 개관으로는, Campbell, 2002; Béland, 2005; Taylor-Gooby, 2005; Schmidt, 2002, 2008; Béland and Cox, 2011 참조). 구성주의자들constructivists은 정책결정자들이 사회문제의 해결을 위해 노력하는 과정에서 채택하는 구상(관념)이 복지국가 개혁의 유형과 성공의 변이變異를 설명하는 데 핵심적인 요인이라고 주장한다. 우리는 구상이 중요하다는 점에는 동의한다. 하지만 구상이 중요하다는 전제로부터 구성주의자들이 도출해내는 일부 추론들에 대해서는 몇 가지 중요한 점에서 동의하기가 어렵다. 구성주의적 접근은 오늘날 계속 성장하고 있고 중요성을 더해가고 있으면서 그에 입각한 많은 연구들이 행해지고 있기 때문에, 복지국가 개혁에 대한 우리들의 개방적인 기능적 접근을 종합적으로 설명하기 전에 먼저 정책결정에 있어서의 구상의 역할을 둘러싼 논쟁에서 우리들의 입장은 무엇인가에 대해 설명하면서 논의를 전개하고자 한다. 우리는 구상이 사회 정책의 변화를 촉진하는 원인적 요인이 될 수 있다는 점은 인정한다.

그러나 원인으로 따지면 기능적 압력이 구상보다 선행하는 원인이라고 생각한다. 왜냐하면 기능적 압력은 정치적 행위를 둘러싼 전략적으로 선택적인 맥락의 핵심적인 구성요소로서 어떤 행위자와 어떤 구상이 중요하게 작용할지 그리고 얼마나 중요하게 작용할지에 영향을 미치기 때문이다.

3
복지국가 개혁에서 구상의 역할: 인과관계의 확정

관념론적 전환ideational turn은 비교복지국가연구 분야에도 나타나고 있다. 복지국가 개혁을 무엇으로 설명할 수 있을 것인가를 둘러싼 논쟁에서 구성주의 문헌들이 점점 영향력을 확대해 왔는데, 이것은 우리가 보기에, 제도주의 문헌들이 복지국가 개혁을 제대로 설명해 오지 못한 데 적지 않은 원인이 있는 것이다(Blyth, 2002; Schmidt, 2008, 2011; Hay, 2011; Stiller, 2010; Wincott, 2011). 우리는 관념론적 접근이 복지국가 개혁을 적절히 설명할 설명력을 지녔다고 생각하지 않는데 이는 왜냐하면 이 접근은 시간적 선후관계를 인과관계로 혼동하는 오류post hoc ergo propter hoc를 안고 있기 때문이다. 구성주의적 접근이 갖는 나름의 장점과 풍부함을 다소 축소시키는 위험은 있지만 이 접근의 주장을 한마디로 요약하자면, 그것은 개혁이 진행되면 그것에는 구상構想 또는 담론談論, discourse이 적어도 일부라도 작용한 것이라는 내용이며 그리고 만일 개혁시도가 실패한다면 그 경우에는 올바른 구상 혹은 담론이 적절히 활용되지 못했기 때문이라는 내용이 된다. 구성주의 접근은 왜 어떤 정책결정자는 특정 구상과 담론을 채택하는데 다른 정책결정자는 그와는 또 다른 특정 구상과 담론을 채택하는가를 설명하지 못한다. 더욱이 구성주의적 접근이, 정책실패를 인식하고 있고 또 그러한 실패를 어떻게 교정할 것인가에 관한 구상들이 존재하는 상태임에도 불구하고 개혁에 나서지 않을 것을 의도적으로 선택하는 행위인 정책표류를 적절히 발견하고 설명할 수 있을 것인지도 분명치 않다. 또한, 왜 어떤 구상과 담론은 성공적인 데 비해 다른 구상과 담론은 실패하는가를 적절히 설명하기도 어렵다. 예컨대, 슈미트(Schmidt, 2008: 313)는 "화자가 자신이 하고자 하는 말을 적절한 시기에 적절한 방법으로 적절한 청중(특수한 청중 혹은 일반적 청중)에게 말할 때 담론은 성공할 수 있다"고 말한다. 하지만 그 시기와 방법, 청중이 적절한 것인지를 어떻게 알 수 있으며 어떻게 결정할 수 있는가? 더 나아가 슈미트(Schmidt 2008, 2011)의 담론분석은, 보다 넓은 의미의 관념론적 접근과 마찬가지로, 대중적 지지를 받지 못하는 개혁과 그렇지 않은 개혁, 또는 급진적 개혁 등과 같은 개혁의 종류에 대해 그리고 비난회피전략 blame avoidance(이 전략에 대한 보다 상세한 논의는 9장 참조) 등 개혁의 실행을 위해 동원되는 다양한 전략들에 대해 별다른 분석을 하지 않는다.

또한 구성주의 접근에 입각한 콕스(Cox, 2001)는 개혁의 필요성의 사회적 구성에 초점을 맞춤으로써 왜 복지국가 개혁이 독일이 아니라 네덜란드와 덴마크에서 추진될 수 있었는지를 설명하는 데 많은 도움을 얻을 수 있다고 주장한다. 콕스가 주장하는 바의 요지는, 네덜란드와 덴마크의 지도자들은, 독일의 지도자들과 달리, 개혁필요성이 공감되게끔 쟁점들을 틀짓는 데 성공함으로써 새로운 담론을 구성해낼 수 있었다는 것이다. 슈미트의 용어로 말하면, 네덜란드와 덴마크의 지도자들은 전략적 담론이 아니라 소통적 담론을 활용하였고 그래서 성공할 수 있었다는 것이다. 콕스의 주장은 1990년대에 나타난 다양한 개혁경험들을 설명하는 데 기여할 수 있는 것이지만 여전히 몇 가지 중요한 질문들에는 답하기가 어려운 주장이다. 예컨대, 왜 네덜란드와 덴마크의 지도자들은 새로운 담론을 구성할 수 있었으며 또 왜 독일의 지도자들은 그렇게 하지 못했는가? 이들 나라들이 비교연구적 관점에서 볼 때 유사한 압력에 직면했던가? 구상이 실제로 어떤 역할을 했는가를 추론하기 전에 이러한 질문들에 대한 대답을 먼저 해야 한다. 그리고 독일이 개혁담론을 구성하는 데 실패한 직후인 2000년대에 대단히 중요한 복지개혁(즉, 하르츠 개혁the Hartz reform)(9장 참조)이 어떻게 해서 갑자기 가능했는지의 문제도 콕스의 접근으로는 설명하기가 어렵다.

여기서 우리는 담론에 관한 넓은 개념규정이나 구상에 관한 기존의 다양한 개념정의들(예컨대, Schmidt, 2008: 306; Carstensen, 2010 참조) 중 어느 한 가지를 채택하는 일은 하지 않을 것이다. 우리는 복지국가의 조정이나 갱신, 축소, 재구조화 또는 표류를 설명할 이론틀을 발전시키는 데 관심을 두기 때문에 **인과적 신념으로서의 구상**ideas as causal beliefs이라는 개념정의를 채택하고자 한다(Goldstein and Keohane, 1993; Béland and Cox, 2011: 3-4). 이 개념정의는 몇 가지 논리요소로 이루어져 있다. 첫째의 논리요소는, 구상은 인간의 인지cognition, 즉 **신념**beliefs의 산물이라는 것이다. 둘째의 논리요소는, 구상은 세계의 사물과 인간을 연결짓는 것인데 이런 점에서 그것은 **인과적**causal 신념이라는 것이다. 여기서 인과성은 사물과 인간이라는 두 사상事狀 간의 실제적 연결을 의미할 수도 있고 개인이 존재한다고 믿는 가상적 연결을 의미할 수도 있다. 마지막 논리요소는, 인과적 신념, 즉 구상은 도전과 문제에 어떻게 대처해 나갈지에 관한 전략 —이 전략에는 행동하지 않기로 결정함으로써 사태가 '자연적인' 경로를 따라 흘러가도록 내버려두는 전략도 포함된다— 을 제시함으로써 개인들로 하여금 행동하게끔 한다는 것이다. 하지만 이것이 인과적 신념이 사람들에게 어떤 해결책이 필요한지를 말해 준다는 의미는 아니다. 구상을 인과적 신념으로 개념화하는 정의는, 결국 구상을 두 가지 종류의 구상 모두로, 즉 실패로부터 얻은 교훈에 기초한 것이라 할 수 있는 인지적 구상이자 실패가 발생하기 전에 이미 알고 있는 교훈에 기초한 규범적 구상 모두로 개념화할 수 있게 한다.

우리는 구상이 그 자체로 행동을 하게 하거나 행동을 하지 않게 하는 유인을 창출한다는 주장과 이해관계가 아무런 독자적인 분석적 지위를 갖지 못한다는 주장에는 동의할 수가 없다. 예컨대, 헤이(Hay, 2011)는 물질적 이해관계와 행동 간의 관계문제와 관련하여 오직 이해관계의 구성만이 존재할 뿐이라고 주장함으로써 그 관계문제를 해결

6. 복지국가 개혁에 대한 개방적 · 기능적 접근을 향하여

하려 한다. 하지만 구상이 그 자체로 개혁과 같은 결과를 산출해낼 수 있는가? 물질적 이해관계를 그 구성요소의 일부로 포함하는 맥락이 결과에 영향을 미칠 수 있는 구상이 형성되는 데 영향을 주지 않을까? 우리는 개인이 직면하는 도전 혹은 문제가 행동 혹은 비非행동을 결정짓는 출발점이 된다고 주장한다. 우리의 이러한 주장은 "각자 서로 다른 정치적 구상을 가진 모든 사람들이 자신의 구상대로 행동을 하지는 않는" 수수께끼를 푸는 데에도 도움이 된다(Lieberman, 2002: 698). 맥락 혹은 환경의 중요성은 두말할 나위가 없다. 구성주의적, 관념론적 접근이 필요로 하는 것은, 구상이 무엇을 의미하는지(구상을 가지고 무엇을 하려고 하는지)에 관한 이론화와 상이한 유형의 구상들이 정책결정(그 구상들이 행동 혹은 비행동을 처방하는가 등)에 영향을 미치는 매개가 되는 기제의 보다 수준 높은 정교화이다(Campbell and Metha, 2011).

최근의 일부 연구들은 구성주의적 접근의 이론적 공백을 해결하고자 시도하고 있다. 예컨대, 독일 복지국가 개혁에서의 구상적 지도력의 역할에 관한 스틸러(Stiller, 2010)의 연구는, 구상적 요인과 정치행위자를 하나의 설명개념, 즉 구상적 지도력構想的 指導力, ideational leadership이라는 개념으로 통합시켰다(Schmidt, 2008: 309 이하도 참조). 하지만 그의 연구는 행동하지 않기로 한 결정에 대해서는 이론화 시도를 하지 않았다. 구상적 지도자ideational leader는 권력보다는 행동(즉, 정책)을 하는 데에 더 동기화되어 있으며 네 가지의 의사소통적 혹은 행동적 특질을 갖는다고 한다. 첫째, 구상적 지도자는 기존의 정책상황이 가진 결함을 드러낸다. 둘째, 그는 새로운 정책의 원칙을 정당화하기 위해

복지국가 개혁의 도전과 응전

일관된 노력을 기울인다. 셋째, 그는 저항세력에 대해 그들의 저항이 문제임을 지적하면서 그들과 대면한다. 그리고 마지막 넷째, 그는 개혁안에 대한 지지를 얻기 위해 정치적 합의를 이루려고 노력한다. 스틸러의 연구가 이룬 주요 기여는, 행위자의 구상을 개혁의 실행으로 이어주는 매개기제를 제시함으로써 슈미트의 접근에서 설명되지 않은 채로 남아 있었던 블랙박스를 연 것이라 할 수 있다. 하지만 스틸러는 구상이 어디서 나온 것인지를 설명하지 않고 있으며 또 구상의 인지적 내용과 규범적 내용에 대해서도 설명하지 않고 있다.

제이콥스(Jacobs, 2009)는 정신모델과 주의력에 근거한 사회정책 개혁이론을 제시하였다. 중요한 것은 그가 이미 존재하는 기존의 구상이 개혁동기화된 의사결정자들의 결정(비결정은 제외하고)에 어떻게 영향을 주는지를 설명하고자 하였다는 것이다. 그는 1880년대부터 1950년대에 이르는 기간 동안의 독일 연금정치에서 있었던 세 가지 핵심적인 사건들을 분석함으로써 구상이 행위자들의 주의력을 특정한 대안에 쏠리게끔 한다는 사실을 입증하고자 하였다. 특히, 행위자의 정신모델, 즉 "원인과 결과에 관한 추론을 가능케 하는 동적 부분들로 구성된 영역 혹은 상황의 단순화된 표상"(Jacobs, 2009: 257)은 행위자의 주의력을 특정 인과논리에 집중하게끔 하고 다른 인과논리를 배제하게끔 한다는 것이다. 예컨대, 비스마르크가 수상으로 있던 독일이 1880년대 중반 세계 최초로 공적연금을 도입할 당시, 독일의 정책결정자들은 공적연금에 대해 이른 바 보험적 정신모델에 입각하여 접근하였다. 그리하여 이러한 보험적 정신모델을 염두에 둔 관계로, 제안자들이 제시한 재정방식에 반대하던 행위자들조차 그 정신모델에 의한 고려범위 외부에 있는 위험, 예컨대 인플레이션 압력과 같은 것을 지적하지 못하였다는 것이다(Jacobs, 2009: 266). 구상은 여러 대안들에 대한 행위자들의 선호를 형성하는 데에도 영향을 미치는데, 비스마르크 시절의 공적연금 도입의 예에서처럼, 행위자가 가진 정신모델에 부합하는 대안을 중요하게 여기게끔 하고 그렇지 않은 대안은 소홀히 다루거나 완전히 무시하게끔 한다는 것이다. 적절한 정신모델을 찾아내고 그것을 분석적으로 확정하는 작업이 경험적으로 어려운 일이지만, 제이콥스(Jacobs, 2011)가 보여 주듯이 그 작업도 불가능한 것은 아니다. 가장 중요한 것은, 어떤 정신모델은 정치인들이 흔히 당면하는 이른 바 시간간극時間間隙으로 인한 딜레마inter-temporal dilemmas, 즉 예컨대 비용부과(연금기여금의 인상 등)는 단기적으로 이루어져야 하지만 그러한 비용부과를 통해 달성할 수 있는 목표(연금의 안정성 등)는 장기적일 때 발생하는 딜레마를 극복하는 데 도움이 된다는 것이다. 이와 유사한 단기/장기 딜레마는 새로운 사회적 위험을 다루는 정책이나 보다 일반적으로는 사회투자정책에 대해서도 생각할 수 있다. 실행가능성과 효과성 면에서 볼 때, 활성화 정책과 같은 사회정책적 혁신은 보다 장기적인 관점에 입각한 것(따라서 효과가 즉각적이지 않다)이지만 단기적으로는 예컨대 실업급여의 삭감과 같은 축소정책을 추구하게 된다는 것이다(이 효과는 즉각적이다). 요컨대, 사회정책적 문제의 장기적인 해결은 사회보호의 단기적 희생을 수반하는 경우가 많다는 것이며, 중요한 것은 구상(정신모델의 형태로 나타난 것으로서의)이 그로 인한 딜레마를 어떻게 어느 정도나 해결할 수 있을 것인가를 확립하는 데 있다는 것이다.

블리스(Blyth, 2002)는 1920년대 스웨덴의 사회민주주의자들은 정치적 구상은 분명한 형태로 가지고 있었지만 경제적 구상은 그렇지 못했다고 주장한다. 당시에는 고전경제학을 대체할만한 대안(제이콥스의 용어로는 대안적 정신모델)이 없었기 때문에 사회민주주의자들은 그들이 집권한 후에 마치 보수주의자들처럼 행동했다는 것이다. 1920년대 말에 이르러 사회민주당 내에서 새로운 경제적 구상이 발전하였고 따라서 그 구상이 고전경제학에 도전할 만한 '무기'로 기능하였다는 것이다(Blyth, 2002: 101 이하). 블리스의 분석은, 새로운 구상이 지배적인 지위를 획득하게 되는 데에는 개별 정치인들이 매우 중요하며 또 그와 함께 사회경제적 환경, 예컨대 1920년대 중반 스웨덴의 수출이 회복세를 보이고 있었음에도 불구하고 실업률이 높은 수준에 머물러 있는 상황이 지속되는 것과 같이 새로운 구상의 등장과 확산에 유리한 사회경제적 환경도 매우 중요하다는 점을 명백히 보여 준다. 블리스(Blyth, 2002: 270)가 보기에, "구상이 이해관계에 진정으로 변혁적인 영향을 미칠 때는 불확실성이 만연하고(즉, 행위자의 이해관계가 그 본질상 충분히 결정되지 못하는 이른 바 나이트적 불확실성Knightian uncertainty 상황이 발생하고) 제도가 실패하는 바로 그때뿐이다." 블리스는 변혁적인 구상이 어떻게 등장하며 어떻게 이해관계에 영향을 미치는지에 대한 정교한 분석을 해냈지만 구상과 결과를 연결시켜 분석하지는 않았다.

슈미트(Schmidt, 2008, 2011)는, 제도를 "주어진 것(행위자들의 사고와 발언과 행동을 둘러싼 맥락)으로 간주함과 동시에 조건적인contingent 것(행위자들의 사고와 발언과 행동의 결과)으로"(Schmidt, 2008: 314) 간주하는 새로운 유형의 제도주의, 즉 담론제도주의談論制度主義, discursive institutionalism를 제안하였다. 이것은 제도를 행위자에 내재적인 것으로 보는 것이며 객관적인 이해관계란 존재하지 않는다고 보는 것이다. 객관적인 이해관계가 존재하지 않는다는 것은, "객관적인 이해관계를 구상과 분리할 수 없기 때문이다; 모든 이해관계는 구상이며, 구상은 이해관계를 구성하고 따라서 모든 이해관계는 주관적인 것이기 때문이다(317)." 하지만 그렇다고 해서 물질적 실재와 같은 것이 존재하지 않는다는 것은 아니다. 물질적 실재는 행위자들이 자신들의 이해관계를 사고하는 데 배경이 되는 환경으로서 존재한다(320).

헤이(Hay, 2011)가 제도주의적 구성주의자들에 대해 그들이 존재론적 비일관성을 보인다고 비판하는 지점이 바로 이 지점이다. 즉, 행위자의 이해관계가 그를 둘러싼 맥락에 의해 결정된다는 물질주의적 개념화를 용인하는 것은 "행위자의 주체성과 자율성, 개별성, 그리고 정체성을 부정하는 것이다. 그것은 행위자를 체계논리의 형성자가 아니라 체계논리의 단순한 담지자로 전락시키는 것이라는 것이다(79)." 헤이는 제도주의자들이 물질적 자기이해라는 개념을 완전히 폐기해야 한다고 주장하며 나아가 행위자를 둘러싼 맥락이 물질적 제약과 객관적 이해관계를 구성하기도 한다는 개념도 완전히 폐기해야 한다고 주장한다(79). 우리가 보기에, 헤이의 주장은 인과적 신념으로서의 구상이 행동에 있어서 중요하다는 전제로부터 지나치게 급진적이고 불

필요할 정도로 과도하게 도출된 존재론적 추론이다.

4
복지국가 개혁에 대한
개방적 · 기능적 접근을 향하여

우리는 복지국가의 발전과 개혁을 분석함에 있어서, 구상과 같은 변수를 포함하여 수많은 변수들의 독립적인 인과적 영향을 인식하고 그러면서도 어떤 변수가 얼마나 중요한 역할을 할 것인지는 정치적 행위의 맥락에 의해 결정된다는 개념을 우선시하는 접근인 개방적 · 기능적 접근을 활용하고자 한다.

다른 누구보다도 샤프와 슈미트(Scharpf and Schmidt, 2000), 피어슨(Pierson, 2001a), 그리고 에스핑-안데르센(Esping-Andersen, 2002)의 연구에 기초하여, 우리의 접근 역시 모든 복지국가는 내적 · 외적 도전에 직면해 있어 정책의 조정이나 갱신, 그리고 재구조화를 필요로 하고 있다는 신념에서 출발한다(Scharpf and Schmidt, 2000; Pierson, 2001a; Esping-Andersen, 2002). 이것은 행위자들이 이러한 도전을 그 자체로 인식하고 있는지 여부에 관계없이 유효한데 이는 복지국가의 지속 여부가 개혁에 달려 있기 때문이다. 외생적 도전은 경제의 국제화와 지역화(유럽통합 같은 지역통합), 그리고 (금융적) 상호의존성의 증가와 같은 요인에 일차적으로 관련된 것으로서 이들 요인들은 정책결

269
6. 복지국가 개혁에 대한 개방적 · 기능적 접근을 향하여

정자들로 하여금 새로운 사실들에 지속적으로 반응하게끔 강제하며 또 엄밀히 말해 정책결정자들의 영향력 범위 바깥에 있는 요인들이다 (7장 참조). 내생적 변화는 인구고령화와 출산율 감소, 경제성장 둔화, 대량실업, 가족구조와 젠더역할의 변화(예컨대, 비정형적 가족, 편부모가족 등), 생애주기 유형의 변화(예컨대, 교육기간의 연장, 자녀출산 시기의 지연, 이혼율의 증가 등), 탈산업적 노동시장으로의 전환(예컨대, 안정적인 종신고용 일자리의 감소, 여성의 경제활동참가 증가 등), 그리고 전통적인 이해관계 중재체계 및 단체교섭의 변화 등의 요인과 관련된 것이다.

복지국가 개혁은 이와 같은 외생적·내생적 도전에 대응하면서 발생하는 시행착오試行錯誤, trial and error 과정으로 점철된 정책학습policy learning으로 묘사되어 오기도 했다(Hemerijck and Schuldi, 2000; Casey and Gold, 2005; Fleckenstein, 2008). 복지국가 개혁을 정책학습으로 해석하는 문헌들은, 과거의 정책적 대응추이, 외부충격에 대한 초기의 정책적 대응, 정책적 실패로부터 얻은 정책적 교훈 그리고 조정능력 등과 같은 요인들이 정책구상 및 정책학습의 유형 그리고 정책구상의 성공적 채택 및 응용에 중대한 영향을 미친다고 주장한다(Hemerijck and Schuldi, 2000: 129). 홀(Hall, 1993: 278)의 개념규정에 따르면, 정책적(혹은 사회적) 학습이란, "과거의 경험 및 새로운 정보에 맞추어 정책목적 또는 정책기법을 조정하려는 의도적 시도"로서, "그러한 의도적 조정 과정의 결과로 정책이 변화할 때 학습이 일어난다." 정치행위자들이 실제로 학습을 할 수 있는 정도에는 한계가 있기는 하지만, 정책학습접근은 실제 개혁과정을 파악하는 데 상당한 유용성을 가지고 있다. 예컨대, 헤이머레이크(Hemerijck, 2013: 102-112)는, 기능적 압력을 정책변화의 잠재적 도화선(정책실패를 암시하는)이라고 말하고 있다. 하지만 기능적 압력이 그의 분석에서 중심적인 역할을 하는 것은 아니다. 헤이머레이크의 접근은 다양한 종류의 복지재조준화welfare recalibration, 즉 "다양한 적응적 도전들에 … 보다 더 잘 대처할 수 있게 되려는 목적을 가지고 복지국가를 기존의 핵심적인 사회보험 프로그램을 훨씬 뛰어 넘는 새로운 구조물로 전환시키려는 모든 시도들(140)"을 식별하고 묘사하는 데 특히 장점을 가지고 있다. 정책학습접근의 주요 약점은, 다음과 같은 질문들, 즉 정확히 언제(어떻게 보다는) 학습이 진행되는지 그리고 학습의 측면에서 볼 때 이해하기 어려운 현상인 정책표류는 어떤 조건 하에서 일어나는지 등의 질문들에 답하는 데 필요한 이론적 기반이 매우 취약하다는 것이다. 왜 어떤 나라(예컨대, 덴마크나 네덜란드 등)는 좋은 학습자로 간주되는 반면, 다른 나라는 그렇지 못한가? 왜 일부 국가의 전문가들이 어떤 기간에는 훌륭한 정책학습자가 되면서 다른 기간에는 그렇지 못한가? 일부 행위자들은 그들이 과거의 실책으로부터 학습한 바가 있고 또 미래에 일어날 수도 있는 역경에 대해서 학습을 통해 인지하고 있으면서도 왜 행동에 나서지 않는가? 정책결정자들로 하여금 학습을 하게 강제하는 요인이 있다면 그것은 무엇인가?

우리는 외생적·내생적 도전들이 기존의 사회보호체계를 구성하는 다양한 구성요소들 간의 기능적 통합을 약화시킴으로써 사회보호체계의 존재에 위협을 가하기에 이르게 되면 그 도전들은 정책변화를 요구하는 기능적 압력으로 작용하게 된다고 주장한다. 우리들의 이런 주장은 베커(Becker, 2009)가 데메라쓰 3세Demerath Ⅲ의 주장을 따라 '체계성systemness'의 구조적 수준이라고 부른 것을 약화시킨다. 예컨대, 어떤 식으로든지 위기가 발생하게 되면 그 위기로 인해 사회보험 기여금이 사회보험급여에 대한 수요를 충족하기에 부족할 수가 있으며, 혹은 사회보험의 수급자격 규칙이 대단히 모호하게 되어 있어서 특히 제도에 긴장이 발생할 경우 정당한 신청자와 부당한 신청자를 적절히 구분해내지 못함으로써 사회보험급여에 대한 수요가 과도하게 증가하는 것을 방지하지 못하는 문제를 일으킬 수도 있다. 또한 어떤 한 사회보험 혹은 사회프로그램에서의 급여제공이 이루어지지 않게 되면 이것이 체계 내의 다른 프로그램에 대한 수요를 증가시킴으로써 결과적으로 사회체계 전체를 구성하는 구성요소들 간의 기능성이 더욱 하락하게 될 수도 있다.

그러한 상황에서 정책결정자들은 어떻게 적절히 대응할 것인지 그리고 어떻게 제도를 조정하고 갱신하며 축소시키고 또는 재구조화할지를 학습하게 되거나 또는 학습하지 못하게 될 수 있는데, 이처럼 학습을 할 수도 있고 못할 수도 있는 것은 정책결정자들이 기능적 요구를 인식하지 못했기 때문일 수도 있고 혹은 정책결정자들이 개혁을 방해하는 것을 포함하여 어떠한 행동도 하지 않기로 결정함으로써 정책표류를 선택했기 때문일 수도 있다. 다시 말하면, 우리는 개혁을 추동하는 요구가 있고 이것이 바로 **기능적** 요구인 것인데 이 기능적 요구는 체계의 지속과 통합을 위해 반드시 충족되어야 한다고 주장하며, 이러한 우리의 주장은 정책학습접근(Hemerijck, 2013)과는 어느 정도 조화로운 것이지만 구성주의적 접근에서 최근에 이룬 성과들(Hay, 2011 참조)과는 크게 대비되는 것이다. 하지만 기능적 추론을 넘어 기능주의적 추론으로 빠져드는 것을 방지하기 위해 우리는 기능적 요구를 적절한 기능적 대응으로 곧바로 연결시킬 수 없다는 점을 강조하고자 한다. 이는 왜냐하면 욕구나 요구를 충족하는 과정은 결코 자동적인 과정이 아니며 또 그 어떤 의미에서도 보장된 것이 아니기 때문이다. 학습은 가능하지만, 정책표류는 그와는 구분되는 또 다른 것이다. 기능적 요구를 소홀히 취급할 경우 그것은 궁극적으로 사회보호체계에 대한 존재론적 위협을 더욱 강화시키는 결과로 이어질 것이다.

이러한 개방적인 기능적 추론은, 다른 무엇보다도 개혁을 통해 대응해야 하는 특정한 기능적 요구 또는 필요가 무엇인지를 구체화하게 함으로써 복지국가 개혁에 대한 인과적 설명을 구성하게 하는 데 큰 도움을 준다(Becker, 2009: 24). 기능적 요구 혹은 필요는 복지국가 개혁이 지향해야 할 목적을 수립하게 한다. 베커Becker는 복지국가 개혁이 지향해야 할 기능적 목적을 존재론적 차원의 목적과 정치적으로 경쟁적인 차원의 목적으로 구분하였다. 체계적 구조가 가진 일부 목적은 그것이 물질적 생존의 조건이라는 점에서 존재론적인 것이다. 그러한 존재론적인 목적이 생존의 이유를 위해 충족되어야 한다면 그 경우 그 목적은 '객관적인' 것이다(Becker, 2009: 25). 왜냐하면 그 목적은 정치적 선호와 무관한 것이기 때문이다. 이와 대조적으로, 체계적 구조가 가진 정치적 목적은 존재론적인 것이 아니며 따라서 '주관적인' 목적이라고 할 수 있다(Becker, 2009: 25). 다시 말해서, '객관적인' 문제압력은, 정책표류를 포함하여 그에 대한 비기능적인 대응이 체계에 결함을 초래하는 한에서 개혁을 추동하는 기능적 요구가 되는 것이다.

물론 체계는 언제나 결함을 가지고 있는 법 —결함의 정도 차이는 있지만— 이다. 따라서 그 결함이 정확히 언제 기능적 압력으로 전환되는지는 논쟁의 대상이 될 수 있으며 이것이 바로 '객관적인'이라는 단어에 따옴표가 붙어 있는 이유이기도 하다. 기능적 압력이 언제 시작되는지를 확정하기는 대단히 어렵기 때문에, 기능적 주장은 궁극적으로 체계의 호기능好機能, well-functioning('체계성'의 기능적 수준) 혹은 체계의 지속을 언급할 수밖에 없다. 체계의 작동이나 지속이 위협받는다면, 그에 대응한 행동에 대한 요구는 기능적 요구로 이해할 수 있다. 다음으로 복지국가 개혁을 가능케 하는 기제가 무엇인지를 밝힘으로써 복지국가 개혁에 관한 인과적 설명을 구성할 수 있다. 기능주의적 설명은, 그것이 기능적 요구는 언제나 충족되는 것으로 가정한다는 점에서만이 아니라 요구가 충족되지 못했을 경우 그 인과기제를 제대로 밝히지 못한다는 점에서, 수용하기 어렵다. 이와 대조적으로, 개방적인 기능적 추론은 유용한데 왜냐하면 지구화나 인구고령화, 금융위기, 대량실업, 그리고 기타 요인들이 기능적 압력과 요구를 창출하고 정치행위자들은 여기에 반드시 대응해야 하기 때문이다. 그렇지만 그 정치행위자들이 기능적 요구에 대해 항상 기능적으로 대응하는 것은 아니다. 변화압력만으로는 어떤 개혁이 선택될지 혹은 행위자들이 무엇을 학습할지 알 수 없기 때문이다. 그러나 기능적 압력이 주는 메시지는 분명하다. 과거와 같은 방식으로 지속하는 것은 불가능하다는 것이다.

우리들의 추론방식은 개방적인 것이며 동시에 비非기능주의적인 것이다. 우리는 정치행위자들이 기능적 요구에 항상 어떤 대응을 할 것이라는 가정을 하지 않으며, 또 정치행위자들이 대응을 할 경우 그 대응이 항상 기능적일 것이라는 가정, 즉 다시 말해서 그 대응이 체계에 기능적일 것으로 의도된 목표(예컨대, 경제활동참가율의 향상 등과 같은)를 달성하는 데 항상 성공적일 것이라는 가정을 하지 않는다. 유사한 압력이라도 그에 대해 다양한 복지체제들이 동일한 대응을 하지는 않으며(Scharpf and Schmidt, 2000 참조), 또한 마찬가지로 그러한 압력으로 인해 각 나라가 경로의존적 발전으로부터 필연적으로 이탈하게 되는 것도 아니다. 압력에 대한 대응방식은 다양할 수 있으며, —이처럼 다양한 것이 효과적 혹은 생산적일 수 있다— 또 의도적 결정의 결과든 아니든 압력에 대해 전혀 대응하지 않을 수도 있다. 따라서 복지국가 개혁에 대한 개방적·기능적 접근은 기능적 요구가 어디에서 비롯된 것인지를 확정해야 할 뿐만 아니라 그러한 기능적 요구에 대한 대응을 산출하는 인과기제에 대한 설명도 제시해야 함을 요구하는 것이다.

우리는 기능적일 수도 있고 그렇지 않을 수도 있는 특정한 복지국가 개혁이 어떤 조건(기능적 요구) 하에서 그리고 어떻게(어떤 인과기제를 거쳐서) 일어나게 되는지(혹은 일어나지 않게 되는지)를 설명할 수 있는 접근을 선호한다. 그리고 이러한 접근에서 인과적 신념으로서의 구상(Goldstein and Keohane, 1993; Béland and Cox, 2011)이 중요한 역할을 수행할 수 있다고 생각한다. 구상은 기능적 요구와 행동(복지개혁과 같은)을 매개하는 핵심적인 연결고리 혹은 기제이다. 하지만 구상이 그 자체로 개혁의 성공 혹은 실패를 설명할 수 있는 것은 아니다. 왜냐하면 개혁의 성공이나 실패는 행위자들이 그들의 구상을 실현시키기 위해 권력을 어떻게 조직하는가의 문제이기도 하기 때문이다(Hemerijck and Schuldi, 2000 참조). 정치행위자들은 잠재적 저항을 예상하여 자신들의 구상을 수립하고 실행할 전략을 필요로 하며 이는 특히 급진적 개혁의 경우에 더욱 그러하다.

우리의 개방적 · 기능적 접근이 구성주의적 접근과 가장 극명하게 대조되는 지점은, 구상이 인과적 신념으로서의 지위를 갖게 되는 맥락을 어떻게 볼 것인가 하는 지점이다. 우리는 이해관계와 구상을 동일시하는 슈미트와 헤이의 견해에 동의하지 않는다. 우선, 모든 이해관계는 주관적인 것이라는 슈미트의 결론은 모든 이해관계는 구상이고 구상은 이해관계의 요소라는 명제로부터 도출될 수 있는 것이 아니다. 또 물질적 이해관계 개념을 폐기해야 한다는 헤이의 제안은 불필요한 것일 뿐만 아니라 복지국가 개혁에서 구상의 역할을 분석하는 데에 별 도움이 되지 않는다.

오히려 우리는 일부 행위자들의 구상에 의해 구성된 일부 이해관계가 구상으로서가 아니라 다른 행위자들이 놓여 있는 맥락에서 '객관적인' 물질적 제약으로 나타날 가능성을 감안하려고 한다. 정치적 행위의 맥락의 일부는 일련의 이해관계로 구성된다. 구성주의자들은 이해관계가 역사적·사회적·정치적 구성물이라고 주장하며 우리도 이 주장에 동의한다. 그리고 슈미트가 주장하듯이 구상은 이해관계로 구성된다. 하지만 그렇다고 해서 이렇게 구성된 이해관계가 일부 구상을 기준으로 했을 때 적합하다고 간주될 수 있는 쪽으로 변화될 수 있거나 재구성될 수 있다는 의미에서의 우연적인 것임을 의미하는 것은 아니다. 맥락 속에서 구성되고 맥락 속에 뿌리내린 이해관계는 일정한 한계 내에서만, 즉 그 동일한 맥락의 일부를 구성하는 다른 이해관계에 의해 설정된 한계 내에서만 변화할 수 있다. 이것이 바로 이해관계를 특정 맥락 내에서 '객관적인' 이해관계로 나타나 보이게 하고 또 이해관계를 일부 행위자들에게 부여된 재량권에 대한 제한요인으로 보이게 된다. 특정한 맥락 내에서 어떤 행위자는 다른 행위자에 비해 정치적 행위와 관련하여 더 많은 제약을 받거나 또는 더 많은 가능성을 갖게 된다. 사회세계에서의 일부 물질적 요인들 그리고 관념적으로 구성된 이해관계들은 그것들이 어떻게 해석되고 사회적으로 어떻게 구성되든 그 스스로를 드러낸다. 이런 점에서 우리는 사회적 실재를 결정하는 것은 오직 구상뿐이라는 의미에서 사회세계가 구성된다고 보는 존재론적 입장을 채택하지 않는다.

우리는 도전-역량-취약성ccv 접근과 정책학습PL 접근에 기초하여, 행위자들을 둘러싼 맥락을 생성하는 것은 바로 외생적·내생적 압력이라고 주장한다. 맥락은 전략적으로 선택적인데 이는 왜냐하면 "맥락은 주어진 일련의 의도 또는 선호를 실현할 수단으로서 특정 전략을 우대하기" 때문이다(Hay, 2002: 129). 비록 결과를 미리 결정할 수는 없

6. 복지국가 개혁에 대한 개방적·기능적 접근을 향하여

지만, 어떤 결과는 다른 결과보다 실현될 가능성이 더 높으며 어떤 요구는 다른 요구보다 더 강하게 부각될 수 있는 것이다. 예컨대, 구상이 자본주의의 기능적 필요를 구성해내지는 못한다. 사회질서나 효율성, 수익성, 경쟁력 등은 모두 기능적 필요요건으로서 그것들이 충족되지 못할 경우 체계는 붕괴할 수도 있으며 또는 적어도 체계의 통합('체계성') 수준이 하락할 수 있다(Becker, 2009: 27). 이들 필요요건들은 정치행위자들이 그것들에 대해 규범적인 측면에서 반대할 수도 있다는 점에서 논란의 소지가 있는 것들이다. 그러나 비록 예컨대 공산주의자라면 그가 수익성이라는 목표를 세우는 데 반대할 수는 있을지라도 그 수익성이라는 것이 그가 거부하는 자본주의라는 체계의 필요요건이라는 사실 자체를 논박할 수는 없는 것이다. 결국 중요한 것은, 정치행위자들이 자본주의 체계 또는 사회보장체계의 기능적 필요요건에 반대할 수는 있지만, 이 필요요건들이 '객관적' 필요요건들이라는 점은 명백하며 그리하여 어떤 정책은 그 요건들에 대해 보다 더 기능적인 대응책이 되지만 다른 정책은 그렇지 않은 것이다. 이러한 기능적 요구가 충족되지 않을 때 또는 더 이상 충족되지 않게 될 때, 체계는 긴장상태에 놓이게 되며 그 목적달성은 위험에 빠지게 된다. 이런 점에서 우리는 이러한 기능적 요구를 변화를 압박하는 '객관적' 압력이라고 칭하는 것이다.

인과적 신념으로서의 구상이 중요한 지점은, 바로 이러한 기능적 요구를 실현하거나 기능적 요구에 맞추어 나가기 위해 프레임을 결정하거나 정치적 전략을 결정하거나 공공정책을 결정하는 지점에서이다. 우리는 지구화의 정치경제학의 사례에서처럼, 결과는 전략적으로 선택된다는 것에 동의한다. 헤이(Hay, 2002: 130)는 다음과 같이 말한다.

> 정책결정에 관여하는 엘리트집단들 사이에 자본의 이동성 증가에 관해 준보편적인 인식이 있다는 사실을 감안할 때, 자유민주국가가 기업에 대해 조세부담을 증가시키리라는 것은 … 별로 가능성이 없는 주장이다. … 자본의 이동성이 증가함에 따라 … 과거에는 생각하기 어려웠던 자본이탈전략이 충분히 가능한 대안으로 되어 가고 있다. 결과적으로, 과세기반을 보존하고자 하는 국가는 낮은 세율과 보다 탈규제화한(즉 '유연한') 노동시장을 바라는 자본의 선호를 내부화하지 않을 수 없게 될 것이다.

하지만 헤이의 주장에서는 정치인들이 재량을 발휘할 여지가, 자본의 이동성이 증가해 왔다는 정치인들의 인식과 기업의 요구를 들어줄 수밖에 없다는 정치인들의 신념에 의해 전적으로 결정되는 것처럼 보인다. 자본의 이동성 증가가 객관적인 현실이어서 이를 간과할 경우 존재론적 성격을 갖는 결과(예컨대, 생산설비와 투자처의 이전 또는 실업의 급증 등)에 직면할 수도 있기 때문에 그런 현실을 충분히 고려해야 한다는 데 대해서는 동의할 수 있다. 하지만 그렇다고 해서 기업에 대해 세금부담을 덜어 주는 것이 유일한 정책적 대안이라고 생각해야 하는 것은 아니다. 실제로 여러 경험적 증거에 의하면, 정부는 물질적 인

프라(예컨대, 도로나 유리섬유통신glass fiber telecommunication 등)와 인지적 인
프라(예컨대, 교육 등)에 대한 공공투자전략 등 여러 가지 더 좋은 정책
대안을 활용할 수 있다. 그러나 비록 정부가 여러 가지 정책대안을 가
질 수 있다 하더라도 정부는 이동성이 높아진 자본의 실질적 이탈위협
이 존재한다는 맥락적으로 주어진 현실 속에서 행동해야만 한다. 맥락
이 그에 대한 고려가 어떻게 이루어질지 혹은 어떻게 이루어져야 하는
지를 결정할 수 있는 것은 아니지만, 맥락이라는 사회적 사실이 고려
되어야 하는 것은 분명하다. 어쨌든 일부 자본은 실제로 이동할 것이
고 또한 특히 2009년 이후 국가채무 위기 때 금융시장이 보여 주듯이
시장은 정치적 무능력과 불안정성에 격렬하게 반응하여 정부에 비정
통적인 행동, 예컨대 별로 가능성도 높아 보이지 않고 장래성도 불투
명한 광범위한 거국적 '대연정'(2011년의 그리스에서처럼)을 강요하거
나 정치인들을 전문기술인으로 대체하여 문제해결을 추구하는 행태
(2011년의 이탈리아에서처럼)를 보일 수 있다.

  따라서 일부 맥락적 요소들이 그에 대응해야 하는 객관적 압력으로
나타날 수 있다. 정치인들이 왜 그리고 어떻게 특정 정책에 대해 그것
이 기능적 혹은 역기능적이라고 인식하게 되는지는 열려 있는 질문이
다. 혹은 라르센과 앤더슨(Larsen and Andersen, 2009: 243)이 말한 바
와 같이, "무엇을 '필요한' 것으로 인식하는가는 행위자가 문제를 어떻
게 진단하는가 그리고 그로 인해 행위자가 인과관계를 어떻게 생각하
는가(혹은 믿는가)에 따라 크게 달라질 수 있다." 그러나 우리는, 예컨대
지구화의 정치경제가 여러 가지 조정정책과 개혁정책을 요구한다고

생각하는데, 이들 조정정책과 개혁정책은 복지국가와 연관되어 기존에 이미 확립된 사회적 권리와 관행을 변화시키려는 것들이기 때문에 선거정치에서 자산으로 활용되기가 어려운 경우가 많다. 정책구상 역시 '객관적' 압력으로 작용하는 기능적 요구에 적응적인 것일 수도 있고 비적응적인 것일 수도 있다. 예컨대, 복지국가 개혁정책 중 일부 정책(퇴직연령의 상향조정 등)은 중요한 일부 유권자 집단(즉, 상대적으로 일찍 퇴직하기를 기대했던 사람들)의 요구와 그리 잘 상응하지 않는 것이며, 따라서 이 집단에 속하는 사람들은 그 개혁정책이 그들의 세계관(예컨대, 퇴직을 획득권리로 보는 것 같은)에 근거한 그들의 이해관계에 적대적이라고 생각할 수 있는 것이다. 따라서 개혁지향적인 정치인들은 그들의 행동적 대안을 제한하는 객관적 제약에 직면하게 되고 그리하여 그 제약에 대응해야만 하게 되는 것이다. 한 가지 대응방안은 객관적 제약이라는 사실을 무시하는 것이 될 수 있는데 이런 대응의 결과는 그 다음 선거에서 나타날 것이다. 만일 개혁지향적 정치인들이 선거에서 보복당할 가능성이 있다는 사실을 인지하고 있으면서도 유권자들에게 인기가 없는 개혁정책을 계속 추진하기로 결정했다면 그 경우 그 정치인들은 선거보복을 회피할 방안을 마련해두려 할 것이다. 개혁이 선거에서 부정적 영향을 미칠 것이라는 사실을 알고 있는 혹은 알고 있다고 가정할 수 있는 그러면서도 자신이 가진 구상으로 인해 개혁을 추진해야 한다고 생각하는 정치인은 비난회피전략을 활용하고자 할 수 있다. 이로 인해 비난회피전략은 우리의 접근에서는 구상과 개혁을 매개하는 변수가 된다(이에 대해서는 9장에서 상세히 다룬다).

5
주장의 예증: 네덜란드의 1990년대 장애위기

이제 여기서 객관적인 문제압력을 구상과 연결시키고 또 개혁과 연결시키는 우리들의 개방적·기능적 접근의 가치를 실제 사례를 통해 살펴보기로 하자. 이를 위해 우리는 1990년대 초 네덜란드에서 있었던 장애보험Wet op Arbeidsongeschiktheidsverzekering; WAO의 개혁을 살펴보려 하는데 이는 이 개혁사례가 개방적·기능적 접근의 가치를 잘 드러내 준다고 보기 때문이다. 여기서 우리의 목적은 이 장애보험개혁에 대한 새로운 혹은 더 나은 설명을 제시하려는 것이 아니다(장애보험개혁에 대한 훌륭한 분석으로는, Visser and Hemerijck, 1997; Green-Pedersen, 2002; Kuipers, 2006 참조). 우리의 목적은 소박한 것으로서 우리의 개방적·기능적 접근의 가치를 예증하려는 것이다.

우리의 출발점은 객관적인 문제압력 혹은 기능적 요구이다. 네덜란드의 사회보험제도는 1968년에 장애라는 위험을 포괄하게 되었는데 처음에는 최대 155,000명에 대해 급여를 제공하는 제도로 시작하여 후에는 최대 285,000명까지 적용대상이 확대되었다. 장애급여에 대한 지출은 국내총생산GDP의 3.5% 수준에서 4%를 조금 넘는 수준에 이르는 범위에 있었다. 사회보험 가입자 총수 대비 장애인의 수는 1975년 6.1%에서 1990년 11.4%로 증가하여 폭발적인 증가세를 보였다. 그런데 이 기간에 사회보험 가입자도 늘어났기 때문에 절대수의 추이가 더욱 놀랍다. 1990년의 경우 600만 명의 근로자 가운데 약 90만

명이 장애급여를 받고 있었다. 여하한 조치라도 취하지 않는다면 장애급여제도는 표류할 것이고 그리고 수급자가 100만 명에 이르는 것은 시간문제로 보였다(Van Gestel et al., 2009: 76; Adviescommissie Arbeidsongeschiktheid, 2001: 24; SCP, 2001, 표 B2.1; Kuipers 2006: 150). 수급자 100만 명은 장애급여의 최초 수급인원의 3.5배에 이르는 규모이다.

사람들이 이처럼 급격하게 장애급여 수급자로 유입됨으로써, 장애급여의 제도적 규칙을 근본적으로 개혁(예컨대, 수급자격기준을 엄격히 한다든지, 장애예방과 사회통합을 증진하는 것 등)하지 않을 경우 제도 자체가 붕괴할 것이 틀림없을 정도로 장애보험은 존재론적 위협에 직면하게 되었다. 더욱이, 장애급여의 역기능으로 인해 '일하지 않는 복지 welfare without work'라는 악순환과 추가적인 정책표류, 기타 여러 부정적인 영향 등이 크게 확산되었다. 높은 임금으로 인해 기업은 노동절약적 생산기법을 도입하여 생산성의 향상을 추구하게 되었다. 이는 비용절감을 위해 생산성이 낮은 노동력의 퇴출을 초래하고 이것은 다시 사회보장지출(조기퇴직, 장애, 실업 등에 대한)을 증가시키는 결과로 이어졌다. 이로 인해 사회보험 기여금을 인상시킬 수밖에 없었고 이렇게 되자 그렇지 않아도 높은 임금은 더 높아질 수밖에 없게 되었다. "이것은 다시 경쟁적 기업에 대해 생산성 향상에 나서게끔 강제하게 되고 그 결과 또 다시 노동력 감축이 시도되는 등 악순환이 반복되는 것"이다(Hemerijck, 2000: 109). 이에 따라 장애보험은 위기에 빠지게 되었고 장애보험의 이 위기는 네덜란드의 전체 임금체계와 사회보장체계도 위험에 빠뜨리기에 이르렀다. 피서르와 헤이머레이크(Visser and Hemerijck, 1997: 117)가 강조한 바와 같이, 장애급여의 재정문제는 사실상 사회보장제도 전체의 관리가능성의 위기로 확산되었다. 이것이 바로 '객관적인' 기능적 요구이며 또한 근본적 개혁을 압박하는 맥락인 것이다.

하지만 앞에서 주장한 바와 같이, 기능적 요구와 압력이 스스로의 힘으로 자신을 실현하는 것은 아니다. 실제로, 당시 네덜란드에서는 장애보험의 문제에 개입하지 않고 따라서 정책표류가 발생토록 내버려두는 것이 정책대안 중 분명히 가능한 대안이었고 정치행위자들도 이 대안을 선택할 수 있었다. 물론 그럼에도 불구하고 어떤 형태로든 급진적인 개혁조치가 취해지지 않는다면 장애보험이 붕괴할 가능성이 매우 높았던 것도 사실이었다. 우리는 급여수준의 급격한 축소와 권력구조 및 책임의 재구조화를 포함하는 급진적 개혁이 어떻게 해서 가능하게 되었는지를 이해하기 위해서는 구상의 역할을 매우 중요하게 생각해야 한다고 주장한다. 장애보험의 개혁에 있어서는 매우 독특한 한 가지 구상이 결정적인 변혁적 역량을 지닌 것으로 판명되었는데, 그 구상은 사회가 얼마나 많은 급여를 유지할 수 있는지를 하나의 단일수치로 표현할 수 있다는 구상이었다. 그 수치는 무활동/활동 비율inactivity/activity ratio(i/a 비율i/a ratio)이었다. 이 수치척도는 사회부에 의해 개발되었으며 비경제활동인구의 수를 경제활동인구에 대한 비율로 표시한 것이었다. 비경제활동인구에는 급여를 받고 있는 15세 이상 수급자가 포함되며, 경제활동인구에는 전일제 직업을 가진 15세 이상 인구가 포함된다. 1990년대 이래 i/a 비율은 사회보장제도의 지속가능성을 평가하는 핵심적인 기준으로 활용되어 왔다. i/a 비율이 그러한 기준이 될 수 있다는 생각은 인과적 신념으로서의 구상이라 할 수 있는데, 이는 왜냐하면 ① 그 비율은 우리들의 인지의 산물이기 때문이며, ② 그 비율은 세계의 사상들(수급자의 수와 노동인구, 그리고 체계의 지속가능성)을 연관시키기 때문이고, ③ 그 비율이 높거나 또는 높아지면 행동의 동기가 부여되어 사람들로 하여금 행동하게끔 하기 때문이다.

장애급여 수급자의 비중이 높아지면 i/a 비율도 크게 높아졌다는 사실은 여러 연구에서, 특히 다른 무엇보다 네덜란드 과학조사위원회 Dutch Council of Scientific Research(WRR, 1990)의 연구에서 밝혀진 바이다. 따라서 장애급여는 그 제도에의 진입을 줄이고 그 제도로부터의 이탈을 촉진하는 방향으로 목표가 설정될 수 있었다. 또한, 장애급여를 근본적으로 개혁하는 것 외에는 다른 대안이 없으며 따라서 더 이상의 정책표류가 발생토록 내버려두는 것은 정치적으로 선택불가능하다는 메시지도 전달되어야 했다. 이 일은 당시 수상이었던 뤼트 뤼버르스 Rudd Lubbers가 담당하였는데, 그는 1990년 가을 일반시민들을 대상으로 한 연설에서 "네덜란드는 병들었다"고 하면서 근본적인 개혁이 절대적으로 필요하다는 점을 강력하게 설파하였다. 여기서 구상의 역할이 결정적이었는데 왜냐하면 유권자들이 경고성 지표라는 구상 —이경우 i/a 비율— 과 과감한 개혁의 불가피성이라는 구상을 수용하였을 때 그들은 정부와 동일한 인과적 신념을 수용한 셈이었으며 그에 따라 개혁을 실행할 기회가 극대화되었기 때문이다.

장애급여 신청자의 수가 100만 명에 도달하면 수상 직을 사임하겠다는 뤼버르스의 약속은, 정부가 그것이 가진 구상의 인과관계를 대중들에게 설득하는 데 큰 도움이 되었다. 장애연금 수급을 극단적으로 억제하는 조치와 장애연금 수급으로부터의 이탈을 독려하는 조치에 의해서도 i/a 비율이 감소하지 않을 경우, 장애급여제도는 와해될 수도 있는 상황이었다. 또한, 전문가들과 노동조합, 기업단체들로 구성된 독립기구인 사회경제위원회Social Economic Council; SER가 장애급여의 증가를 억제할 것을 만장일치로 권고한 것도 크게 도움이 되었다. 이 위원회는 경제활동참가율을 높이는 것이 네덜란드 경제가 당면하고 있는 문제를 해결하는 데 부분적으로나마 기여할 것이라고 주장하였다(WRR, 1990; Visser and Hemerijck, 1997; Green-Pedersen, 2002).

하지만 이러한 상황전개가 연립정부를 구성하는 정당들(기독교민주당과 사회민주당) 간의 협상문제를 해결하지는 못했다. 기독교민주당은 장애급여를 완전히 폐기할 용의까지도 가지고 있었던 반면, 사회민주당은 그 지지자들에게 장애급여에 대한 급격한 변화가 단기간에 시도되지는 않을 것이라고 말하고 있었기 때문에, 연정에 참여하고 있던 두 정당은 개혁 내용에 관해 합의할 수가 없었다(Kuipers, 2006: 152-153; Green-Pedersen, 2002). 여기서 내각은 사회경제위원회SER에 개혁을 위한 다양한 대안들을 제시해 줄 것을 요청하였다. 하지만 사회경제위원회도 개혁대안과 관련하여 합의를 도출할 수 없었고, 기업단체들과 전문가들은 장애급여의 수준을 신청자의 연령에 연동시키는 한편, 수급자격기준을 보다 엄격하게 하여 '어떠한 일도 할 수 없을 정도의 장애를 가진' 사람만 급여를 받을 수 있게 해야 한다고 권고하였다. 정부는 수급자격기준에 관한 이러한 제안을 수용하였으며 또한 수급기간을 장애발생 전 고용기간에 연동시키는 조치를 단행했다(Kuipers, 2006: 154). 이에 대해 노동조합과 사회민주당이 반발하였고 이로 인해 최종적으로 집권연정 정당들은 다소 완화된 개혁안에 합의하였다(Kuipers, 2006: 156 이하).

또 다른 주목할 만한 개혁은 장애급여제도의 관리책임과 권력관계를 근본적으로 재구조화한 조직혁신이었다. 이 조직혁신방안은 네덜란드 감사원Rekenkamer의 보고서에 근거하여 사회보장개혁위원회인 부르메이에르 위원회Buurmeijer Commission on Social Security Reform가 제안한 것이었다. 이 위원회는, 넓게는 네덜란드 사회보장제도 그리고 좁게는 장애보험제도의 관리불가능성을 초래한 원인으로 노사정의 조합주의적 방식으로 구성되어 책임소재가 불명확한 제도구조를 꼽았다. 그리하여 조직혁신조치에 의해 사회보험기금 운영에 있어서의 사회적 동반자들(노동조합과 기업)의 권력이 제한되었다. 그리고 이와 함께 진행된 제도점검을 통해 네덜란드 사회보장체계의 조합주의적 거버넌스 구조가 사실상 해체되었다.

지금까지 간략하게 살펴본 네덜란드의 1990년대 장애보험 개혁사례는 복지국가 개혁에 대한 개방적 · 기능적 접근의 장점을 잘 보여 준다. 첫째, 우리는 기능적 요구의 원천을 확인할 수 있었는데, 그것은 장애급여 신청자가 당초 의도한 수급자 규모의 3.5배에 달할 정도로 빠르게 증가하여 수급자가 지나치게 많아져서 제도의 수용능력을 소진시켰다는 것이었다. 어떤 조치가 취해지지 않는다면 장애급여가 존속하기 어려워질 것으로 생각되었을 뿐만 아니라 네덜란드 사회보장체계 전반을 위험에 빠뜨릴 수도 있을 것으로 생각되었다는 점에서 과감한 개혁은 기능적 요구였다고 할 수 있다. 둘째, 인과적 신념으로서의 구상은, 네덜란드 경제가 높은 수준의 경제활동참가를 필요로 하고 있었음에도 불구하고 장애급여는 대단히 많은 비경제활동인구를 양산하였고 '일하지 않는 복지'라는 악순환을 만들어내는 데 기여하였다는 것이었다. 이 구상은 행동의 지침이 되었는데, 그 지침은 기본적으로 장애급여 신청자의 유입을 억제함과 동시에 장애급여로부터의 이탈을 촉진함으로써 비경제활동인구의 비중을 과감하게 낮춰야 한다는 것이었다. 정부로 하여금, 다른 상황이었다면 생각할 수도 없고 실행가능하지도 않았을 것이라는 점을 약간의 반사실적 추론을 통해서도 충분히 짐작할 수 있을 만한 그런 특수한 형태의 급진적 개혁조치, 즉 장애급여에 대한 접근을 엄격히 제한함과 동시에 조직구조에 대한 전면적인 재점검을 통해 장애보험 프로그램의 운영과 관련된 노동조합과 기업의 권력을 박탈하고 정부의 통제권을 회복한 개혁조치를 선택하게끔 강제한 것은 바로 다름 아닌 기능적 압력이었다.

6
결론

앞의 장들에서 논의한 내용에 기초하여 이 장에서 우리는 복지국가에 관한 비교연구의 성과들을 정리하고 이들을 복지국가 개혁에 대한 개방적·기능적 접근으로 통합하는 작업을 하였다. 현대화 관점으로부터 우리는 사회적 욕구와 요구는 국가의 개입을 압박하는 기능적 요구로 스스로를 드러낸다는 견해를 취하였다(3장 참조). 권력자원론적 접근으로부터 우리는 그러한 기능적 요구가 중요하게 취급될 것인지 만일 그렇다면 얼마나 중요하게 취급될 것인지는 해당 사회의 권력구조에 따라 달라질 수 있다는 사실을 배울 수 있었다. 그리고 복지국가위기에 관한 연구들은 우리에게 자본주의적 민주주의의 맥락에서 복지국가를 확대하는 것은 일정한 한계가 있으며 정치적 민주주의와 경제적 자본주의를 혼합하는 것은 여러 가지 모순과 정당성의 문제를 야기한다는 사실을 가르쳐 주었다. 또한, 우리는 우리들에게 깊은 영감을 주는 다양한 연구들로부터, 기존 복지국가 구조의 균형을 위협하는 많은 도전들이 존재하며 또 기존의 복지국가제도로는 다룰 수 없거나 다루더라도 매우 비효과적으로 다루어지는 새로운 사회적 위험과 욕구가 등장하고 있다는 사실을 배울 수 있었다. 제도주의적 분석은 우리들에게 복지국가가 놀라울 정도의 회복탄력성을 가지고 있다는 점과 복지국의 '점착성'에는 제도적·정치적 근거가 있다는 점을 알려 주었다. 그리고 최근의 문헌들은 제도적 점착성과 정치적 저항은 극복될 수 있는 것들이라는 사실과 복지국가를 특징짓는 보다 중요한 특징은 회복탄력성과 안정성보다는 조정이나 갱신, 축소 그리고 재구조화와 같은 급진적인 개혁이라는 사실을 보여 주고 있다. 이런 점에서 우리가 직면하고 있는 중요한 문제는 그러한 개혁이 어떻게 해서 일어날 수 있는가 그리고 그 개혁들이 어떤 방향을 지향하는가의 질문에 답을 구하는 것이다.

우리들의 이론적 출발점은, 복지국가 개혁은 오늘날 복지국가가 직면하고 있는 절박한 도전들에 대한 대응으로서 제안되고 수립되고 실행되고 있다는 것이다. 이러한 대응이 얼마나 효과적일 것인지 여부, 즉 기존의 제도적 구조를 새로운 도전에 맞추어 얼마나 잘 조정해 내는지 그리고 고용과 사회보장과 평등을 사회적·정치적으로 용인할 수 있는 수준으로 앞으로도 얼마나 지속적으로 보장해낼 수 있는지라는 측면에서 얼마나 효과적일지 여부는 해당 국가의 제도적 조건과 정치적 권력투쟁에 의해 달라진다.

구성주의적 연구들은 우리들에게 구상이 복지국가 개혁에서 중요한 역할을 한다는 사실을 알려 주고 있다. 구상이 어느 정도 중요한가를 보여 주는 데 있어서의 중요한 어려움은 인과관계를 확정하는 문제와 관련된다(Kangas et al., 2013도 참조). 우리는 구상이 그 자체로 행동을 위한 유인을 창출한다고 가정하는 것을 그러한 문제의 하나로 보았다. 우리는 이러한 가정에 대해 문제를 제기하고 구상은 그 자체로 급진적 복지국가 개혁과 같은 결과를 산출하지 못한다고 주장한다. 구상이 결과에 어떻게 영향을 미치는가를 설명하기 위해서는 구상이 그 일부가 되는 보다 큰 맥락을 고려해야만 한다.

우리가 발전시킨 개방적 · 기능적 접근은 기존 연구로부터 도출된 중요한 통찰들을 중요하게 고려하고 나아가 복지국가가 직면하고 있는 도전들은 그것들이 기존 사회정책 구조물의 존속에 위협이 되고 있음이 드러나는 한에서는 항상 복지국가 개혁을 압박하는 기능적 요구로 이해되어야 한다고 주장한다. 그런 경우, 즉 복지국가가 직면하는 도전들이 복지국가의 존속에 위협이 되는 경우, 개혁요구는 반드시 충족되어야 한다. 만일 그런 상황에서도 개혁요구가 충족되지 못한다면 복지국가제도는 붕괴할 것이며 그렇게 되면 더 이상의 의도적인 정책 표류를 발생시킬 가능성도 차단되는 것이다. 이런 점에서 도전은 기능적 압력과 요구를 낳으며 여기에 정치행위자들은 반드시 대응해야만 한다. 그러나 그렇다고 해서 정치행위자들이 실제로 언제나 정책학습을 이루고 대응을 해낸다는 의미는 아니며 또 정치행위자들의 대응이 언제나 기능적인 것이라는 의미도 아니다. 오히려 구상이 무엇이었든 간에, 사실상 개혁이라 할 수 없는 조치들 혹은 나쁜 개혁이라 할 수 있는 조치들로 인해 체계는 방향을 잡지 못하고 갈팡질팡하는 경우가 많다. 이런 점에서 기능적 요구는 정치적 행위의 맥락을 구성하는 중요한 측면 혹은 부분이다. 기능적 요구는 정치행위자들에게 '객관적인' 제약인 것이다. 그러한 제약은 행위자들이 실행에 옮길 수 있는 정책에 한계를 설정할 수 있다는 의미에서 제한적이라 할 수 있다. 또한 기능적 요구는 새로운 대안과 기회를 열어줄 수 있다는 의미에서 촉진적이라 할 수도 있다. 이러한 이유들 때문에 동일한 유형의 기능적 요구에 대해서도 상이한 대응이 나타날 수 있는 것이며 또 이러한 이유들 때문에 우리는 우리의 기능적 접근을 개방적 접근이라고 강조하는 것이다.

　나아가 우리는 복지국가의 조정 · 갱신 · 축소 · 재구조화와 같은 개혁을 오로지 기능적 압력에 의거해서만 설명하려고 시도하는 것은 불완전한 시도임을 강조한다. 우리는, 맥락 속에서 그 스스로를 드러내는 기능적 요구와 행위자들이 실제로 선택하는 개혁전략을 연결시키는 매개기제를 고려해야 한다. 이는 우리가 복지국가 개혁이 언제 그리고 어떻게 일어나는지 혹은 일어나지 않는지 그리고 복지국가 개혁이 일어난다면 그것이 기능적인 것인지를 설명하고자 하기 때문이다. 여기서 인과적 신념으로서의 구상이 매우 중요한 역할을 한다. 네덜란드의 장애보험 개혁사례에 대한 분석은 우리의 접근이 가진 가치를 잘 보여 주었는데 이 분석을 통해 우리는 당초 의도된 규모의 3.5배가 넘는 수급자가 장애보험으로 유입된다면 이것이 장애보험제도 자체의 존속을 위협할 수 있을 뿐만 아니라 파급효과와 제도적 상호연관성으로 인해 사회보장제도 전체의 존속을 위험에 빠뜨릴 수 있는 것으로 간주되었다는 사실을 설득력 있게 보여 주었다. 그 결과 과감한 개혁이 기능적 요구가 될 수 있었던 것이다. 하지만 여기서 기능적 요구를 정치적 개혁조치로 연결시켜 준 역할을 한 것은 바로 구상이었다. 우리는 경고성 통계치(즉, i/a 비율)를 통해 구체화된 그리고 병든 네덜란드 사회라는 비유를 통해 구체화된 비경제활동 위기라는 구상이 장애보험의 개혁이라는 정치적 행동으로 나아갈 수 있는 길을 닦을 수 있

복지국가 개혁의 도전과 응전

었음을 발견하였다.

기능적 압력과 구상이라는 조건이 모두 갖추어져 있는 상태에서도 복지국가 개혁은 여전히 어려운 과제이다. 이는 복지국가 개혁이 시민들 사이에 이미 확립되어 있는 친복지국가적 선호와 친복지국가적 이해관계와 거의 항상 갈등을 일으키기 때문이다. 복지국가 개혁이 선거에서 자산으로 활용될 수 있는 경우는 거의 없다(Giger and Nelson, 2011, 근간; Schumacher et al., 2013). 우리의 개방적 · 기능적 접근의 견지에서 볼 때, 경제체계의 기능적 요구는 정치체계의 기능적 요구와 상충할 가능성이 높다. 복지국가 개혁은 위험한 시도이며, 따라서 복지국가 개혁이 시도될 경우 기존의 체계를 급진적으로 개혁하는 데 동참한 정치행위자는 반드시 비난회피전략을 고안하여 활용할 수 있어야 한다. 이 문제는 9장에서 다시 좀 더 상세히 살펴볼 것이다. 그 전에 이어지는 두 개의 장들에서 현재 복지국가가 실제로 직면하고 있는 기능적 압력에 대해 살펴보고자 한다.

7

우리는 왜
복지국가를 개혁해야 하는가? I:
외부에서 온 기능적 압력으로서의 지구화

1
서론

앞의 장에서 우리는 복지국가 개혁에 대한 개방적 · 기능적 접근에 대해 서술하였다. 이 접근에서는 '객관적인' 기능적 압력이 핵심적인 역할을 하는 것으로 간주된다. 그러면 그런 기능적 압력에는 실제로 어떤 것이 있으며 그것은 얼마나 강한 압력을 행사하는가? 이 장에서는 기능적 압력 가운데 외부에서 온 핵심적인 압력, 즉 지구화地球化, globalization에 대해 살펴 보고자 한다. 내부로부터 발생한 압력에 대해서는 8장에서 살펴볼 것이다.

　지구화로부터 복지국가 개혁을 향한 어떤 기능적 압력이 발생되는가? 지구화는 경제의 상호연관성이 증가하는 현상인데 일반적으로 자본주의의 부산물로 간주되기도 하며 혹은 자본주의의 본질적 특징으로까지 간주되기도 한다. 최초의 지구화가 있었던 것은 혹은 '자유무역 사상가'였던 아담 스미스(Adam Smith, 1776[2003])와 데이비드 리카도(David Ricardo, 1817)가 그들의 영향력 있는 저작을 썼던 것은 2세기 전의 일이며, 지구화와 그것의 영향을 둘러싼 논쟁은 지금도 계속되고 있다. 규제되지 않은 자본주의에 반대하는 목소리는 2008년의 금융위기와 그에 이은 2009년 이래의 국가채무위기로 인해 더욱 커졌지만, 지구화와 국제금융자본에 대한 저항(예컨대, 2011년에 시작된 점령운동 등)은 1990년대 후반부터 전개되어 오고 있었다. 예컨대, 1999년에는 "'지구화에 대한 반격'의 탄생지"(The Economist, 2000: 97)로 이름 붙

여진 시애틀에서 격렬한 저항운동이 일어나기도 하였다. 반反지구화론자들anti-globalists —최근에 와서는 다소 유행에 떨어진 용어가 되었다— 에 따르면, 지구화는 부자들은 (상대적으로) 더욱 부유하게 만들고 빈자들은 (상대적으로) 더욱 가난하게 만드는 것이므로, 즉 빈익빈 부익부 현상을 초래하는 것이므로 악惡이라는 것이다. 이러한 견해는, 무역개방성의 증진을 쌍방 모두에 이익이 되는 상황win-win situation(오늘날 식으로 표현한다면)으로 간주하는 아담 스미스와 데이비드 리카도의 견해와는 극명하게 대조되는 견해이다. 아담 스미스와 리카도는 지구화가 단기적으로 가질 수 있는 부정적 영향은 그것이 장기적으로 갖는 긍정적 효과에 의해 충분히 보상될 수 있다고 주장하였다. 국제무역의 증대는 모든 사람에 대해 가용자원의 양을 증가시킨다는 것이다. 즉, 국제무역의 증대는 경제적 파이를 확대한다는 것이다. 리카도(Ricardo, 2004[1817]: 77)는 다음과 같이 말한다.

> 대외무역의 확장이 한 나라의 가치의 양을 즉각적으로 증가시키지는 않는다. 하지만 그것은 상품의 수량을 증가시키는 데 매우 강력하게 기여할 것이며 따라서 향유의 총계를 증가시키는 데 기여할 것이다.

이렇게 하여 파이가 커지게 되면 그것은 반反지구화론자들의 생각처럼 부자와 빈자들 간의 격차를 확대하는 것이 아니라 오히려 그 격차를 줄이게 되리라는 것이다. 이와 유사한 장밋빛 견해가 경제개방과 경제성장 간의 관계에서도 나타난다. 대부분의 경험적 연구들은 경제 개방과 경제성장 간에 정적인 그러나 매우 약한 관계를 발견하고 있다 (Dollar, 1992; Bhagwati, 1995; Sachs and Warner, 1995; Harrison, 1996; Edwards, 1998; Frankel and Romer, 1999; Dreher, 2006). 하지만 이들 연구에 대한 비판도 상당하며, 이 비판들은 대개 연구방법과 주요 변수의 개념정의에 관련되어 있다(Levine and Renelt, 1992; Rodrik, 1999; Rodriguez and Rodrik, 2000). 그러면 지구화로 인해 어떤 일이 일어났는가?

이 장에서 우리는 지구화(대개 무역개방 또는 자본개방의 증가로 측정된다)가 복지국가(대개 복지노력, 즉 사회지출로 측정된다)에 미친 영향에 대해 분석함으로써 지구화로부터 유래한 기능적 압력의 정도를 파악해 보고자 한다. 우리는 반지구화론자들과 자유무역론자들의 서로 극명하게 대립되는 견해들이 지구화와 복지국가 간의 관계와 관련해서도 나타나고 있음을 보일 것이다. 지구화와 복지국가 간의 관계에 관한 두 가지 대립되는 견해 —효율성 가설과 보상가설(뒤에서 논의할 것이다)— 는 둘 다 지구화가 개혁을 압박하는 기능적 압력을 창출한다는 가정을 가지고 있다. 하지만 이렇게 개혁을 압박한 것이 나아갈 방향은 다양할 수 있다. 지구화와 복지국가 간의 관계에 관한 기존 연구들의 압도적인 다수는 높은 수준의 지구화와 높은 수준의 복지국가 노력은 서로를 강화한다는 보상가설을 지지하는 결론을 도출하고 있다. 하지만 보다 최근의 연구들은 지구화의 진전이 복지노력을 억제하는 것으로 보인다는 점을 지적하면서 효율성 가설을 지지하는 결과를 내고 있다. 이들 연구흐름들은 모두 지구화가 그와 함께 진행된 고용부문의 변화(농업부문에서 제조업부문으로의 변화 그리고 제조업부문에서 서비스부문으로의 변화)보다 더 중요할 수 있는 것으로서 복지국가 개혁에서 반드시 고려해야 할 핵심적인 기능적 압력이라는 점을 분명하게 보여주고 있다.

우리는 지구화의 수준에 관한 기술적記述的 데이터를 제시함으로써 그러한 기능적 압력이 시간에 따라 지속적으로 증가해 왔다는 점과 기능적 압력이 국가에 따라 그리고 복지체제에 따라 상당히 차이가 있다는 점을 보일 것이다. 지구화에서 유래하는 기능적 압력이 어느 정도나 체감될 것인가 하는 것은 지배적인 무역유형이 무엇인가(산업 내 무역intra-industry trade 혹은 고임금무역high-wage trade 대 산업 간 무역inter-industry trade 혹은 저임금무역low-wage trade)에 따라 달라진다. 우리는 무역개방도 측정에 사용되는 일반적인 척도에 기초하여 복지국가 개혁에의 압력은 보수주의 체제에서 가장 강하다는 사실을 발견하였다. 하지만 이 경우 무역이 산업 내 무역인 경우가 압도적으로 많아 보수주의 체제에서의 개혁에의 압력은 완화되는 경향이 있다. 하지만 사회민주주의 체제에서는 산업 내 무역의 비중이 상당히 낮아, —그럼에도 불구하고 50%는 넘지만— 이것이 지구화로 인한 '객관적인' 기능적 압력으로 이어지고 있다. 이런 결론은 우리가 분석대상으로 삼은 국가들 중 가장 '지구화된' 국가인 아일랜드에도 적용된다. 아일랜드의 경우 그 무역의 55%만이 산업 내 무역이며 따라서 이는 개혁을 상당히 강하게 압박하는 압력으로 작용하게 된다.

복지국가 개혁의 도전과 응전

2
지구화는 복지국가에
어느 정도 영향을 미치는가?

지구화와 복지노력 간의 관계를 이론적으로 어떻게 말할 수 있는가?(이에 관한 연구들을 개관하려면, Brady et al., 2005: 922-925; Swank, 2010 참조) 이 관계에 대한 견해는 다양하지만, 그 다양한 견해들은 궁극적으로 두 가지 부류, 즉 효율성가설效率性假說, efficiency hypothesis과 보상가설補償假說, compensation hypothesis이라는 두 가지 부류로 크게 나눌 수 있다. 두 가설은 모두 지구화가 복지국가의 개혁을 압박하는, 즉 다시 말해서 복지국가를 조정하거나 갱신하거나 또는 재구조화하는 등의 개혁을 해야 한다는 '객관적인' 기능적 압력을 수반한다는 점에 대해서는 견해가 일치한다. 이들 두 가설의 견해가 달라지는 지점은 복지국가 개혁이 어떤 방향으로 나아갈 것인가, 즉 복지국가 개혁으로 복지국가가 확대될 것인가 아니면 축소될 것인가에 관한 판단에서이다. 효율성가설은 신자유주의적 거버넌스 개념을 가지고 있는데(Glatzer and Rueschemeyer, 2005: 1장 참조), 이 점에서 그들은 아담 스미스와 리카도의 견해를 반복하는 셈이다. 효율성가설의 주장을 간단히 말하면, 지구화는 지구 전체에 걸쳐 부와 행복의 증진을 촉진한다는 것이다. 개방성의 증대는 분업의 증가와 경쟁의 강화, 그리고 소비자 선택의 신장을 결과한다는 것이다. 이 모든 것들은 결국 세계를 보다 더 살기 좋은 곳으로 만든다는 것인데 왜냐하면 개방성의 증대로 시장의 투명성이 확대됨과 동시에 시장의 왜곡이 감소하고 그리고 생산성향상활동이 증가할 것이기 때문이다. 이에 따라 효율성가설은 '나쁜' 거버넌스bad governance는 낮은 경제성장률이라는 대가를 치르게 되고, 반면 '좋은' 거버넌스good governance는 높은 경제성장률이라는 보상을 얻을 것이므로 정부의 성과도 개선될 것이라고 주장한다. 따라서 시장의 역할이 확대되고 그 결과 시장 이외의 수단을 동원한 정치적 개입의 가능성은 줄어든다는 것이다. 그러므로 효율성가설에 따르면, 지구화와 복지노력 간에는 긴장이 발생하게 된다. 글레이처와 루쉬마이어(Glatzer and Rueschemeyer, 2005: 3 이하)의 용어로 말하면, 관대한 사회급여는 '국가의 실적과 국제경쟁력에 대한 부담이자 방해요인'이 된다는 것이다. 지구화는 조세와 정부지출에 대해 하향압력으로 작용하며 사회정책에서의 새로운 발전을 방해하는 것이다. 이러한 신자유주의적 관점에 의하면, 정부지출은 일반적으로 국제경쟁력에 치명적으로 부정적인 영향을 미치는 것이다. 따라서 효율성가설은 지구화가 확대되면 복지노력은 감소한다고 가정한다.

이와 달리, 보상가설은 지구화와 복지노력은 서로가 서로를 강화하는 상호보완적 관계에 있다고 가정한다. 경제의 개방성이 증가하면서 예컨대 직업전환의 가능성이 커지는 등 위험도 증가하면서 사회는 그에 대한 보상을 요구하게 되는데 그런 보상은 정부에 의해 제공될 수 있으며 또 정부는 그런 보상을 제공하려고 한다는 것이다. 이러한 긍정적인 조건을 만들어 내는 것은 바로 국가와 시장 간에 존재하는 상호관계이다. 정치적으로 볼 때, 지구화 흐름 속에서 시장이 더 많은 역할을 맡을 수 있게 된 것은 복지국가체계 때문이라 볼 수 있다. 리거와 라이프리드(Rieger and Leibfried, 2003)는 선진 민주주의체제에서 지구화가 가능했던 것은 복지국가 때문이라고까지 주장한다. 다음 장에서도 보겠지만, 보상가설의 주장이 옳음을 보여 주는 경험적 증거는 상당히 많다. 가장 개방적인 경제를 가진 나라들이 역시 바로 큰 정부(즉, 높은 수준의 사회지출)를 가진 나라들이었던 것이다(또한 Katzenstein, 1985와 Becker, 2011도 참조).

하지만 그럼에도 불구하고 지구화와 사회지출 간의 관계가 인과관계까지도 포함하는 것인지는 분명치 않다. 보상가설은 공급측 기제와 수요측 기제를 모두 가지고 있다(Walter, 2010: 404). 수요측 기제에 의하면, 시민들은 지구화된 경제에서 그들이 직면하게 되는 위험이 증가함에 따라 그에 대한 보상을 정부에 요구하게 된다는 것이다. 공급측 기제는 정부가 시민들의 그러한 요구를 실제 보상을 제공하는 정책으로 전환시키는가의 문제에 관련된 것이다. 이는, 지구화와 복지노력 간의 관계에 관한 연구가 거시적 차원에서 아무런 영향을 발견하지 못하고 따라서 보상가설이 적용되지 못하는 결과를 얻게 되었을 때 그런 결과가 보상에 대한 요구의 부족 때문에 나타난 것인지 아니면 정부가 시민들이 요구하는 보상을 제공하지 않은 것 때문인지가 불분명할 수 있음을 의미한다(이와 관련해서는 Brady et al., 2005: 923; Jahn, 2006 참조). 세계가치조사World Values Survey 데이터 중 2007년도 스위스의 조사 데이터에 기초하여 월터(Walter, 2010)는 지구화의 패배자들은 경제적 불안정성을 체감할 가능성이 높고 따라서 복지국가 확대에 대한 선호

303

가 증가하게 됨을 보여 주고 있다. 복지국가 확대를 바라는 이러한 선호와 요구는, 스위스에서 지구화로 인한 패배자들에게 가장 많은 관심을 기울이는 정당인 사회민주당에 투표할 가능성을 높이는 데 기여하고 있다.

보상가설을 지지하는 미시적 수준의 증거들이 설득력을 충분히 갖는 것은 사실이지만, 시민들의 요구가 보상정책이 논의되고 수립되는 거시적 수준에까지 전달되지 않거나 전달되더라도 무시될 가능성이 충분히 있다. 지구화는 복지국가정책의 산출에 어떤 영향을 미치는가? 지구화가 복지정책의 산출에 미치는 영향은 시간에 관계없이 안정적인가? 후자의 질문에 대해서는 그 답이 '아니요'라는 것에 점점 더 많은 학자들이 동의하고 있으며 경험적으로도 그렇게 증명되고 있다 (Kittel and Winner, 2005; Jahn, 2006; Busemeyer, 2009). 얀Jahn은 경제 경쟁모델을 학습 및 모방 이론과 결합시킴으로써 지구화와 복지노력을 연결시킨 이론적 모델을 제안하였다. 그의 모델에서, 만일 국제경쟁이 없다면 정부는 사회적·정치적 목적의 달성을 위해 경제에 광범위하게 개입할 것으로 가정된다. 하지만 국제경쟁이 있는 경우 정부는 다른 나라의 정부가 어떤 결정을 내릴지를 고려하는 방향으로 행동을 변화시켜야 한다. 특히 정부는 그들 경제와 가장 밀접히 연관된 나라의 정책이 어떻게 전개되는지를 예의 주시(마치 네덜란드 정부가 독일정부의 정책에 항상 주의를 기울이듯이)할 것이다. 지구화가 없다면 국내적 요인이 주된 관심사가 되겠지만 지구화가 진행되는 상황에서는 국제적 요인이 주된 관심사가 된다. 국내적 요인은 사회지출을 증가시키는 쪽으로 작용을 가하지만, 국제적, 외부적 요인은 사회지출을 축소시키는 방향으로 작용을 가한다. 따라서 복지국가 개혁 그중에서도 특히 축소지향적인 개혁을 위해서는 확산擴散, diffusion이 필수적인 조건이다(Obinger et al., 2013 참조). 둘째의 다른 모델은 금융개방이 구조적 상호의존을 가능하게 했다고 하면서 구조적 상호의존보다 지구화를 더 중요시한다. 금융개방은 확산으로 이어지며 이는 다시 정치의 방향전환으로 이어진다. 이 모델에서 확산은 모방전략을 말한다. 불확실성이 높은 시기에 각 국가는 불확실성을 줄이기 위해 자신과 유사하거나 자신과 유사한 목표를 가진 타 국가의 행동을 모방하게 된다. 이들 세 가지 이론 모두에서 다른 나라들의 모방대상이 되는 중심국가가 있어야 한다.

무역에 대한 유권자들의 태도를 파악하기 위한 여러 조사들에 의하면, 일반적으로 교육수준이 낮은 노동자들과 블루칼라 노동자들은 무역규제에 대해 가장 높은 지지도를 보이는 것으로, 다시 말해서 지구화에 반대하는 것으로 나타난다(예컨대, Scheve and Slaughter, 2001; Mayda and Rodrik, 2005). 이러한 조사결과는 무역개방이, 한 경제가 상대적으로 잘 갖추고 있는 생산요소를 소유한 사람들(선진민주주의국가에서 이들은 대개 고숙련자들이다)에게는 이익이 되지만 그렇지 않은 다른 사람들(저숙련자들)에게는 해가 된다는 스톨퍼-새뮤얼슨 정리定理 Stolper-Samuelson theorem와도 일맥상통한다. 이런 결과는 하인뮐러와 히스콕스(Heinmueller and Hiscox, 2006)에 따르면, 교육을 매개로 하여 나타나는 것이다. 예컨대 미국의 경우 전문대학 또는 4년제 대학교 학력을 가진 사람들은 무역으로부터 얻는 이득에 관련된 (경제적) 개념을 더 많이 접하였기 때문에 지구화에 대해 보다 더 긍정적인 태도를 보인다.

쿠인과 토요다(Quinn and Toyoda, 2007)는 이와는 다른 설명을 내놓는다. 세계 82개국의 1955년부터 1999년까지의 데이터에 대한 경험적 분석을 통해 그들은 이데올로기적 변화와 국내적 조건이 금융지구화 정책 —자본계정규제capital account regulation의 변화로 측정— 의 추진에 부분적으로 기여해 왔음을 보여 주었다. 만일 공산당에 대한 높은 수준의 투표율 등에서 나타나듯이 반자본주의적 이데올로기가 보편적이라면 국제적 금융거래에 대한 규제는 더 엄격하게 될 것이다. 하지만 공산당이 거의 아무런 표를 받지 못하거나 극소수의 표만을 받는 경우처럼 자유주의적인 친자본주의 이데올로기가 지배적이라면 국제금융거래에 대한 규제는 훨씬 더 완화될 것이다. 이데올로기가 정책결정자들의 의사결정에 영향을 미치는 기제는 다음과 같다. 지구적 이데올로기, 즉 지구적 수준의 개방에 대한 지지 혹은 반대는 지구화 정책을 실행하는 것과 관련하여 정부 관료들이 가질 수 있는 기회와 유인에 영향을 미친다. 이러한 영향은, "개인들의 신념형성에 전지구적으로 영향을 미치는 요인들은 정치엘리트들에게도 영향을 미친다고 가정할 수 있"기 때문에 가능한 것이다(Quinn and Toyoda, 2007: 345-346). 보상가설과 효율성가설이 주장하는 인과기제는 서로 다른 것일 수 있지만, 그럼에도 불구하고 그런 사실이 두 인과기제를 동시에 적용할 수 없음을 의미하는 것은 아니다(Genschel, 2004: 626). 즉, 다시 말해서 지구화는 보다 격렬한 조세경쟁을 결과할 수도 있고(효율성가설) 그와 동시에 위험 증가에 대한 보상요구의 증가와 그에 따른 정부보상의 증가를 결과할 수도 있는 것이다(보상가설). 이 두 가지 인과기제의 순효과는 미리 정해질 수 없다. 선진 민주주의 21개국의 1960년부터 1998년 사이의 정당강령을 분석한 버군(Burgoon, 2006: 25)은 그 순효과에서 정당정치가 중요하다는 사실을 발견하였다. 즉, "좌파정당은 국제경제적 위험에 대한 대응으로서 복지를 통한 보상을 비좌파정당에 비해 더 강력하게 옹호하는 경향이 있으며, 우파정당은 지구화로 인한 위험에 대응으로 그러한 보상에 덜 주목하는 경향을 보였다는 것"이다.

3
지구화가 실제로 복지국가에 영향을 주는가?

앞에서 본 것처럼, 보상가설과 효율성가설은 모두 지구화가 복지국가 개혁을 압박하는 '객관적인' 기능적 압력을 발휘한다고 주장한다. 물론 정치행위자들은 이러한 압력에 대응할 수도 있고 그렇지 않을 수도 있다. 지금까지 대부분의 연구는 지구화가 복지노력에 대해 상당히 작은 그러나 긍정적인 영향을 미친다는 결과를 발견하여 보상가설을 지지하는 결론을 도출해 왔다(예컨대, Cameron, 1978; Katzenstein, 1985; Rodrik, 1997, 1998; Garrett 1998; Hicks, 1999; Adserà and Boix, 2002;

Meinhard and Potrafke, 2012; 또한 예컨대, Brady et al., 2005: 922-925
도 참조). 하지만 월터(Walter, 2010: 405)가 올바르게 지적한 바와 같
이, 보상가설이 이처럼 거시적 수준에서는 지지를 받는지 몰라도 미시
적 수준에서의 지지는 결여되었던 것이 사실이다. 보상가설의 인과기
제가 미시적 수준에 있는 것이라면(앞의 논의 참조), 이 수준에서의 지
지가 결여되어 있다는 사실은 우리가 아직도 지구화와 복지국가 간의
인과관계를 충분히 이해하지 못하고 있음을 의미한다.

　　최근까지 효율성가설을 지지하는 경험적 증거는 대단히 빈약하였
으며 그에 따라 캐슬(Castles, 2004)은 지구화가 복지국가에 부정적 영
향을 미칠 수 있다는 주장은 일종의 신화라고까지 주장하기에 이르렀
다. 효율성가설을 지지하는 결과를 도출한 연구로 가장 잘 알려진 연
구는 가렛과 미첼(Garrett and Mitchell, 2001)의 연구이다. 그들은 총
무역total trade이 정부지출에 유의미한 부정적인 영향을 준다는 사실을
발견하였다. 이들의 연구는 그 후 엄청난 비판을 받았다. 예컨대, 키텔
과 위너(Kittel and Winner 2005)는 가렛과 미첼의 통계모델이 적절하
지 못하다고 비판하면서 적절한 모델을 사용하면 지구화가 정부지출
과는 별 관련이 없다는 결론에 이르게 된다고 주장하였다. 그들에 의
하면 정부지출은 오히려 국내경제의 상황에 의해 영향을 받는다는 것
이다(이와 관련해서는 Plümper et al., 2005도 참조). 하지만 보다 최근의
연구들은 지구화와 복지국가노력 간의 부적인 관계를 지지하는 증거
들을 찾아내고 있는데, 특히 관찰기간을 2000년대를 포함하여 보다
장기화할 경우 경제적 개방의 확대가 공공지출과 확실히 부적으로 관

런된다는 사실을 발견하여 효율성가설을 지지하는 결과를 산출하고 있다(Busemeyer, 2009). 과거의 연구들이 활용할 수 없었던 1990년대 중반 이후의 데이터를 활용한 연구들은 지구화가 복지노력에 부정적인 영향을 미친다는 사실을 발견할 가능성이 더 높다. 그 이유는 부정적인 영향이 드러나는 데에는 더 오랜 기간이 필요하였기 때문일 수 있다. 또한, 얀(Jahn, 2006: 402)이 시사한 바와 같이, "지구화의 영향은 고정적인 것이 아니라 변동되어 왔기 때문에 새로운 데이터는 매우 중요하다." 1990년부터 1993년까지 OECD 국가의 사회지출은 상당 정도로 증가하였고 이는 특히 사회지출이 이미 높은 수준에 있는 고高지출국가들에서 더욱 그러하였다. 하지만 이들 고지출국가들은 1993년 이후로 사회지출을 크게 감축하였으며 그에 따라 1993년부터 2000년 기간에 OECD의 사회지출 평균이 하락하였다. 그런데 놀랍게도 사회지출이 낮은 수준에 있었던 저低지출 국가들은 이 기간에 지출을 증가시켜 결과적으로 고지출국가들과 저지출국가들 간의 격차가 줄어들었다. 고지출국가들이 사회지출을 하향조정하는 흐름은 2001년에 이르러 종말을 고한다. 이렇게 볼 때, 1980년대는 사회지출이 상당히 안정적인 시기였으며 그에 비해 1990년대는 매우 변동이 심한 시기였다고 볼 수 있다. 따라서 1990년대 중반 이전까지의 데이터를 활용한 연구들에서 보상가설을 지지하는 증거가 주로 발견된 것은 바로 이러한 시기적 차이 때문이었다고 할 수 있다.

하지만 상이한 복지국가체제가 서로 다르게 가진 핵심적인 특성은 변화하지 않았으며 급여관대성을 기준으로 한 국가 순위도 변화하지 않았다. 사회민주주의 체제는 여전히 가장 포괄적인 복지국가를 그리고 자유주의 체제는 가장 덜 포괄적인 복지국가를 가지고 있다. 아델란타도와 칼데론 쿠에바스(Adelantado and Calderon Cuevas, 2006)의 연구는 지구화와 복지노력 간의 관계가 유동적이라는 주장을 지지하는 증거들을 제시하고 있다. 그들은, 지구화로부터 유래한 압력이 공공지출과 사회보호지출, 소득불평등, 그리고 빈곤위험의 측면에서 유럽의 14개 복지국가들을 '중간영역으로 수렴'하게끔 이끌어 왔다는 사실을 보여 주었다. 특히 그들은, 1992년부터 2001년의 기간 동안 사회지출은 절대적인 수치로는 증가하였지만 상대적으로 보면 하락하였음을 실증하였다. 더욱이, 부세마이어(Busemeyer, 2009)가 보인 바와 같이, 고지출 국가들의 사회지출은 하락하였고 저지출 국가들의 사회지출은 증가하여 결과적으로 지출수준의 수렴현상이 나타났다.

그러나 수렴현상이 실제로 일어나고 있는지에 대해서는 다소간의 회의적인 점이 있다. 브래디 등(Brady et al., 2005)은 지구화가 지향하는 방향이 어떤 것(예컨대, 복지국가의 확장 혹은 축소 혹은 수렴)이라고 생각하든 그것에 관계없이 지구화에 관하여 지나치게 확정적인 주장을 펴는 데에는 신중해야 한다고 주장하여 다소 불확정적인 결론을 제출한 바 있다. 유사한 맥락에서 드레어 등(Dreher et al., 2008a)은 그들이 사용한 다양한 지출범주의 어느 것도 지구화 지표에 의한 영향을 강하게 받지 않았음을 보여준 바 있다. 이는 "지금까지 간과되어 온 상호작용효과가 보상가설과 효율성가설의 두 가설이 각기 가정하는 직접효과를 상당 정도로 희석시켰거나 또는 세계 각 국가의 정부들이 지구화에도 불구하고 지출을 그리 변화시키지 않았다는 것"을 시사한다 (Dreher et al., 2008a: 265). 하지만 아드세라와 브와(Adserà and Boix, 2002)는 이와 달리 다국적기업多國籍企業에 의한 외국인직접투자Foreign Direct Investment; FDI는 노동자들의 불안정을 야기한 중요한 원천이라고 주장한다. 특정 국가에 대한 외국인직접투자를 통해 다국적기업들은 생산요소를 노동자들의 통제에서 벗어나게 하여 쉽게 대체할 수 있다. 따라서 다국적기업들이 노동에 대한 수요에서 갖는 탄력성은 외국인 직접투자에 의해 더 상승하게 된다. 아드세라와 브와는 개별 노동자들이 종사하는 산업에서의 외국인직접투자 활동과 그 개별 노동자들이 갖는 경제적 불안정성에 대한 인식 사이에는 정적인 상관관계가 있음을 발견하였다.

앞서 언급한 것처럼, 보상가설을 지지하는 사람들이나 효율성가설을 지지하는 사람들이나 모두 지구화가 국내경제의 변동성(위험)을 증가시키고 그래서 이것이 사회정책의 조정이나 갱신, 축소 또는 재구조화와 같은 개혁을 압박하는 기능적 압력으로 전환된다는 점에 대해서는 동의한다. 그들의 견해가 일치하지 않는 지점은, 그러한 기능적 압력으로 인해 제기된 요구에 대해 정부가 보상을 제공할 수 있는가 아니면 제공할 수 없는가에 관련해서이다. 다운(Down, 2007)은 경제이론에 근거하여 두 가설의 지지자들이 동의하는 점이 있다는 사실 자체에도 의문을 제기한다. 무역개방의 증대는 오히려 국내경제의 변동성을 낮출 수 있다는 것이다. 실제로 그럴 수 있는지는 시장의 규모와 심도에 달려 있다고 한다. 첫째, 무역개방의 증대는 보다 규모가 크고 깊이 있고 따라서 보다 안정적인 시장을 창출한다는 것이다. 둘째, 무역 개방의 증대는 보다 많은 무역상대국과의 무역을 가능케 하고 또 경기 순환주기가 동일하지 않은 경제와의 무역을 가능케 함으로써 위험을 다변화시킨다는 것이다. 시장의 규모와 심도가 중요하다는 사실은, 작은 규모의 경제가 보다 많은 변동성을 보이는 것은 무역(개방)으로 인한 것이 아니라 그 경제가 가진 시장 자체로 인한 것임을 시사한다는 것이다. 따라서 작은 규모의 경제를 가진 나라들이 가장 많은 보상을 제공하는 나라일 가능성이 높은데 이는 이러한 나라의 복지국가가 더 높은 수준의 관대성을 보인다는 데서도 드러난다. 따라서 무역개방과 큰 정부 간의 경험적으로 발견된 관계가 실제로는 경제규모가 작은 나라들이 일반적으로 무역개방도가 가장 높은 나라들이기도 하다는 경험적 사실(이에 대해서는 뒤에서 다시 자료를 가지고 살펴본다)로 인해 나타난 허위관계일 가능성이 있는 것이다.

또한 학자들 가운데에는 지구화가 복지국가에 영향을 미친다고 해도 그 영향은 작은 것이라는 점을 이론적으로 주장하고 또 경험적으로 증명해 온 학자들이 있다. 이들 학자들의 연구 중에는 아이버슨과 쿠잭(Iversen and Cusack, 2000)의 연구가 가장 널리 알려져 있다. 아이버슨과 쿠잭이 주장하는 바의 요지는, 욕구의 증가와 선거를 통한 보상요구의 증가를 통해 복지국가 개혁을 압박하는 '객관적인' 기능적 압력을 창출하는 것은 지구화라기보다는 탈산업화라는 것이다. 아이버슨과 쿠잭의 주장에는 많은 장점이 있다. 하지만 우리는 복지국가 개혁을 추동하는 요인을 지구화나 탈산업화 중 어느 한 가지로 택일해야

복지국가 개혁의 도전과 응전

하는 것은 아니라고 생각한다. 다음 장에서 좀 더 상세히 살펴보겠지만, 지구화의 진전이 복지국가 개혁을 추동한다고 보는 것도 타당한 것이며 마찬가지로 탈산업화가 복지국가 개혁을 추동하는 역할을 한다고 보는 것도 타당한 것이다.

4
지구화와 그 영향에 대한 경험적 고찰

지구화는 지금까지 지속적으로 확대되어 왔는가? 지구화의 세 가지 중요한 차원(경제적, 정치적, 그리고 사회적 통합)을 포착한 이른 바 코프 KOF지수(Dreher, 2006)에 따르면, 이 질문에 대한 답은 명백히 긍정적이다. 코프지수는 무역 및 투자의 실제 흐름, 국제거래에 대한 제한, 정치적 통합의 정도, 외국거주자들과의 개인적 접촉 정도, 정보의 국가 간 이동, 문화적 통합의 정도 등을 측정하는 다양한 변수들을 결합하여 만들어진 것이다. 〈그림 7-1〉은 우리가 분석대상으로 택한 나라 중 7개 나라를 선별하여 이들 나라의 1970년부터 2010년까지 코프지수의 추이를 나타낸 것이다. 이들 7개국 모두에서 코프지수로 측정한 지구화는 1970년 이래 상당히 증가해 온 것으로 나타난다. 증가폭이 가장 큰 나라는 독일인데, 이 지수에 의하면 66%나 증가하였다. 독일 다음으로 증가폭이 큰 나라는 영국으로서 48%의 증가폭을 보였고 그 다음은 45%의 이탈리아, 32%의 스웨덴, 29%의 덴마크, 28%의 미국 순

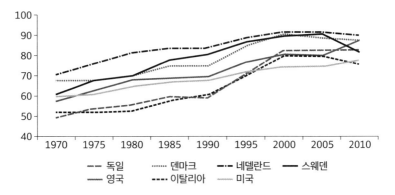

그림 7-1 주요국의 코프지수의 추이, 1970-2010

범례: --- 독일   ······· 덴마크   --·-- 네델란드   ━━ 스웨덴
      ─── 영국   --·-- 이탈리아   ─── 미국

※ 주: KOF는 Konjunkturforschungsstelle라는 독일어 단어의 약자인데, 취리히에 있는 스위스연방
공과대학Swiss Federal Institute of Technology; ETH의 경기景氣연구소Business Cycle Research Center를 가리킨다.
※ 출처: Dreher, 2006; Dreher et al., 2008b에서 갱신됨, http://globalization.kof.ethz.ch/(2013
년 3월 접속)

이며, 네덜란드가 27% 증가폭에 근접하여 마지막을 차지하고 있다.
덴마크와 네덜란드, 그리고 이들 두 나라보다는 좀 덜 하지만 미국은
1970년에 이미 지구화가 상당히 높은 수준에 도달해 있었다. 그리고
그림의 수치를 보면 1970년 이래 경제적·정치적·사회적 통합이 상
당 정도로 향상되어 왔다는 결론을 내릴 수 있다. 이러한 결론은 그림
에 제시된 국가들 이외의 다른 OECD 국가들을 포함하더라도 마찬가
지이며 또 더 나아가 자료를 구할 수 있는 전 세계 123개국을 모두 포
함하더라도 마찬가지이다(Dreher et al., 2008a: 271 참조). 또한 〈그림
7-1〉은 지구화 정도의 시간에 따른 증가가 더 이상 자명한 것이 아니
게 되어 간다는 사실도 보여 주는데 이는 아마도 금융위기와 경제위기
그리고 국가채무위기 때문인 것으로 보인다. 최근으로 오면 지구화는

미국에서는 계속 증가하고 있고 독일에서는 대체로 보합세를 보이고 있지만, 네덜란드나 이탈리아, 스웨덴에서는 하락하고 있다.

친과 이토(Chinn and Ito, 2008)는 지구화의 정도를 측정하기 위해 1970년부터 2007년까지의 무역개방도와 자본개방도에 관한 데이터를 분석하였다. 그들은 무역개방도는 경상가격으로 표시된 수입과 수출을 더한 값을 GDP에 대한 비중(즉, GDP 대비 수출입 비중)으로 나타내어 측정하였으며, 자본개방도는 ① 복수환율제도의 존재, ② 경상계정상의 거래current account transaction에 대한 제한, ③ 수출대금의 양도요구the requirement of the surrender of export proceeds를 종합하여 지수화하였다. 연구결과 자본개방도가 높은 나라일수록 경제의 개방성도 높은 것으로 나타났다.

지구화로부터 유래하는 '객관적인' 기능적 압력에 대해 어떤 확정적인 결론을 이끌어내기 —그렇게 할 수 있다면— 전에, 무역 유형이라는 쟁점에 대해 먼저 살펴볼 필요가 있다. 대부분의 기존 연구들은 무역개방도를 GDP 대비 수출입 비중 등과 같은 집계적 척도로 측정하였다. 무역개방도를 집계적 수준에서 측정하는 것은 자료의 가용성을 감안할 때 충분히 이해할 수 있는 일이지만, 이론적으로는 문제가 있는 것이다. 그 이유는 경제이론에 따르면 무역개방이 경제적 위험에 미치는 영향은 개방의 유형에 따라 다르며 따라서 시민들이 요구하는 보상도 다르기 때문이다. 보다 구체적으로, 신新무역이론new trade theory(Krugman, 1992, 1995)은 이른 바 유연조정가설smooth adjustment hypothesis이라는 것을 제시하는데 이에 따르면 직업상실이나 노동자의 재배치 혹은 재훈련 등과 같은 노동시장 조정비용은 산업 간 무역에서 보다 산업 내 무역에서 더 작다는 것이다(예컨대, Balassa, 1966; Cabral and Silva, 2007 참조). 산업 내 무역産業內貿易, intra-industry trade이란 규모의 경제가 발생하면서 제품차별화가 증가함에 따라 이루어지는 무역(Lee 2004: 6)으로서, 기본적으로 선진국들 간에 이루어지는 무역 —예컨대, 독일의 신발과 이탈리아의 의류 간의 무역 등— 이다. 산업 간 무역産業間貿易, inter-industry trade은 저임금 무역으로도 알려져 있는데, 비교우위유형의 변화에 의해 발생하는 무역(Lee 2004: 6)으로서, 기본적으로 선진국과 개발도상국 간에 이루어지는 무역 —예컨대, 중국의 직물과 스위스의 시계 간의 무역 등— 이다.[16]

기존 연구의 둘째 문제는 무역개방의 영향이 나라에 따라 별 차이가 없다고 (암묵적으로) 가정한다는 데 있다. 하지만 지금까지의 고찰을 통해 우리는 복지국가체제를 자유주의 체제와 보수주의 체제 그리고 사회민주주의 체제(하나 더 한다면 지중해 체제까지도 포함하여)로 구분하는 것이 이론적으로나 탐구적으로나 타당하다는 점을 보았다(4장 참조). 따라서 무역개방이 복지노력에 미치는 영향도 복지체제에 따라 다를 것이라고 생각하는 것이 타당하다. 물론 2차 대전 후부터 1970년 대까지는 가장 선진적인 복지국가가 가장 개방적인 경제에서 발전하였고 가장 잔여적인 복지국가는 상대적으로 보호무역을 중시하는 나

---

16 가렛과 미첼(Garret and Mitchell, 2001)은 산업 간 무역 —저임금 무역이라고도 한다— 이 복지국가에 해로운 영향을 미친다는 가설을 지지하는 어떠한 증거도 발견하지 못했음을 주의할 필요가 있다.

표 7-1 OECD 주요국의 무역비중, 1970-2009(GDP 대비 수출입 비중, 경상가격)

	1970	1980	1990	2000	2008	2009	변화폭 1970-2008
호주	26	32	33	45	45	39	+19
아일랜드	78	107	109	184	158	167	+80
뉴질랜드	47	61	53	69	63	55	+16
영국	44	52	51	58	61	58	+17
미국	11.3	21	21	26	30	25	+19
LR 평균	**41**	**55**	**53**	**76**	**71**	**69**	**+30**
오스트리아	60	74	78	90	113	97	+53
벨기에	101	118	138	166	171	143	+70
프랑스	30	43	44	56	55.6	48	+26
독일	39	52	54	66	89	77	+50
이탈리아	32	46	39	53	58	48	+26
네덜란드	90	104	105	135	134	121	+44
스위스	63	73	71	87	102	92	+39
CR 평균	**59**	**73**	**76**	**93**	**103**	**89**	**+44**
덴마크	57	66	67	87	107	91	+50
핀란드	51	66	47	77	89	72	+38
노르웨이	74	80	75	76	78	70	+4
스웨덴	48	60	59	87	100	90	+52
SDR 평균	**58**	**68**	**62**	**82**	**94**	**8**	**+36**

※ 주: 변화폭의 단위는 %포인트임. 변화폭과 체제평균은 필자 계산. LR 자유주의 체제; CR 보수주의 체제; SDR 사회민주주의 체제.
※ 출처: Heston et al. (2011).

라에서 발전하는 등 비교적 뚜렷한 경향이 있었다. 이렇게 된 것은, 에스핑-안데르센(Esping-Andersen, 1996a)에 따르면, 각 국의 국내제도가 광범위한 합의에 기초한 해결책을 촉진하느냐 그렇지 못하느냐에 달려 있다는 것이다. 1970년대 이후부터 무역개방이 빠른 속도로 증대함에 따라 '날씬한' 복지국가와 개방경제가 더 이상 상호배타적인 것이 아니게 되었다. 이러한 새로운 경향을 이해하기 위해서는 국내적 요인에만 초점을 맞춘 설명을 넘어서야 할 필요가 있다.

상이한 복지국가체제는 산업 간 무역(저임금 무역)과 산업 내 무역이라는 두 가지 유형의 무역개방에서 상이한 수준과 상이한 변화를 보이는가? 우리는 〈그림 7-1〉을 통해, GDP 대비 수출입 비중으로 측정한 무역개방도가 전반적으로 증가해 왔음을 이미 본 바 있다. 또한 〈표 7-1〉은 무역비중(즉, GDP 대비 수출입 비중)이 1970년부터 지속적으로 증가해 오고 있음을 보여 주고 있다. 하지만 2008년에서 2009년의 기간에는 금융위기와 그 여파로 아일랜드를 제외한 모든 나라에서 무역개방도는 하락하였다(10장 참조). 따라서 복지국가체제 간의 차이를 고찰함에 있어서 우리는 1970년부터 2008년까지의 기간을 대상으로 할 것인데 이는 이 기간이 금융위기로부터 영향을 받지 않은 기간이기 때문이다. 자유주의 체제의 무역비중은 이 기간에 체제평균으로 30% 포인트 증가하였다. 보수주의 체제의 무역비중은 자유주의 체제의 그것보다 더 높은 증가폭을 보이는데 체제평균으로 44%포인트 증가하였고 무역개방도의 수준도 자유주의 체제보다 더 높다(2008년에 자유주의 체제의 무역비중은 71%인 데 비해 보수주의 체제는 103%이다). 사회민주주의 체제의 무역비중은 체제평균으로 36%포인트 증가하여 중간 정도의 증가폭을 보이고 있다. 사회민주주의 체제의 무역비중은 절대수치로도 중간이어서 2008년에 94%를 보이고 있다. 자유주의 체제 내에서 보면 아일랜드가 이상사례異常事例인데 수입보다 수출이 훨씬 더 많은 대단한 무역국가로서 무역비중이 100%를 훨씬 넘는 수준이다. 나머지 자유주의 체제 국가들의 무역비중은 아일랜드보다 훨씬 낮은데 특히 미국이 그러하다. 보수주의 체제에 속하는 국가들 간의 변이도 상당히 큰 편이다. 보수주의 체제에서는 상당수의 나라(2008년의 경우 벨기에, 네덜란드, 오스트리아, 스위스)가 무역비중이 매우 높지만, 무역비중이 전형적인 자유주의 체제 국가들과 비슷한 나라도 있다(예컨대, 프랑스와 이탈리아). 사회민주주의 체제는 국가 간 변이가 없지는 않지만 가장 작다. 지금까지 살펴본 수치들은 경제규모가 작은 나라일수록 무역개방도가 높다는 사실을 보여 준다. 또한 이 수치들은 지구화로 인한 압력을 가장 강하게 체감하는 나라들도 이 나라들임을 보여 준다. 즉, 지구화로 인해 발생하는 복지국가 개혁에의 '객관적' 압력 수준은 압력무역개방도가 높은 나라들에서 가장 높게 나타난다는 것이다. 무역개방수준이 높을수록 그리고 무역개방도의 증가폭이 클수록, 해당 국가는 기능적 압력을 더 강하게 체감하게 된다.

〈표 7-1〉의 수치들은 1970년부터 2008년의 기간 동안 무역개방도가 전반적으로 상승하였다는 사실과 상이한 무역개방 유형에 따른 차이는 나타나지 않는다는 사실을 보여 준다. 〈표 7-2〉는 첫째 유형의 무역개방, 즉 산업 내 무역에 관련된 수치를 제시하고 있다. 산업 내 무역의 수준은 이와 관련하여 가장 널리 사용되는 지수인 그루벨-로이드 지수(Grubel-Lloyd, 1975)에 의해 측정되는데 이 지수는 모든 무역이 선진국과 개발도상국 간에 이루어지는 무역, 즉 저임금 무역일 경우에는 '0'의 값을 가지며, 반면 모든 무역이 선진국들 간에 이루어지는 무역, 즉 산업 내 무역일 경우 '100'의 값을 가진다. 그리하여 그루벨-로

표 7-2 OECD 주요국의 산업 내 무역의 추이, 1959-2000

	1959	1964	1967	1988-1991	1992-1995	1996-2000
캐나다	28	35	48	74	75	76
아일랜드	-	-	-	59	57	55
영국	32	40	69	70	73	74
미국	40	40	49	64	65	69
LR 평균	**33**	**38**	**55**	**66**	**68**	**68**
오스트리아	-	-	-	72	74	74
벨기에[a]	53	60	63	78	78	71
프랑스	45	60	65	76	78	78
독일	39	42	46	67	72	72
네덜란드	55	58	56	69	70	69
이탈리아	-	-	-	62	64	66
CR 평균	**48**	**55**	**58**	**71**	**73**	**72**
덴마크	-	-	-	62	63	65
핀란드	-	-	-	54	53	54
노르웨이	-	-	-	40	38	37
스웨덴	-	-	-	64	65	67
SDR 평균	**-**	**-**	**-**	**55**	**55**	**56**

a: 벨기에의 1959년, 1964년, 1967년 수치는 룩셈부르크를 포함한 수치임.
※ 주 : LR 자유주의 체제; CR 보수주의 체제; SDR 사회민주주의 체제.
※ 출처: 1959년, 1959년, 1964년 및 1967년 수치는 Grubel and Lloyd(1975, table 3.5); 1988-1991
년, 1992-1995년 및 1996-2000년 수치는 OECD(2002, table VI. I); 체제평균은 필자 계산.

이드 지수는 간단하게 보이지만 산업 내 무역의 수준을 실제로 계산하
는 것은 쉬운 일이 아니다. 실제로 많은 학자들이 수출과 수입을 단순
히 더한 수치를 더 많이 사용하는데 이는 아마도 이러한 계산상의 어
려움 때문인 것으로 보인다. 일부 학자들, 예컨대 마블과 레이(Marvel
and Ray, 1987) 그리고 브륄하트 등(Brülhart et al., 2004)은 그루벨-로
이드 지수가 산업 내 무역의 수준을 적절히 측정하지 못한다고 주장하

면서 그보다 훨씬 더 복잡한 척도를 제시하고 있기도 하다(또한, Lee, 2004도 참조). 하지만 복지체제 간에 그리고 시간에 따른 상이한 무역개방 유형의 산업 내 무역 수준을 비교하는 데에는 그루벨-로이드 지수로 충분하다.

〈표 7-2〉에서 볼 수 있듯이, 산업 내 무역 수준은 나라에 따라 차이가 상당히 크다. 또한, 대부분의 나라에서 산업 내 무역 수준이 증가추세를 보이고 있다는 사실은, 무역개방이 확대되어 감에 따라 산업 내 전문화도 확산되어 간다는 발라사Balassa의 발견을 뒷받침하고 있다. 개별 국가들 간의 차이도 있지만 복지체제별 경향도 제법 뚜렷한 차이를 보인다. 자료를 얻을 수 있는 1959년부터 2000년까지의 전 기간에 걸쳐, 산업 내 무역 수준에 따른 복지체제의 순위는 상당히 안정적이어서, 보수주의 체제가 산업 내 무역 수준이 가장 높으며 사회민주주의 체제가 가장 낮고(물론 사회민주주의 체제의 경우 1988년 이전의 데이터가 없기는 하다) 자유주의 체제가 이 둘의 중간에 위치하고 있다. 산업 내 무역 수준의 순위는 앞서 본 무역개방도와 유사하다.

또한, 〈표 7-2〉의 수치는 보수주의 체제의 산업 내 무역이 1950년에 이미 상대적으로 높은 수준(48%)에 도달해 있었음을 보여 준다. 1964년에는 모든 무역 중 50%가 넘는 무역이 산업 내 무역이었다. 자유주의 체제는 1964년으로부터 3년이 지나서야 산업 내 무역이 50%의 '문턱'을 넘게 되는데 하지만 그 속도는 보수주의 체제보다 빨랐다. 1967년 이후 보수주의 체제와 자유주의 체제 간에는 산업 내 무역 수준에 있어서 수렴현상이 진행되어 온 것으로 보인다. 앞에서 본 것처럼, 사회민주주의 체제는 산업 내 무역에서 다소 뒤처진 모습을 보인다. 1988년 이후에도 산업 내 무역은 총무역의 55% 가량을 차지하고 있으며, 덴마크와 스웨덴이 제법 높은 수준의 산업 내 무역을 가지고 있고(62~67%), 그 반면 핀란드(대략 53% 내외)와 노르웨이(대략 38% 내외)는 산업 내 무역이 낮은 수준인데 특히 노르웨이가 낮다. 산업 내 무역은 유사한 제품 간에 이루어지는 무역이므로 무역참여국의 노동시장에 미치는 영향이 그리 해롭지 않다. 이는, 무역개방을 집계수준에서 측정할 경우 무역개방의 확대로 인해 복지국가에 가해지는 개혁압력은 보수주의 체제에서 가장 강하게 체감될 것으로 예측될 수 있지만, 보수주의 체제에 속하는 국가들의 무역 중 대부분이 산업 내 무역이라는 사실로 인해 그 압력이 상당히 제한될 수 있음을 시사한다. 이와 달리, 사회민주주의 체제는 산업 내 무역의 비중이 상당히 낮은 편 —그렇다 해도 50%는 넘는다— 이어서 이로 인해 지구화로 인한 복지국가 개혁에의 '객관적인' 기능적 압력이 커지게 된다. 이는 아일랜드에도 적용된다. 아일랜드는 무역비중으로 보면 여기에 제시된 나라들 중 가장 높은 비중을 보이지만 산업 내 무역은 총무역의 55% 정도에 불과하여 이것이 개혁압력을 높이는 역할을 한다.

무역개방의 둘째 유형인 산업 간 무역 혹은 저임금무역은 첫째 유형인 산업 내 무역의 거울이미지라고 할 수 있다. 그리하여 산업 내 무역이 x%인 경우 산업간 무역은 (1−x)%가 되는 것이다. 세 가지 복지체제의 저임금무역에 대한 분석결과도 이와 유사하다. 즉, 보수주의 체제가 저임금무역의 수준이 가장 낮고 사회민주주의 체제가 가장 높은 것이다. 복지체제들 간에 공통적인 것은, 1988년 이래 산업 내 무역과 저임금무역의 수준이 큰 변동이 없이 유사한 수준을 안정적으로 보여 왔다는 것이다. 이는, 무역개방이 복지프로그램과 복지정치에 어떻게든 영향을 미치는 것이라면 그 영향은 앞으로 다가올 미래에도 그러할 것임을 보여 준다. 저임금무역의 비중이 높은 경우 무역개방이 복지노력에 더 큰 영향을 미칠 것으로 예측된다는 점에서 볼 때, 이 절에서 살펴본 자료들은 무역개방이 복지노력에 미치는 영향이 가장 큰 체제는 사회민주주의 체제가 될 것임을 시사한다.

지금까지의 논의를 통해 우리는 두 가지 무역 유형이 복지적 보상요구에 미치는 영향이 상당히 다르다는 점을 알 수 있었다. 일반적으로 저임금무역(즉, 산업간 무역)의 영향이 보다 강하고 따라서 보상요구도 강하게 나타난다. 중국과 인도의 부상이 저임금무역을 증가시키고 있기 때문에, 지구화가 복지노력에 미친 영향은 지난 시기 동안 변화해 왔다. 상이하게 측정된 지구화의 영향을 고찰함으로써 우리는 상이한 유형의 지구화가 서로 다른 영향을 미칠 수 있음을 알 수 있다.

5
결론

이 장에서 우리는 주요 외생적 압력의 하나인 지구화가 복지국가 개혁에 어떻게 영향을 미치는지를 살펴보았다. 우리는, 보상가설과 효율성

가설은 모두 지구화가 복지국가를 개혁하라는 '객관적인' 압력을 창출한다는 점과 그러나 그 개혁의 방향(확장일 수도 있고 축소일 수도 있다)은 다양할 수 있다는 점을 주장하였다. 대부분의 기존 연구들은 보상가설을 지지한다. 즉, 더 높은 수준의 지구화와 더 높은 수준의 복지노력은 상보적 관계에 있다는 것이다. 하지만 보다 최근의 연구들은 효율성가설을 지지하는 증거를 제출하고 있으며 지구화의 확대가 복지국가노력에 하향압력을 가한다는 결론을 도출하고 있다. 보상가설을 지지하는 연구나 효율성가설을 지지하는 연구나 둘 모두 지구화는 복지국가 개혁에서 반드시 고려해야 할 중요한 기능적 압력으로서 지구화가 진행된 기간과 거의 같은 기간에 걸쳐 진행된 고용구조조정(농업에서 제조업으로 그리고 제조업에서 서비스업으로의 변화)보다 더 중요할 수 있는 압력이라는 사실을 보여 주고 있다. 지구화의 실제에 대해 보기 위해 우리가 제시한 데이터들은 지구화로 인한 기능적 압력이 시간이 지남에 따라 점점 강해져 왔다는 사실과 그와 동시에 그 압력들은 나라에 따라 그리고 복지체제에 따라 상당한 차이가 있다는 사실을 잘 드러내었다. 더 나아가 우리는 복지국가가 지구화의 압력을 체감하는지 그리고 어느 정도나 체감하는지와 관련해서는 무역의 유형이 중요하다는 사실도 살펴보았다.

복지국가에 대해 그 조정이나 갱신, 축소, 또는 재구조화와 같은 개혁을 압박하는 기능적 압력에는 외부로부터 유래하는 외생적 압력도 있지만 내부로부터 개혁을 압박하는 내생적 압력도 있다. 일부 학자들은 이러한 내생적인 기능적 압력이 외생적 압력보다 복지국가 개혁을 더 강하게 압박한다고 주장한다. 다음 장에서는 다른 무엇보다도 노동 시장의 변화와 여성노동참가의 증가와 같은 요인들로부터 유래하여 복지국가 개혁을 압박하는 기능적 압력에 대해 살펴볼 것이다.

8

우리는 왜
복지국가를 개혁해야 하는가? II:
내부로부터 온 기능적 압력과 탈산업사회

1
서론

앞의 1장에서 논의한 바와 같이, 복지국가의 조정이나 갱신, 축소 또는 재구조화와 같은 개혁은 최근에만 나타나고 있는 현상이 아니다. 그렇지만 복지국가 개혁이 선진민주주의국가들에서 정부의 주요 정책의제를 지배하고 있는 것도 사실이다. 물론 어느 정도나 지배적인가는 나라에 따라 다르다. 그러면 그러한 복지국가 개혁 요구는 어디서 유래한 것인가? 앞 장에서 우리는 복지국가 개혁을 압박하는 기능적 압력을 행사함으로써 복지국가의 변화를 추동하는 중요한 압력으로서 외부에서 유래한 외생적 압력인 지구화에 대해 살펴보았다. 하지만 복지국가 개혁 요구를 창출하는 그리고 그러한 개혁요구에 어떻게 대응할 것이며 어떤 유형의 개혁을 추진할 것인가에 관한 구상의 형성에 영향을 미치는 것으로서 내부로부터 유래한 내적 변화 또는 내적 압력도 존재한다. 내부에서 유래한 내생적 압력은 탈산업사회脫産業社會, post-industrial society로의 전환에서 비롯된 것으로서 이른 바 신사회위험으로 나타난다. 우리는 탈산업사회로의 전환이 복지국가 개혁 요구에 어떤 영향을 미치고 있는지를 파악하기 위해 고용구조의 변화나 인구학적 변화, 가족의 변화와 같은 다양한 현상들에 관한 양적 데이터를 분석할 것이다. 또한 우리는 오늘날 복지국가가 직면하고 있는 다양한 내부적 도전들에 대해서도 광범위하게 논의할 것인데, 이 도전들에는 인구노령화와 저출산, 대량실업, 가족구조 및 젠더역할의 변화, 생애주기 진행유형의 변화, 그리고 탈산업적 노동시장으로의 전환 등이 포함된다.

우리는 현재도 지속되고 있는 이와 같은 변화들이 전후 복지국가의 토대를 어떻게 변화시켜 전통적인 제도의 지속을 점점 더 어렵게 해 왔는지를 밝히고자 한다. 보다 구체적으로, 과거에 잘 작동해 오던 프로그램들, 예컨대 연금이나 장애급여 등의 제도들은 급여신청의 급속한 증가(6장에서 본 네덜란드 장애보험에서처럼)와 재정수입의 감소 등 제도의 존속 자체를 위협할 수 있는 도전들에 직면하는 등 그 비효율성이 점점 더 커지고 있다. 뿐만 아니라 사회적·경제적 변화로 인해 신사회위험이 부상하고 있으며 기존의 복지국가 제도들은 이 신사회위험에 대해 제대로 보호를 제공하지 못하거나 또는 제공하더라도 적절한 보호를 제공하지 못하고 있다. 이로 인해 신사회위험은 복지국가 개혁을 압박하는 기능적 압력으로 작용하게 된다. 앞서 우리가 주장한 것처럼(특히 2장과 6장에서) 우리는 이러한 기능적 압력이 항상 복지국가의 조정, 갱신, 축소, 또는 재구조화 등의 개혁으로 이어진다고 가정하지는 않는다. 하지만, 그런 기능적 압력이 복지국가 개혁에 대한 설명에서 핵심적인 지점임은 분명하다.

내부로부터 유래하는 다양한 기능적 압력에 대해 논의함에 있어서 우리는 상이한 복지국가체제가 그러한 내생적 압력에 어떻게 대처하는가를 평가할 것이다. 우리는 어떤 복지국가체제가 변화에 가장 잘 대처하는가를 결정짓는 것은 변화의 유형이라는 사실을 보이고자 한다. 전체적으로 보아, 신사회위험에 대처하는 데 있어서 특히 여성의 노동시장 참가의 증가나 청년실업문제의 악화 등에서 유래하는 신사회위험에 대처하는 데 있어서 사회민주주의 체제는 보수주의 체제보다 훨씬 더 그리고 자유주의 체제보다는 그보다 더욱 더 포괄적인 정책을 발전시켜 왔다. 신사회위험에 대처하기 위한 정책의 발전이 이처럼 차이가 있는 것은 적어도 부분적으로는 탈산업사회로의 변화의 타이밍에서 기인한다(Bonoli, 2007). 탈산업적 변화가 일찍이, 즉 1970년대에 일어난 경우에는, 예컨대 인구고령화 등에서 기인하는 경쟁적 요구들이 별로 등장하지 않았다. 그리하여 그런 경우에는 신사회위험에 대처하는 사회정책을 발전시킬 여력이 있었다. 하지만 탈산업적 변화가 나중에 예컨대 1990년대에 발생한 경우에는 복지국가가 다른 무엇보다 인구고령화로 인한 엄청난 재정부담에 이미 직면해 있는 상태이기 때문에 신사회위험에 대처할 정책을 실행할 여력이 없는 것이다.

이 장의 구성은 다음과 같다. 첫째, 8.2절에서 우리는 내생적 변화가 복지국가 개혁에서 왜 중요한지에 대해 살펴볼 것이다. 그런 다음에 우리는 내생적 변화 중 가장 중요한 변화에 대해 그리고 신사회위험에 대해 살펴볼 것이다. 이어지는 8.3절에서는 신사회위험에 대처하기 위한 정책들에 대해 살펴볼 것이며, 마지막 8.4절에서는 신사회위험의 정치와 내생적 압력이 복지국가 개혁의 기회와 제약에 대해 요약할 것이다.

2
내생적 변화가 왜 복지국가 개혁에 중요한가

1990년대 말과 2000년대 초에 이르기까지, 복지국가 개혁의 원인을 연구하는 학자들이 무역개방의 증가나 자본이동 등과 같은 외생적 변화에 거의 집중해 왔다(7장 참조). 피어슨(Pierson, 2001b)은 균형예산이 요구되는 흐름에서 정부가 직면하는 대부분의 긴장이 지구화에서 기인하는 것이라기보다는 선진민주주의 체제 내부에서 일어난 변화로부터 기인하는 것임을 명시적으로 지적한 최초의 인물 중 한 명이다(Esping-Andersen, 2005도 참조). 피어슨은 매우 유용한 반사실적 추론을 제시하고 있는데, 그것은 만일 지구화가 없었다면 복지국가는 그것이 현재 직면하고 있는 조정이나 갱신, 축소, 또는 재구조화 등 개혁에의 압력에 직면하지 않았을 것인가라는 것이다. 이에 대한 피어슨의 답은 매우 단호하다. 즉, 지구화가 없었더라도 복지국가는 개혁압력에 직면했으리라는 것이다.

복지국가 개혁에의 압력은 주로 탈산업적 변화에서 기인한 것이다. 탈산업적 변화는 총고용에서 "재화생산 ―제조업, 농업, 그리고 광업― 이 차지하는 비중이 감소"하고(Block, 1990: 10) 경제에서 서비스업의 중요성이 증가하는 현상을 말한다. 탈산업사회의 첫째 특징은 그것이 점점 더 서비스업 중심적인 고용구조를 갖게 된다는 것이다. 탈산업사회의 둘째 특징은 마이크로칩 혁명 및 그에 따라 나타난 컴퓨터 기반 자동화 생산의 등장이다. 이러한 변화는 미숙련 제조업 노동을 사실상 노동시장에서 퇴출시키고, 자동화가 필요로 하는 기술 및 주의력을 직무요건으로 요구하게 된다. 탈산업사회의 셋째 특징은, 아마도 여성혁명(물론 아직 미완성의 혁명이다. Esping-Andersen, 2009 참조)이라 부를 수 있는 변화이다. 프레드 블록(Fred Block, 1990: 10)은 이를 "가부장제의 쇠퇴 및 선형적 생애주기의 파괴"라고 한 바 있다. 이것은 여성들의 경제활동참여의 엄청난 증가와 가족 및 혼인관계 구조의 변화와 취약성 증가, 그리고 이러한 변화들로 인해 나타난 다른 여러 결과들 그중에서도 특히 기대수명의 연장으로 이미 상당히 커진 인구학적 부담을 더욱 크게 만드는 출산율의 급격한 저하 등을 통해서 매우 극적으로 드러나고 있다. 이들은, 2차 대전 후 사회정책이 형성되고 시행되고 또 어느 정도 성과를 거두어 온 데 토대가 되었던 전제 및 조건들과 정면으로 충돌하며 나아가 그런 전제 및 조건들에 도전을 던져 주고 있다. 결국 이와 같은 탈산업사회의 특징들은 오늘날 복지국가가 직면하고 있는 많은 압력의 원천들인 것이다. 복지국가는 여전히 지속적으로 변화하는 환경에 대응할 것을 요구받고 있지만 복지국가의 많은 제도적 구조들은 부분적으로는 정치적인 이유로 인해(8.3절 참조), 탈산업사회의 새로운 필요와 요구에 아직도 제대로 적응하지 못하고 있다. 이제 이러한 내용에 대해 고찰해 볼 것이다. 이 고찰에 있어서 우리는 보수주의 체제와 관련하여 일각에서 체제 내 변이가 크다는 주장이 있다는 사실을 감안하여 남유럽 국가들을 별도의 한 체제(즉, 지중해 체제)로 다루고자 한다.

탈산업적 노동시장으로의 전환

전후 기간에 고용구조는 상당히 변화되었다. 이 변화는 농업과 제조업 중심 고용에서 서비스업 중심 고용으로의 전환을 특징으로 하는데, 이 전환은 탈산업화deindustrialization라고도 불린다(Iversen and Cusack, 2000; 또한 Wren, 2013도 참조). 1962~93년 기간에 농업 및 제조업의 고용이 총고용에서 차지하는 비중은 복지국가체제 전반에 걸쳐 평균적으로 16% 정도 하락하였다. 이 책에서 우리가 비교분석의 대상으로 삼은 18개 국가에 한정해서 볼 때 그 하락폭은 다음과 같다. 즉, 덴마크 21%, 독일 15.4%, 네덜란드 13.3%, 스웨덴 17.7%, 이탈리아 19.5%, 영국 15.6%, 미국 5.3%(Iversen and Cusack, 2000: 315, 〈표 1〉)이다. 농업 및 제조업에서의 이와 같은 고용 감소로 인한 과잉인력이 공공 및 민간 부문의 서비스업으로는 부분적으로만 흡수될 수밖에 없었기 때문에, 복지국가가 기존의 농업 및 제조업 노동자들의 숙련수준을 향상시키기 위해 혹은 소득상실을 보상하는 다양한 급여를 제공하기 위해 개입하게 되었고 이는 복지국가의 확대로 이어졌다. 이 책의 저자 중 한 사람이 다른 곳에서 보다 포괄적으로 논의한 바와 같이 (Manow et al., 2013) 고용감소가 제조업에서 발생하느냐 아니면 농업에서 발생하느냐가 중요한데 이는 왜냐하면 이것이 복지국가가 개입하는지 여부와 개입한다면 어떻게 개입하는지에 영향을 미치기 때문이다.

2차 대전 직후 기간에, 유럽대륙의 중심부지역 국가들의 농업고용은 남유럽국가들보다 이미 훨씬 더 낮은 상태였다. 이탈리아와 프랑스의 경우 노동력 중 대략 20%가 여전히 농업에 종사하고 있었지만, 벨기에와 독일, 네덜란드의 농업고용 비중은 6%에서 15% 사이 정도였다. 스칸디나비아 국가들의 경우 농업고용비중은 평균적으로 약 20% 수준에 달하였지만 대신 이들 나라에서는 서비스로의 고용구조 변화가 다른 나라보다 더 빨리 진행되었다. 대부분의 나라에서 제조업 고용은 1970년대와 1980년대에 와서 감소하기 시작하였다. 농업 및 제조업 고용의 감소 그리고 많은 사람들을 그에 적응시켜(혹은 준비시켜) 농업 및 제조업에서 서비스업으로 이동시킬 필요성은 복지국가개입이 증가하는 데 중요한 유인으로 작용하였다(Manow et al., 2013).

탈산업사회로 전환되면서 복지국가 개혁을 압박하는 가장 핵심적인 요인은 바로 서비스산업에서의 생산성 증가의 둔화이다. 경제성장의 상당한 증가와 그에 따른 고용구조의 대폭적인 변화를 초래한 요인은 다름 아닌 생산성 향상이었는데, 이는 18세기 말과 19세기 초의 산업혁명 이후 기간에도 그러하였고 보다 최근으로는 2차 대전 후의 기간에도 그러하였다. 피어슨(Pierson, 2001b: 83 이하)은 생산성 향상의 둔화를 지구화의 탓으로 돌리기는 솔직히 매우 어렵다고 주장한다. 무역개방의 증대가 생산성에 어떤 형태로든 영향을 미친다면 그 영향은 긍정적인 영향일 것이다. 개방의 증대는 (적어도 이론적으로는) 주어진 자원으로 가장 많은 것을 산출해낸 곳에 자원이 할당되게 촉진함으로써 파이를 더 크게 한다. 이는 생산성을 감소시키기보다는 증가시키는 데 기여하게 된다(7장 참조).

    서비스산업의 생산성 증가가 낮은 현상의 원인과 관련해서는 부분적인 실마리가 있기는 하지만 여전히 해명되지 않은 점이 많다. 보몰(Baumol, 1967)은, 이미 1960년대 중반에 서비스산업(그의 용어로는 기술적으로 비非진보적인 활동)은 생산성 증가에서 제조업(그의 용어로는 기술적으로 진보적인 활동)을 따라잡을 수 없다는 사실을 보여준 바 있는데, 이런 현상은 보몰의 비용질병Baumol's cost disease으로 알려져 있다. 이로 인한 결과는 결코 장밋빛이 아니라는 것이 보몰의 결론이다.

> 불균형적인 생산성 증가(어느 한 부문의 생산성이 다른 부문보다 더 빠르게 증가하는 현상)는 … 우리들의 생존을 풍부하게 하기 위해 많은 기여를 해 온 많은 활동들을 파괴하는 한편 다른 활동들은 아마추어의 손에 넘겨주는 위험을 초래한다(Baumol, 1967: 422).

    생산성 증가의 둔화는 이른 바 신사회위험이 부상하게 되는, 즉 개인이자 시민이 특히 고용구조와 기술적 필요의 변화, 여성의 경제활동참가의 증가, 노인인구의 급증 등과 같은 탈산업사회로의 전환으로 인해 복지상실을 경험하는 상황이 부상하게 되는 원인의 하나이다. 신사회위험에 대해 그것을 '새로운' 것이라고 하는 것은, 그것이 과거와는 다른 집단(예컨대, 노동자로서의 여성, 청년, 노인, 그리고 여타 소수집단들; Schmidt, 1993; Esping-Andersen, 1999; Goodin et al., 1999; Daly, 2000 참조)에 영향을 미치기 때문이며 또 그것이 과거에 비해 규모가 더 큰 집단(예컨대, 퇴직한 노인인구; Ebbinghaus, 2000 참조)에 영향을 미치기 때문이다. 복지국가의 놀라운 적응력에도 불구하고 신사회위험에 대해서는 전반적으로 보아 적절히 대응하지 못하고 있는 것으로 보인다(Bonoli, 2006; Armingeon and Bonoli, 2006; Bonoli and Natali, 2012b 참조). 앞의 3장에서 자세히 살펴본 바와 같이, 복지국가는 평등과 재분배를 지향한 것이라기보다는 사회적 위험의 분산과 재할당을 지향한 것이다. 기존의 사회정책은 산업사회의 고용경력 및 생애주기와 전형적으로 연관되어 발생하는 위험을 분산하고 재할당하려는 것이다. 따라서 복지국가에 대한 기능적 압력은 탈산업사회에서의 신사회위험을 분산하고 재할당하는 새로운 방법을 요구하는 압력인 것이다.

탈산업적 노동시장으로의 변화에 의해 특히 심각한 타격을 받는 집단 중의 하나는 저숙련 노동자들이다. 전쟁 직후 기간에 저숙련 노동자들은 주로 제조업 부문에 고용되었고 이 부문의 생산성이 증가하면서 그들의 임금도 상승하였다. 하지만 이제는 더 이상 그렇지 않다. 오늘날 저숙련 노동자들은 아예 직업을 갖지 못하거나 아니면 소매업이나 청소, 음식업 등 부가가치가 낮은 업종에 취업하는 경우가 많다. 저숙련 노동자들이 취업을 많이 하는 부가가치가 낮은 업종은 생산성 증가 속도가 느린 것으로 악명이 높은 산업으로서, 보몰의 용어로 말하면 기술적으로 비非진보적인 산업이다. 임금이 순전히 시장에 의해 결정된다고 할 때, 생산성 증가 속도가 국내적 평균 혹은 국제적 평균보다 낮은 산업부문의 노동자들은 전일제全日制 일자리full-time jobs에 취업하더라도 생활을 영위하는 데 충분한 임금을 보장해 주지 못하는 일자리에 취업하게 되며 이로 인해 일을 하고 있는데도 가난한 상태에 놓이게 되는 이른 바 근로빈곤勤勞貧困, in-work poverty에 빠지게 된다(Andreß and Lohmann, 2008; Cretaz, 2011; Fraser et al., 2011; Marx and Nolan, 2012 참조).

스칸디나비아 국가들과 네덜란드와 같이 임금이 정부 그리고/또는 사회적 동반자들(즉, 노사)에 의해 통제되는 나라의 경우 기술적으로 비非진보적인 산업의 임금은 노동자들의 생활을 적정 수준에서 보장해 주기 위해 인위적으로 높게 유지한다. 하지만 이러한 산업의 일자리에서는 생산성의 증가가 거의 일어나지 않기 때문에, 저숙련 실업자들이 점점 증가하는 경향이 있다(Bonoli, 2005). 물론 저숙련 노동에 대한 수요는 나라에 따라 상당히 차이가 큰 것이 사실이다(Maselli, 2012). 네덜란드는 2009년의 경우 우리가 비교대상으로 삼은 나라들 중 저숙련 노동에 대한 수요가 가장 낮았다. 같은 해에 네덜란드 전체 노동자의 5%는 취업해 있는데도 가난할 수 있는 위험, 즉 근로빈곤위험에 놓여 있는 것으로 나타났다(2006년의 경우 4.4%의 노동자가 근로빈곤위험에 놓여 있었으며, 유럽 전체적으로는 2008년에 8%의 노동자가 근로빈곤위험에 놓여 있었다). 다시 말해서, 네덜란드 전체 근로자의 5%는 사회이전 후 중위소득의 60%를 기준으로 했을 때 이 기준보다 낮은 균등화소득을 가진 것으로 나타난 것이다(Eurostat, 2011: 5장도 참조). 학력수준이 낮은 저학력노동자들은 근로빈곤위험이 약간 더 높았다. 그리고 근로빈곤과 관련하여 편부모들은 가장 취약한 집단이었는데 이들의 근로빈곤위험은 2000년대에 13~22% 범위에 있었다(Kruis and

Blommesteijn, 2010: 3, 〈표 1.1〉).

따라서 탈산업사회에서 숙련수준이 낮다는 것(그리고 편부모로 살아간다는 것)은 높은 실업위험과 높은 빈곤위험에 노출될 수 있다는 것을 의미한다. 교육수요의 증가도 새로운 사회적 위험이다. 왜냐하면 장기적인 일자리를 얻는 데 필요한 교육수준은 산업주의가 황금기를 누리던 시대의 교육수준보다 훨씬 더 높다. 예컨대 네덜란드의 경우 최상위 수준 또는 차상위 수준의 고등학교를 다니고 졸업장을 받아야만 그것이 첫 직장을 잡는 데 충분한 이른 바 출발자격start qualification으로 인정되고 있다. 하지만 네덜란드 청소년의 절반 이상은 차상위보다 낮은 수준의 고등학교에서 졸업장을 받는다. 이러한 고등학교 졸업장에 더하여 적정수준의 중급직업훈련과정을 추가로 이수한 학생들도 장기적인 일자리를 얻을 자격이 있는 것으로 인정받을 수 있다. 이로 인해 충분한 자격을 갖추지 못한 10%의 네덜란드 청년들은 어떠한 일자리도 가질 수 없는 처지에 놓여 있다.

인구고령화와 저출산

복지국가 개혁을 압박하는 두 가지 상호 연관된 압력은 고령화하는 인구와 점차 하락하는 출산율이다. 출산율 하락 문제부터 살펴보자. 〈표 8-1〉의 수치들을 보면, 합계출산율合計出産率, total fertility rate; TFR(여성 1인당 자녀 수)은 모든 OECD 국가에서 1970년부터 계속 하락해 온 것으로 나타난다. 합계출산율의 OECD 평균은 1970년에 2.7이었지만 그

후 계속 하락하여 2005년에 1.6으로까지 떨어졌다. 여성들은 더 적은 수의 자녀를 출산할 뿐만 아니라 첫 아이를 출산하는 나이도 점점 뒤로 늦춰지고 있다. 자료를 구할 수 있는 나라들을 대상으로 보면, 여성이 첫 아이를 출산하는 평균연령이 24.2세에서 27.5세로 늦추어졌다. 〈표 8-1〉에서 볼 수 있듯이 여성의 첫 출산 연령이 29세 정도로까지 올라간 나라도 많다.

에스핑-안데르센(Esping-Andersen, 2005, 2009)에 따르면, 저출산은 여성이 더 적은 수의 자녀를 원한다는 것 —대부분의 나라에서 여성이 이상적으로 생각하는 자녀의 수는 평균적으로 2명을 조금 넘는 수준이다— 을 의미할 뿐만 아니라 대부분의 나라들이 가족형성에 점점 더 많은 제약을 가지게 됨을 의미한다는 것이다. 하지만, 최근에는 각 국의 발전수준이 매우 높은 수준에 도달하게 된다면 경제사회발전과 출산율 간에 존재한다고 여겨졌던 부적인 관계가 역전될 수 있다고 주장하는 인구학적 연구도 제출된 바 있다(Myrskylä et al., 2009). 이 연구에서 말하는 역전을 발생시키는 원인이 무엇인지는 아직 판단하기 어렵지만, "매우 높은 발전단계에 이르게 되면, 정부가 노동시장참여를 포함한 젠더평등과 가족생활 간의 양립 또는 젠더평등을 향상시키는 정책의 실행을 통해 출산율 하락 문제에 명시적으로 대처할 수 있을 것"이다(Myrskylä et al., 2009: 742).

〈표 8-1〉은 혼외출산婚外出産, birth out of wedlock으로 태어나는 아이들이 점점 증가하고 있다는 사실도 보여 주고 있다. 2005년의 경우 OECD 전체적으로 아동의 31%가량이 혼인하지 않은 부모들 사이에

표 8-1 OECD 국가들의 주요 가족 통계(1970-2008)

	합계출산율			여성의 평균 첫출산연령			혼외출산		
	1970	2008	변화 1970-2008	1970	2005	변화 2005-1970	1980	2007ª	변화 1980-2007
호주	2.89	1.97	−0.92	23.2	-	-	12.4	32.2	19.8
캐나다	2.33	1.66	−0.67	23.1	26.3	3.2	-	24.5	-
아일랜드	3.87	2.10	−1.77	-	28.5	-	5.0	33.2	28.2
뉴질랜드	3.28	2.18	−1.10	23.4	28.0	4.6	21.5	47.2	25.7
영국	2.43	1.96	−0.47	-	29.5	-	11.5	43.7	32.2
미국	2.48	2.09	−0.39	24.1	25.1	1.0	18.4	38.5	20.1
LR 평균	**2.88**	**1.99**	**−0.89**	**23.5**	**27.5**	**2.93**	**13.8**	**36.6**	**25.2**
오스트리아	2.29	1.41	−0.88	-	27.0	-	17.8	38.2	13.4
벨기에	2.25	1.82	−0.63	24.3	-	-	4.1	39.0	**32.9**
프랑스	2.47	2.00	−0.47	24.4	28.4	4.0	11.4	50.4	39.0
독일	2.03	1.38	−0.65	24.0	29.0	5.0	11.9	30.0	18.1
네덜란드	2.57	1.77	−0.80	24.8	28.9	4.1	4.1	39.7	35.6
스위스	2.10	1.48	−0.62	25.3	29.3	4.0	4.7	16.2	11.5
CR 평균	**2.29**	**1.64**	**−0.68**	**24.6**	**28.5**	**4.3**	**9.0**	**35.6**	**25.1**
덴마크	1.95	1.89	−0.06	23.8	28.4	4.6	33.2	46.1	12.9
핀란드	1.83	1.85	+0.02	24.4	27.8	3.4	13.1	40.6	27.5
노르웨이	2.50	1.96	−0.54	-	27.6	-	14.5	54.5	40.0
스웨덴	1.92	1.91	−0.01	25.9	28.6	2.7	39.7	54.7	15.0
SDR 평균	**2.05**	**1.90**	**−0.15**	**24.7**	**28.1**	**3.6**	**25.1**	**49.0**	**23.9**
그리스	2.40	1.51	−.089	-	28.0	-	1.5	5.0	3.5
이탈리아	2.43	1.41	−1.02	25.0	-	-	4.3	20.7	16.4
포르투갈	3.01	1.37	−1.64	-	27.1	-	9.2	31.6	21.4
스페인	2.88	1.46	−1.42	-	29.2	-	3.9	28.4	24.5
MR 평균	**2.68**	**1.44**	**−1.24**	**25.0**	**2.1**	**-**	**4.7**	**21.4**	**16.5**
일본	2.13	1.37	−0.78	25.6	28.9	3.3	0.8	2.1	1.3
OECD 평균	**2.70**	**1.71**	**−0.99**	**24.2**	**27.5**	**3.3**	**11.2**	**30.9**	**19.7**

a: 호주, 캐나다, OECD 평균은 2005년; 일본, 뉴질랜드, 포르투갈, 영국, 미국은 2006년.
※ 주: 단위는 %포인트임. LR 자유주의 체제; CR 보수주의 체제; SDR 사회민주주의 체제; MR 지중해
체제.
※ 출처: D'Addio and Mira d'Ercole(2005); OECD(2007a, 2010b)

서 태어난 것으로 나타나고 있는데 이는 1980년의 11%에 비해 크게 증가한 것이다. 스웨덴과 노르웨이의 경우 혼외출산으로 태어난 아이가 혼내출산婚內出産으로 태어난 아이보다 더 많은 비중을 차지하고 있으며(혼외출산 아이의 비중이 스웨덴 55%, 노르웨이 51%), 덴마크와 프랑스, 뉴질랜드, 그리고 영국은 혼외출산 아이가 전체 아이의 50%에 근접하고 있다. 물론 혼인하지 않고 아이를 낳은 대부분의 부모들이 동거하면서 아이를 양육하고 있지만, 위와 같은 수치들은 많은 나라에서 전통적인 가족형태가 상당히 근본적으로 변화해 가고 있음을 보여 준다. 앞서 말한 바와 같이, 혼외출산 등과 같은 일부 지표에서 지중해 국가들이 상당히 특수한 경향을 보이기 때문에 우리는 지중해 국가들을 별도의 유형으로 분류하여 살펴보고자 한 것이며 이런 점에서 그리스와 이탈리아를 보면 이들 나라들은 혼외출산의 비중이 상당히 낮은 것으로 나타남을 볼 수 있다. 이는 일본에도 해당된다.

출산율의 하락은 인구고령화를 더 가속화한다. 〈표 8-2〉는 1980년 이래 노년부양비의 추이를 제시한 것이다. 노년부양비老年扶養比, old-age dependency ratio는 65세 이상 인구를 근로연령인구(15-64세 인구)에 대한 비중으로 표시한 것이다. 모든 OECD 국가에서 노년부양비는 1980년부터 2010년에 이르는 기간 동안 증가하여 OECD 평균으로 19.3에서 25.2로 올라갔다. 여기에서 아일랜드만 예외이긴 하지만 이 나라의 노년부양비 감소폭은 매우 작기 때문에(0.5%포인트 감소) 우리는 이 기간에 OECD의 인구는 고령화되었다고 말할 수 있다. 일부 국가 그리고 일부 복지국가체제의 인구는 이미 상당히 고령화되어 있다.

표 8-2 노년부양비의 추이, 1980-2050

	1980	2010	변화 1980-2010	2030	2050	변화 2010-2050
호주	14.7	20.1	+5.4	33.2	39.8	+19.7
캐나다	13.9	20.5	+6.6	38.7	43.7	+23.2
아일랜드	18.3	17.8	−0.5	27.1	40.6	+22.8
뉴질랜드	15.7	19.4	+3.7	33.7	37.7	+18.3
영국	23.5	24.6	+1.1	33.8	38.5	+13.9
미국	16.9	19.2	+2.3	31.2	32.2	+13.0
LR 평균	**17.17**	**20.27**	**+3.1**	**33.0**	**38.8**	**+18.5**
오스트리아	24.0	26.4	+2.4	43.4	54.9	+28.5
벨기에	21.9	27.3	+5.4	41.9	47.2	+19.9
프랑스	21.9	25.4	+3.5	39.4	45.8	+20.4
독일	23.7	30.5	+6.8	44.3	49.1	+18.6
네덜란드	17.4	22.3	+4.9	38.2	41.6	+19.3
스위스	20.8	29.2	+8.4	52.5	55.3	+26.1
CR 평균	**21.6**	**26.9**	**+5.3**	**43.3**	**49.0**	**+22.1**
덴마크	22.2	25.7	+3.5	39.0	41.7	+16.0
핀란드	17.7	25.7	+8.0	44.1	45.5	+19.8
스웨덴	25.4	29.6	+4.2	42.8	46.8	+17.2
노르웨이	23.4	24.0	+0.6	38.5	44.4	+20.4
SDR 평균	**22.2**	**26.3**	**+4.1**	**41.11**	**44.6**	**+18.3**
그리스	20.5	29.8	+9.3	41.8	62.4	+32.6
이탈리아	20.4	31.1	+10.7	47.0	65.5	+34.4
포르투칼	16.4	25.4	+9.0	35.2	53.4	+28.0
스페인	17.0	26.6	+9.6	40.6	67.7	+41.1
MR 평균	**18.6**	**28.2**	**+9.6**	**41.2**	**62.3**	**+34.1**
일본	13.4	35.0	+21.6	52.5	72.4	+37.4
OECD 평균	**19.3**	**25.2**	**+5.9**	**39.7**	**48.9**	**+23.7**

※ 주 : 단위는 %포인트임. LR 자유주의 체제; CR 보수주의 체제; SDR 사회민주주의 체제; MR 지중해 체제.
※ 출처: OECD(2007a).

8. 우리는 왜 복지국가를 개혁해야 하는가? II: 내부로부터 온 기능적 압력과 탈산업사회

이는 특히 일본에 해당하는데 일본의 노년부양비는 2010년에 이미 35에 도달한 상태이다. 사회민주주의 체제와 보수주의 체제에 속하는 대부분의 나라에서도 노년부양비가 2010년에 상당히 높은 수준으로까지 올라갔다. 하지만 자유주의 체제에 속하는 대부분의 나라들과 네덜란드의 경우는 약간 상황이 다른데 이들 나라의 노년부양비는 2010년에도 20 주변에 머물고 있다.

2010년 이후 2050년까지의 예상변화를 보면 우리는 〈표 8-2〉의 마지막 행에 제시된 바와 같이 다른 모든 조건이 일정하다고 가정할 때 모든 나라에서 향후 40년간 노년부양비는 증가할 것으로 예측됨을 알 수 있다. OECD 국가 전체적으로 근로연령인구 대비 65세 이상 인구의 비중은 거의 50%에 가까워질 것으로 예측되고 있다. 여기서도 지중해 체제에 속하는 국가들과 일본, 오스트리아, 스위스와 같은 나라들은 연금수급자의 비중이 근로연령인구의 비중보다 더 높을 것으로 예측된다(2050년에 지중해 체제의 노년부양비 평균은 62%로 예측되며, 일본은 72%, 오스트리아와 스위스는 55%로 예측되고 있다)는 점에서 특별한 점이 있다. 보수주의 체제와 사회민주주의 체제에 속하는 일부 국가들(벨기에, 핀란드, 프랑스, 독일 그리고 스웨덴)은 노년부양비가 매우 빠른 속도로 50%에 도달할 것으로 예측되고 있다. 고령화는 이제 더 이상 '새로운' 사회적 위험이 아닌 것이 분명하지만, 고령화가 초래하는 돌봄에의 수요를 가진 노인인구가 매우 높은 비중을 차지한다는 것은 확실히 새로운 사회적 위험이다. 복지국가가 미래의 연금수급자에게도 현재와 같은 수준의 복리를 보장해 주고자 한다면 연금지출은 지금보다 50% 더 증가해야 하는데(Esping-Andersen, 2005: 4) 이는 2050년까지 GDP의 5%가 추가로 소요되어야 함을 의미한다. 뿐만 아니라 보건의료지출도 GDP의 3% 내지 4%만큼 더 증가해야 한다(Esping-Andersen, 2005: 5). 이는, 연금이나 돌봄이 민영화되는지 여부에 상관없이, 2050년까지 GDP의 10%가량이 노인들에게 추가로 지출되어야 함을 의미하는데 대부분의 나라에서 이 정도 규모의 지출은 현재 사회지출의 대략 1/3에 해당하는 규모이다. 이 정도 규모를 추가로 지출하게 되면 이는 너무나 엄청난 사회지출 증가를 초래할 것이다. 이런 점에서 인구고령화와 출산율의 저하는 복지국가 개혁을 압박하는 기능적 압력인 것이다.

동류혼

오늘날 복지국가를 개혁압력으로 몰아넣는 또 하나의 내생적 요인으로는 점차 증가하는 동류혼同類婚, homogamy(=동질혼同質婚)을 들 수 있다. 동류혼은 한 사회의 사회구조가 얼마나 개방적 혹은 폐쇄적인가와 관련된다. 사람들이 자신과 동일한 사회집단에 속한 사람들과 혼인하는 사회는 결혼의 동질성이 높은 사회이며 따라서 폐쇄적인 사회이다. 반대로 서로 다른 사회집단에 속한 사람들 간에 결혼이 이루어진다면 그 사회는 개방적인 사회이다. 스미츠 등(Smits et al., 1998)은 65개국에 대한 분석에 기초하여 경제발전 수준과 학력동류혼學歷同類婚, education homogamy 간에는 역U자형 곡선관계가 있다는 사실을 발견하였다. 경제발전이 일정 수준에 도달할 때까지는, 이른 바 지위성취가설地位成就假說이 주장하는 것처럼, 사람들은 교육수준이 사회경제적 지위를 알려 주는 적절한 예측변수이기 때문에 그들과 교육수준이 동일한 사람들과 혼인한다는 것이다. 하지만 경제발전이 특정 수준에 도달하게 되면 이른 바 낭만적 사랑 가설이 작동하기 시작한다. 즉, 사회가 예컨대 고도의 사회보장체계를 운영할 수 있을 정도의 발전수준에 이르게 되면 사람들이 누구와 혼인하는가가 그들이 바람직하다고 생각하는 생활수준을 누릴 수 있는가 여부에 그리 큰 영향을 미치지 않게 된다는 것이다. 따라서 부모들은 그들의 자녀가 배우자를 선택하는 데에 영향을 미칠 동기를 덜 갖게 되며 또 실제로 자녀의 배우자 선택에 영향을 미칠 가능성도 낮아지게 되고 자녀들 스스로도 자신들과 다른 교육수준을 가진 배우자를 좀 더 자유롭게 선택하게 된다는 것이다. 이러한 경향은 복지국가의 황금기 동안 그리고 좀 더 최근으로는 2000년대에 이르기까지도 유지되었던 것으로 보인다. 하지만 그 이후로 새로운 탈산업적 흐름이 나타나면서 동류혼이 다시 증가하는 것 같다.

푸와 히튼(Fu and Heaton, 2008)은 미국에서 1980년부터 2000년까지 학력동류혼은 전체적으로 보면 감소해 왔지만 최하위학력자들 및 최상위학력자들 사이에서는 학력동류혼이 가장 높은 수준을 기록하였다는 사실을 발견하였는데 이는 사회계층과 관련하여 대단히 중요한 함의를 갖는다. 즉, 그것은 저숙련자들이 혼인을 통해 사회경제적 계층사다리를 따라 위로 올라갈 가능성은 매우 낮은 반면, 교육수준이 매우 높은 사람들은 혼인을 통해 가족소득을 높여 그들의 지위를 상승시키고 있는 것이다. 저학력자들 간의 학력동류혼은 그들을 경제적으로 더 취약한 처지에 놓이게 하는 경향이 있는데 이는 특히 각종 직무에서 요구되는 학력요건이 점점 더 상승하고 있기 때문이다(Gesthuizen and Scheepers, 2010). 학력이 높은 젊은 사람들 중에서도 높은 임금을 획득할 잠재력을 가진 여성을 선호하는 젊은이들이 점점 증가하고 있다(Blossfeld, 2009). 취업과 실업이 "부부에게 동시에" 나타나기도 하기 때문에 동류혼의 증가는 고용과 소득에서 양극화兩極化, polarization를 악화시키는 경향이 있다(Esping-Andersen, 2007). 최근의 자료들은 미국의 경우 1980년대 이후 진행된 불평등 증가의 25% 내지 30%는 교육수준이 높은 부부들의 배우자 소득의 증가로 설명할 수 있는 것으로 나타나고 있다(Schwartz, 2010). 이와 유사한 경향이 OECD 국가 전체적으로도 나타나고 있어서 "동류혼assortative mating과 배우자의 높은 교육수준으로 인해 가구소득 분포의 격차는 더욱 커지고 있다(OECD, 2008: 87)."

이혼한 가정에서 자란 사람들은 또 다른 이혼가정에서 자란 사람들과 혼인할 가능성이 더 높다(Wolfinger, 2003). 그리고 이렇게 혼인한 사람들 역시 이혼으로 끝나는 경우가 많은데, 이 경우 그들 사이에 아이가 있을 때에는 편부모 가정으로 남게 될 가능성이 높다. 이른 바 가족구조 동류혼family structure homogamy이라 불리기도 하는 이러한 혼인은 사회경제적 배경을 뛰어넘어 이루어지는 경우도 많으며 또 이혼율의 증가가 다음 세대의 이혼율로 이어질 뿐만 아니라 다음 세대의 이혼율을 증가시키기까지 할 수 있다는 사실을 보여 준다. 스칸디나비아 국가들과 미국의 경우 부모 양쪽 모두가 생물학적 부모인 가정에서 자라는 아동이 전체 아동의 절반에도 미치지 못한다는 사실을 감안할 때 (Esping-Andersen, 2005: 3), 이혼의 증가는 사실상 상당한 위험이라 할 수 있다(Blossfeld, 2009도 참조).

대량실업

노동시장의 변화를 비롯한 여러 가지 탈산업적 변화는 대량실업의 발생과 동시에 진행되고 있다. 1980년대 후반과 1990년대 초반을 거치면서 유럽의 고용 및 실업의 유형은 모두 상당 정도로 변화하였다(Esping-Andersen, 1996a; Clayton and Pontusson, 1998; Clasen and Clegg, 2011a). 이러한 변화는 특히 노동시장에 진입하려는 사람들과 노동시장으로부터의 이탈을 압박받고 있는 사람들에게 부정적인 영향을 미치고 있다(Therborn, 1986; Daly, 2000; Hemerijck et al., 2013). 구체적으로 말하면, 복지국가의 재조정이 청년층과 노년층에게 '부수적 피해'를 입히는 것 같다는 것이다. 〈표 8-3〉은 1985년과 금융위기 및 그로 인한 경제위기의 영향이 발발하기 전인 2007년간의 실업의 추이를 보여 주고 있다(10장도 참조).

유럽의 평균적인 실업률은 1985년과 2007년 사이에 그리 큰 변화가 없다(1985년에 8.5%이고 2007년에는 7.7%이다). 하지만 겉으로 보기에 별 변화가 없는 것으로 보이는 이 평균적인 실업률은 한편으로는 오스트리아와 스위스, 핀란드 그리고 스웨덴에서 위의 기간에 실업률이

표 8-3 실업의 추이, 1985~2007

	합계			남성 25-54			남성 55-64			여성 25-54			여성 55-64			청년 15-24		
	1985	2007	Δ85-07	1985	2007	Δ85-07	1985	2007	Δ85-07	1985	2007	Δ85-07	1985	2007	Δ85-07	1985	2007	Δ85-07
호주	8.3	4.4	-3.9	5.6	3.0	-2.6	7.1	2.8	-4.3	6.4	3.9	-2.5	3.5	2.6	-0.9	15.2	9.4	-5.8
캐나다	10.7	4.4	-6.3	8.9	5.3	-3.6	8.8	5.2	-3.6	9.7	4.7	-5.0	7.8	4.9	-2.9	16.1	11.2	-4.9
아일랜드	16.7	12.0	-4.7	15.0	14.0	-1.0	9.3	2.4	-6.9	16.8	6.7	-10.1	8.7	1.9	-6.8	23.4	25.9	2.5
뉴질랜드	4.1	3.7	-0.4	2.3	2.3	0.0	1.5	1.5	0.1	3.7	3.0	-0.7	1.8	1.4	-0.4	7.9	10.1	2.2
영국	11.3	7.7	-3.6	9.5	6.8	-2.7	9.7	4.1	-5.6	9.5	5.2	-4.3	6.5	2.2	-4.3	17.8	18.9	1.1
미국	7.2	4.6	-2.6	5.6	3.7	-1.9	4.4	3.2	-1.2	6.2	3.8	-2.4	4.3	3.0	-1.3	13.6	10.5	-3.1
LR 평균	**9.7**	**6.1**	**-3.6**	**7.8**	**5.9**	**-2.0**	**6.8**	**3.2**	**-3.6**	**8.7**	**4.6**	**-4.2**	**5.4**	**2.7**	**-2.8**	**15.7**	**14.3**	**-1.3**
오스트리아	3.5	4.8	1.3	2.9	4.4	1.5	3.8	2.9	-0.9	3.8	4.0	0.2	2.7	3.2	0.5	5.0	10.0	5.0
벨기에	11.3	7.9	-3.4	6.0	6.7	0.7	4.6	3.6	-1.0	15.3	6.9	-8.4	6.4	5.3	-1.1	23.5	21.9	-1.6
프랑스	10.2	9.1	-1.1	6.1	7.2	1.1	6.7	5.3	-1.4	9.4	8.2	-1.2	7.6	4.9	-2.7	25.6	22.8	-2.8
독일	7.1	7.7	0.6	5.7	7.6	1.9	7.4	9.7	2.3	7.4	6.9	-0.5	6.2	11.2	5.0	22.0	11.0	-11.0
네덜란드	4.1	3.9	-0.2	11.6	3.0	-8.6	6.1	4.5	-1.6	9.4	3.3	-6.1	4.5	3.7	-0.8	23.0	7.3	-15.7
스위스	1.7	4.1	2.4	0.8	3.3	2.5	1.4	2.6	1.2	2.6	4.1	1.5	0.6	3.8	3.2	7.9	8.2	0.3
CR 평균	**6.3**	**6.3**	**-0.1**	**5.5**	**5.4**	**-0.2**	**5.0**	**4.8**	**-0.2**	**8.0**	**5.6**	**-2.4**	**4.7**	**5.4**	**0.7**	**15.8**	**13.5**	**-2.3**
덴마크	7.8	6.0	-1.8	5.5	5.7	0.2	5.8	3.1	-2.7	8.9	4.7	-4.2	6.1	4.1	-2.0	11.5	11.2	-0.3
핀란드	5.1	8.3	3.2	4.6	7.1	2.5	5.8	6.9	1.1	3.2	6.1	2.9	7.8	6.0	-1.8	9.7	21.6	11.9
노르웨이	2.6	3.2	0.6	1.4	2.9	1.5	1.2	1.2	-0.1	2.6	2.0	-0.6	1.0	0.9	-0.1	6.5	9.2	2.7
스웨덴	3.1	8.3	5.2	2.1	6.4	4.3	3.5	4.3	0.8	1.9	6.0	4.1	4.6	3.2	-1.4	7.2	25.0	17.8
SDR 평균	**4.7**	**6.5**	**1.8**	**3.4**	**5.5**	**2.1**	**4.1**	**3.9**	**-0.2**	**4.2**	**4.7**	**0.6**	**4.9**	**3.5**	**-1.3**	**8.7**	**16.8**	**8.0**
이탈리아	10.3	7.8	-2.5	3.3	5.9	2.6	1.6	2.6	1.0	10.1	8.5	-1.6	2.2	2.1	-0.1	33.9	25.4	-8.5
포르투갈	8.6	9.5	0.9	4.6	8.5	3.9	2.3	7.1	4.8	8.7	10.1	1.4	1.8	5.8	4.0	19.0	20.0	1.0
스페인	21.0	18.0	-3.0	15.4	16.2	0.8	12.1	4.9	-7.2	16.3	16.9	0.6	5.2	7.7	2.5	43.8	37.9	-5.9
MR 평균	**13.3**	**11.8**	**-1.5**	**7.8**	**10.2**	**2.4**	**5.3**	**4.9**	**-0.5**	**11.7**	**11.8**	**0.1**	**3.1**	**5.2**	**2.1**	**32.2**	**27.8**	**-4.5**
전체 평균	**8.5**	**7.7**	**-0.8**	**6.1**	**6.7**	**0.6**	**5.3**	**4.2**	**-1.1**	**8.1**	**6.7**	**-1.5**	**4.5**	**4.2**	**-0.3**	**18.1**	**18.1**	**0.0**

※ 주: 1985년 실업률 가운데 뉴질랜드와 네덜란드는 1986년, 스위스는 1991년, 오스트리아는 1994년 자료임. 모든 수치는 경제활동인구에 대한 백분율 수치임. Δ는 변화이며 단위는 %포인트임. LR 자유주의 체제; CR 보수주의 체제; SDR 사회민주주의 체제; MR 지중해 체제.

※ 출처: Online OECD Employment database(2011), www.oecd.org/employment/database[2011년 5월 접속].

증가한 것과 다른 한편으로는 호주와 캐나다, 아일랜드, 영국, 그리고 벨기에에서 같은 기간에 실업률이 (크게) 감소한 것(최소 3% 이상 감소하였다)을 가리는 것이다. 실업률은 복지체제 간에도 상당한 차이가 있다. 자유주의 체제가 1985년과 2007년 사이에 실업률의 가장 큰 감소를 보이고 있으며(자유주의 체제 평균으로 3.6%포인트 감소), 지중해 체제는 그 뒤를 이어 약 1.5%포인트의 실업률 감소를 보이고 있다. 보수주의 체제의 실업률은 거의 비슷한 수준을 유지하고 있으며 사회민주주의 체제는 1.8%포인트 증가하였다. 지중해 체제는 1985년과 2007년 사이에 실업률이 큰 폭으로 감소하였음에도 불구하고 실업률 수준은 네 가지 복지체제 가운데 가장 높은 수준을 보이고 있다(2007년의 경우 거의 12%에 이른다).

실업률의 평균 수치를 인구집단별로 분해해 보면 여기서도 국가 간에 상당한 차이가 있음을 볼 수 있다. 실업률 수치를 전적으로 구사회위험과 신사회위험의 둘 중 어느 하나에 관련된 것으로 해석하기는 어려운데 이는 실업이 두 위험 모두에 관련된 것일 수밖에 없기 때문이다. 독일과 스위스, 핀란드, 스웨덴, 이탈리아 그리고 포르투갈에서는 노인들이 실업한 경우가 많지만, 자유주의 체제에 속하는 호주나 아일랜드, 영국과 같은 나라뿐만 아니라 '유연안정적인flexicure' 덴마크와 지중해체제인 스페인과 같은 나라들에서는 노인들이 다시 일자리로 복귀하고 있다. 그리고 모든 나라에서 일자리를 구하기가 가장 어려운 집단은 청년이다. 이들은 2007년의 경우 18%가 일자리를 갖고 있지 못하였다. 일부 국가(아일랜드, 벨기에, 프랑스, 핀란드, 스웨덴, 이탈리아,

포르투갈, 그리고 스페인)에서는 노동시장의 전통적인 내부자-외부자 구조가 청년들에게 매우 높은 실업(2007년의 경우 최소 20%)을 안겨 주는 구조로 전환되었다. 그리고 2000년의 경우 전체 실업자의 40%가 장기 실업자이다(Emmenegger et al., 2012). 전반적으로 볼 때, 〈표 8-3〉에 제시된 데이터는 전체적인 일할 기회는 증가하지 않았고 실업은 여전히 우려되는 문제로 남아 있다는 사실을 보여 준다. 하지만 유럽의 노동시장은 1997년부터 2007년 사이의 기간에 실업자와 비경제활동인구 모두에게 보다 더 포섭적인 것으로 되어간 것으로 보이는데(Eich-horst et al., 2011), 이는 실업자와 비경제활동인구가 어떤 형태로든 취업하고자 한다면 더 쉽게 취업할 수 있게 되었음을 의미한다. 하지만 노동시장에서의 급속한 규제완화와 유연화에도 불구하고 25~55세의 남성노동자들이 여전히 경제활동인구의 핵심인력이며 이들은 숙련수준에 따라 차이는 있지만 실업에 처할 위험이 가장 낮다.

그러므로 특정 집단은 고용유형의 변화와 소득보장의 변화로 다른 집단보다 더 심각한 타격을 받고 있는 것이며 그로 인해 각 집단들이 그들이 직면하는 사회적 위험의 정도에 따라 뚜렷이 분절되는 결과가 나타났다. '외부자'에는 청년, 여성, 고령노동자, 저숙련노동자, 그리고 이민자들이 포함되며, 이들은 경제침체와 부문별 변화가 진행되는 동안 가장 큰 타격을 받은 집단들이다. 이들은 노동조합 등을 통한 조직화 정도가 매우 낮은 유권자 집단들이며 주류 정당들을 통해서도 적절히 대표되지 못하는 유권자 집단들이다(Scruggs and Lange, 2001; Rueda, 2007; Ebbinghaus, 2010a; Emmenegger et al., 2012). 데이비드

슨과 에메네거(Davidsson and Emmenegger, 2012)는 스웨덴과 핀란드의 개혁유형은 직업안정성에서 이중화 유형을 결과하고 있음을 보여 주고 있다. 이 나라들은 외부자들(비전형적 일자리나 불안정한 일자리에 취업해 있는 사람과 실업자들)에 대해서는 직업안정성을 보장하기 위한 규제를 완화하는 한편, 내부자들(표준적인 일자리에 취업한 사람들)에 대해서는 직업안정성을 강화하였다. 이것은 자신들의 조직적 이해관계를 옹호해 온 노동조합의 적극적인 개입 덕분이었다. 독일의 노동시장개혁도 이들 나라와 유사한 이중화의 길을 걸었는데(Eichhorst and Marx, 2011), 이로 인해 "한편으로는 ('내부자들'을 위한) 사회보험(이것도 나날이 축소되고 있기는 하지만)과 다른 한편으로는 ('외부자들'을 위한) 보다 발전된 표적화 공공부조와 활성화 정책으로 구성된" 복지국가가 출현하고 있다(Palier, 2012: 249).

일 · 가정양립

직장생활과 가정생활을 조화시키기 어렵게 되는 것은 사회의 내생적 변화로 인해 발생한 주요 신사회위험 중의 하나이다. 1980년대 후반 이후 선진국의 여성들은 대거 노동시장으로 진출하기 시작하였다. 〈표 8-4〉는 자료가 있는 나라들의 대부분은 1980년대 초반까지만 해도 여성의 고용률이 50%에도 미치지 못하였음을 보여 준다(아일랜드, 벨기에, 독일, 네덜란드, 그리스, 이탈리아가 이에 해당한다). 1980년대 초반에 여성고용률이 50%가 넘는 나라는 영국(57%), 프랑스(56%), 덴마

표 8-4 여성고용률의 추이, 1983-2009

	1983	1985	1990	1995	2000	2005	2009
아일랜드	39.8	39.1	41.9	41.6	53.9	58.3	57.4
영국	57.0	61.0	66.1	61.7	64.7	65.8	65.0
미국	-	-	-	65.8	67.8	65.6	63.4
LR 평균	**48.4**	**50.1**	**54.0**	**56.4**	**62.1**	**63.2**	**61.9**
오스트리아	-	-	-	59.0	59.6	52.0	66.4
벨기에	44.3	45.1	46.1	45.0	51.5	53.8	56.0
프랑스	56.4	56.7	58.0	52.1	55.2	58.4	60.0
독일	49.0	51.7	57.6	55.3	58.1	60.6	66.2
네덜란드	40.0	41.1	52.4	53.8	63.5	66.4	71.5
스위스	-	-	-	-	69.3	70.4	73.6
CR 평균	**47.4**	**48.7**	**53.5**	**53.0**	**59.5**	**61.9**	**65.6**
덴마크	71.9	74.6	77.6	66.7	71.6	71.9	73.1
핀란드	-	-	-	559.0	64.2	66.5	67.9
노르웨이	-	-	-	-	73.6	71.7	74.4
스웨덴	-	-	-	68.8	70.9	70.4	70.2
SDR 평균	-	-	-	**64.8**	**70.1**	**70.1**	**71.4**
그리스	39.2	41.0	42.6	38.1	41.7	46.1	48.9
이탈리아	39.6	39.7	43.2	35.4	39.6	45.3	46.4
포르투갈	-	-	57.1	54.4	60.5	61.7	61.6
스페인	-	-	40.6	31.7	41.3	51.2	52.8
MR 평균	**39.4**	**40.4**	**45.9**	**39.9**	**45.8**	**51.1**	**52.4**
일본	-	-	-	56.4	56.7	58.1	59.8

※ 주: 고용률은 15-64세 여성 중 취업한 여성의 수를 15-64세의 전체 여성인구의 수로 나누어 계산한 값임. LR 자유주의 체제; CR 보수주의 체제; SDR 사회민주주의 체제; MR 지중해 체제.
※ 출처: EUROSTAT data, http://epp.eurostat.ec.europa.eu/tgm/table.do?tab=table&plugin=1&language=en&pcode=tsiem010[2011년 3월 접속]

크(72%) 뿐이었다. 자료의 가용성이 좀 더 향상된 1990년이 되면 상황은 달라지기 시작한다. 즉, 여성고용률이 50% 미만인 나라는 아일랜드(42%), 벨기에(46%), 그리스와 이탈리아(43%) 그리고 스페인(41%)

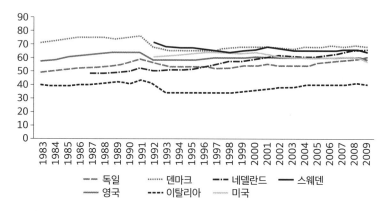

그림 8-1 주요국의 여성고용률 추이, 1983-2009

※ 주 : 고용률은 15-64세 여성 중 취업한 여성의 수를 15-64세의 전체 여성인구의 수로 나누어 계산한 값임. LR 자유주의 체제; CR 보수주의 체제; SDR 사회민주주의 체제; MR 지중해 체제.
※ Source: EUROSTAT data, http://epp.eurostat.ec.europa.eu/tgm/table.do?tab=table&plugi
n=1&language=en&pcode=tsiem010(2011년 3월 접속)

뿐이다. 2009년이 되면 여성고용률 50% 미만을 지속하고 있는 나라
에는 그리스(49%)와 이탈리아(46%) 두 나라만 남게 된다. 복지체제별
평균을 보더라도 여성고용률은 상승 추세가 뚜렷이 나타난다. 여기에
예외가 있다면 그것은 사회민주주의 체제인데 이 체제는 여성고용률
이 출발점에서부터 이미 모든 복지체제 중 최고수준에 있었기 때문이
다. 사회민주주의 체제에 속하는 나라 가운데 여성고용률이 다른 사회
민주주의 국가보다 낮은 수준에서 출발하여 비교적 뚜렷한 상승추세
를 보여준 나라가 있는데 그 나라는 바로 핀란드인데 여성고용률이
1995년 59%에서 시작하여 2009년에 68%에 도달하였다. 자유주의
체제에서 여성고용률은 1983년 48%에서 2009년에 62%로 올라 약

표 8-5 주요국의 고용 양상, 2009년

	임시직 비중(전체 취업자 대비 비중(%), 2009)	시간제 취업자 비중(전체 취업자 대비 비중(%), 2009)	고용보호엄격성지수(0-6점) (2008)
영국	5.7	23.9	1.1
미국	4.5[a]	14.0	0.7
독일	14.5	21.9	2.4
네덜란드	18.3	36.7	2.1
덴마크	8.9	18.9	1.8
스웨덴	15.3	14.6	2.2

a: 미국의 이 수치는 1999년 수치임. 미국의 경우 그 보다 더 최근 자료가 없음.
※ 주 : 고용보호엄격성지수는 점수가 높을수록 고용보호가 엄격함을 의미함.
※ Source: OECD Key Employment Statistics, OECD webpage: http://www.oecd.org/topic/0
,3699,en_2649_37457_1_1_1_1_37457,00.html[2011년 3월 접속]

14%포인트 상승하였다. 보수주의 체제에서의 여성고용률의 상승은
더욱 두드러지는데 1983년 47%에서 2009년 66%로 올라 약 18%포인
트 상승하였다.[17] 지중해 체제는 다른 복지체제에 비해 여성고용률의
절대수준이 낮지만 그 역시 시간에 따른 상당한 상승을 보여 주고 있
다. 즉, 지중해 체제는 1983년 39%에서 2009년 52%로 올라 여성고용
률이 13%포인트 증가한 것이다.

〈그림 8-1〉은 〈표 8-4〉와 동일한 자료를 그림으로 나타낸 것인데
다만 대상국가를 덴마크와 독일, 이탈리아, 네덜란드, 스웨덴, 영국, 미
국의 7개국으로 제한하여 이들의 여성고용률 추이를 보다 집중적으로
제시하였다. 이 그림을 통해 우리는 여성고용률의 증가가 1980년대

---

17 반올림으로 수치가 정확치는 않음 - 역자 주.

중반부터 시작되었고 1980년대 말과 1990년대 초에 그 증가속도가 가속화하였다는 사실을 볼 수 있다. 여성고용률의 증가는 특히 네덜란드에서 매우 두드러지는데 이 나라는 1983년에 여성고용률이 불과 40%였으나 2009년에는 72%로 상승하여 스웨덴 및 덴마크와 어깨를 겨룰 정도가 되었다. 하지만 스웨덴 및 덴마크와 달리 네덜란드의 경우 여성들은 대부분 시간제 일자리에 취업해 있으며 이는 아이가 없는 여성의 경우에도 마찬가지이다. 네덜란드가 1.5벌이 사회one-and-a-half earner society로 불리어 왔던 데에는 이러한 사정이 있는 것이다(Plantenga, 2002 참조).

여성들이 대거 노동시장에 진출함에 따라 고용의 양상도 상당 정도로 변화하였다. 이제는, 젊은 나이 때부터 전일제 노동에 종사하여 경력에 따라 임금이 지속적으로 상승하여 가족을 부양하기에 충분한 소득을 확보할 수 있고 또 연금을 적립할 수 있는 백인남성을 평균적인 노동자로 상정하는 것이 더 이상 통용될 수 없게 되었다. 시간제 일자리를 옮겨 다니고 그 옮겨 다니는 중간 중간에 실업으로 인한 장·단기간의 취업단절이 생기기도 하는 비전형적인 취업경력을 가진 사람들이 점점 더 늘어나고 있다. 시간제 일자리와 임시적 일자리를 보면, 네덜란드가 전체 취업자의 35% 이상이 시간제 취업이며 18%가 임시직으로 단연 독특한 성격을 보인다(임시직 비중은 시간제 비중에 비해 좀 덜 독특하긴 하다). 미국은 네덜란드와는 대척점에 서 있는데, 이 나라의 시간제 취업자는 전체 취업자의 14%이며 임시직은 4.5%이다. 비전형적 일자리의 형태들이 전적으로 대륙유럽식의 '일하지 않는 복지'

유형인 것은 아니다. 왜냐하면 임시직 일자리의 경우 스웨덴이 독일보다 많으며 시간제 일자리는 영국이 독일보다 많기 때문이다.

　일반적으로 시간제 일자리는 지중해 체제에 속하는 나라들(그리스, 이탈리아, 포르투갈, 스페인)을 제외하고는 모든 나라에서 증가해 왔다. 시간제 일자리가 어느 정도나 사회적 위험이 되는가 하는 것은 다른 무엇보다도 고용보호의 정도에 의해 결정되는데 고용보호의 정도는 나라에 따라 상당한 차이가 있다(OECD, 1999, 2004a). 고용보호가 사회보장의 주요 수단인 보수주의 체제와 지중해 체제의 경우 노동시장 유연화는 시간제근로를 포함한 비정규직 고용을 사회적 위험으로 만들 가능성이 높다. 고용보호의 수준에서도 복지국가체제별 차이가 어느 정도 나타난다. 고용보호는 채용 및 해고와 대한 각종 규제와 관련되는데, 특히 절차적 번잡함을 제도화한다든지 해고를 어렵게 한다든지 사전고지事前告知를 의무화한다든지 또는 해고수당severance pay의 지급을 의무화하는 등의 규제와 관련된다(OECD, 1999: 50, 2004a: 110-111). 고용보호의 정도를 수치화한 것이 고용보호엄격성 지수인데 이 지수는 0에서 6까지의 점수를 가지며 점수가 클수록 고용보호가 엄격함을 나타낸다. 자유주의 체제는 고용보호엄격성 지수에서 가장 낮은 점수를 보이며 보수주의 체제는 가장 높은 점수를 보인다. 하지만 스웨덴의 점수는 2.2로 이는 보수주의 체제와 거의 유사한 점수이다. 미국과 영국이 고용보호 수준이 낮은데 이는 시간이 갈수록 영국은 점점 자유주의 체제에 가까워져 왔다는 에스핑-안데르센(Esping-Andersen, 1999: 90)의 관찰, 즉 "최소국가 및 최대시장에 의한 위험의 할당이 이루어져 왔고, 동전의 시장 면이 갈수록 진정한 시장으로 되어 왔다"는 관찰이 올바른 것이었음을 보여 준다.

신사회위험의 구조가 말하는 요지는, 비전형적 고용경력을 가진 사람들이 직면하는 사회보장체계는 전일제 (남성)노동자를 전제로 하여 설계된 사회보장체계라는 사실이다. 이러한 기존의 사회보장체계는, 고용계약기간의 정함이 있는 근로에 종사하거나 파견근로에 종사하거나 또는 시간제근로에 종사하는 비정규직 노동자들을 적절히 다루지 못하고 있다. 비정규직 노동자들은 사회보장급여를 필요로 함에도 불구하고 그 급여를 받을 자격을 얻는 데 필요한 사회보장기여실적을 쌓을 수가 없다. 다시 말해서, 기존의 전통적인 사회보장체계(4장 참조)는 표준적인 생산직노동자의 고용경력에 부합하지 못하지만(Bonoli, 2005) 동시에 노동시장에서의 취약한 지위로 인해 가장 많은 보호를 필요로 하는 사람들에게 적절한 보호를 제공하지 못하고 있는 것이다. 이에 더하여 남성들에 비해 여성들이 임시직 일자리와 시간제 일자리 그리고 더 나아가 프리랜서까지 포함하여 비정규직 고용에 종사할 가능성이 더 높다는 사실에 유의할 필요가 있다. 또한, 전통적인 이익대표체계와 이익중재체계는 표준적인 노동자와 사용자 간의 협상을 위해 설계된 것이고 지금도 여전히 그것을 위해 작동하고 있으며, 과거 수십 년 동안 비정규직 고용이 빠른 속도로 전형적인 일자리가 되어 왔지만 그럼에도 불구하고 전통적인 이익대표·중재체계는 여전히 비정규직 노동자들에게는 거의 도움이 되지 않거나 아무 도움이 되지 않고 있다.

직장생활과 가정생활을 조화시킴에 있어서의 어려움, 즉 일·가정 양립의 어려움은 이제 신사회위험이 되었다(Bonoli, 2005). 과거에 여자들은 집에 머물면서 아이를 돌보았고 남자들은 밖에서 일을 하였고 그것을 통해 가족이 생활하기에 충분할 만큼의 가족임금family wage을 벌었다. 이러한 남성가장모델이 각 국에서 어느 정도나 구현되었는가는 나라에 따라 차이가 있었지만(Lewis, 2001; Pfau-Effinger, 2003; Levine Frader, 2008), 그런 남성가장모델을 기초로 한 성별분업은 적어도 1970년대까지 대부분의 나라에서 지속되었다. 하지만 여자들(어머니들)이 대거 노동시장으로 진입하면서, 가족은 아이의 돌봄을 위해 국가 또는 시장의 도움에 의존하거나 아니면 다른 가족성원(예컨대, 조부모)의 도움에 의존해야 했다. 가족이 아이의 돌봄을 국가 또는 시장의 도움에 의존하게 될 때 몇 가지 문제에 직면하게 된다. 즉, 아이돌봄서비스(=보육서비스)가 충분하지 않을 수도 있으며 또 그 비용을 감당하기 어려울 수도 있고 또 서비스가 양질이 아닐 수도 있으며 또는 이러한 문제들이 결합되어 나타날 수도 있는 것이다. 보육서비스가 충분치 않을 경우 이는 부모 —대개의 경우 여전히 여성— 의 노동시간에 부정적인 영향을 끼칠 수 있으며, 따라서 가족의 소득을 감소시킬 수 있다. 이는 또한 가용한 인적자본의 적어도 일부를 활용치 못하는 결과로 이어질 수 있다. 편부모 가족에게 이러한 문제는 더욱 심각하게 나타난다.

〈표 8-6〉은 1980년 중반부터 2000년대 초까지의 기간을 대상으로 모성휴가 및 부성휴가의 유무 및 관대성, 3세 이하 아동에게 공적으로

표 8-6 모성고용정책 지수, 1980년대 중반-2000년대

	2001-2003	1994-1995	1984-1986
호주	17 (19)	15	6
캐나다	30 (15)	21	15
아일랜드	20 (17)	14	13
뉴질랜드	46 (8)	36	-
영국	18 (18)	15	11
미국	13 (20)	13	4
LR 평균	**24**	**19**	**10**
오스트리아	43 (9)	38	-
벨기에	66 (6)	65	58
프랑스	70 (4)	59	57
독일	32 (13)	29	28
네덜란드	38 (11)	27	18
CR 평균	**50**	**44**	**40**
덴마크	100 (1)	83	74
핀란드	76 (3)	53	52
노르웨이	69 (5)	61	47
스웨덴	88 (2)	73	76
SDR 평균	**83**	**68**	**62**
그리스	26 (16)	23	24
이탈리아	53 (7)	51	47
포르투갈	35 (12)	32	24
스페인	32 (14)	29	19
MR 평균	**37**	**34**	**29**
일본	40 (10)	29	19

※ 주: 모성고용정책 지수는 1984-86년, 1994-95년 그리고 2001-03년간의 모성 및 부성 휴가와 보육 서비스 공급을 측정한 것으로서, 특히 모성휴가 및 부성휴가, 3세 이하 아동에 대한 공공보육서비스 또는 공공재정이 지원되는 보육서비스, 그리고 3세부터 초등학교 입학연령까지의 아동에 대한 초기 아동기 교육 및 보육서비스에 중점을 둔 것이다. 이 지수에 의한 2001-03년 국가별 순위는 괄호 안에 표시되어 있는데, 1위는 모성고용정책 지수가 가장 높은 나라이며 20위는 가장 낮은 나라이다. LR 자유주의 체제; CR 보수주의 체제; SDR 사회민주주의 체제; MR 지중해 체제.

※ 출처: Lambert(2008).

제공되는 보육서비스 혹은 공공재정이 지원되는 보육서비스, 그리고 3세부터 초등학교 입학연령까지의 아동을 위한 초기아동기 교육 및 돌봄서비스에 관한 점수, 즉 모성고용정책지수maternal employment policy index의 점수를 제시한 것이다. 이 점수가 낮은 나라는 유급의 모성휴가와 부성휴가를 거의 제공치 않거나 전혀 제공치 않는 나라이거나 또는 학령전 아동을 위한 돌봄서비스에 재정을 지원하기 위한 정부의 노력이 적은 나라임을 의미한다. 반대로 이 점수가 높은 나라는 유급의 모성 및 부성휴가를 제공하고 초기아동기 교육 및 보육서비스를 제공하기 위한 정부의 노력 수준이 높은 나라임을 의미한다.

〈표 8-6〉의 자료는, 1980년대 중반부터 2000년대 초반에 이르는 기간 동안 모든 나라에서 일·가정양립을 촉진하기 위한 정책의 제공과 관대성이 증가해 왔다는 사실을 보여 준다. 이는 모든 나라에서 일·가정양립이 보다 용이해졌음 —하지만 보다 용이해졌다는 것이 쉽다는 것은 아니다— 을 의미한다(Morgan, 2006, 2013; Kremer, 2007; Kenworthy, 2008 참조. 10장도 참조). 사회민주주의 체제에 속하는 나라들과 네덜란드는 모성고용정책지수가 이 기간에 적어도 20점가량 상승하였다. 다른 나라(예컨대, 독일, 그리스, 이탈리아)에서는 상승폭이 훨씬 작다. 또한, 〈표 8-6〉은 그와 같은 일·가정양립정책의 가장 두드러진 발전이 1980년대 중반에서 1990년대 중반 사이에 이루어졌다는 사실도 보여 주고 있는데, 이로 인해 이 기간에 일·가정양립정책의 발전은 여성의 노동시장 참가의 증가와 정적인 연관성을 갖게 된다(Jensen, 2011b). 그리고 일·가정양립정책을 기준으로 한 국가별

순위 및 복지체제별 순위는 이 기간에 거의 변화가 없다.

2001-2003년 기간에 덴마크는 모성고용정책지수에서 가장 높은 점수(100점)를 기록하고 있으며 반대로 미국은 가장 낮은 점수(13점)를 기록하고 있다. 〈표 8-6〉을 보면 복지체제 간에 매우 뚜렷한 차이가 나타남을 볼 수 있다. 비교의 관점에서 보면, 자유주의 체제가 가장 후진적인 일 · 가정양립정책을 시행하고 있다고 할 수 있다(모성고용정책지수의 체제평균은 24점이다). 실제로 자유주의 체제 국가들 중 뉴질랜드가 모성고용정책지수에서 상위 10위권에 드는 유일한 나라이다. 지중해 체제는 자유주의 체제 다음 순위를 차지한다(체제평균점수는 37점이다). 이탈리아가 53점으로 7위를 차지하여 일 · 가정양립정책에서 전형적으로 낮은 점수를 기록하는 지중해 체제에서 놀랄만한 예외사례가 되고 있다. 보수주의 체제는 모성고용정책지수에서 평균 50점을 기록하고 있는데 하지만 체제 내 변이가 자유주의 및 지중해 체제보다 훨씬 더 크다. 즉, 벨기에와 프랑스는 다른 나라와 비교해서도 상당히 높은 점수를 기록하고 있지만, 네덜란드와 독일 그리고 그 정도는 훨씬 덜 하지만 오스트리아는 일 · 가정양립정책을 좀 더 정교화해야 할 필요가 있다. 사회민주주의 체제는 일 · 가정양립정책에서 확실히 발군의 점수를 기록하고 있는데 이 체제에 속하는 네 나라가 모두 상위 5위권에 포함된다(체제평균점수는 83점이다). 모성고용정책지수의 복지체제별 유형은 일 · 가정양립이라는 신사회위험이 자유주의 체제에서 가장 크며 사회민주주의 체제에서 가장 작다는 사실을 보여 준다. 지중해 체제와 보수주의 체제는 이들 두 체제의 중간에 위치한다.

지금까지의 논의를 요약해 보자. 우리가 복지국가를 사회적 위험의 재할당기제로 바라볼 경우 우리가 위에서 개관한 위험구조의 변화는 복지국가 개혁을 정당화하는 근거가 될 수 있다. 하지만 모든 복지국가체제가 이러한 새로운 위험에 동일한 방식으로 그리고 동일한 정도로 대응하는 것은 아니다. 그럼에도 불구하고 복지국가 개혁의 필요와 복지국가 개혁에의 요구가 새로운 사회적 위험에 대처하기 위한 정책으로 전환되어야 한다는 것은 피할 수 없는 사실이다. 그리고 그러한 전환은 본질적으로 정치적 과정일 수밖에 없으며 그 정치적 과정에서 인과적 신념으로서의 구상이 중심적인 역할을 하게 된다(6장 참조). 이제 다음 절에서 신사회위험의 정치학에 대해 살펴보고자 한다.

3
신사회위험의 정치

신사회위험의 등장 및 그로 인한 복지국가 개혁에의 요구의 등장과 관련하여, 그러한 신사회위험에 대처하기 위한 정치적 행위가 나타날 가능성은 어느 정도인가? 그 전망은 그리 밝지 않은 것 같다(Bonoli, 2005). 새로운 위험구조에서 여성은 취약집단에 속하는데, 비록 여성들이 선거자산이 될 수 있다는 인식이 점차 높아지고는 있지만(Fleckenstein and Lee, 2012; Morgan, 2013 참조) 그럼에도 불구하고 여전히 여성들의 정치적 힘은 낮은 수준에 머물러 있다. 예컨대 여성들은 의회와 정부에서 여전히 소수집단이다. 이른 바 임계비중이론critical mass theory (Grey, 2002, 2006; Thomas, 1994)에 따르면 보육서비스나 유급모성휴가 등과 같은 모성고용지원정책 등 여성의 욕구를 반영한 사회정책이 발전하는 데에 여성의원의 비중이 중요하다는 것이다. 여성의원이 임계비중에 도달하는 것이 매우 중요한데 이는 모성고용지원정책이 선거정치의 면에서 대중적인 쟁점이 아니어서 중위투표자들이 모성고용지원정책을 지지하지 않기 때문이다. 예컨대, 스위스의 경우 1990년대 말에 유권자의 61%가 14주의 유급(임금의 80%를 지급)의 모성휴가정책을 도입하자는 제안에 반대투표를 하였다(Kuebler, 2007: 226-227).

또한 서구국가들의 인구피라미드를 볼 때 모성고용지원정책이 유권자 전반에 대중적인 인기를 얻을 수 있을지 회의적인 점이 있다(OECD, 2007b). 가족정책으로부터 직접적으로 이익을 얻을 수 있는 25-44세 연령층의 인구가 전체 인구의 26%(핀란드) 내지 31%(캐나다) 정도를 차지하고 있어 결코 다수라고 할 수 없는 것이다. 더 중요한 사실은 가족정책으로부터 별달리 혜택을 입을 일이 없는 45세 이상 인구가 훨씬 더 많은 비중을 차지한다는 것이다. 이 인구의 비중은 낮게는 아일랜드의 33%에서 높게는 이탈리아의 46%에 이른다. 이러한 수치들은 중위투표자들이 청장년 가족의 욕구를 충족하기 위한 신사회정책으로부터 혜택을 얻지 못한다는 것을 시사한다. 보놀리와 호이저만(Bonoli and Häusermann, 2009)은 정치적 인구구조가 사회정책의 발전에 중요하다는 점을 보여 주고 있다. 즉, 그들은 스위스의 국민투표에서의 실제 투표행위에 대한 분석을 바탕으로 청년세대(그들의 분류로는 18-39세 연령층)가 노인세대(65세 이상 연령층)에 비해 모성보험을 지지할 가능성이 2~3배 더 높았다는 사실을 발견하였다.

하지만 여성의원의 비중이 높아지는 것만으로는 형세를 바꾸기에 충분치 않다. 예컨대, 이 책의 저자 중 한 명이 공동으로 저술한 한 연구(Koole and Vis, 2012)는 1980년부터 2003년까지 OECD 12개국의 정부정책을 분석하였는데 이 분석을 통해 부모휴가급여와[18] 같은 중요한 모성고용지원정책에 대한 높은 수준의 지출을 끌어내기 위해서는 여성의원의 비중이 최소한 15%라는 임계비중에 도달해야 한다는 점을 발견하였지만, 그와 동시에 좌파정당의 지지도와 조합주의 존재여부, 개방성, 경제성장 등과 같은 요인들도 상당한 중요성을 가진다는 점도 발견하였다. 나우만(Naumann, 2012)은 보육서비스가 주변적인 정책영역에서 '현대복지국가의 핵심 축'으로 이동하기 전에 중요한 변화가 먼저 일어나야 한다고 주장하는데(158), 즉 보육이 "지배적인 경제 패러다임에 적합한 경제정책"으로 인식되는 변화가 일어날 때에만이 "고용지향적인 보육서비스의 확대를 지지하는 광범위한 정치적 연합"이 형성된다는 것이다(159-160). 나우만은 또한 젠더와 종교 그리고 계급은 상호교차한다는 점도 상기시키고 있다. 예컨대, 종교를 중요하게 생각하는 여성은 직장생활과 아동양육을 조화시키는 정책

---

18 선진민주주의 21개 국가의 2008년도 부모휴가정책에 대해 그 관대성을 휴가기간과 급여수준을 기준으로 측정하여 개관한 논의로는 Ray et al. (2010) 참조.

보다는 집에 머물면서 자녀를 돌볼 수 있게 하는 정책을 더 선호할 수 있다는 것이다. 보다 일반화하여 말하면, 모든 여성이 이른 바 여성친화적인 정책을 선호하는 것은 아니라는 것이다.

또한, 하나의 집단으로서의 청년들도 정치에서 적절히 대표되지 않는 집단의 하나이다. 의회의원들의 평균 연령은 50세 정도이다. 청년들은 정치에서도 잘 대표되지 않을 뿐만 아니라 노동조합에서도 적절히 대표되지 않는 경향이 있다. 노동조합의 조합원들은 대개 표준적인 생산직노동자 상에 가까운 연령대여서 청년들보다 연령이 높은 경우가 많다. 청년들은 비전통적인 정치적 행동에 의존하는 경우가 많으며 이러한 예로는 시내의 중심광장에서의 점거농성camping을 들 수 있는데 이러한 점거농성은 심각한 실업문제에 항의하여 2011년 5월 스페인에서 청년들이 자발적으로 전개한 저항운동에서 이미 나타난 바 있다. 그런데 스칸디나비아 국가들과 영국의 경우는 남성들보다 여성들이 노동조합에 더 많이 가입하고 있다. 그리고 이들 나라에서는 노동조합원들 사이에 청년과 중고령층 등의 연령격차가 거의 없다. 하지만 이러한 예외적인 국가들이 있기는 하나 전체적으로 여성들과 청년들이 노동조합의 조합원이 될 가능성이 (중고령층) 남성들보다 낮은 것은 사실이다. 또한 정당가입자에서도 연령별로 상당한 차이가 있는데, 젊은층보다는 중고령층이 정당에 더 많이 가입하는 경향이 있다(Goerres, 2009: 5장).

신사회위험에 노출된 사람들이 갖는 또 다른 문제는, 그들이 하나의 집단으로서 동질적인 정치적 선호를 갖고 있지 못하다는 것이다.

이는 전일제근로에 종사하는 중년 남성노동자들의 경우가 대조되는 것인데 그처럼 정치적 선호가 서로 다름으로 해서 그들은 정치적으로 단결된 힘을 발휘하지 못하는 경향이 있다. 호이저만(Häusermann, 2010: 4장)은 노동시장 외부자를 두 집단으로 구분한 바 있는데, 한 집단은 사회문화전문가들sociocultural professionals로서 이들은 고숙련자들이지만 비전형적 고용경력(시간제 일자리나 임시직 일자리에 종사하는)을 가진 여성들인 경우가 많으며, 다른 한 집단은 하층서비스기능자들low service functionaries로서 이들은 저숙련자들이라는 점에서는 사회문화전문가들과 다르지만 비전형적 고용경력을 가진 여성들이 대부분이라는 점에서는 사회문화전문가들과 유사하다(Häusermann and Schwander, 2012도 참조). 호이저만(Häusermann, 2010: 40)은 복지국가 개혁의 한 가지 종류로 표적화 개혁이라는 것을 들고 있는데 이것은 "선별적 급여를 욕구에 따라 배분함으로써 기여와 급여 간의 연결을 완화하는" 개혁조치를 말한다. 비정규직 노동자들을 위한 별도의 특수한 보험조건을 신설하는 조치 같은 것이 이에 해당한다. 하지만 비정규직 일자리는 대부분 여성들에 의해 채워지고 있기 때문에, 표적화 개혁을 둘러싼 갈등은 비단 물질적 자원을 두고서만 일어나는 것이 아니라 성평등이나 개인화, 생활양식의 선택 등을 두고서도 일어난다. 사회문화전문가와 하층서비스기능자라는 두 노동시장 외부자들이 서로 갈등을 일으키는 지점도 바로 이 후자의 문제이다. 사회문화전문가들은 대개 자유지상적 가치관을 가지고 있어서 성평등 및 그와 유사한 형태의 생활양식을 선호하는 반면, 하층서비스기능자들은 전통적 가치관을 가지고 있어서 성평등과 같은 것에 반대하는 경향이 있다 (Häusermann, 2010: 3장과 4장).

신사회위험에 노출되는 여성이 증가할수록 여성들의 이해관계를 대변하는 정당(이 정당은 전통적으로는 좌파정당인 사회민주당이었다)에 투표할 여성도 증가하겠지만, 정작 여성 자신들의 정치적 선호의 상관 관계는 약한 편이다(Bonoli, 2005: 440). 또한 '제3의 길' 노선을 채택한 사회민주당은 전통적인 소득보장제도를 반드시 옹호하지 않는 경향 도 있고 또 균형재정을 달성하라는 압력에 직면해 있기도 하다. 그러 므로 구사회위험이든 신사회위험이든 사회적 위험에 노출된 사람들 의 이해관계를 대변할 정당이 어느 정당인가를 확인하는 작업은 (Häusermann, 2010: 4장; Rueda, 2007; Schumacher, 2012; Arndt, 2013 참조) 쉬운 작업이 아닌 것이다. 이런 점에서 신사회위험 관련 정책, 예 컨대 부모휴가정책이나 적극적 노동시장정책 등을 추진함에 있어서 의 정당의 역할에 관한 경험적 증거들이 엇갈리고 있는 것은 당연한 것 일 수 있다(Häusermann et al., 2013; 또한, Klitgaard and Elmelund-Praestekær, 2013도 참조). 신사회위험 관련 정책과 관련하여 좌파의 사회민주당은 일반적으로 우파정당들보다 노동시장정책에 더 큰 역 할을 부여하기를 선호한다. 사회민주당은 일단 노동시장에 진입한 사 람들에 대해서는 그들이 노동시장에 계속 머물러 있게끔 하는 정책을 선호하는 경향이 있어서, 예컨대 특수적 기술의 습득을 위한 개별 노 동자의 투자를 보호하는 사회정책(Iversen, 2005; Rueda, 2007)이나 필 요한 경우 재훈련을 받도록 지원하는 등의 사회정책을 추진한다. 사회민주당은 노동시장 참가에 주된 관심을 쏟고 있기 때문에(예컨대, Huber and Stephens, 2001; Huo et al., 2008 참조), 노동시장 참가를 지지하고 유도하는 정책은 사회민주당의 이데올로기에 잘 부합하는 정책이다. 대부분의 연구에서는 좌파정당가설이 경험적으로 지지된다는 점이 입증되고 있다. 하지만 일부 연구에서는 좌파정당의 긍정적 역할은 다른 조건, 즉 경제적 개방성이라는 조건과 결합되었을 때에만이 나타난다는 사실이 발견되기도 한다(Bonoli, 2008). 이런 일부 연구의 논지는, 개방경제에서는 친노동정책이 국제경쟁력을 손상시키기 때문에 좌파정당이 강력한 친노동정책을 추진하기에 많은 제약이 따른다는 것이다. 적극적 노동시장정책이 좌파정당으로 하여금 국제경쟁력을 유지하면서도 동시에 좌파정당의 지지층에게 혜택을 제공할 수 있는 길을 열어줄 수 있지만 그 정책이 선거에서도 유리하게 작용할지는 불확실한 점이 없지 않다(Arndt, 2013).

게다가, 루에다(Rueda, 2006, 2007)와 린드발과 루에다(Lindvall and Rueda, 2012)가 강조하듯이, 적극적 노동시장정책은 그것이 갖는 조세효과 또는 임금경쟁으로 인해 노동시장 외부자들에게 커다란 혜택을 제공하지만 노동시장 내부자들(고용이 안정된 사람들)에게는 손해가 될 수 있다. 노동시장 내부자들은 사회민주당의 전통적인 핵심 지지층이기 때문에 사회민주당은 적극적 노동시장정책의 확대에 반대할 수 있다. 실제로 루에다는 좌파정당에 대한 지지와 활성화정책 지출 간에 부적인 관계가 존재한다는 사실을 발견하고 있다(Franzese and Hays, 2006; Gaston and Rajaguru, 2008도 참조). 하지만 실업률이 높아져 노동시장 내부자의 실업위험이 올라가고 그들이 마치 외부자처럼 취약한 상황에 놓이게 되면 좌파정당에 대한 지지와 적극적 노동시장정책의 확대 간의 관계는 정적인 것으로 변화하게 된다. 조합주의가 강력한 나라의 경우 좌파정부는 낮은 수준의 적극적 노동시장정책과 연관되는 것으로 나타난다. 조합주의적인 제도장치가 없는 경우 노동시장 내부자들은 외부자와 마찬가지의 처지에 놓일 수 있으므로 그들은 활성화 정책에 더 많은 관심을 갖게 된다. 조합주의가 강력한 나라의 내부자들은 반대로 행동한다. 즉, 조합주의적 국가에서 내부자들은 조합주의적 제도장치에 의해 보호를 받기 때문에 적극적 노동시장정책에 대한 관심이 상대적으로 떨어지는 것이다.

그런데 이러한 결과는, 이 책의 저자 중 한 명(Vis, 2011a)이 다른 곳에서 주장한 바와 같이 우리가 좌파정당의 전략적 성격을 고려해 보면 타당한 결과라 할 수 있다. 좌파정당은 그것이 선호하는 정책과 그것이 가진 권력목표(집권 또는 선거승리) 사이에서 어려운 선택을 해야만 하며, 또한 날이 갈수록 엄격해지는 정부의 예산사정으로 인해 전략적 선택을 해야 할 필요성은 높아져가고 있다(Scharpf, 1991[1987]; 또한, Kitschelt, 1999도 참조). 실업이 감소하는 상황에서는 우파정당에 대한 지지와 조합주의가 적극적 노동시장정책을 확대하는 데 기여하지만, 조합주의가 미약한 조건에서는 적극적 노동시장정책의 추진이 좌파정부에 의해 시작되는 경향이 있다. 실업의 감소와 경제개방이 동시에 진행되는 경우에는 우파정부나 좌파정부 모두 활성화 정책을 선호한다. 하지만 비조합주의 국가의 좌파정부는 경제성장을 필요로 하며,

전략적으로 활성화 정책에 대한 지출을 증가시키려 하지만 그 지출 증가는 오직 예산상의 여유가 있을 때 가능할 뿐이다. 실업이 증가할 때 적극적 노동시장정책에 대한 지출을 증가시키는 것이 효과를 낸다기보다는 사실상 실업 감소의 효과를 거둘 수 있다.

흥미롭게도, 신사회위험의 성격 및 그 위험에 대처하기 위한 정책의 성격으로 인해 복지국가 발전의 초기 단계에는 볼 수 없었던 일련의 정책결정기회체계가 생겨나게 되었다(Bonoli, 2005: 441 이하; Bonoli and Natali, 2012b). 전통적인 사회정책이 노동자 전체에 대해 그들을 탈상품화시키려는 의도를 가진 것이었다면, 신사회위험에 대처하기 위한 정책들은 위험에 처한 노동자들의 처지만을 개선시키고자 하는 경향이 있다. 탈산업화 흐름 및 그에 따른 신사회위험이 나타난 타이밍은 복지국가 적응에 있어서 독특한 유형을 만들어내는 데 기여하였다(Bonoli, 2007). 탈산업적 변화가 최초로 나타났던 1970년대 당시에는 인구고령화로 인한 경쟁적 요구가 별로 없었는데, 이러한 사정은 특히 사회민주주의 체제에서 두드러졌다. 복지국가의 적응 혹은 갱신이 성공적으로 진행되기 위해서는 산업적 복지국가로 인한 비용 증가의 흐름과 탈산업화 흐름이 동시에 나타나지 않아야 한다. 하지만 1980년대의 보수주의 체제와 1990년대의 지중해 체제에서 바로 이 두 가지 흐름이 동시에 나타났다. 이들 두 복지국가체제는 이미 복지국가로 인해 엄청난 재정 부담을 안고 있었던 상황이었으므로 신사회위험으로 고통받는 시민들에게 도움을 제공할 정책을 발전시킬 여유를 가지기가 어려웠다.

다시 말해서, 어느 한 유형의 내생적 변화(탈산업화 또는 인구고령화)에 대처할 수 있느냐 여부는 다른 유형의 내생적 변화가 언제 발생하는가 하는 그 타이밍에 의해 영향을 받는다는 것이다. 또한 탈산업화로 인한 복지국가의 적응과 갱신이 이런 식으로 진행된다는 사실은, 유사한 과정이 개혁을 위한 기회가 될 수도 있고(사회민주주의 체제에서처럼) 또는 제약이 될 수도 있음(보수주의 체제와 지중해 체제에서처럼)을 보여 준다. 하지만 보놀리의 타이밍 가설은 자유주의 체제에는 적용되지 않는다. 자유주의 체제는 사회민주주의 체제와 거의 비슷한 시기에 탈산업화라는 흐름을 겪기 시작했지만 그로 인해 나타난 새로운 위험에 대처하기 위한 정책을 발전시키지는 않았다. 보놀리는 이것이 자유주의 체제가 사회민주주의 체제에 비해 덜 발전되었기 때문이라고 주장한다. 신사회위험에 대처하기 위한 관대한 정책이 결여된 것은 산업노동자들을 위한 관대한 정책이 결여된 것과 흡사하다는 것이다. 이러한 견해와 연관되지만 좀 더 구체적인 이유를 생각해 본다면, 자유주의 체제에서 신사회위험정책이 저발전된 것은 주로 이 체제의 복지급여의 주된 소재지가 시장이라는 사실의 결과라 할 수 있다. 시장지배적인 자유주의 체제에서, 새로운 사회적 위험 혹은 그 어떤 위험이라도 그것이 복지국가에 의해 직접적으로 다루어질 가능성은 상대적으로 낮다고 할 수 있다(또한, Howard, 1997도 참조).

4
결론

지금까지의 논의를 요약해 보자. 우리는 7장에서 복지국가 개혁을 압박하는 외생적 압력에 대해 살펴보았는데 여기서는 내부로부터 유래하여 복지국가 개혁을 추동하는 강력한 압력들이 무엇인지 확인하고 그것들에 대해 살펴보았다. 오늘날 복지국가의 정치는 "움직이지 않는 대상"에 직면한 "영구적 내핍"의 정치나 "불가항력적" 정치(Pierson, 1998)의 성격을 갖게 된 것이 아니라 (거의) 영구적인 개혁을 압박하는 기능적 압력의 정치라는 성격을 갖게 되었고 이는 이 책에서 우리가 주장한 바이기도 하지만 거의 기정사실이라 할 수 있다. 복지국가를 개혁해야 할 '필요'는 복지국가역사에서 항상 존재해 왔던 상수였으며, 현재는 그 필요가 너무나 강력하여 추가적이고 그리고 아마도 보다 근본적인 조정이나 갱신, 축소 또는 재구조화가 진행되어야 할 것으로 예상되고 있다. 내부에서 진행된 변화로 인해 발생한 거대한 압력과 즉각적인 개혁가능성을 이해하기 위해, 우리는 복지국가 개혁 필요성의 근거가 되는 내생적 변화를 개관하고 분석하였다.

우리는 개혁압력의 원천이 되는 한 가지 중요한 내생적 변화, 즉 탈산업사회로의 전환 및 그로 인해 나타난 신사회위험구조에 대해 살펴보았다. 이 탈산업화라는 변화는 다양한 복지국가가 그 기초로 삼아온 토대 자체를 혁명적으로 변화시키고 있다. 이는 왜 기존의 복지국가체제가 급속히 변화하는 환경에 적응해야 한다는 압력에 점점 더 강하게 노출되는지 그 이유를 설명해 준다. 그러한 압력은 변화를 압박하는 기능적 압력으로 작용하게 되는데 왜냐하면 변화하지 않는 정태적 상태를 유지할 경우 이는 존재론적 위협으로 이어지기 때문이다. 전후 구축된 전통적인 복지국가가 적절히 대처하지 못하는 신사회위험과 전후의 전통적인 복지국가가 보인 부적응으로 인해 영구적 개혁이 요구되고 있다. 물론 그렇다고 해서 요구되는 개혁이 반드시 추진된다는 의미는 아니며 개혁이 성공적이리라는 의미는 더더욱 아니다. 사실 신사회위험의 정치 및 이중화의 경험적 경향으로 볼 때, 현재의 조건에서는 복지국가가 새로운 환경에서 가장 많이 위험에 노출된 사람들에게까지도 높은 수준의 사회적 보호를 보장하는 방식으로 사회적 위험을 순조롭게 재할당할 능력을 결여하고 있거나 그렇게 재할당할 가능성이 없다고 할 수 있다. 보다 근본적인 복지국가 개혁이 필요한 상황이지만 그런 근본적 개혁이 진행되리라는 보장은 어디에도 없으며 나아가 그런 개혁이 시도되더라도 그것이 성공하리라는 보장도 없다. 개혁은 필요하지만 그 필요한 개혁이 어려운 것일 수 있다. 하지만 개혁이 어렵다 해도 그 어려운 것이 불가능한 것을 의미하지는 않는다. 다음 장에서 우리는 그처럼 어려운 —왜냐하면 정치적으로 위험하기 때문에— 개혁이 어떤 조건 아래에서 그리고 어떻게, 즉 어떤 기제를 매개로 하여 가능할 수 있는지에 관한 설명을 제시하고자 한다. 다음 장에서 살펴볼 내용은 복지국가 개혁에 대한 개방적 · 기능적 접근의 마지막 이론적 단계이다.

9

정치인과 정부는 왜 그리고 어떻게
위험한 개혁을 추진하는가?

1
서론

앞의 장들에서 우리는 복지국가를 조정하거나 갱신하거나 축소하거나 또는 재구조화하기 위해 정치인들과 정부가 반드시 대응해야 하는 '객관적인' 외생적·내생적 압력에 대해 살펴보았다. 하지만 개혁압력이 아무리 거셀지라도 그리고 내외의 도전이 사회의 존재 자체를 아무리 위협할지라도 정치행위자들이 실제로 개혁 작업에 착수하리라는 보장이 항상 있는 것은 아니다. 이와 관련하여 우리는 개혁을 추진할 것인지 아니면 개혁을 의도적으로 회피할 것인지(이는 정책표류로 이어진다) 그리고 어떤 개혁을 '필요한' 개혁으로 볼 것인지 등의 문제는 궁극적으로 민주정치의 장에서 이루어지는 정치적 결정의 문제라는 점을 다시 한 번 강조한다. 이 장에서는 상이한 여러 유형의 복지국가 개혁이 가질 수 있는 정치적 기회 및 제약과 관련하여 민주정치라는 맥락이 어떤 특성을 갖는지 그리고 특히 선거의 정치논리가 어떤 특성을 갖는지에 대해 중점적으로 살펴볼 것이다. 복지국가가 정치적으로 굳건하게 자리잡고 있고 시민들로부터 많은 지지를 받고 있다는 사실을 감안할 때 그리고 정당이라는 정치조직은 선거에서의 승리를 추구하는 조직이라는 사실을 전제할 때, 정치인들과 정부가 유권자들로부터 표를 잃을 수도 있는 복지국가 개혁을 왜 추진하는지는 매우 흥미로운 질문이 아닐 수 없다. 따라서 이 장에서 우리가 다룰 거시적 질문은 정치인들과 정부는 외생적·내생적 압력에 대응하는 데 필요한 새로운 개혁정책이 선거에서 승리하고자 하는 그들의 열망에 비추어 부정적인 영향을 줄 수 있는데도 불구하고 왜 어떻게 그리고 언제 그러한 외생적·내생적 압력을 개혁으로 전환시키는 시도를 추진하는가라는 것이다.

이 장에서 우리는 선거정치의 면에서 위험성이 높은 복지국가 개혁이 추진되는 현상을 설명하기 위해 전망이론을 활용했던 우리의 초기 연구들(Vis and Van Kersbergen, 2007; Vis 2009a, 2009b, 2010, 2011b)을 활용하고자 한다. 전망이론展望理論, prospect theory은 위험상황 하에서의 선택을 설명하기 위한 것으로 경험적 근거가 있는 심리학적 이론이다(Kahneman and Tversky, 1979, 2000). 우리는 정치행위자들이 마치 도박꾼들처럼 행동한다고 가정하는데, 즉 민주적 경기에서 패배하고 있다면 복지국가 개혁이 가져다줄 수도 있는 선거패배라는 위험을 기꺼이 감수하리라는 것이다. 보다 구체적으로 말하면, 전망이론에 의하면 복지국가 개혁에서 가장 중요한 정치행위자인 정부(집권정당)는 그들이 손실영역loss domain에 있다고 생각할 때에만 다시 말해서 선거에서 승리할 정치적 전망이 어둡고 그런 전망을 감내하기 어려울 경우에만 하는 선거정치적으로 위험할 수도 있는 복지국가 개혁의 추진에 나선다는 것이다. 이러한 예측은 정부가 사회경제적 손실(예컨대, 경제성장률이 하락하거나 실업률이 증가하는 상황 등)에 직면했을 경우나 정치적 손실(예컨대, 지지율이 하락하거나 선거에서 표를 잃는 상황 등)에 직면했을 경우 실제로 현실화하게 된다는 것이다. 따라서 전망이론의 가설은 정부는 손실영역 하에 있을 때에만 시민들에게 인기가 없고 위험한 개혁에 따르는 선거적 위험을 감수하고자 한다는 것이다. 집권정당, 즉 정부가 위험한 개혁을 압박하는 '객관적인' 기능적 압력에 대해 자신의 구상에 따라 대응하게 되는 것은, 오직 자신에 대한 지지율이 하락하거나 차기선거에서 투표보복을 당할 가능성이 높아지는 등 이미 손실에 직면해 있을 경우에만 그러한 것이다. 개혁정책은 정부가 직면하고 있는 그와 같은 위기상황을 반전시킬 수 있는 기회(이 기회가 미미할 수도 있지만)를 제공할 수 있다고 생각되기 때문에, 기존의 정책을 그대로 밀고 가는 것(정책표류)은 정치적으로 불리하고 따라서 위험한 개혁이라도 그것을 추진하는 것이 정치적으로 훨씬 더 가치가 있는 것으로 간주될 수 있는 것이다. 우리는 전망이론의 설명이 타당성을 가진다는 점을 보이기 위해 1990년대 이탈리아의 개혁사례와 2004년 독일의 유명한 하르츠 개혁에 대해 살펴볼 것이다.

문제해결에 나서려는 결정을 내리게 하는 원인과 위험한 개혁을 시도하게 만드는 원인이 무엇인지 —그것은 정부가 자신이 손실영역에 있음을 인식하는 것이다— 를 본 다음에는, 정치인들과 정부가 개혁에 반대하는 저항을 극복하고 개혁에 수반되는 비난을 회피하기 위해 활용하는 전략에 대해 살펴볼 것이다. 정책표류가 지속되는 상황을 용인할 수 없어서 행동에 나설 수밖에 없게 된 정치인들은 뒤로 물러나 앉아서 유권자들이 어떻게 반응할 것인가를 수동적으로 관망하지 않는다(복지국가 개혁에 대한 유권자들의 반응에 대해서는, Armingeon and Giger, 2008; Giger, 2011; Giger and Nelson, 2011, 근간; Schumacher, 2012; Arndt, 2013; Schumacher et al., 2013 참조). 정치인들은 개혁에 따를 수 있는 비난을 회피하고 선거보복을 당할 가능성을 최소화할 수 있는 전략을 고안하기 위해 대단히 적극적으로 노력한다. 비난회피전략에 대해서는 이미 많은 훌륭한 연구가 이루어져 온 바이지만(예컨대, Lindbom, 2007; Zohlnhöfer, 2007; Hering, 2008; Giger and Nelson, 2011; Wenzelburger, 2011; Bonoli, 2012 참조), 우리는 이 전략을 전망이론에서 도출된 통찰(Vis and Van Kersbergen, 2007 참조)과 연결시킴으로써 비난회피에 대한 새로운 접근을 제시하고자 한다. 다시 말해서, 우리는 정치인들과 정부가 유권자들이 위치하게 될 영역을 이익영역이 아니라 손실영역으로 재구도화함reframing으로써 유권자들의 태도를 위험회피적risk-averse이고 개혁저항적opposing the reform인 것으로부터 위험감수적risk-accepting이고 개혁수용적embracing the reform인 것으로 전환시키고자 한다고 주장하려는 것이다. 이렇게 된다면 복지국가 개혁을 추진함에 따르는 정치적 위험은 거의 0에 가깝게 될 것이다. 그리고 만일 그것이 가능하다면 그것은 매우 효과적인 전략으로서 정치인들이 기꺼이 활용하고자 할 것이다.

이 전략은 두 가지 종류로 나타난다. 첫째는 **어떻게 하든 비난은 따를 수밖에 없다는 식의 전략**damned if you do, damned if you don't인데, 이는 본질적으로 현재의 상태를 그대로 유지하는 것은 도저히 용납될 수 없기 때문에 어떤 정당이 집권하든 개혁은 추진될 수밖에 없다는 점을 설득하는 전략이다. 이것은, 예컨대, 1990년대에 네덜란드 정부, 특히 당시의 뤼버르스 수상이 장애보험의 개혁을 준비하면서 활용했던 전략이었다. 당시 뤼버르스 수상은 "네덜란드는 병들었다"고 주장하면서 사회급여 그중에서도 특히 장애급여에 너무나 많은 신청자가 몰려 있다는 사실을 언급하였다(6장 참조). 둘째는 **분식회계전략**creative accounting 혹은 **거짓말과 새빨간 거짓말 그리고 통계 전략**lies, damn lies and statistics이라고 할 수 있는 것으로서 이것은 결과가 부정적으로 나올 것으로 예상되는 경우 그 결과를 측정하는 측정기준을 변경함으로써 유권자들이 위치할 영역을 이익영역이 아니라 손실영역으로 변화시키는 것을 의미한다. 전망이론의 모델과 비난회피전략을 결합함으로써 여러 형태의 복지국가 개혁이 갖는 기회와 제약에 대한 새로운 중요한 통찰을 얻을 수 있다. 유권자들과 정치인들의 개혁저항은 개혁을 가로막는 강력한 방해요인이지만, 손실영역에 위치한 정치인들이 비난회피전략을 동원함으로써 유권자들의 영역을 이익영역에서 손실영역으로 변화시킬 수 있으며 따라서 개혁의 가능성이 높아지게 되는 것이다.

2
난제

앞의 2장과 6장에서 설명한 바와 같이, 현재 복지국가연구가 직면하고 있는 주요 난제 중의 하나는 복지국가 개혁을 가로막는 제도적 장치와 정치적 저항에도 불구하고 실제로 복지국가 개혁이 진행되고 있는데 그런 일이 왜 일어나며 개혁은 어떻게 진행되는가 하는 것이다. 복지국가 개혁이 일어나는 원인이 무엇인가라는 문제는 현재의 복지국가

연구가 이론적으로 답하지 못하고 있는 문제이며 여기서 우리는 그 원인을 찾기 위해 '객관적인' 기능적 압력을 살펴보고 있는 것이다. 6장에서 우리는 여러 상이한 유형의 복지국가 개혁의 기회와 제약을 설명하는 데 도움을 얻기 위해 그리고 그것을 통해 복지국가 개혁의 원인에 대해 부분적으로나마 해답을 제시하는 데 도움을 얻기 위해 개방적·기능적 접근을 제시하고 그에 대해 살펴보았다. 이 장에서는 개방적·기능적 접근에서 결정적으로 중요한 마지막 단계를 도입하여 적용해 보고자 한다. 이 마지막 단계는 두 가지 이론에 기초한 것이다. 첫째의 이론은 전망이론인데 이것은 정치행위자가 정책표류를 방치하기보다 선거적 위험성이 있는 복지국가 개혁을 추진함으로써 객관적인 기능적 압력에 대응하고자 나서게 될 때 언제 그렇게 하게 되는지를 확인하는 데 도움을 준다. 전망이론은 위험조건 하에서의 의사결정 문제를 분석하는 데 특히 유용성이 있으므로(이에 대해서는, McDermott, 2004; Mercer, 2005; Vis, 2010: 6장 참조) 사회정책개혁에 관한 정책결정의 가장 중요한 부분을 밝히는 데 적용할 수 있다. 둘째의 이론은 비난회피이론非難回避理論, theory of blame avoidance으로서, 이것은 정치행위자들이 그들의 개혁노력이 초래할 수 있는 부정적인 선거결과를 회피하기 위한 시도를 어떻게 하는가를 설명해 줌으로써 기능적 압력과 복지국가 개혁을 연결시키는 인과기제를 밝히는 데 도움을 준다.

3
전망이론

전망이론은 "사회과학에서 선택을 설명할 수 있는 가장 영향력 있는 행동이론"(Mercer, 2005: 3)이라는 평가를 받기도 할 정도이지만, 정작 그 이론이 정치학 일반은 말할 것도 없고 비교정치론에서도 거의 영향을 발휘하지 못해 왔다는 것은 매우 흥미로운 현상이다(Wilson, 2011 참조). 전망이론은 정치행위자들을 항상 둘러싸고 있는 상황, 즉 위험 조건 하에서 의사결정을 해야 하는 상황을 다루는 데 특히 적합한 이론인데(Vis, 2011b), 그러한 전망이론이 주로(전적으로는 아니다) 국제 관계론 분야에서 시도된 몇몇 관심을 끄는 시도들(Weyland, 1996, 1998, 2002; Quattrone and Tversky, 2000; Bueno de Mesquita et al., 2001; Boettcber III, 2004; Taliaferro, 2004; Haerem et al., 2011; Perla Jr., 2011; 또한 Levy, 2003; Norman and Delfin, 2012도 참조)을 제외하고는 별 영향력을 발휘해 오지 못했다는 사실은 매우 놀라운 일이다. 그동안 경제이론을 많이 차용한 합리적 선택 제도주의 등의 정치학이론과 경제학 분야에서는 기대효용이론期待效用理論, expected utility theory을 주로 활용해 왔는데 이 이론은 실제 사람들이 위험과 불확실성이라는 조건 아래에서 어떤 선택을 하는가를 적절하게 예측하지 못하고 있다.

카너먼과 트베르스키(Kahneman and Tversky, 1979, 2000; Kahneman, 2011: 26장 참조)에 의해 발전되어 온 전망이론은 의사결정 과정을 있는 그대로 표현할 수 있는 기술記述모델descriptive model을 제시함으로써 기대효용이론이라는 규범적 모델의 대안이 되고자 한 것이다. 캐머러(Camerer, 2005: 129)에 따르면, 전망이론은 기대효용이론의 단순한 대안에 머무는 것이 아니라 그것을 훨씬 뛰어넘는 것이다. 즉, 그것은 "돈과 재화와 위험에 대해 생각함에 있어서의 지각적知覺的, perceptual 관점과 심리물리학적psychophysical 관점"을 제공해 주고 있다. 실험실적 상황에서, 기대효용모델의 예측과 어긋나는 행동을 일관되게 하는 사람은 상당수에 달한다. 기대효용이론과 전망이론 모두에서 사람들은 도박과 관련된 선택을 하게 되는데 이 경우 기대효용이론에서는 도박이 최종상태에 관련된 것으로 규정되는 반면, 전망이론에서는 그것이 준거점reference point으로부터의 일탈에 관련된 것으로 규정된다. 전망이론적 실험은 사람들은 자신들이 손실영역에 놓여 있다고 생각할 경우 위험한 대안을 선택할 가능성이 높아지며, 반면 이익영역에 있을 때에는 위험회피적인 태도를 보이게 된다는 사실을 밝혀내었다. 전망이론에서 볼 때, 위험인수성향은 개인의 안정적 특질이 아니어서 어떤 사람은 위험을 감수하는 체질을 타고 났고 또 어떤 사람은 항상 위험을 피하려고 하는 체질을 가지고 있다는 식으로 볼 수 없는 것이다. 물론 그렇다고 해서 사람에 따라 위험감수적인 태도 혹은 위험회피적인 태도의 강도가 달라질 가능성을 배제하는 것은 아니다(위험태도의 유전가능성에 관한 논의로는, Zhong et al., 2009 참조). 하지만 사람들이 인수하고자 하는 위험의 정도는 확실히 맥락(즉, 이익영역 또는 손실영역)으로부터 영향을 받는다. 사람들은 그들이 이익영역에 있는지 손실영역에 있는지를 판단하기 위해 준거점을 근거로 삼게 되는

데 이 경우 준거점은 대개 현상태status quo, 즉 현재 상황(이에 대해서는 뒤에서 다시 논의한다)이다. 사람들이 위험을 인수하고자 하느냐 여부는 그들이 어느 영역에 있다고 판단하는가에 의해서 결정되며 또 사람들이 인수하고자 하는 위험은 비대칭적이기도 하다. 사람들은 손실회피적loss-averse이기 때문에 "이익보다 손실을 더 크게 생각"(Kahneman and Tversky, 1979: 279)하며, "손실과 똑같은 크기의 이익이 주는 기쁨보다 손실이 주는 손해를 더 크게 느껴서"(McDermott, 2004: 298; Akalis, 2008도 참조) 대개 손실은 이익보다 2배 내지 2.5배 더 강하게 체감된다.

이제 (가상적) 가치함수를 가지고 전망이론의 초기 논리에 대해 살펴보자(〈그림 9-1〉 참조).[19] 여기서 "가치함수는 ① 준거점으로부터의 일탈로 정의되고, ② 일반적으로 이익에 대해서는 오목함수이고(그림에서 B), 손실에 대해서는 볼록함수이며(그림에서 A), ③ 이익보다는 손실에서 곡선의 기울기가 가파르다(Kahneman and Tversky, 1979: 279)."

〈그림 9-1〉은, 이익영역(즉, 그래프에서 준거점의 오른쪽 영역)에서 사람들이 이익(예컨대, 임금인상)에 부여하는 정적 가치(양의 점수)가 처음에는 빠르게 증가하지만 곧 그 증가속도가 둔화됨을 보여 준다. 이

---

19 트베르스키와 카너먼(Tversky and Kahneman, 2000)은 위험한 전망에 적용할 수 있을 뿐만 아니라 다른 무엇보다 복합적인 결과를 초래할 수 있는 불확실한 전망에도 적용할 수 있게끔 그들의 초기 전망이론을 이른 바 누적전망이론cumulative prospect theory이라는 것으로 확장하였다. 물론 아직 전망이론은 전략적 상호작용이나 집합행동에 적용하기가 어렵다는 한계를 안고 있기는 하다(Levy, 1997: 102-105; McDermott, 2004: 305 참조).

9. 정치인과 정부는 왜 그리고 어떻게 위험한 개혁을 추진하는가?

그림 9-1 가상적 가치함수

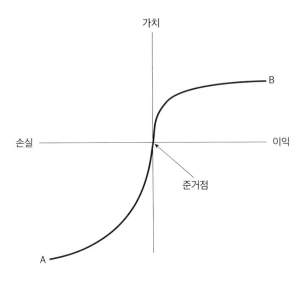

※ 출처: Vis and Van Kersbergen, 2007: 157; Kahneman and Tversky, 1979: 279에서 약간 수정한 것임.

는 사람들이 예컨대 1,000달러를 벌고 있다가(즉, 이 경우 준거점은 1,000달러이다) 100달러의 임금인상을 얻는 것이 3,000달러를 벌고 있다가(준거점이 1,000달러보다 훨씬 더 높다) 100달러의 임금인상을 얻는 것보다 더 큰 만족감을 갖게 됨을 의미한다. 임금수준이 올라갈수록 추가적인 1달러의 인상이 주는 만족효과의 크기는 감소하게 된다. 하지만 손실영역(그래프에서 준거점의 왼쪽 영역)에서 사람들이 손실(예컨대, 임금삭감)에 부여하는 부적 가치(음의 점수)는 이익에 부여하는 정적 가치보다 훨씬 더 빠른 속도로 증가한다. 이것은 동일한 크기의 이익이 주는 만족보다 동일한 크기의 손실이 주는 손해를 훨씬 더 크게 느

낀다는 것을 보여 준다. 나아가 손실영역의 그래프는 그 기울기가 그리 급속하게 완만해지지 않는다. 이는 사람들이 예컨대 1,000달러(준거점)를 벌고 있다가 100달러의 임금삭감을 당했을 경우 불만수준이 대단히 높을테지만, 3,000달러를 벌고 있다가 100달러의 임금삭감을 당한 사람의 불만수준은 1,000달러 벌던 사람에 비해 약간 더 낮을 수 있음을 의미한다. 임금수준이 높을수록 추가적인 1달러의 삭감이 주는 불만효과의 크기는 감소하지만 만족효과만큼 빠르게 감소하지는 않는다. 기대효용이론은 100달러의 임금인상이 주는 만족보다 100달러의 임금삭감이 주는 손해가 왜 더 크게 느껴지는지 그리고 손실은 이익이 주는 만족보다 왜 훨씬 더 오랜 기간 동안 상처를 주는지를 설명하지 못한다.

그러면 왜 기대효용이론의 예측에는 오류가 발생하는가? 그 이유로는 몇 가지를 생각해 볼 수 있다. 첫째는, '부정성 효과negativity effect'로서 이것은 한마디로 말해서 손실이 이익보다 더 크게 보이는 현상을 의미한다. 다시 말해서 부정성 효과란 "그 심각성이나 발생가능성의 면에서 부정적 정보와 다를 것이 없는 긍정적 정보가 있어도 그 긍정적 정보에 비해 부정적 정보를 더 중요시하는 현상"인 것이다(Lau, 1985: 119). 둘째는, '확실성 효과certainty effect'로서 이것은 "사람들이 단순히 가능성이 있는 결과보다는 확실하다고 생각되는 결과를 더 중요시하는 현상"을 의미한다(Kahneman and Tversky, 1979: 265). 카너먼과 트베르스키는 한 가지 실험을 하였는데 이 실험을 통해 그들은 771명의 실험참가자들에게 다음과 같은 두 가지 대안을 제시하고 둘

중 하나를 선택하게 하였다(대괄호 안에 있는 수치는 각 대안을 선택한 실험참가자의 비중이다).

A: 받을 것이 확실한 30달러 [78%]
B: 받을 확률이 80%인 45달러 [22%]

대안 B의 기대효용은 36달러(=0.8×45달러)로서 이것은 A의 기대효용 35달러보다 크다. 하지만 위에서 보듯이 실험참가자의 압도적인 다수는 도박보다는 확실함을 선택하였다.

셋째는, '반영효과reflection effect'로서 이것은 부정적 영역에서 형성된 선호의 순서가 긍정적 영역에서 형성된 선호의 순서를 반영하는 현상을 말한다. 이는 선택이 어떻게 구도화되는가가 선호가 어떤 순서로 서열화되는가에 중요한 영향을 미친다는 사실을 의미한다. 구도화構圖化, framing(혹은 구도설정構圖設定)란 "의사소통원源이 청중들에게 사회적 쟁점 또는 정치적 쟁점을 구성해 주고 규정해 주는 과정"이다(Nelson et al., 1997: 221). 따라서 의사결정구도는 "특정 선택과 관련하여 의사결정자가 행위와 결과 그리고 조건부확률(결과를 행위로 연결시킬 조건부확률)에 대해 가진 개념화"를 의미하는 것이다(Tversky and Kahneman, 1981: 453). 예컨대, 실업률이 10%인 상황에 직면했을 때 아마도 사람들은 실업문제를 해결하기 위한 다소 엄격한 정책이라도 그것을 수용하려 할 것이다. 하지만 동일한 상황을 긍정적인 용어로, 즉 취업자가 90%에 이른다는 식으로 재구도화하게 되면 그 경우 사람들이 취업률을 높이기 위한 엄격한 정책을 받아들일 가능성은 낮아질 것이다. 다시 말해서 동일한 사실을 다르게 구도화하게 되면 선호의 순서가 역전될 수 있다는 것이다(Quattrone and Tversky, 2000[1988]).

마지막으로 들 수 있는 것은 '현상유지편향status quo bias'의 효과인데 이는 사람들이 "현상태로부터 벗어나는 것이 주는 이익보다 그로 인한 불이익을 더 크게 생각하기 때문에 현상을 그대로 유지하려는 강한 성향"을 갖는 것을 말한다(Kahneman et al., 2000: 163). 실제로 현상유지편향은 준거점 편향reference point bias이라고 하는 것이 보다 타당하다. 준거점을 현상태로 해석하게 되면 준거점 편향은 항상 현상유지편향을 포함할 수 있다. "현상태가 준거점이 되는 경우 준거점 편향은 현상태를 안정화시키고 강화하는 것이 된다. 하지만 준거점이 현상태보다 선호되는 어떤 상태라면 준거점 편향은 현상태의 안정성을 교란하는 것이 될 것이다. 왜냐하면 준거점 편향은 현상태에 내재한 손실을 회피하기 위해 위험한 행동을 유도하는 경향이 있기 때문이다"(Levy, 2003: 223).

기대효용이론의 예측으로부터의 일탈이 나타나는 것은 무엇보다도 위에서 말한 요인들, 즉 손실회피성향, 현상유지편향(준거점 편향), 부정성 효과, 확실성 효과들이 결합하여 작용하기 때문이다(또한, Jones, 2001; Gilovich et al., 2002; Jervis, 2004; Weyland, 2006, 2012도 참조). 바론(Baron, 2010: 10)은 정치적 행위는 시장적 행위에 비해 의사결정의 편향에 노출될 가능성이 훨씬 더 크다고 주장하고 있다.

9. 정치인과 정부는 왜 그리고 어떻게 위험한 개혁을 추진하는가?

4
근본으로의 회귀: 전망이론적 선호의 기원

그러면 사람들은 왜 의사결정과정에서 그러한 편향을 보이는가?[20] 왜 우리는 탈러와 선스타인(Thaler and Sunstein, 2008)이 말한 경제인간 Econs, 즉 경제학 교과서에서 가르치는 바와 같이 완벽히 부합되고 결코 실패하는 일이 없게끔 사고하고 선택하는 인간이 되지 못하고, 의사결정에서 편견에 사로잡히고 그래서 교과서에서 말하는 표준에 가까이 다가가지도 못하는 그런 보통의 인간Humans이 되었을까? 진화생물학과 신경경제학에 기초한 연구결과들이 점점 증가하고 있는데 이들 연구들에 의하면 인간은 편향적 행동이 고착화되어 있기 때문에 스스로를 돕는 행동을 할 수가 없다는 것이다. 맥더모트 등(McDermott et al., 2008)은 전망이론적 선호는 진화론적 기원을 갖는다고 주장한다(또한, Camerer, 2005: 129; Rieger, 2009도 참조).[21] 위험민감적인 최적 수렵채집이론에 기반한 모델을 채택한 맥더모트 등은 손실영역에 있을 때(예컨대, 굶어죽을 상황에 처했을 때)에는 위험감수적 행동을 취하고 이익영역에 있을 때에는 위험회피적 행동을 취하는 것이 ① 생존확률을 극대화하기 위해 노력하는 사람들과 ② 풍요와 결핍이 다양하

---

20 이 절의 논의는 비스(Vis, 2011b)의 논의에 크게 의존한 것이다.
21 진화론적 정치학에 대한 개관으로는 로페즈와 맥더모트의 연구(Lopez and McDermott, 2012)를 참조하기 바란다. 맥더모트 등의 2008년 연구(McDermott, 2008)도 진화론적 정치학에 관한 연구의 한 예이다.

게 교차하는 환경에서 살 수밖에 없는 사람들에게 있어서 최적의 전략이 될 수 있음을 보여 주고 있다.

만일 "위험성향에 관한" 전망이론적 "경향이 인간의 진화론적 심리에 보다 깊이 내재한 것"이라면(McDermott et al., 2008: 336) 전망이론의 함의는 매우 광범위하고 심대한 것이다. 첫째, 그것은 인지적 편견(편향)이나 합리성으로부터의 일탈과 같은 것들을 극복하기는 대단히 어렵다는 것을 시사한다. 둘째, 그것은 첫째의 문제와 연관된 것인데, 사람들이 시간이 지나고 경험을 쌓아도 편견이나 비합리적인 행동을 하는 경향을 극복하는 데 필요한 교훈을 얻을 가능성이 그리 높지 않음을 시사한다(Harbaugh et al., 2001).

흰목꼬리감기원숭이와 같은 영장류를 대상으로 한 실험결과를 보면 행동상의 편향 ―예컨대, 손실회피적 성향 등― 은 인간에게만 한정된 것이 아님을 보여 준다(Chen et al., 2006). 흰목꼬리감기원숭이는 인간과 마찬가지로 나름의 분명한 선호를 가지고 있으며 이 선호는 그들이 도박적 상황(예컨대, 위험이 발생하는 상황 등)에 직면할 때 변화한다. 이 원숭이들을 대상으로, 사과 한 개를 먼저 주고 그 다음에는 두 개의 사과를 50:50의 확률로 주는 경우와 사과 두 개를 먼저 주고 그 다음에는 한 개의 사과를 50:50의 확률로 주는 경우의 두 가지 경우를 제시하는 경우 이들은 전자를 더 선호한 것으로 나타났다. 이 실험결과는 원숭이들도 손실(처음에 사과 2개를 얻었다가 나중에는 1개만 얻게 되는 상황)을 좋아하지 않음을 보여 준다. 질버베르그 등(Silberberg et al., 2008)은 첸 등Chen et al.의 실험설계에 문제가 있다고 주장하지만,

헤이든과 플라트(Hayden and Platt, 2009)의 실험은 인간과 원숭이의 의사결정행태가 놀라울 정도로 유사하다는 첸 등의 발견이 지지됨을 입증하고 있다. 이는 의사결정유형이나 의사결정에 관련된 편향들은 종種을 넘어 널리 나타남을 시사한다. 따라서 사람들이 전망이론에서 예측한 것과 일치하는 선택행위를 하는 것은 인간행동에서 상당히 고착화된 경향일 뿐만 아니라 손실회피성향과 함께 고대로부터 내려오는 인간선호의 본질적이고 진화론적인 특성이라고도 말할 수 있다. 그러한 특성은 원숭이와 인간의 공통조상이 갈라지기 전부터 발전되어 온 의사결정체계의 함수라고도 할 수 있는 것이다(Chen et al., 2006: 520).

전망이론이 예측하는 선호가 진화론적 기원을 갖는다는 사실을 보여 주는 이와 같은 결과들을 볼 때, 일부 연구에서 인간의 뇌 활동도 이익보다 손실에 더 민감한 것으로 나온 것은 결코 놀랄 일이 아니다 (Smith et al., 2002; Kuhnen and Knutson, 2005; Loewenstein et al., 2008: 652-655). 예컨대, 드 마르티노 등(De Martino et al., 2010)은 편도체 —뇌 부위의 하나— 를 손상당한 사람과 편도체扁桃體, amygdala에 손상이 없는 사람의 두 사람에 대해 진행한 실험결과를 기초로 편도체가 사람으로 하여금 손실회피경향을 갖게끔 하는 계산과정에서 중요한 역할을 한다는 사실을 보여 주었다. 다시 말해서 편도체는 손실회피적 행동을 하게 하는 신경구조라는 것이다. 하지만 드 마르티노 등 De Martino et al.의 연구결과는 그보다 초기에 톰 등(Tom et al., 2007)이 시도한 연구에서 나온 결과와는 상충한다. 톰 등Tom et at.은 어떤 두뇌 체계가 의사결정이 이루어지는 시점에서의 잠재적 손실 대 잠재적 이익(이른 바 결정효용decision utility)을 표상하는가를 보기 위해 기능자기공명영상법functional Magnetic Resonance Imaging; fMRI을 활용하였는데 이를 통해 그들은 잠재적 손실의 크기가 증가할 때 편도체는 어떠한 특별한 활동도 하지 않았음을 발견하였다. 일반적으로 편도체의 활동은 부정적인 감정적 반응(예컨대 두려움이나 불편함이나 긴장감 등)이 있을 때 발생하므로 톰 등의 연구결과는 손실회피와 관련해서는 편도체의 역할이 필요하지 않음을 보여 주는 것일 수 있다. 이 두 연구사례는 손실과 이익에 대한 사람들의 반응은 뇌 활동을 통해 추적 가능함을 보여 준다. 하지만 뇌 활동이 정확히 어떻게 일어나는지 그리고 어떤 신경구조가 관련되는지는 추가적인 연구를 통해 밝혀야 할 사항이다. 지금까지의 논의는 사람들이 전망이론의 예측대로 행동하는 경향이 매우 강하다는 점과 어쩌면 그러한 경향은 고착화된 것일 수도 있다는 점을 시사한다. 만일 전망이론을 예컨대 복지국가 개혁에서의 정치행위자들의 의사결정에 적용할 수 있다면, ―우리는 그렇게 할 수 있다고 주장한다― 이 절에서의 논의는 정치행위자들의 결정이 기대효용이론의 예측한 대로 이루어지지 않을 것임을 시사한다.

5
전망이론의 문제점과 경험적 사례

전망이론은 몇 가지 문제를 안고 있다. 가장 큰 문제는 준거점을 어떻게 결정할 수 있는가의 문제이다. 레비(Levy, 1997: 100)가 말한 것처럼, 전망이론은 "준거의존적 이론이지만 준거점에 관한 이론을 결여하고 있다." 이것은 선호의존적 이론이면서도 정작 선호에 관한 이론을 결여하고 있는 합리적 선택이론의 문제와 유사한 것이다. 전망이론이 행위자가 가진 구도가 무엇인지를 결정할 이론적 기반을 갖고 있지 못하기 때문에 연구자들은 "실제 일어난 선택으로 보고서 영역을 거꾸로 추론하고 그 추론된 영역을 근거로 다시 구도를 거꾸로 추론하는 후방 추론reason backwards의 유혹을 강하게 가진다.(Mercer 2005: 4 참조) 이것은, 보에처(Boettcher, 2004: 333)가 지적한 바와 같이, 전망의 구도화가 미치는 영향을 이해하기 위해서는 준거점을 확인하는 것이 매우 중요하다는 점에서 문제가 아닐 수 없다.

준거점을 결정하는 방법에는 여러 가지가 있어서 현상태를 준거점으로 정할 수도 있고 열망을 준거점으로 정할 수도 있고 또는 경험이나 유추 또는 정서를 준거점으로 정할 수도 있다(Mercer, 2005: 4). 그런데 복지국가의 경우에는 행위자가 손실영역에 있는지 아니면 이익영역에 있는지를 확정하기 위해 현상태를 준거점으로 설정하는 것이 타당할 수 있다. 그 이유는 첫째, 복지국가 개혁은 제도적 회복탄력성과 선거적 저항을 특징으로 하는 상황을 변화시키려는 것이기 때문이며, 둘째, 현상유지편향이 개혁을 추진하는 집단과 개혁에 의해 영향을 받는 집단 모두에게 적용되기 때문이다. 정교한 사례연구들과 비교연구들은 많은 대중들이 그들이 현재 알고 있는 그 상태의 복지국가에 대해 상당 정도의 지속적인 지지를 보내고 있음을 보여 준다(2장 참조).

전망이론이 안고 있는 둘째의 잘 알려진 문제는 구도화에 관해 보편적으로 인정되는 이론을 결여하고 있다는 것이다. 이런 이론이 결여된 대신 몇 가지 접근이 있는데 한 가지는 사회학적 접근으로서 이것은 예컨대 의사소통이론에서 널리 사용되고 있고, 다른 한 가지는 심리학적 접근으로서 이것은 카너먼과 트베르스키에 의해 개발된 것이다. 이들 각 접근은 구도화의 개념화 및 조작화에서 상당한 차이를 보인다(구도화에 관한 93개 학술논문에 대한 내용분석으로는 Borah, 2011 참조). 그 결과 전망이론은 정치행위자들이 언제 자신이 이익영역 혹은 손실영역에 있는지에 대해 판단하는 것을 어떻게 결정할 수 있는지 적절한 답을 제시하지 못하고 있다. 정치행위자가 어떤 경우에 이익영역 혹은 손실영역에 있다고 생각하게 되는지가 정해져야 그가 위험회피적일지 혹은 위험감수적일지를 결정할 수 있으므로 이 문제는 매우 중요하다. 구도화에 관한 형식역동이론을 개발한 카너(Kanner, 2005)의 시도와 상이한 구도화에 의해 누가 더 많은 혹은 더 적은 영향을 받는가를 결정하기 위한 캄과 시마스(Kam and Simas, 2010)의 시도에도 불구하고, 문제해결은 아직 요원한 상태이다. 하지만 그럼에도 불구하고 구도화가 중요하다는 인식이 복지국가연구에서도 점차 증가하고 있으며 이는 특히 개혁정치에서의 담론과 구상의 역할에 관한 슈미트(Schmidt, 2002)의 연구에 힘입은 바 크다(또한, Kuipers, 2006 및 본문의 6장도 참조).

이러한 문제들 외에 다른 쟁점들도 있다. 그중의 하나는 전망이론이 집단행동이나 전략적 상호작용을 적절히 다룰 수 있는가 하는 쟁점이다. 이와 관련해서는 명확한 해답이 없지만, 합리적 선택이론에서와 유사하게 단일행위자 가정이 정당화될 수 있다는 주장이 있다(Levy, 1997: 102)(물론 이 경우 그 가정의 타당성이 경험적으로 증명될 수 있다는 조건이 충족되어야 한다). 이 주장에 따르면 전망이론은 집단행동에도 적용할 수 있는 것이 된다. 실험연구에서의 증거에 의하면, 짝을 이루어 실험에 참여한 사람들은 그렇지 않은 사람들과 거의 동일한 방식으로 —즉, 손실영역에서 위험감수적 결정을 하고 이익영역에서 위험회피적 결정을 하는 식으로— 기대효용이론의 예측을 위배한다는 것이 밝혀졌다. 이것은 전망이론의 핵심적인 내용이 집합적 의사결정에까지 확장되어 적용될 수 있음을 시사하는 결과이다. 뿐만 아니라, 웨일랜드(Weyland, 2002)의 연구는 전망이론적 접근이 지도자와 시민들 간의 전략적 상호작용에 어떻게 적용될 수 있는지에 관한 사례를 제시하고 있다. 전망이론을 비난회피이론과 연결시키려는 우리들의 시도는 전망이론을 집합행동에 적용하려는 또 하나의 방법이다(이 시도에 대해서는 뒤에서 다시 살펴본다). 하지만 그럼에도 불구하고 전망이론을 집단의 의사결정에 적용할 수 있는가에 관한 최종판단은 유보적이다. 왜냐하면 쿠글러 등(Kugler et al., 2012)의 고찰에 의하면 집단은 흔히 개인보다 합리성 가정에 따라 행동하는 경향이 더 강하기 때문이다.

전망이론에 대한 지금까지의 고찰은 우리들에게 정책결정자들은 그들이 이익영역에 있다고 생각하는 한, 다시 말해서 현재의 상황이 아직 용인할 만하고 견딜만한 것이라고 생각하는 한 위험을 회피하려 한다는 것을 알려 준다. 베레예키안(Berejekian, 1997: 793)의 용어로 말하면, 전망이론은 개혁정치의 주요 의사결정자로서의 정부에 대한 두 가지 예측을 하게 한다. 첫째, 정부는 현상 유지가 이익이라고 생각할 경우 그리고 ① 현상 유지(개혁을 추진하지 않음)라는 대안과 ② 긍정적인 기대효과(예컨대, 선거에서의 승리) 및 그 기대효과보다 다소 작은 크기의 손실위험(선거승리보다 더 작은 확률의 선거패배)을 가진 약간의 도박(개혁을 추진함)이라는 대안의 두 가지 선택지에 직면할 경우, 현상 유지(현재 상태가 용인할만하다)라는 확실성의 대안을 선택한다. 둘째, 정부는 현재의 상황이 정부에게 손실이라고 간주할 경우 그리고 ① 현상 유지(개혁을 추진하지 않음)라는 대안과 ② 추가손실이라는 기대효과 및 그 추가손실보다 더 작은 확률의 개선전망(기대손실보다 더 작은 크기의 선거보상)을 가진 도박(개혁을 추진함)이라는 대안의 두 가지 선택지에 직면할 경우, 도박을 선택한다. 정부는 그가 이익영역에 있다고 생각할 경우 절대적 이익(확실한 이익)을 추구하고 위험한 개혁노력에 관여하지 않으려 하지만, 손실영역에 있다고 생각할 경우에는 상대적 이익을 추구하며 개혁의 위험을 감수할 가능성이 커진다(Berejekian, 1997: 789).

웨일랜드(Weyland, 1996)의 논의를 따라, 동일한 추론이 유권자들과 이익집단, 혹은 대중 전체에 대해서도 적용될 수 있다. 첫째, 유권자들은 그들의 현재 상황이 이익이라고 생각할 경우(즉, 현재의 복지수준이 용인할 만한 수준이라고 생각할 경우) 그리고 ① 현상 유지(개혁 없음)라는 대안과 ② 긍정적 기대효과(더 높은 수준의 복지) 및 그 기대효과보다 작은 손실(기대이익보다 작은 크기의 복지손실)을 가진 다소간의 도박

(개혁 추진)이라는 대안의 두 가지 선택지에 직면할 경우, 현상유지라는 확실성 대안을 선호한다. 둘째, 유권자들은 현재 상황을 손실이라고 생각할 경우(즉, 현재의 복지수준이 용인할 만한 수준이 아니라고 생각할 경우) 그리고 ① 현상유지(개혁 없음)라는 대안과 ② 추가손실(복지수준의 추가적 하락)이라는 기대효과 및 그보다 작은 크기의 개선전망(기대손실보다 작은 복지향상)을 가진 다소간의 도박(개혁 추진)이라는 대안의 두 가지 선택지에 직면할 경우, 도박을 선호한다.

〈표 9-1〉은 이 추론의 논리적 귀결을 제시한 것이다. 첫째, 정부는 정부가 처한 현재의 상황이 손실이라고 판단하는 경우(〈표 9-1〉에서 I번 칸과 II번 칸에 있는 경우)에만, 선거에서 위험한 결과가 나올 수도 있는 복지국가 개혁('도박')을 추진한다. 둘째, 정부가 개혁을 추진할 경우 그것은 두 가지 경우로 나뉠 수 있다. ① 한 가지는 유권자들이 개혁친화적이어서 다시 말해서 유권자들이 그들 스스로를 손실영역에 있다고 생각하고 있어서 개혁의 추진이 상대적 쉬운 경우이며(II번 칸), ② 다른 한 가지는 유권자들이 개혁에 적대적이어서 다시 말해서 유권자들이 그들 스스로를 이익영역에 있다고 생각하고 있어서 개혁의 추진이 상대적으로 어려운 경우이다(I번 칸). 셋째, 정부가 그 스스로를 이익영역에 있다고 판단할 경우 정부는 위험한 개혁을 추진하지 않는다. 넷째, 정부가 개혁을 선호하지 않을 경우 그것은 다시 두 가지 경우로 나눌 수 있다. ① 한 가지는 유권자들도 현재 상황을 이익이라고 생각하고 있어서 갈등이 일어나지 않는 경우(III번 칸)이며, ② 다른 한 가지는 유권자들은 현재 상황을 손실이라고 생각하고 있어서 정부와 갈등

표 9-1 유권자 및 정부의 영역, 위험태도, 그리고 비난회피 필요성

		정부	
		손실영역 (현상유지 −/−)	이익영역 (현상유지 +)
유권자	이익영역 (현상유지 +)	Ⅰ (위험회피, 위험감수) 갈등: 정부는 개혁을 원하지만 유권자들은 개혁에 반대	Ⅲ (위험회피, 위험회피) 갈등 없음: 정부와 유권자 모두 개혁을 원치 않음
	손실영역 (현상유지 −/−)	Ⅱ (위험감수, 위험감수) 갈등 없음: 정부와 유권자 모두 개혁을 원함	Ⅳ (위험감수, 위험회피) 갈등: 유권자들은 개혁을 원하는 반면 정부는 개혁을 반대

※ 주: 괄호 안에 있는 위험태도에서 앞의 것이 유권자의 태도임.
※출처: Vis and Van Kersbergen, 2007: 160.

이 발생하는 경우(Ⅳ번 칸)이다.

이와 같은 이론적 논지를 따른다면, 정부의 위험태도에 영향을 미치고 나아가 대중적 인기가 없고 그래서 평소 같으면 추진할 생각조차 하지 않았을, 선거의 측면에서도 위험한 개혁을 기꺼이 추진하게끔 하는 것은 바로 정부가 처한 영역의 변화라 할 수 있다. 이와 관련된 이론적 기제를 두 가지 사례를 들어 살펴보자. 첫째는 이탈리아의 개혁 경험인데, 이 사례는 그 이전 수십 년 동안 아무런 움직임도 없다가 1990년대에 들어 갑자기 개혁활동이 봇물 터지듯 터져 나온 대단히 설명하기 어려운 사례이다. 둘째는 독일의 최근 복지국가 개혁 사례로서, 이것은 노동시장현대화에 관한 법률의 제4단계 법률인데 흔히 하르츠Hartz Ⅳ로 더 많이 알려져 있다.

페레라와 구알미니(Ferrera and Gualmini, 2004)는 이탈리아에서

개혁활동이 예기치 못하게 폭발적으로 발생한 것에 대해 그것은 유럽의 경제통화동맹Economic and Monetary Union; EMU의 진입기준이라는 압력 하에서 일어난 제도적·정치적 학습과정의 일환으로 발생한 것이었다고 설명한 바 있다. 하지만 우리는 다양한 경험적 자료들을 볼 때 이탈리아의 개혁경험은 그것을 전망이론으로 설명하는 것이 더 좋은 설명을 제공할 수 있다고 본다.

이탈리아가 경제통화동맹을 향한 마스트리히트 조약에 참여하기로 결정한 것은 매우 위험한 결정이었는데 왜냐하면 당시 이탈리아는 정치개혁을 추진할 역량이 부족하였으며 재정상황도 불안정하였기 때문이다(Ferrera and Gualimini, 2004: 66). 또한 이탈리아가 경제통화동맹이 설정한 엄격한 기준을 충족할 가능성도 매우 낮았다는 점에서도 그 결정은 위험한 것이었다. 이탈리아는 1992년에 재정적자가 GDP의 10.7%였기 때문에 그것을 GDP의 3%로 낮춘다는 것은 불가능한 것으로 보였다. 또한 이탈리아의 국가채무는 1992년에 이미 GDP의 110%나 되는 상태였기 때문에 이를 GDP의 60% 수준으로 낮춘다는 것 역시 비현실적인 목표로 보였다(Ferrera and Gualimini, 2004: 14). 그럼에도 불구하고 경제통화동맹에 참여할 자격을 갖출 수 있게끔 과감한 조치를 취하는 것이 이탈리아에게 '합리적인' 선택인 것으로 간주되었다. 이미 1990년대 초의 정치위기와 통화위기는 정치인들에게 고통스러운 교훈을 알려준 바 있다. 1992-93년에 금융시장은 이탈리아의 통화인 리라를 공격하였으며 이로 인해 리라는 큰 폭으로 평가절하되었고 이탈리아는 유럽통화제도로부터 탈퇴할 수밖에 없었다. 페레라와 구알미니(Ferrera and Gualimini, 2004: 24)는 이탈리아 정부가 직면한 선택을 다음과 같이 서술하고 있다.

> 1999년이라는 시한이 다가옴에 따라, 경제통화동맹이라는 새로운 클럽에의 진입이 거부된다면 그것은 국제금융시장이 주도한 높은 벌칙에서 비롯되리라는 것이 분명해졌다. 따라서 실제 남은 선택지는 경제통화동맹의 기준에 맞춘 조정을 하느냐 아니면 현상유지를 택하느냐라는 두 가지가 아니라 경제통화동맹의 기준에 맞춘 조정을 하느냐 아니면 크게 실패하느냐의 두 가지였다. 사람들은 잠재적인 정합整合의 결과(기준에 맞추어 조정하고 진입하는 것)와 부합負合의 결과(조정하지 않거나 불충분하게 조정하고 진입하지 못하여 모두에게 큰 손실이 초래되는 것)를 놓고 선택을 해야 했다. 전자의 결과를 따르는 경로, 즉 경제통화동맹의 기준에 맞추어 조정을 하고 경제통화동맹에 진입하는 경로가 선택된 데에는 진입실패로 인한 손실의 영향이 즉각적으로 나타나기 시작했다는 사실, 즉 1995년에서 1997년 사이에 경제통화동맹 후보국가들(특히 경제력이 약한 후보국가들)의 환율과 이자율이 국제신용평가기관들이 평가한 진입확률과 밀접히 연관되게 되었다는 사실이 크게 작용하였다. … 정치적 위기와 연금개혁을 둘러싼 협상의 교착 등으로 경제통화동맹에의 진입 가능성이 낮았는데(실제로 그 가능성은 하락하고 있었다) 이로 인해 환율과 이자율 모두에 큰 손실이 발생하였다.

이로 인해, 페레라와 구알미니에 따르면, 이탈리아 정부는 ① 개혁 거부 혹은 개혁의 불충분한 추진으로 인한 부합負合의 결과(이는 큰 손실을 초래한다)라는 대안과 ② 개혁추진이라는 정합正合의 결과(경제통화동맹의 기준에 맞춘 조정을 하고 경제통화동맹에 가입하기)라는 대안의 두 가지 대안에 직면하게 되었다. ③ 현상유지(개혁거부)냐 ④ 개혁이냐(즉, 경제통화동맹에의 진입을 시도하느냐)는 더 이상 대안이 아니게 되었다. 위의 대안 ①과 대안 ②를 놓고 볼 때, 선거승리라는 관점에서의 합리적 선택은 대안 ②를 택하는 것이다. 대안 ②는 이익을 가져다 줄 가능성이 있지만 대안 ①은 확실히 손해가 되기 때문이다. 따라서 이런 추론의 논리적 귀결은 이탈리아 정부가 1990년대에 과감한 개혁을 추진하였는데 이는 그렇게 하는 것이 합리적이었기 때문이라는 결론으로 나타난다.

위의 주장이 직관적으로 설득력이 있고 또 설명력도 갖춘 것처럼 보이지만 그럼에도 불구하고 실제로 1990년대 이탈리아 정부가 직면했던 선택지는 페레라와 구알미니가 제시한 대안 ①과 ②와는 다른 것이었다. 좀 더 구체적으로 말하면, 페레라와 구알미니는 급진적인 개혁을 추진하는 데 따르는 위험을 과소평가하였다. 당시 이탈리아 정부가 직면했던 대안은 다음과 같은 것이었다. 하나의 대안은 위에서 본 대안 ①과 유사한 것(대안 ⑤)이지만 우리는 이를 약간 다르게, 즉 확실한 손실을 의미하는 개혁거부로 정식화하고자 한다. 또 다른 대안은 위에서 본 대안 ②와 유사한 것(대안 ⑥)이지만 이 대안은 두 가지 결과로 나눌 수 있기 때문에 역시 약간 다르게 정식화하고자 한다. 두 가지 결과 중 한 가지는 개혁이 성공하지 못하여 경제통화동맹에의 가입이 주는 혜택이 수확되지 못하고 정부(집권정당)는 실패한 개혁으로 인해 선거에서 엄청난 보복을 당하는 경우(결과 ⑥A)이다. 다른 한 가지는 개혁이 성공하고 경제통화동맹 가입의 혜택이 수확되지만 기존의 복지수급권에 대한 강한 애착을 가지고 있는 유권자들이 인기 없는 개혁 조치를 취한 정부(집권정당)에 대해 여전히 선거에서 보복을 가하는 경우(결과 ⑥B)이다. 대안 ⑤와 대안 ⑥ 간의 차이는 대안 ⑤에서의 손실은 확실하지만 대안 ⑥에서의 손실은 불확실하다는 것이다. 1990년대 당시 이탈리아 복지국가의 '경직성'과 경제상황을 감안하면, 결과 ⑥A가 나타날 가능성이 결과 ⑥B보다 훨씬 더 높았다고 볼 수 있다. 결과 ⑥A에서의 손실은 결과 ⑥B에서의 손실보다 더 크다는 것도 쉽게 알 수 있다. 또한, 대안 ⑥에서는 표를 잃을 수도 있다는 점을 감안하면, (잠재적) 손실의 총량은 대안 ⑥이 대안 ⑤보다 더 크다고 가정하는 것이 합당하다고 볼 수 있다. 이 경우 합리적 행위자는 개혁이라는 '도박'을 선택하기보다 손실을 감수하고자 할 것이다.

따라서 이탈리아 정부가 직면했던 대안을 올바르게 제시하더라도 다시 말해서 대안 ⑤와 대안 ⑥으로 제시하더라도 합리적 선택 접근은 당시의 이탈리아 정부가 그처럼 급진적인 개혁을 왜 추진했는지를 예측하지도 못하고 설명하지도 못하는 것이다. 하지만 이탈리아 정부가 실제로 행한 수수께끼처럼 보이는 선택이야말로 우리들이 제시한 전망이론적 접근을 통해 예측할 수 있는 선택이다. 당시 이탈리아 정부는 일차적으로 이탈리아 경제와 노동시장의 불안정성으로 말미암아 손실영역에 놓여 있었다. 재정적자와 국가채무, 이자율, 장기실업률, 청년실업률 등은 모두 유럽연합 평균을 크게 웃돌고 있었다. 생산성 하락과 노동비용 증가, 서비스 부문에서의 경쟁력 약화와 같은 것들(Ferrera and Gualimini, 2004: 66)은 도저히 용인할 수 없는 것이었는데 특히 경제통화동맹의 회원국이 되려는 목표에 비추어 보면 더욱 그런 것이었다. 따라서 정부가 손실영역에 위치해 있었기 때문에 정책결정자들은 위험감수적인 태도를 취하게 되었고 따라서 위험한 개혁프로젝트가 과감히 추진되었던 것이다.

마찬가지로, 독일의 2004년 복지국가 개혁인 노동시장 현대화에 관한 법률의 4단계 법률, 즉 하르츠IV 역시 전망이론의 통찰에 의거하여 설명할 수 있다. 이 개혁의 핵심은, 실업부조제도Arbeits-losenhilfe와 사회부조제도Sozialhilfe를 하나의 자산조사제도Arbeitslosengeld II; ALG II로 통합한 것이다. 실업부조ALG의 소진 후 최장 2년까지 연장급여를 지급하는 등의 경과조치에도 불구하고(ISSA 2006, 3326호), 이 조치로 인해 이전의 실업부조를 받던 대부분의 실업자들은 급여의 삭감에 직면하게 되었고 취업한 파트너를 둔 실업자는 수급자격을 상실하는(자산조사가 더 엄격해졌기 때문에) 상황을 맞이하게 되었다. 나아가 적합한 일자리의 개념도 크게 변경되어, ALGII 신청자들은 합법적인 취업제안이면 그것이 무엇이든 원칙적으로 그 제안을 받아들이게끔 강제하게 되었다.

하르츠 개혁은 대중적 지지를 받지 못하였다. 노동조합과 사회민주당의 일부 분파 그리고 시민들(특히 舊동독지역의 시민들)이 반대하였다(Fleckenstein, 2008). 시민들의 저항은 2004년 구동독지역에서 발생한 이른 바 월요시위Montagsdemonstrationen에서 극명하게 표출된 바 있었으며 또한 사회민주당에 대한 처참한 지지율을 기록한 몇 차례의 여론조사 그리고 몇 차례의 주州 선거에서 사회민주당이 당한 완패에서도 나타난 바 있었다(Clasen, 2005; Helms, 2007). 전망이론의 관점에서 볼 때, 독일의 이와 같은 상황은 당시 개혁을 추진한 집권정당(사회민주당)이 스스로를 손실영역에 위치한 것으로 다시 말해서 〈표 9-1〉의 II번 칸 또는 이론적·경험적으로 좀 더 가능성이 높은 것으로는 I번 칸에 있는 것으로 판단하였음을 시사한다고 볼 수 있다. 또한 전망이론은 이전 내각의 기간(슈뢰더Schröder 수상의 첫 집권 기간)은 집권정당이 이익영역에 있었던 기간이었음도 시사한다. 전망이론에 의하면, 이익영역으로부터 손실영역으로의 전환으로 인해 정부의 위험태도가 변화하고 그로 인해 대중적으로 인기가 없고 따라서 위험한 개혁을 추진하게 되었다는 것이다. 이제 하르츠 개혁이라는 사례에서 전망이론의 이와 같은 가설이 얼마나 지지될 수 있는지 좀 더 자세히 살펴보자.

슈뢰더 수상의 제1기 내각은 정치적 입지로 보나 사회경제적 상황으로 보나 상대적으로 유리한 처지, 즉 이익영역에 있었다(Vis, 2010: 〈표 A3〉 및 〈부록 C〉 참조). 사회민주당은 1998년 선거에서 주로 기독교민주당을 패퇴시키며 승리를 거두었다. 이 선거 결과는 적록동맹赤綠同盟을 실현하라는 분명한 메시지를 주는 것이었다. 몇몇 주州 선거와 유럽의회 선거에서의 패배와 같은 얼마간의 곤경에도 불구하고, 슈뢰더 수상의 첫 재임기간 동안 사회민주당과 녹색당의 정치적 입지는 상당히 양호한 편이었다. 이러한 사정은 사회경제적 상황에서도 나타났다. 실업률이 높았지만(평균적으로 약 8%였다) 안정적이었다. 실업률이 높다는 사실 자체로 인해 위험감수적 행동이 유발되는 것이 아니라 실업으로 인해 상황이 악화될 때 그것이 위험감수적 행동을 유발한다는 점을 감안할 때, 슈뢰더의 제1기 내각 시기에 사회경제적 상황은 그리 취약한 것이 아니었다고 할 수 있다. 또한 제1기 내각 3년 동안 경제성장률은 1%를 족히 넘는 수준이었다. 그 기간의 마지막 연도에 경제성장률은 거의 0%에 가까울 정도로 하락하였다.

제2기 슈뢰더 내각의 정치적 입지는 제1기 내각 시기와 상당히 달랐고 이는 사회경제적 상황에서도 마찬가지였다(Vis, 2010: 〈표 A3〉 및 〈부록 C〉). 먼저 정치적 입지를 보면 사회민주당과 녹색당의 연립정부는 연방의회Bundestag에서 간신히 과반을 이루고 있었다. 이라크 전쟁과 선거준비기간에 발생한 구동독지역의 홍수가 없었더라면 결코 과반을 달성하지 못했을 것이다. 녹색당은 지지표의 면에서 성공을 거두었지만 녹색당보다 훨씬 큰 사회민주당은 2.4%의 지지표를 상실하였다. 정부의 정치적 입지는 정부가 독일복지국가에 대한 광범위한 개혁계획인 '의제 2010'(Agenda, 2010)을 발표하면서 더욱 악화하였다. 이 개혁 계획은 선거운동기간에는 발표되지 않았는데 이로 인해 유권자들은 개혁 계획에 관해 충분한 정보를 제공받지 못했다고 생각하게 되었다. 사회경제적 상황도 좋지 못했다. 2003년에 독일 경제는 0.2% 마이너스 성장을 기록하였으며 실업률은 더욱 올라 2002년에 4백만 명이던 실업자가 1년 뒤에 450만 명으로 늘어났다. 이와 함께 고용률은 10년 만에 최저치로 떨어졌다(Clasen, 2005: 74).

이익영역으로부터 손실영역으로의 전환이 슈뢰더의 두 번째 재임 기간에 추진된 하르츠 개혁을 설명하는 데 도움이 될 것인가? 개혁에 이르는 과정을 분석해 보면 이 질문에 대한 답은 긍정적이다. 우선, 영국의 토니 블레어(Tony Blair) 수상과 슈뢰더 수상이 1999년에 발간한 '제3의 길/신新중도Third Way/Die Neue Mitte'(Blair and Schröder, 1999)에 근거해 볼 때, 슈뢰더 수상은 그의 첫 재임기간 중에 개혁을 하기를 원했다고 가정하는 것이 타당한 것 같다. 하지만, 제1기 내각 기간 동안, 사회민주당 내의 현대화론자들 —슈뢰더 자신이 이 분파의 수장이었다— 이 개혁의 필요성을 노동조합의 지지를 받고 있던 전통주의자들에게 설득하는 데 실패하였다. 일부 연구자들에 따르면, 슈뢰더가 개혁을 설득하는 데 실패한 원인의 적어도 일부는 당시에는 아직 문제압력이 그리 강하지 않았다는 데에 있었다는 것이다(Clasen, 2005: 72; Dyson, 2005). 전망이론에서 도출된 통찰에 근거하면, 슈뢰더가 무언가의 개혁조치가 필요하다는 것을 사회민주당 의원들에게 그리고 노동조합에게 설득하지 못했던 것에 대한 보다 분명한 예측을 할 수 있다. 사회민주당 내의 현대화론자들은 현상태가 더 이상 유지되기 어렵다고 생각하고 있었지만, 사회민주당 내의 전통주의자들과 노동조합은 현상태를 유지하기를 원하고 있었다. 후자, 즉 전통주의자들과 노동조합은 자신들이 이익영역(〈표 9-1〉의 III번 칸)에 있다고 생각하고 있었으며 따라서 개혁추진에 부수되는 선거위험을 감수하지 않으려 하였다. 슈뢰더를 비롯한 현대화론자들은 일찍부터 손실영역(〈표 9-1〉

9. 정치인과 정부는 왜 그리고 어떻게 위험한 개혁을 추진하는가?

의 I번 칸)에 있다고 판단하고 있었지만, 정부 내의 다수의견은 현상유지를 지지하는 쪽이었다.

상황, 즉 영역은 사회경제적 조건의 악화와 이른 바 취업알선 스캔들이라는 두 가지 요인으로 인해 변화하였다(Leibfried and Obinger, 2003: 213-214; Clasen, 2005; Fleckenstein, 2008; Stiller, 2010: 6장 참조). 취업알선 스캔들은 2002년 초에 발생한 사건으로 실업자들 가운데 연방고용청Bundesanstalt für Arbeit에 의해 성공적으로 재취업한 실업자의 통계치를 조작한 사건을 말한다. 이 스캔들은 기존의 체계가 적절히 기능하지 못하고 있음을 분명하게 보여 주었으며, 사회민주당 내 전통주의자들과 노동조합에 대해서도 현상유지가 더 이상 '최선'의 대안이 아닐 수 있음을 알려 주었다. 실업률의 지속적인 증가도 무언가 조치가 필요하다는 인식으로 이어졌다. 급진적인 개혁이 필요했다는 점을 생각하면, 사회민주당은 "무엇보다 개혁으로 인해 발생할 갈등을 이겨낼 결단을 조직했어야 했지만 당시 사회민주당은 그 일에 직접적으로 나서지 못하였다."(사회민주당 의원과의 면담, 2005. 1. 25., Stiller, 2010: 145에서 재인용) 전망이론의 용어로 말하면, 당시 사회민주당은 개혁을 추진하는 데 따르는 위험을 감수했어야 했고 그것을 위해서는 영역전환이 필요했던 것이다. 실제로 그 뒤의 상황은 그렇게 전개되었다. 정부가 처한 영역은 슈뢰더의 첫 재임기간에는 이익영역이었지만 두 번째 재임기간에는 손실영역으로 변화하였다. 선거에서의 패배가능성에도 불구하고 그것을 감수하고 기꺼이 개혁을 추진하게끔 한 것은 정부의 위험태도 변화였다.

복지국가 개혁의 도전과 응전

하르츠 개혁의 추진에 관한 설명은 기존에 클라센(Clasen, 2005)이나 플레켄슈타인(Fleckenstein, 2008), 슈틸러(Stiller, 2010) 등이 제시한 설명을 보완한다. 전망이론적 설명의 장점은 그것이 시간과 공간의 제약을 받지 않는다는 데 있다. 구체적인 특정 개혁에 대한 설명은 흔히 그 개혁 사례의 특수성에만 초점을 맞추는 경향이 있다. 특수성에 초점을 맞추는 접근은 특정 개혁의 진행과정에 대한 심도 있는 이해를 도모하는 데 적절한 것이긴 하지만, 우리가 제시한 전망이론적 접근은 보다 일반화된 그러면서도 구체성을 유지하는 접근을 가능케 한다. 하르츠 개혁 사례는 영역전환이 독일정부의 위험태도의 변화와 그에 따른 개혁을 가져온 주된 요인이었음을 잘 보여 준다(Vis, 2010).

결론적으로, 전망이론은 우리들에게 선거정치적 위험성을 가진 복지국가 개혁이 추진될 수 있게 하는 필요한 조건은 정부가 자신의 처지를 손실영역(〈표 9-1〉의 I번 칸과 II번 칸)에 있는 것으로 판단해야 한다는 것임을 알려 준다. 이런 점에서 전망이론은 정부가 왜 위험한 개혁을 추진하는지에 관한 설명, 즉 제도주의적 접근으로는 설명하기 어려웠던 경험적 사실에 대한 설명을 제공해 주는 것이다. 따라서 전망이론은 어떤 조건에서 정치행위자들이 그들의 구상에 따라 행동하게 되는지 그리고 기능적 압력에 대처하는 데 '필요한' 개혁을 추구하게 되는지 그 조건을 밝혀 준다. 뿐만 아니라 전망이론은 복지국가 개혁이 성공적일 수 있는 조건이 무엇인지에 대해서도 알려 준다. 그것은 유권자들이 정부와 마찬가지로 손실영역에 있다고 판단하고 있어서 개혁의 위험을 기꺼이 감수하고자 하는 경우(〈표 9-1〉의 II번 칸) 또는 이익영역에 있다고 생각하는 유권자들의 개혁에 대한 저항을 정부가 극복할 수 있는 경우(〈표 9-1〉의 I번 칸)이다. 후자(I번 칸)의 경우 정부가 개혁에 대한 저항을 어떻게 처리할 것인가의 문제가 해결되어야 한다. 그러면 개혁을 추진해야 할 기본적인 명분(손실영역에 위치한다는 사실)과 결과(위험한 복지국가 개혁을 추진하게 된다는 사실)를 연결하는 인과기제는 무엇인가? 이 인과기제를 확인하기 위해 비난회피이론에 대해 살펴보자.

6
복지개혁의 인과기제

우리는 전망이론에 기초하여, 정치행위자들은 그들이 손실영역에 있다고 간주할 경우에만 위험한 개혁프로젝트를 추진한다고, 즉 다시 말해서 자신들이 손실영역에 있다고 판단할 경우에만 개혁을 압박하는 '객관적인' 기능적 압력에 대응하게 된다고 주장하였다. 나아가 복지국가 개혁은, 유권자들도 그들이 손실영역에 있다고 판단하고 있거나 또는 이익영역에 있다고 생각하는 유권자들의 개혁저항을 정부가 극복할 수 있다면 성공할 수 있다고 추론하였다.

　유권자들과 관련하여 어떤 맥락에서는 유권자들이 위험감수적인 태도를 취하게 된다고 가정할 수 있다(〈표 9-1〉의 II번 칸의 경우처럼). 웨일랜드(Weyland, 1996)는 라틴 아메리카의 급진적인 경제개혁에 관한 연구에서 흥미로운 설명을 제시하고 있다. 그는 "어떤 이익 또는 손실이 지배계급과 시민들에게 가장 크게 느껴졌는가?"를 질문하면서 (190), 먼저 일반시민들에게는 소득이 가장 주된 경제적 관심사일 것이라고 가정한다. 그러면서 웨일랜드는 라틴 아메리카에서는 "통제 불능일 정도로 마구 치솟는 인플레이션이 가장 큰 위협이어서 이것은 엄청난 수의 사람들을 일시에 손실영역으로 몰락시킨다. 이 몰락의 과정이 너무나도 급작스럽기 때문에 사람들은 스스로의 기대수준을 낮출 여유조차 가질 수 없으며 자신들이 이익영역에 있는지 손실영역에 있는지를 판단하는 데 기준이 되는 준거점을 다시 생각할 여유조차 가질 수 없을 정도이다(190)." 선진 복지국가에서는 일반시민들의 주 관심사가 엄청난 인플레이션이 아니라 물리적 안정과 사회적 안정(사회보장)이다. 하지만 선진 복지국가에서는 보통사람들 사이에서 복지국가에 대한 지지가 높고 강고하기(2장 참조) 때문에 그리고 복지국가의 지속적인 존속에 대한 직접적인 위협이 없기 때문에, 유권자들이 그들의 현재 상황을 손실이라고 생각할 가능성은 거의 없다. 그 결과 정부는 스스로를 손실영역에 있다고 판단하는 반면, 유권자들은 스스로를 이익영역에 있다고 판단하는 상황이 초래된다. 이로 인해 개혁에 따르는 위험, 예컨대 선거패배와 같은 위험을 최소화할 수 있는 전략의 필요성이 커진다.

정당정치적 의사결정에 관한 문헌에서는 정책결정을 촉진하는 세 가지 종류의 동기가 거론되는데 그것은 ① 공적주장, ② 우수정책, ③ 비난회피이다(Weaver, 1986: 372). 여기서 우리가 초점을 두는 맥락,

9. 정치인과 정부는 왜 그리고 어떻게 위험한 개혁을 추진하는가?

즉 유권자가 아니라 정부가 손실영역에 있다고 판단하고 따라서 개혁의 성공을 위해서는 유권자들의 개혁저항을 극복해야 하는 맥락에서는, 위의 세 가지 정책결정동기 가운데 비난회피가 가장 적절한 동기이다. 위와 같은 맥락에서 정부는 비난회피전략을 추구할 가능성이 가장 높은데 왜냐하면 그 전략이야말로 정부로 하여금 그것이 설정할 수밖에 없는 —왜냐하면 정부는 손실영역에 있기 때문에— 목표(즉, 개혁)를 성공적으로 이루게끔 도움을 주면서도 그와 동시에 그러한 위태로운 개혁을 추구하면 따라오게 된다고 널리 알려진 위험(즉, 비난)을 피할 수 있게 도움을 주는 전략이기 때문이다.

그러면 이런 의미의 비난회피전략이 정치적으로(정책적으로가 아니라) 효과적일 것인가? 우리는 이 질문에 대해 앞에서 본 부정성 효과에 근거하여 긍정적인 답을 제시하고자 한다. 예컨대, 후드(Hood, 2002: 20)는 유권자들과 정치인들 양자 모두에서 부정성 편향이 증가하고 있음을 관찰한 바 있다. 또한, 피어슨(Pierson, 2001a)은 개혁의 혜택은 넓고 산만하게 분산되는 반면, 개혁의 비용은 일부 유권자 집단에게 집중되는 경향이 있다고 올바르게 지적한 바 있다. 이 예들은 복지국가 개혁으로부터 부정적인 영향을 받은 유권자들은 그 개혁을 그들에게 긍정적인 영향을 준 개혁보다 훨씬 더 잘 그리고 오래 기억함을 시사한다. 즉, 위버(Weaver, 1988: 21)가 주장한 바와 같이, 유권자들은 "그들을 **위해**for 행해진 일보다 그들**에게**to 행해진 일에 더 민감"한 것이다(고딕강조는 위버). 따라서 유권자들에게 어떻게 할 것이며 그런 후에 그것을 어떻게 모면할 것인가가 중요하다.

비난회피이론은 다운스(Downs, 1957)의 선거경쟁이론에까지 거슬러 올라갈 수 있는 것으로서 정부가 유권자들에게 인기가 없는 정책을 극력 추진하지 않으려는 현상을 설명하기 위한 것이었다. 그리고 비난회피이론은 사실상 복지국가의 회복탄력성 명제를 뒷받침하는 이론적 근거의 하나였다. 또한 이익집단이론은 "개혁에 대한 저항에 더하여 조직화된 강력한 이해관계의 존재 역시 정부로 하여금 비난회피를 추구할 강력한 유인을 갖게 하는데, 이는 노동조합과 노인단체는 선거 때 상당히 많은 유권자들을 조직할 수 있기 때문이다(Weaver, 1986: 394-395, Hering, 2003: 4 재인용).

실제로 그리고 흥미롭게도, '변화에 대한 저항' 정리定理는 확실히 비난회피의 정치가 초래하는 결과 중 특수한 하나의 결과이다. 비난회피의 정치에 대해 위버(Weaver, 1986: 394)는 다음과 같이 말한다.

> 비난회피는 … 어떤 정책이 실패하였음에도 불구하고 그것을 변화시키기가 왜 그처럼 어려운지를 설명하는 데 도움을 준다. 정책결정자들과 그들의 지지자들이 비용과 편익을 대칭적인 것으로 인식하고 있다면, 그들은 적어도 새로운 정책이 비용 대비 초과편익을 최소한 현 상태만큼 높은 수준으로 집중시켜 줄 것을 보장하는 한에서는 정책을 꽤 자유롭게 기꺼이 변화시키고자 할 것이다. 하지만 대개 특정 정책마다 그와 연관된 강력한 기득권집단이 형성되기 마련이다. 따라서 비용과 편익은 비대칭적인 것으로 인식되며 이로 인해 정책결정자들은 기존 정책을 해체하는 데 실패할 것이므로 새

로운 정책이 그만큼 많은 지지를 획득하지 못하게 될 것을 두려워하게 된다.

하지만 비난회피이론은 정부가 어떻게 인기 없는 비非인기 정책으로부터 모면할 수 있는가를 설명하는 데에도 활용될 수 있다. 예컨대, 아민전과 기거(Armingeon and Giger, 2008)에 따르면, 많은 집권정당들은 그들이 복지의 수급권리를 축소시켰음에도 불구하고 그 다음 선거에서 보복당하지 않았다(또한, Giger, 2011; Giger and Nelson, 2011, 근간; Schumacher et al., 2013도 참조). 아민전과 기거는 유권자들이 집권정당에 대해 선거보복을 가하는 경우는 해당 쟁점이 선거운동 기간 중에 크게 부각되었을 경우뿐이라는 사실을 발견하였다. 복지급여를 최소 5% 이상 삭감한 30개 집권정당들 가운데 과반수(16개 정당)는 지지표의 최소 5% 이상을 잃는 선거보복을 사실상 당하지 않았다. 지지표의 5% 이상을 상실하는 선거보복을 당한 집권정당이 있었지만(7개 정당) 그 선거보복은 복지급여 삭감 때문이 아니라 다른 이유 때문이었다. 하지만 또 다른 일부 집권정당(7개 정당)은 복지급여 삭감으로 인한 선거보복을 당하였다. 비난회피전략은 아민전과 기거가 연구대상으로 삼은 기간의 50%가 넘는 기간 동안 비교적 잘 작동하였다. 개혁을 원하는 정부에게 이는 매우 좋은 소식이다. 복지국가 개혁의 정치에 관심이 있는 연구자들에게 문제는, 정부가 비난회피전략을 사용하고 있는지 여부를 결정하기가 어려우며 그 전략을 사용하는 경우 어떤 전략을 사용하는지 그리고 왜 특정 전략은 성공을 거두는지를 알기가 어렵다는 데에 있다. 지금까지의 연구 성과가 줄 수 있는 최선의 답은 다소 동어반복적인 답으로서, 즉 선거보복이 없으면 이를 비난회피전략이 성공한 것으로 동일시하는 것이다. 우리는 이러한 한계를 넘어서야 하며 비난회피전략을 확인하고 평가할 보다 체계적인 방법을 찾아내는 시도를 할 필요가 있다.

비난회피전략

어떤 비난회피전략을 사용할 수 있으며 우리는 그것을 어떻게 확인할 수 있는가?[22] 후자의 질문, 즉 어떤 비난회피전략을 사용하는지를 어떻게 알 수 있는가라는 질문은 매우 난해한 질문이다. 왜냐하면 비난회피이론은 전략의존적 이론이지만 전략에 관한 이론을 결여하고 있

---

22 공적행위자들이 여러 상이한 수준에서 그리고 서로 상호작용하면서 벌이는 복잡한 비난게임에 관한 최근의 연구에서 후드(Hood, 2011)는 세 가지 형태의 비난회피전략 —이들은 다시 더 세분될 수 있다— 에 대해 논의한 바 있다. 세 가지 전략 중 첫째의 것은 발표전략presentational strategies으로서 이것은 통상적으로는 비난을 초래할 상황을 재구도화 혹은 약간의 각색 등을 통해 행운으로 위장하는 전략이다. 이 전략을 한마디로 표현하면 "길을 돌려 곤경에서 벗어나라"(Hood, 2011: 18)라고 할 수 있다. 둘째의 전략은 대행전략agency strategies인데 이것은 비난을 전가할 수 있는 희생자를 찾아 내세우는 전략이다. 마지막 셋째의 전략은 정책전략policy strategies이다. 이것은 교묘한 선별정책 혹은 선별절차를 만듦으로써 다시 말해서 "패배자가 발생할 수밖에 없는 경쟁적 평가"를 하지 않음으로써 비난이 발생할 여지를 최소화하는 전략이다. 테페와 반휘세(Tepe and Vanhuysee, 2011)는 선거손실을 피할 또 다른 전략을 제시한 바 있는데 그것은 사회경제적 상황이 복지삭감을 요구할 때 보다 작은 규모의 삭감을 가속화하는 것이다. 이것은 예컨대 실업이 증가할 때 또는 인구고령화가 개혁의 기능적 압력(우리의 용어로 표현하자면)으로 작용할 때 적용할 수 있는 전략이다. 보다 작은 규모의 삭감을 가속화하는 것은 보다 크고 보다 위험한 개혁을 피하려는 목적을 가진 것이다.

9. 정치인과 정부는 왜 그리고 어떻게 위험한 개혁을 추진하는가?

기 때문이다. 그래서 현실에서 어떤 비난회피전략이 사용되는지를 확인하는 데 근거가 되는 이론적 방법이 없다고 할 수 있다. 우리는 이 문제를 해결하기 위한 첫 단계로 비난회피이론을 기존 복지국가연구의 확립된 이론 및 경험적으로 증명된 가설들과 연결시키는 방법을 제안한다. 이를 위해서는, 선거적으로 위험한 복지국가 개혁이 무엇인지를 어떻게 개념화하는가의 문제가 중요하다. 이 문제는 사실 복지국가연구자들 사이에 많은 논쟁이 있는 문제이며 또 흔히 종속변수의 문제로 알려진 문제라는 점을 상기할 필요가 있다(4장 참조). 이 문제를 접근하는 방법으로 적어도 두 가지 방법이 제시되어 왔다. 그 첫째는 피어슨의 방법으로서 이는 복지국가 개혁을 여러 다양한 차원에서 재규정하고 이를 체제내부논리와 어떻게 연결지을 것인가를 재규정하는 것이다. 둘째의 방법은 복지체제가 균형재정(재정규율)과 고용증가, 그리고 소득평등이라는 이른 바 탈산업적 삼중고三重苦, trilemma를 해결하기 위해 채택할 가능성이 가장 높은 전략에 관한 아이버슨과 렌Iversen and Wren의 가설과 관련된 것이다.

　　여기서 우리는 복지국가 개혁의 차원들을 분석적으로 분류하고 그것이 복지체제와 갖는 정치적 연관성을 추론한 피어슨(Pierson, 2001a)의 방법을 채택한다. 복지국가의 변화는 어느 한 가지 척도로 측정될 수 없다는 그의 통찰은 매우 유용하다. 복지국가 변화를 어느 한 척도로 측정하게 되면 이것은 복지국가의 축소와 개혁의 문제를 '더 적은' 복지 대 '더 많은' 복지 혹은 '손상되지 않은' 복지국가 대 '해체된' 복지국가 등의 잘못된 이분법으로 환원시키는 경향을 갖게 되는데 이는 정당화될 수 없는 단순화이다. 피어슨은 복지국가의 변화를 다음의 세 가지 차원으로 볼 것을 제안하고 있다.

- **재상품화**recommodification: 이것은 "수급자격을 엄격히 하거나 급여를 삭감하는 등의 방법을 동원하여 사람들이 선택할 수 있는 대안의 범위를 노동시장 참여로 한정시키려는" 시도(Pierson, 2001a: 422)로서 노동시장의 채찍을 강화하는 것이다. 복지국가 개혁의 여러 유형에 관한 우리의 분류로 보면 재상품화는 축소에 해당한다(1장 참조). 우리들의 분석에서는 비교적 온건한 재상품화조차도 그것은 급진적이고 위험한 개혁이 될 수 있는데 이는 왜냐하면 그러한 온건한 재상품화도 시장에 대항하여 노동자들을 보호하기 위해 장착된 기존의 잘 확립된 제도들과 전통적인 사회정책관행으로부터 벗어나는 것이기 때문이다.
- **비용억제**cost containment: 이것은 채무축소와 조세경감 등을 포함한 긴축정책을 통해 균형재정을 유지하려는 시도를 말한다. 앞에서 우리는 비용억제를 축소의 한 하위범주로 간주하였다.
- **재조준화**recalibration: 이것은 "기존의 복지국가를 사회급여의 새로운 목적 및 수요에 보다 더 조화롭게끔 조정하려는 개혁조치"를 말한다(Pierson, 2001a: 425). 우리는 이를 갱신이라고 명명하였다.

물론, 실제로 복지국가 개혁의 다양한 차원들을 구분하는 것은 매우 어렵다. 하지만 이들 차원들을 복지국가체제와 연결시키는 여러 가설들은 복지국가 개혁에 관한 경험적 연구를 이끌어가는 데 도움이 될 수 있다. 피어슨(Pierson, 2001a)은 각 복지국가체제(사회민주주의 · 자유주의 · 보수주의 체제)는 그 나름의 특수한 복지국가 개혁의 '신新정치'를 가지고 있다고 주장한다.

자유주의 체제의 경우 유권자들은 보수주의 체제나 사회민주주의 체제에 비해 복지국가에 대한 애착이 약하다. 따라서 자유주의 체제에서는 재상품화가 복지국가 개혁의 가장 핵심적인 특성이 될 가능성이 가장 크다. 하지만 자유주의 체제의 복지국가가 잔여적 성격을 가지고 있기 때문에 그리고 여기서도 신사회위험이 부상하고 있기 때문에 우리는 자유주의 체제의 복지국가 개혁에서 재조준화도 상당한 가능성을 가질 것이라고 본다(그 한 예로 오바마가 2010-12년에 추진한 보건의료 개혁을 생각해 보라).

사회민주주의 체제의 유권자들은 복지국가에 대한 애착이 매우 높으며 또 복지국가에 대한 의존도도 매우 높다. 사회민주주의 체제와 관련하여 피어슨이 말하는 핵심은, 이 체제에서 재상품화는 개혁의 정치적 의제로 크게 부각되기 어렵지만 비용억제는 개혁의제로 부각—엄청나게 큰 공공부문의 규모 때문에— 되리라는 것이다. 하지만 이는 경험적 문제이며 우리는 사회민주주의 체제에서도 급진적인 개혁이 추진될 가능성이 있다는 점을 배제하지 않는다.

보수주의 체제는 복지자본주의의 세 가지 세계 가운데 부적응 증상이 가장 심한 모델인데, 그 이유는 이 체제에서 지배적일 것으로 생각

복지국가 개혁의 도전과 응전

되는 개혁의 차원이 재조준화와 비용억제의 두 가지 차원일 것으로 생각되기 때문이다. 보수주의 체제가 당면한 문제는, 저발전된 서비스 부문에서 어떻게 일자리 증가를 촉진할 것이며 연금과 장애, 보건의료 부문에서의 비용 증가를 어떻게 억제할 것인가 하는 것이다. 하지만 우리는 대륙유럽에서도 활성화 정책이 점차 지배적인 정책으로 되어 감에 따라 노동시장 참가를 독려하는 것이 근로연계적 성격(재상품화를 시사하는)의 정책이 될지 아니면 복지적 성격의 정책이 될지는 더 두고 봐야 할 문제가 되었다고 주장할 것이다(Vis, 2007, 2008 참조).

복지체제 유형론은 탈산업사회의 주요 정치행위자들이 개혁목표들 중 어떤 목표를 선호할지 그들의 기대선호를 구체화할 수 있게 해준다. 아이버슨과 렌(Iversen and Wren, 1998)은, 오늘날 각 국의 정부는 고용증가와 재정규율, 그리고 소득평등이라는 세 가지 목표 간의 상충, 즉 삼중고에 직면하고 있으며 이들 중 두 가지 목표는 동시에 달성할 수 있지만 나머지 한 가지는 희생될 수밖에 없다고 주장한다.

> 예산제약으로 공공부문 일자리를 빠르게 증가시키는 것이 불가능하기 때문에, 재정규율이라는 목표를 달성하고자 하는 정부는 민간부문에서의 일자리 증가를 독려하기 위해 소득불평등의 증가를 용인하든지 아니면 전체 일자리의 낮은 증가를 받아들이든지 선택해야 한다. 그렇지 않으면 정부는 소득평등과 일자리 증가를 추진하고 대신 재정절감을 포기해야 한다(Iversen and Wren, 1998: 513).

표 9-2 비난회피전략의 유형

		보상의 유형	
		수사적	실질적
행위자	정부 단독	정치적 소통전략 (A)	상징적 정책내용 전략 (B)
	정부 및 기타 행위자(들)	영역조종전략 (D)	동맹논리전략 (C)

　사회민주주의 체제는 재정규율 목표를 희생할 가능성이 가장 크며, 보수주의 체제는 고용증가 목표가 난제가 될 가능성이 가장 크고, 자유주의 체제는 소득평등을 희생할 가능성이 가장 크다.

　우리는 위에서 재개념화한 개혁을 비난회피전략과 연결지을 수 있는데, 여기서 비난회피전략은 당초 위버(Weaver, 1986)가 개혁의 어려움을 설명하기 위해 발전시킨 개념이지만 그것은 (인기 없는) 개혁의 성공을 설명하는 데 맞게 조정하고 확장하여 그런 개혁을 설명하는 데에까지 확대 적용될 수 있는 개념이다. 비난회피전략은 ① 관련된 행위자(정부가 단독으로 관여되느냐 아니면 정부를 포함하여 그 외 하나 이상의 다른 행위자들도 관여되느냐)와 ② 보상의 유형(수사적 보상이냐 '실질적' 보상이냐)에 따라 구분할 수 있다. 우리는 비난회피전략을 네 가지 유형으로 분석적으로 구분하고자 하는데, 물론 현실에서 각 전략은 중첩되고 상호연관될 가능성이 높다는 점은 염두에 두어야 한다. 그 네 가지 유형은 (A)정치적 소통전략political communication strategy, (B)상징적 정책내용 전략symbolic policy content strategy, (C)동맹논리전략coalition logic strategy, 그리고 (D)영역조종전략domain manipulation strategy이며, 〈표

9-2)에 시계방향으로 제시되어 있다.

A. 정치적 소통전략

비난회피전략의 첫째 유형은 정치적 의사소통에 초점을 두는 것으로서 이것은 특히 비非인기정책을 어떻게 대중들(유권자들)에게 소통시키고 알릴 것인가('판매'할 것인가)의 문제를 다루려는 것이다. 이것은 피어슨이 말하는 모호화 전략(Pierson, 1994: 19 이하)과 관련되는데 피어슨의 모호화 전략은 "정부의 정책 혹은 그것의 부정적 결과에 관해 대중들이 인지하지 못하게끔 정보의 흐름을 조작"하는 것이다(19). 정치적 소통전략에 의한 비난회피의 예로는 **쟁점의 재규정**redefining the issue을 들 수 있는데 이는 일차적으로 개혁을 용이하게 하기 위해서 개혁의 비용을 분산시키려는 것이다. 정치적 소통전략은 비용억제의 형태로 제시되는 재상품화 정책에서 활용될 수 있다. 비용억제는, 사회지출에 대한 수요가 동일한 수준을 유지하거나 증가하는 상황에서, 재상품화를 함축하게 된다. 어떠한 정부도 인기 있는 사회프로그램을 개혁하는 정책을 시장으로부터의 보호의 수준 하락을 목표로 하는 정책이라고, 다시 말해서 재상품화를 목표로 하는 정책이라고 명시적으로 제시하지는 않는다. 오히려 복지정책의 가혹한 축소를 추진하는 정책이라도 그것을 불가피한 효율화 조치로 제시한다.

B. 상징적 정책내용 전략

비난회피전략의 둘째 유형인 상징적 정책내용전략은 가혹하게 보이는 개혁조치라도 사실 그것이 겉으로 보이는 것만큼 그렇게 가혹한 것이 아니라고 주장하거나 가혹한 결과를 은폐함으로써 비인기정책에 대한 유권자들의 반응을 '순화'시키기 위한 실질적 전략을 구사하는 것이다. 이 전략은 피어슨(Pierson, 1994)의 모호화 전략과도 관련되지만 그 외에 보상전략, 즉 개혁으로부터 부정적인 영향을 받은 사람들에게 부수적 혜택을 제공하는 전략과도 관련된다. 상징적 정책내용전략의 예로는 좋지 않은 일에 이미 돈을 많이 쓴 후에 또 다시 그 일에 돈을 쓰는 대책(사후보완대책)throw good money after bad, 즉 개혁으로 인해 고통이 발생한 데 대해 조그마한 보상을 제공함으로써 그 고통을 완화하는 대책을 실행하는 것을 들 수 있다. 이런 대책은 복지국가에 관한 주류연구에서 사용하는 용어로 전환시키기가 다소 어렵다. 하지만 우리는, 많은 나라에서 비용억제조치들 —수급자격요건의 엄격화와 급여의 소득대체율 인하에서부터 사회프로그램 전반의 재구조화 또는 폐지에 이르기까지 다양한 조치들(Jordan et al., 2013 참조)— 을 도입하면서 그 후속조치로 소득불평등 및 빈곤의 심화를 부분적으로나마 보상하기 위한 정책들이 시행되었음을 알고 있다. 하지만, 소득에 관한 집계자료와 서베이 자료(예컨대, 룩셈부르크 소득조사Luxemburg Income Study; LIS)를 활용한 국가 간 비교연구에 의하면 전반적으로 소득불평등과 빈곤은 모두 악화되어 온 것으로 나타난다(예컨대, Huber and Stephens, 2001; 6장 및 7장 참조). 이로부터 우리는 사후보완대책이라는 것이 복지 축소가 초래하는 고통을 결코 충분히 보상하지 못하는 것이지만 그럼에도 불구하고 그것이 상징적인 긍정효과를 크게 갖기 때문에 정치적 전략으로 활용되어 왔다고 추론할 수 있다. 이와 같은 사후 보완정책은 특히 선거 직전에 집중적으로 활용되어 온 경향이 있었으며 이로 인해 이른 바 선거적 경기순환electoral business cycle이라는 흔히 보는 현상이 생겨나게 되었다.

상징적 정책내용전략의 또 다른 예로는 책임전가pass the buck를 들수 있다. 이것은 비난을 떠넘기는 것인데 '자동정부automatic government' (예컨대, 연동제indexation; Weaver, 1988; 또는 자동적 해체dismantling by default; Green-Pedersen et al., 2013)도 포함한다. 축소정책은 대개 전국적으로 적용되는 기본법을 제정하여 그 기본법에 하위 수준의 정부(즉, 지방정부)가 달성해야 할 일반적 목표를 구체화하여 추진되는 경우가 보통이다. 권한을 재규정하여 그 재규정된 권한을 하위수준의 정부 또는 준정부기관 또는 2011년 가을 이탈리아에서 있었던 국가비상사태에서처럼 전문가들로 구성된 '비정치적인' 기구에게로 이양하는 것도 선택 가능한 대안 중의 하나이다. 이 전략은, 분권화나 민영화도 포함하는 것인데, 거버넌스의 전환을 의미하며 그러한 거버넌스의 전환은 다양한 형태를 띠지만 결국은 정부의 직접적인 책임을 피하기 위한 목적을 가진 것이다. 복지제도의 특징 중 책임전가에 특히 적합한 또 다른 특징으로는 연동제를 들 수 있는데, 이 연동제는 매우 기술적인 제도여서 눈에 잘 띄지 않는다. 많은 복지급여는 경제의 상황변동, 예컨대 물가상승률이나 민간부문의 임금인상률, 최저임금수준 등과 자동적으로 연계되어 변동되게끔 설계되어 있다. 책임전가전략이 사용된다는 사실은, 비난회피를 추구하면서 복지 축소를 추진하려는 측은 급여

9. 정치인과 정부는 왜 그리고 어떻게 위험한 개혁을 추진하는가?

의 소득대체율을 직접적으로 조정하려 하기보다는 연동제를 조정하는 전략을 택하리라는 점을 보여 주며 이는 결국 "잠행성 권리축소 creeping disentitlement"(Van Kersbergen, 2000)로 이어지게 된다. 이 전략에 대해 더 많은 것을 알려면, 해당 경제의 (최저)임금의 전개과정과 최저수준의 사회급여가 어떻게 그리고 어떤 수준에서 서로 연관되어 있는지를 살펴보아야 한다. 임금과 복지급여 간의 격차가 점차 벌어지는 것은 연동방식의 기술적 조정이라는 외피를 띠고 나타나지만, 결국 '책임전가'가 일어나고 있음을 보여 주는 한 지표라 할 수 있다.

C. 동맹논리전략

비난회피전략의 셋째 유형은 동맹논리전략이라고 명명하였는데, 이는 이 전략이 개혁정책에 다른 행위자들(예컨대, 야당)이나 하위수준의 정부(예컨대, 지방정부), 또는 상위수준의 정부(예컨대, 유럽연합)를 포함시킴으로써 비난을 회피 —혹은 적어도 비난을 최소화— 하려는 것이라는 점에서이다. 이 전략의 예로는 원형圓形방어진 구축circle the wagons을 들 수 있는데, 이것은 인기 없는 개혁정책에 야당을 참여시키는 등의 방법으로 가능한 비난을 함께 나누어지려는 것이다. 이런 전략은 비용억제정책을 추진할 경우 그에 따르는 비난을 회피하는 데 중요한 전략인데, 특히 이것은 비난의 분산을 위해 관련된 이해당사자 모두의 합의를 추구하는 형태로 추진된다(Hering, 2008). 이러한 사실은 독일과 같이 거부지점veto point도 많고 거부권행사자veto player도 많은 체계에서는 모든 주요 개혁정책들이 필연적으로 대연정grand coalition

복지국가 개혁의 도전과 응전

과 같은 체계 전체 차원의 협상의 결과임을 의미하며 또한 다당제 체계에서는 최소승리연합minimal winning coalitions에 반대되는 것으로서의 과대연합surplus coalitions의 수가 증가하거나 또는 과반초과surplus의 크기가 증가함을 시사한다. 2011년 가을에 출범한 그리스 정부와 같이 극도로 분열되고 양극화된 정치체계에서, 예기치 못한 그리고 가능할 것 같지 않았던 이념초월적인 망라적 연합의 형성은 비난을 분담할 목적으로 그리고 피할 수 없는 급진적 개혁을 가로막고 있던 정치적 교착상태를 돌파할 목적으로 이루어진 것이었다. 사실 그리스에서의 비난회피전략은 유럽연합과 국제통화기금이 요구한 개혁과 조기총선에 관한 국민투표를 봉쇄함으로써 민주주의를 '연기'시키는 지경으로까지 나아간 것이었다.

동맹논리전략의 또 하나의 예로는 내가 일을 저지르기 전에 나를 멈추게 해 달라는 전략(또는 율리시즈와 사이렌)으로서 이것은 선택의 재량을 제한함으로써 정부가 자율적으로 무언가를 결정할 여지가 없는 것으로 보이게 하는 것이다. 이 전략은 연합형성에 참여한 정당들이 비용억제를 위한 목적으로 그들의 집권기간 동안의 지출정책의 지침이 될 특정 예산규범에 합의했을 경우 또는 체계 전체에 걸친 협상이 타결되어 비용억제를 지향하는 예산편성방법 등이 법률로 혹은 심지어는 헌법에 반영되었을 경우에 흔히 사용된다. 유럽 차원에서 보면, 이 전략은 율리시즈(회원국들)가 통화정책에 관한 그의 권한을 독립적인 유럽중앙은행European Central Bank에 이양함으로써 사이렌의 유혹적인 노래(인플레이션을 유발할 수 있는 지출을 실시하라는 압력)에 반응할 수 없게 되는 형태로 나타난다. 이것은 개별 국가의 정치행위자들에게는 그들이 자국의 통화정책에 대한 통제권을 행사할 수 없게 하는 단점을 초래하지만 국내적으로 그들은 외부제약을 내세워 지출 증가를 거부하는 인기 없는 정책을 밀고나갈 수 있게 되는 장점을 가질 수 있다. 유럽중앙은행은 개별국가의 자율성을 제약하는 주범으로 떠오르고 있으며 따라서 비난전가의 적절한 대상이 되고 있다. 또한 유럽연합의 모든 회원국들(체코공화국과 영국은 제외)이 2012년 3월에 서명한 이른 바 재정협약Fiscal Compact(그 이전의 안정·성장협약Stability and Growth Compact을 보다 강화한 협약)은 회원국 정부에게 비난을 전가할 기회를 제공하고 있다. 재정협약은 국가예산이 균형상태에 있어야 한다는 기준을 제시하거나 협약 발효일(2013년 1월) 이후 1년 내에 재정흑자를 달성해야 한다는 기준을 제시함으로써, 개별 회원국들로 하여금 재정협약의 기준을 충족하기 위해 복지 축소를 해야 한다고 주장할 수 있게끔 해주고 있다. 나아가 이 전략은 비용억제 조치가 논란을 일으킬 때에는 정치행위자들이 언제라도 희생양을 찾아서 비용억제 조치의 책임을 전가하는 데 도움을 준다(희생양 찾기는 비난 회피를 위한 동맹논리전략의 또 하나의 표현이다). 희생양 찾기 전략은 모든 정부에 의해 활용되고 있는데 왜냐하면 추상적인 대상을 희생양으로 만드는 것도 가능하기 때문이다(예컨대 경제가 비난의 대상이 될 수도 있다).

동맹논리전략에 포함될 수 있는 비난회피전략으로는 피어슨(Pierson, 1994)의 분할전략을 들 수 있다. 이 전략은 개혁이 특정 집단에게만 영향을 미치게 하고 다른 집단에게는 영향이 가지 않도록 하는 것이다. 이 전략은 예컨대 대륙유럽 복지국가들에서 이중화를 초래한 복지개혁에서 나타난 바 있었다(8장 참조).

D. 영역조종전략

앞에서 살펴본 세 유형의 비난회피전략은 비록 그것이 경험적으로 확인된 바는 많지 않지만(그러나 Fernandez, 2010; Prince, 2010; Sulitzeanu-Kenan, 2010; Hood, 2011도 참조) 여러 문헌들에서 많이 논의되어 왔다. 그런데 우리는 여기에 한 가지 새로운 유형을 제안하고자 한다(이와 관련해서는, Vis and Van Kersbergen, 2007 참조). 앞에서 논의한 전망이론적 접근에 기초하여 우리는 정부가 비난회피를 직접적으로 시도하는 것이 아니라 유권자들의 영역에 영향을 미침으로써 간접적으로 비난회피를 시도하는 전략을 추가하려는 것이다. 정부는 유권자들로 하여금 보다 위험감수적인 태도를 갖게 하고 그에 따라 지지표의 변경 등과 같은 방법을 통한 선거보복에 덜 나서게끔 하는 등의 방법으로 이 전략을 실행할 수 있다.[23] 이 전략의 첫째 예는, **어떻게 하든**

---

23 우리가 제안하는 비난회피전략은 엘멜룬트-프래스테캐르와 에메네거(Elmelund-Præstekær and Emmenegger, 2013)의 전략적 재구도화 전략과 유사한 점이 있다. 전략적 재구도화 전략은 당초에 인기가 없었던 개혁조치를 '인기 있는' 조치로 재구도화하려는 것이며 그럼으로써 개혁을 지지표 획득에 기여하게끔 하려는 것이다. 엘멜룬트-프래스테캐르(Elmelund-Præstekær and Emmenegger, 2013: 28)에 따르면, 우리들의 영역전환적 비난회피전략은 "정부가 전략적 구도화의 방법을 통해 가혹한 축소정책을 계속 시행해 나갈 수 있다 하더라도 그래도 여전히 축소는 본질적으로 인기가 없는 정책"이라고 전제하는 것이다. 하지만 우리의 접근은 최초에 비인기개혁이었던 것이 집권여당에게 지지표를 얻게 하는 것이 될 가능성을 고려하는 것이다. 즉, 다시 말해서 정부가 유권자들의 영역을 이익영역에서 손실영역으로 성공적으로 재구도화한다면, 유권자들도 개혁을 원하게끔 될 수 있다

비난은 따를 수밖에 없다는 전략damned if you do, damned if you don't이다. 정부는 이 전략을 활용하여 유권자들의 영역을 조종함으로써 이익영역을 손실영역으로 재구도화하게 된다. 이 전략의 본질은, 어떤 정당 혹은 어떤 정부가 집권하더라도 더 이상의 현상유지는 바람직하지 않기 때문에 개혁은 불가피했을 것이라는 점을 설득력 있게 제시하려는 데에 있다. 이 전략은 비용억제와 같은 개혁조치가 불가피하며 현상유지는 더 이상 가능하지 않고 정부가 제안한 개혁방안 이외에는 대안이 없다는 점을 설명하기 위해 정부가 여는 소통캠페인이나 홍보캠페인 등에서 찾아볼 수 있다. 이 전략을 통해 정부가 의도하는 효과는 두 가지이다. 즉, 첫째는 유권자들의 영역을 손실영역으로 재구도화함으로써 유권자들로 하여금 위험감수적 태도를 갖게 하는 것이고, 둘째는 야당의 정치적 입장도 집권여당의 정치적 입장과 근본적으로는 동일한 것으로 규정하는 것이다. 정부 캠페인의 예로는 덴마크 정부가 대중적으로 인기 있던 조기퇴직제도efterløn의 폐지를 발표한 이후 개혁의 필요성을 대중들에게 설득하기 위해 2011년 1월부터 시작한 캠페인을 들수 있다. 이 캠페인에서 덴마크 정부는, 매우 놀랄만한 그래프 및 통계치들을 활용하여 덴마크 복지국가의 우울한 상황을 그림으로써 오직 한 가지 결론, 즉 아무 것도 하지 않는 것은 결코 대안이 될 수 없다는

는 것이다((표9-1) 참조). 그러나 부정성 효과가 존재한다는 점을 감안할 때, 우리는 정부의 구도설정전략이 실패했을 경우 "상실된 지지표의 양이라는 측면에서 본 선거보복이 구도설정전략이 성공했을 경우 얻을 수 있는 지지표의 양보다 더 작게 나타나는 것"은 거의 있을 수 없는 일이라고 본다(Elmelund-Præstekær and Emmenegger, 2013: 31).

결론을 유도하기 위해 책 크기만한 광고물을 배포함으로써 대중들에게 실태를 알리고자 하였다.

영역조종전략의 둘째 예로는 **분식회계전략**creative accounting 혹은 **거짓말과 새빨간 거짓말 그리고 통계 전략**lies, damn lies and statistics을 들 수 있다. 정부는 이 전략을 활용하여, 결과가 부정적으로 나올 것 같은 경우 그 결과를 측정하는 기준을 재규정함으로써 유권자들의 영역을 이익영역에서 손실영역으로 전환시키고자 시도하게 된다. 이 전략은 기준 자체를 재규정함으로써 비용억제나 재상품화의 영향을 은폐하려는 것이다. 예컨대, 대중들에게 현상황이 손실영역에 있다는 것을 알리기 위해 정부는 부정적 결과로 이어지는 것으로 알려진 가정에 기초하여 미래의 시나리오를 발표할 수 있는 것이다. 생산성 증가에 관한 예측치를 약간만 조정하여 미래 시나리오를 추정하거나 아니면 그 예측치 자체를 미래 시나리오 추정에 포함시키지 않게 되면 예컨대 인구고령화로 인한 비용추정은 엄청나게 다른 결과를 내게 된다.

7
결론

복지국가 개혁은 '객관적인' 기능적 압력에 비추어 볼 때 불가피한 것일 수 있다. 하지만 정치행위자들은 기존 정책을 그대로 시행하고자 하는 (선거정치적) 이해관계를 가지고 있기 때문에 그 개혁이 반드시 진행되리라는 보장은 없다. 하지만 민주정치의 맥락에서 일부 정치행위자들은 개혁이 필요하다는 점을 인식하고 나아가 그에 따라 행동할 의사를 가지게 되는데, 그럼에도 불구하고 이들 정치행위자들은 그들이 선호하는 개혁이 때로는 그 추진 자체가 불가능할 정도로 어렵다는 사실에 봉착하게 된다. 복지국가 개혁은 그것이 상당수의 유권자들이 가진 이해관계나 선호에 반하는 것이라는 점에서 위험한 시도인 것이 사실이다. 그 결과 복지국가 개혁과 같은 위험한 개혁은 강력한 제도적 제약에 부딪힐 뿐만 아니라 선거보복을 유발할 가능성도 높다. 하지만 그럼에도 불구하고 이처럼 선거에서 위험한 복지국가 개혁이 실제로 진행되고 있다. 정치행위자들이 그처럼 위험한 개혁을 왜 추진하는가를 설명하기 위해 우리는 전망이론에 근거한 접근을 제안하였다. 전망이론의 중요한 발견 중의 하나는 사람들은 그들이 손실영역에 있을 경우 위험감수적인 태도를 갖고 반대로 이익영역에 있을 경우 위험회피적인 태도를 갖는다는 것이다. 따라서 정치행위자들도 그들이 이익영역에 있을 때에는 개혁이 필요하다는 사실을 충분히 인식하고 있을지라도 개혁을 추진하지 않으려 할 것이다. 정치행위자들은, 더 이상 현상유지가 불가능할 경우 다시 말해서 그들이 손실영역에 있을 경우, 설사 그들 스스로는 정책표류를 선호하더라도, 위험한 개혁을 추진하게 된다. 따라서 손실영역의 존재는 정치행위자들로 하여금 '객관적인' 기능적 압력에 따라 행위하게끔 하고 그 기능적 압력에 대처할 위험한 개혁을 실행에 옮기게끔 하는 데 핵심적인 조건인 것이다.

　나아가 전망이론은 유권자들도 스스로를 손실영역에 있다고 판단하고 있을 경우 개혁은 상대적으로 쉽게 실행될 수 있으며, 반면 유권자들이 스스로를 이익영역에 있다고 판단할 경우에는 개혁에 저항할 것이라는 점도 알려 준다. 하지만 전자의 상황, 즉 유권자들이 스스로를 손실영역에 있다고 판단하는 상황은 복지국가의 맥락에서는 나타날 가능성이 그리 높지 않다. 위험한 개혁이라도 그것을 기꺼이 추진하고자 하는 정치행위자들의 태도와 개혁에 반대하는 유권자들의 태도 사이에 존재하는 간극은, 개혁추진으로 인한 선거보복을 당하지 않으려는 정치행위자들에게 개혁에 따른 비난을 회피할 몇 가지 전략이 필요함을 알려 준다. 비난회피전략을 복지국가의 회복탄력성을 설명하기 위한 수단으로 활용해 온 기존의 많은 연구들과 달리 우리는 비난회피전략을 위험한 복지국가 개혁에 동반되는 비난을 피하기 위한 전략으로 볼 것을 제안하였다. 희생양 찾기와 같이 널리 알려진 전술 외에 우리는 전망이론에 근거하여 두 가지 새로운 비난회피전략을 도입하였는데 그것은 ① 어떻게 하든 비난은 따를 수밖에 없다는 전략과 ② 분식회계와 거짓말, 새빨간 거짓말 그리고 통계 전략이었다. 전자의 전략은 유권자들의 영역을 조종함으로써 유권자들로 하여금 자신들이 이익영역이 아니라 손실영역에 있다고 생각하게끔 하는 것이다. 이를 통해 유권자들은 정부와 마찬가지로 위험감수적 태도를 갖게 되며 정부로 하여금 선거결과에 대한 걱정 없이 개혁을 추진할 수 있게끔 허용하게 된다. 이는 최초에 위험한 개혁이었던 것이 이제는 유권자들이 선호하는 것이 되었기 때문이다. 후자의 전략, 즉 분식회계와 거짓말, 새빨간 거짓말 그리고 통계 전략 역시 유권자들의 영역을 변경시키려는 목적을 가진 것이지만 이 목적을 달성하기 위해 결과측정의 기준 자체를 재규정하여 개혁의 영향을 은폐하는 방법을 동원하는 전략이다. 전망이론과 비난회피이론을 결합함으로써 우리는 복지국가 개혁에 관한 개방적·기능적 접근에 또 하나의 이론적 요소를 추가하였다. 전망이론은 정치행위자들이 언제 '객관적인' 기능적 압력에 대한 대응에 나서는지에 관한 통찰을 제공해 주었으며 비난회피이론은 정치행위자들이 그러한 대응을 어떻게 하는지에 대한 이해를 제공해 주었다.

이제 마지막 장에서, 우리는 '객관적인' 기능적 압력이 복지국가 개혁에 관한 정치행위자들의 구상과 행동에 영향을 미치는지 그리고 영향을 미친다면 어떻게 영향을 미치는지를 검증해 볼 수 있는 사례로 2008년 금융위기와 그로 인한 경제적 영향에 대해 살펴보고자 한다. 우리는 그 위기의 결과로 기능적 압력이 얼마나 더 강해졌는지에 대해 살펴보고 그것이 미친 영향에 대해 분석해 볼 것이다.

10

복지국가는 대침체를 견뎌낼 수 있고 견뎌낼 것인가?

1
지금까지 우리가 배운 것은?
'거시적' 질문에 대한 답

이 책에서 우리는 복지국가에 대한 '거시적' 질문들을 제기하면서 선진 자본주의적 민주주의 국가들에서 진행되고 있는 여러 다양한 유형의 복지국가 개혁의 정치적 기회와 제약을 밝혀내고 설명해 왔다. 이제 우리는 한 가지 '거시적' 질문을 남겨 두고 있는데, 그것은 복지국가가 대침체大沈滯, the Great Recession(Bermeo and Pontusson, 2012a), 즉 2008 년 금융위기로 인해 나타났고 유럽의 경우는 일련의 국가채무사태로 더 악화된 경제침체를 견뎌낼 수 있고 견뎌낼 것인가라는 질문이다. 이 질문을 본격적으로 다루기 전에 우리가 그 앞의 거시적 질문들과 관련하여 살펴보았던 답들에 대해 간략하게 개관해 보고자 한다. 이들에 대한 개관은 이 장에서 다루려는 마지막 거시적 질문에 대해 답을 하는 데에도 도움이 될 것이다.

첫째의 거시적 질문은, 우리는 왜 애초에 복지국가를 필요로 하게 되었으며 그것을 어떻게 해서 갖게 되었는가라는 질문이었다. 모든 복지국가는 근대화가 사회에 초래한 부정적 영향들에 대응할 필요성에 그 기원을 두고 있다. 19세기에 진행된 급속한 사회경제적 변화는 고삐풀린 자본주의적 노동시장을 창출하였고 이로 인해 엄청난 혼란과 빈곤과 고통이 발생하였다. 노동시장에서 발생한 그 모든 혼란에 대항하기 위한 반작용으로 모든 나라에서 노동입법이 등장하였다. 초기의 사회보험입법은 시장에 기반한 산업사회가 만들어내는 사회적 위험들에 직접적으로 대응하기 위한 것이었으며 또한 거기서 더 나아가 노동자 계급의 정치적 통합을 이루고 국민국가의 건설을 촉진하기 위한 것이기도 하였다. 사회정책과 복지국가는 시간이 지나면서 점점 더 자본주의적 시장사회에서 발생한 다양한 사회적 위험은 가족이 대처할 수 없다는 사실에 대한 인식과 시장은 더더욱 그에 대처하기에 부적합하다는 사실에 대한 인식을 그 중심에 놓아가게 되었다. 그러므로 사회적 위험의 분산과 재할당을 통한 사회적 보호의 조직화를 담당할 책임은 국가가 질 수밖에 없었다.

그러한 책임을 얼마나 제대로 수행할 수 있는가 그리고 그것이 어떤 결과를 낳을 것인가 하는 것은, 어떤 정치행위자들과 정치적 연합이 어떤 사회적 조건 하에서 사회적 위험에 대한 보호의 제공과 관련된 문제의 해결을 위해 그들이 선호하는 해결책을 추진할 만큼 강력한가 하는 것에 의해 대체로 결정되는 문제이다. 이는 결국 한마디로 둘째의 거시적 질문, 즉 **우리는 왜 상이한 복지체제를 갖게 되었는가**라는 질문에 대한 답과 연관된다. 특정한 유형의 균열구조는 특정한 선거제도와 결합하여 일부 국가에서 중간계급이 친복지적 정치연합의 일원이 될 수 있는 조건을 창출하였다. 중간계급이 친복지연합에 포섭되었다는 것은 곧 빈민들에게 상당히 표적화된 급여만을 제공하려 하고 시장을 통해 보험을 제공하려 하는, 오늘날 우리가 자유주의적 복지국가 혹은 잔여적 복지국가라고 분류하는 복지국가의 모습으로부터의 유의미한 일탈을 함축하는 것이었다. 중간계급(농민을 포함할 수도 있다)

이 노동계급의 대표자들과 힘을 합친 경우, 가장 포괄적이고 가장 재분배적인 복지국가인 사회민주주의적 복지국가가 출현하였다. 계급 초월적인 기독교 민주당이 다른 세력과의 다양한 형태의 연합을 통해 복지국가의 건설을 주도한 경우 복지국가는 특수주의적인 성격을 갖게 되고 그리 재분배적이지는 않지만 동시에 그리 잔여적이지도 않은 성격을 갖게 된다.

셋째의 거시적 질문은 **복지체제의 상이함은 지금도 유효한가**라는 질문인데 이 질문에 대한 답은 지금도 복지체제의 상이함이 유효하다는 것이며 그것도 매우 유효하다는 것이다. 분석방법을 동일하게 채택한 여러 연구들과 새롭게 수집된 자료들을 볼 때, 적어도 2000년대 중반까지 그리고 그동안 진행된 조정 · 갱신 · 축소 · 재구조화 등의 개혁에도 불구하고 상이한 복지국가 유형은 여전히 유지되고 있다고 볼 수 있으며 또한 각 유형별로 개혁대상이 되는 문제들도 상이하게 나타난다고 볼 수 있다.

넷째의 거시적 질문은 **복지국가가 실제로 무엇을 하는 것인가**라는 질문이다. 이 질문에 대한 답은 복지국가가 하는 일은 매우 많다는 것이다. 빈곤이나 불평등과 같은 상황에 복지국가가 미치는 영향을 정확히 측정하는 것이 매우 어려운 일임은 분명하지만 이 책에서 우리가 살펴본 바에 의하면 복지국가는 구사회위험(예컨대, 실업, 상병, 노령 등)에 대한 보호를 제공할 뿐만 아니라 신사회위험(예컨대, 일 · 가정양립의 어려움 등)에 대해서도 적어도 어느 정도는 보호를 제공하고 있다고 할 수 있다. 또한 복지국가는 빈곤을 경감시키고 있으며 불평등을 감소시키고 있다. 하지만 복지국가가 하는 일의 복지체제별 차이도 매우 큰 것이 사실이다. 사회민주주의 체제는 사회적 위험에 대한 보호의 적용 범위에서 가장 보편적이고, 재분배 측면에서 가장 평등주의적이며, 빈곤감소의 면에서 가장 효과적이다. 자유주의 체제는 사회민주주의 체제의 대척점에 서 있으며, 보수주의 체제는 이 두 체제의 중간 정도에 위치한다. 또한 체제 내 변이도 상당히 큰데 이는 특히 보수주의 체제에 속하는 국가들 간에 그러하다.

다섯째의 거시적 질문은 **우리는 왜 복지국가를 개혁해야 하는가**라는 질문이다. 첫째, 어떠한 복지국가도 사회적 위험에 대한 보호를 모든 국민들에게 빠짐없이 제공하지는 못하며 빈곤을 완전히 제거하지는 못하고 소득불평등 감소를 지속적으로 해나가지는 못하기 때문에 개혁이 필요하다. 둘째, 지구화는 다양한 압력을 생성해 내는데 복지국가가 이 압력에 대해 경제통합의 사회적 비용을 확장적 사회정책을 통해 국내적으로 보상하는 등의 '긍정적인' 방식이든 또는 복지와 조세와 사회지출을 후퇴시킴으로써 자본의 요구에 양보하는 등의 '부정적인' 방식이든 어떤 방식으로든지 대응해야 하기 때문에 개혁이 필요하다. 셋째, 사회의 탈산업화는 새로운 사회적 위험구조를 창출하며 이로 인해 기존의 사회정책은 재정적으로나 조직적으로 그리고 정치적으로 근본적인 도전에 직면하고 있다. 요컨대, 복지국가 개혁은 불가피한 것이다.

그런데 복지국가 개혁이 불가피한 것이라 할지라도 그 개혁이 반드시 진행된다는 보장은 없다. 복지국가적 현상 유지를 옹호하거나 아니면 외부자의 희생을 바탕으로 내부자의 이익을 보호하는 식으로 복지 국가의 조정을 꾀하려는 강력한 제도적 요소와 굳건한 내부자 이해관계가 작동하고 있는 것이다. 또한, 일반적으로 유권자들은 개혁을 좋아하지 않고 또 개혁을 추진한 집권정당(특히, 사회민주당이나 기독교민주당, 사회당)에 대해 선거보복을 가할 가능성이 있기 때문에 복지국가 개혁은 선거정치적인 측면에서 위험한 시도로 알려져 있다. 이와 관련하여 여섯째의 거시적 질문은 **정치인들과 정부는 왜 이처럼 선거정치적 위험성이 따른 개혁을 추진하는가**라는 것이다. 그들은 자신들의 정치적 상황(지지도나 사회경제적 상황 등)이 '손실' 영역에 처할 운명에 처하지 않는 한 그리고 위험한 개혁을 추진하는 것이 그들의 처지를 개선할 (작은) 기회라도 되지 않는 한 결코 그런 위험한 개혁의 추진에 나서지 않는다. 그리고 그들은 만일의 경우를 대비하여 개혁정책 패키지를 유권자들의 비난을 회피할 수 있는 방식으로 설계하게 된다.

2
마지막 질문: 복지국가는 대침체를 견뎌낼 수 있으며 견뎌낼 것인가?

앞에서 우리는 복지국가 개혁은 때로는 급진적인 방식으로 또 때로는 점진적인 방식으로 하여 지금까지 계속 진행되어 왔고 또 그 개혁은 항상 어려운 과정을 거쳐 왔다고 주장하였다. 우리는 복지국가와 관련하여 국가 간의 차이와 복지체제 간의 차이 그리고 시간에 따른 변화에 대해 살펴보았으며, 나아가 상이한 형태의 복지국가 개혁을 추동하는 '객관적인' 기능적 압력으로서 외생적 압력과 내생적 압력들에 대해서도 살펴보았다. 이 압력들은 이미 엄청난 수준이며 복지국가는 이들 압력들로부터 전혀 안전하지 않다. 이 마지막 장에서 우리는 아마도 지난 수십 년 이래 가장 거대한 '객관적인' 기능적 압력이라 할 수 있는 2008년 금융위기와 그로 인한 경제적 여파가 복지국가라는 구조물을 파괴할 정도의 위협이 되는지 또 된다면 혹은 되지 않는다면 어느 정도나 그런지에 대해 살펴보고자 한다. 금융위기는 복지국가 개혁을 압박하는 기능적 압력의 갑작스러운 상승을 의미하는 것이었는가? 그것은 정치인들과 정부를 (사회경제적) 손실의 영역으로 몰아넣음으로써 그 전까지는 실현불가능했던 개혁을 가능케 하는 새로운 정치적 기회를 가져다준 것이었는가? 정책결정자들은 사회지출을 급격하게 삭감하는 방식으로 금융위기에 대처하였는가? 아니면 복지국가의 적응역량과 그 제도의 유연성은 복지국가로 하여금 금융위기의 경제적 여파까지도 견뎌낼 수 있게끔 할 정도임을 보여 주었는가? 이들 질문들 및 그와 연관된 여러 질문들에 답하기 위해 우리는 ① 위기의 영향(예컨대, 성장률이나 실업률의 변화 등)에 대해 살펴보면서 이것이 정부가 처한 영역에 어떻게 영향을 미쳤는지에 대해 평가해 볼 것이며, ② 위기에 대한 정치적 대응(즉, 개혁조치를 취하거나 또는 개혁조치를 취하지 않기로 하는)과 그 이면에 놓인 인과적 신념으로서의 구상에 대해 살펴볼 것이고, ③ 복지국가 쟁점들에 대한 대중들의 태도의 변화(예컨대, 위기로 인해 시민들은 연금수급연령의 상향조정과 같은 비인기정책에 대해 얼마나 수용적이게 되었는가 등)에 대해 살펴볼 것이다.

우리는 개혁의 정치적 기회와 그 기회를 활용하려는 정부의 의지는 다음 세 가지 조건이 충족될 때 가장 극대화될 수 있다고 주장한다. 그 세 가지 조건의 첫째는 기능적 압력이 정치행위자들을 손실영역으로 몰아넣을 정도로 강력해지는 것이고, 둘째는 그로 인한 위기상황을 해결하는 방법에 관한 인과적 신념으로서의 구상이 복지국가 개혁을 제안하는 것이며, 셋째는 개혁시도에 (보다) 개방적인 여론이 형성되는 것이다. 이러한 우리의 가설을 평가하기 위해 여기서는 세 가지 복지체제를 대표하는 국가들을 선정하여 이들에 대해 집중적으로 살펴볼 것인데, 그 대표 국가들은 독일, 영국, 미국, 스웨덴, 덴마크, 네덜란드의 여섯 개 국가들이다. 이 나라들을 살펴봄으로써 개혁을 압박하는 기능적 압력(예컨대, 실업의 증가 등)이 여론에 어느 정도나 영향을 미치는지 그리고 그에 의해 개혁의 정치적 기회에 어느 정도나 영향을 미치는지 그리고 이런 모든 것들이 가시적인 정책적 대응(즉, 위기의 영향에 대처하기 위한 정책조치들)으로 어느 정도나 전환되는지를 분석할 수 있을 것이다. 각 개별 국가들은 ① '객관적인' 기능적 압력과 ② 개혁의 정치적 기회, ③ 복지국가 개혁에 관련된 정치적 선택에 대해, 말하자면 사전事前(즉, 금융위기 이전) 및 사후事後(즉, 금융위기의 영향이 발생한 이후)에 걸쳐 검사할 수 있는 일종의 자연적 실험실이라 할 수 있다. 금융위기의 경제적 영향은 지금도 지속되고 있는데 이제는 새로운 중요한 재정적 어려움(유로화 지역에서의 국가채무위기sovereign debt crisis)이 이미 상당 정도로 높아져 있는 위기의식에 가중되고 있다. 다시 말해서 이 장에서 우리는 움직이는 표적을 다루고 있는 셈이며 또한 그래서 우리들의 사후검사는 우리들의 바람과 달리 그리 '깔끔한' 것이 되기가 어렵다. 하지만 상이한 복지국가체제에 속하는 나라들을 집중적으로 분석함으로써 우리는 체제별 차이가 상이한 정치적·정책적 대응을 만들어 내는지 아니면 금융시장의 기능적 압력으로 인해 체제에 관계 없이 유사한 대응을 하게 만드는지를 알아볼 수 있다. 이런 점에서 여기서의 분석은 우리들이 제시한 개방적·기능적 접근의 분석적 유용성을 보여 주는 중요한 기회가 될 것이다.

3
대침체는 복지국가 개혁을 유도하는가?

2008년 금융위기와 그 경제적 여파는 서구 복지국가의 주요 사회정책 분야에서의 개혁노력을 촉진하는가?[24] 복지국가의 변화에 대한 대부분(전부는 아닐지라도)의 주류적 접근에서 금융위기와 경제위기가 구조적·급진적 개혁에 대한 이론적 조사자 역할을 한다는 사실은 매우 흥미로운 대목이다(이에 관한 개관으로는, Kuipers, 2006: 2장 참조). 지

---

[24] 이 장의 나머지 내용은 비스와 반 커스버겐 그리고 하일랜즈(Vis, Van Kersbergen and Hylands, 2011)에 기초한 것이다. 이를 활용토록 허락해 준 톰 하일랜즈Tom Hylands에게 심심한 사의를 표하는 바이다.

금까지의 전형적인 주장은, 과거 수십 년 동안 개혁을 압박하는 커다란 압력들이 축적되어 왔지만 개혁을 어렵게 하는 다양한 제도적·정치적 요인들 때문에 전체적으로 보아 그 축적된 압력들이 급진적인 개혁으로 전환되지는 않았다는 것이었다. 명백한 붕괴임박위협이라는 의미에서의 위기는 이들 제도적·정치적 요인들의 작용을 희석시키고 급진적 개혁을 다소 즉각적으로 촉진하는 것으로 가정된다.

우선, 제도주의적 접근은 평상시의 사회정책의 연속성을 설명하거나 또는 '점진적 변화'라고 할 수 있는 변화, 즉 나름의 방향성을 가지고는 있지만 기존의 발전경로로부터의 급격한 이탈은 아닌 변화를 설명하는 데에는 매우 훌륭한 설명도구들을 가지고 있다고 할 수 있다(Palier, 2010b: 31; 본문 2장 참조). 하지만 다른 한편 제도주의적 접근도, 위기가 최초의 발전경로로로부터의 이탈을 가능케 하고 냉혹한 축소조치나 재구조화까지 포함한 보다 실질적인 개혁을 가능케 하는 결정적 국면을 창출한다고 주장할 수 있다(Palier, 2010a 참조). 즉, 버미오와 폰투손(Bermeo and Pontusson, 2012b: 1)이 주장하듯이, "위기는 확실히 위험의 시기이지만 동시에 위기가 변화를 촉진하는 것도 사실"이다. 이와 유사하게 사회경제적 접근도 사회경제적 곤경이 정치체계에 대한 기능적 압력으로 작용하여 그 압력이 체계에 대한 위협 혹은 존재적 위협으로 인지되거나 체감될 때 그것이 과감한 개혁으로 전환될 수 있다고 주장한다(사회경제적 접근에 대한 개관으로는, Schwartz, 2001; Starke, 2006 참조). 금융위기 및 그것의 경제적 영향(실업률의 급증과 재정적자의 증가 등)으로 인한 압력을 감안할 때, 사회경제적 접근은 급진적 축소를 거의 불가피하고도 시급하게 진행되어야 할 것으로 간주하고 있다. 또한, 관념론적 접근은 구상(관념)이 특정한 극단적 조건에서는 변혁적 역량을 발휘할 수 있다고 주장한다. 위기는 긴박한 불확실함을 창출하며 평소 같으면 수용되지 않았을 획기적인 구상의 즉각적 수용을 가능케 하여 복지국가의 급진적인 변화가 신속히 진행되게끔 한다(예컨대, Béland and Cox, 2011; Stiller, 2010 참조). 마지막으로 아이버슨과 렌(Iversen and Wren, 1998)의 서비스부문 삼중고 접근은 체제특수적 경로에 따른 빠른 변화를 주장한다. 이 접근에 따르면, 상이한 복지국가체제는 바람직하지만 동시에 달성할 수는 없는 세 가지 목표 ―균형예산(재정규율), 고용 증가, 그리고 소득평등― 가운데 어느 것을 희생해야 할지에 관한 어려운 선택을 해야만 한다. 그런데, 흥미롭게도 그리고 아이버슨과 렌의 예측과 달리, 보수주의 체제는 노동없는 복지 경로의 지속을 선택하지 않았으며 대신 사회민주주의 체제와 유사하게 균형예산이라는 목표를 희생하였다. 자유주의 체제 역시 예상과 약간 다른 방향으로 나아가 균형예산 목표를 희생하는 대신 고용 증가를 선택하였다(〈표 10-1〉 참조). 그리하여 각 복지체제를 대표하는 국가로 우리가 선정한 6개국 모두 2009년까지 재정건전성을 이루어야 한다는 엄청난 과제에 직면하게 되었다. 〈표 10-1〉에도 제시되어 있지만 2013년도 재정적자 추정치로 볼 때, 네덜란드와 덴마크, 미국의 재정적자는 감소하고 있는 것으로 보인다(물론 다른 나라와 비교할 때 적자규모는 큰 편이다). 한편 독일과 스웨덴, 영국은 2013년도 추정치로 볼 때 2012년에 비해 변동폭이 감소한 것으로 나타난다.

표 10-1 재정수지 추이(GDP 대비 %), 2007-2013

	2007	2008	2009	2010	2011	2012	2013
영국	−2.8	−5.0	−10.9	−10.1	−8.3	−6.6	−6.9
미국	−2.9	−6.6	−11.9	−11.4	−10.2	−8.5	−6.8
독일	0.2	−0.1	−3.1	−4.2	−0.8	−0.2	−0.4
네덜란드	0.2	0.5	−5.6	−5.0	−4.4	−3.8	−3.0
덴마크	4.8	3.3	−2.8	−2.7	−2.0	−4.1	−2.1
스웨덴	3.6	2.2	−1.0	0.0	0.2	−0.3	−0.8

※ 주: 음수는 적자를 의미함. 2013년 수치는 예상치임.
※ 출처: OECD(2012).

유럽경제통화동맹의 두 회원국(독일과 스웨덴)은 2011년과 2012년에 이미 재정수지가 흑자이거나 적자폭이 거의 0에 가까운 상태를 기록하였다. 영국은 재정적자 폭이 크지만(GDP의 6.5~7% 수준) 경제통화동맹의 규칙을 반드시 따라야 할 의무가 없기 때문에 어느 정도 견뎌낼 수 있다.

따라서 주요 이론적 접근들은 단기적으로는 금융위기가 그리고 다소 장기적으로는 금융위기의 경제적 여파가 급진적인 혹은 근본적인 복지국가 개혁의 기회(불가피성은 아니더라도)를 열어 주고 있다는 주장을 핵심내용으로 하여 수렴하는 경향을 보인다. 우리가 채택한 개방적 · 기능적 접근은, 변화에 적응하지 않으려는 의도적 결정의 결과로 정책표류가 나타나는 경우를 제외하면, 복지국가정치는 끊임없이 변화하는 환경하에서의 개혁을 그 영원한 특징으로 하고 있음을 강조하는 접근이다. 우리는 개혁을 압박하는 기능적 압력이 일정 기간 동안 축적되며, 이렇게 축적된 압력은 급진적인 복지국가 개혁(광범위한 사회지출 삭감을 포함한)이 중요한 정치의제가 아니었던 나라들에서조차 정치인들을 어떤 시점에서는 손실영역으로 몰아넣게 될 정도로 강력하고 거대하다고 생각한다. 정치인들은 자신들이 손실영역에 있다는 것을 알게 되었을 때, 과거보다 더 급진적이고 선거상 위험한 대안을 고려하거나 또는 정책표류를 결정했던 그들의 결정이 초래한 사회적 결과에 대해 재고할 가능성이 더 커지게 된다. 예컨대, 그리스의 국가채무위기와 아일랜드와 포르투갈, 스페인, 이탈리아 그리고 심지어는 프랑스까지도 포함한 나라들의 증가하는 재정적 어려움으로 유로화가 붕괴할지도 모른다는 두려움으로 인해 그 전까지는 금기시되거나 논란만 불러일으켰던 유럽경제정부와 같은 구상이 유럽의 정치의제로 떠오르고 있다. 유럽 차원에서의 경제정책 조정이 결여되어 있는 것이 금융위기의 영향을 악화시켰을 수 있다는 인식(Cameron, 2012)은 회원국들의 권한 이전이 수용될 가능성을 높이고 있는데 이러한 권한이전이 실제로 이루어진다면 이는 회원국의 자율성을 크게 제약하고 나아가 회원국이 기존에 구축해 왔던 복지체계를 방어할 역량을 크게 제약하게 될 것이다.

대침체는 복지국가의 (급진적) 재구조화와 사회지출의 심대한 삭감 정책을 작동시켰는가? 이 질문과 관련하여 여기서 개관한 이론적 예상을 지지할 경험적 지표들을 발견할 수 있는가? 우리는 적어도 두 번째 심각한 금융혼란이 발생한 기간인 2011년까지는 적어도 모든 나라에서 금융위기와 그 경제적 여파가 급진적 개혁으로 이어진 것은 아니라는 사실을 보인 바 있다. 첫째, 복지국가에 대한 시민들의 지지태도는 지속되었다 ―심지어 일부 국가에서는 증가하였다― 는 점에서 매우 강한 정치적 장벽이 놓여 있다. 둘째, 금융위기에 대한 대응의 첫 단계에서는 위기의 해결책으로서 복지국가의 급진적인 축소나 재구조화가 필요하다는 구상은 그리 강하게 제기되지 않았다. 복지국가 관련 구상이 있었다면 당시 그것은 주로 사회정책의 확장이 '좋은 것'이라는 구상이었다. 마지막 셋째, 위기가 2008년에 시작되었을 당시 그것은 매우 실제적인 것이었지만 그것이 현실경제에 미친 영향이 초기에는 제한적이었다. 금융위기의 여파가 지속되고 국가채무위기가 유로화지역에 타격을 가하게 되면서 위기가 생성한 기능적 압력은 체계 전체를 위협할 정도로 엄청난 것임이 드러나기 시작하였다. 바로 이러한 시점부터 정치인들과 정부는 사회경제적 손실의 영역으로 이동하게 되고 그에 따라 그 전까지는 용인될 수 없다고 생각했던 종류의 개혁을 점차 추진하게 되었다. 그 이후로 각 국의 정부는 내핍austerity이라는 "위험한 생각"(Blyth, 2013)에 점점 더 집착하게 되었으며 또한 과감한 예산삭감을 추진하여 정부가 인수하여(예컨대, 은행에 대한 구제금융 등을 통해) 공공채무로 전환시켰던 민간채무를 상환하고자 시도하게 되었다.

우리는 2009년 10월부터 2011년 8월에 걸친 기간의 온라인 및 오프라인 매체에서 전국적으로 벌어진 대중적 논쟁을 소재로 하여 정부가 위기의 여파에 어떻게 대처하였는가에 초점을 맞추어 그에 대한 질적 내용분석을 시도하였다.[25] 이 분석은 국가 간 상당한 차이가 있기는 하지만 그럼에도 불구하고 초기에 이루어진 최초의 위기대응은 대체로 보아 모든 나라에서 유사하였음을 보여 준다.

　과거 1970년대 및 1980년대의 위기에 대한 대응과 달리 금융위기의 여파에 대해 각 국 정부는 즉각적인 지출삭감이나 급진적인 재구조화로 대응하지 않았다. 대신 모든 나라의 정부가 취한 초기 대응은 처음에는 은행에 그리고 좀 더 후에는 제조업부문에 구제금융을 제공하기 위해 자원을 남겨두었다가 거기에 구제금융을 투입하는 것이었다. 모든 국가의 정부는 동일한 생각을 가지고 움직였다. 궁극적으로 성공을 거두지는 못했지만 전례를 찾기 어려운 국가 간 조정(Cameron, 2012 참조)이라는 시도와 함께, 모든 나라는 상당히 고전적인 케인즈주의적 개입을 추진하였는데(Armingeon, 2012; Clasen et al., 2012; Pontusson and Raess, 2012; Starke et al., 2013: 6장 참조) 이는 첫째는 은행부문의 붕괴를 막기 위한 것이었으며 둘째는 재화와 용역에 대한 수요의 급격한 하락을 막기 위한 것이었다. 위기에 대한 대응의 이 최초 단계에서 상이한 여러 복지국가들 간에 유사한 대응책이 나왔다는 것이 사실은 가장 놀라운 일이다. 둘째 단계에 가면, 그와 같은 개입에

25　질적 내용분석을 위해 우리가 검색한 웹 사이트는 렉시스넥시스, 이코노미스트, OECD, ICPSR, 그리고 구글 뉴스이다. 렉시스넥시스LexisNexis는 미국 및 세계의 주요 출판물, 무선뉴스서비스, 텔레비전과 라디오 방송 기록물, 그리고 전자출판물을 검색할 수 있는 사이트이다. 이들 웹 사이트를 검색하면서 우리가 사용한 검색어는 public opinion(여론), welfare state(복지국가), social policy(사회정책), reform(개혁), change(변화), amendment(개정), initiative(주도성), development(발전), economic(경제적), crisis(위기), credit crunch(신용경색, Germany(독일), US, USA, United States, America(미국), UK, Great Britain, United Kingdom,(영국) Sweden(스웨덴), Denmark(덴마크), Italy(이탈리아), Netherlands(네덜란드)이다.

복지국가 개혁의 도전과 응전

도 불구하고 금융위기가 실물경제에 이미 타격을 가하기 시작하였고 또한 경기침체를 초래하여 불황을 낳고 나아가 노동시장에 심각한 결과를 유발하기 시작하였다는 것이 금방 분명해졌다. 이에 따라 모든 나라는 위기의 충격과 예상되는 경제불안을 완충하기 위해 사회프로그램을 확대하거나 사회프로그램을 조정하였다. 여기서도 각 나라들 사이에 위기에 대한 대응에 있어서의 상당한 유사성이 관찰되는데, 즉 대부분의 나라는 대량실업을 방지하기 위한 노력과 실직한 노동자들로 하여금 노동시장과의 연결을 계속 유지할 수 있게끔 하려는(예컨대, 노동자들이 고용계약을 유지하기는 하지만 과거보다 근로시간을 줄이는 '시간제 실업' 등을 통해) 노력을 지속하였던 것이다.

하지만 그 후에 각 국은 금융위기 및 그것의 경제적 여파에 대한 셋째의 대응단계에 진입하게 되었다. 케인즈주의적 개입 및 그로부터 연유한 각종 보호조치에는 상당한 비용이 소요되었고 그래서 그것들은 이미 증가하고 있던 재정적자를 더 악화시켰으며 국가채무의 증가속도도 더욱 가속화하였고 이에 따라 많은 나라에서는 국가채무가 더 이상 용인되기가 어려운 수준에까지 도달하게 되었다. 일부 사례(그리스와 이탈리아)의 경우, 금융시장은 채무상환을 위해 정부에 대해 감당키 어려울 정도의 이자율을 요구하는 등 매우 과격한 조치를 취하였다. 만일 위기 및 그에 대한 정책적 대응이 복지국가에 대한 보다 근본적인 재정비를 현실화할 정도로 복지국가에 대한 합의의 사회적 · 정치적 토대를 혁명적으로 변화시켰음이 판명된다면, 기존의 이론적 관점들이 결과적으로는 적절하였다는 것이 증명되었을 수 있다. 하지만 우

10. 복지국가는 대침체를 견뎌낼 수 있고 견뎌낼 것인가?

리들의 개방적·기능적 접근은 복지국가의 토대가 왜 혁명적으로 변화되어 왔는지에 대해 기존의 이론적 관점들보다 더 정확한 설명을 제공해 준다. 비관주의적(혹은 현실주의적(?)) 경제학자들이 옳다면(예컨대, Stiglitz, 2010) 그리고 각 국의 정부가 수요촉진정책을 중단하기 때문에 세계경제의 회복속도가 빠르지 않은 것이라면, 조세수입과 사회보장기여금 수입은 더 적어지면서도 비용이 많이 드는 재정지원정책은 지속해야 하고, 또 사회지출도 계속 증가하는 상황의 누적적인 영향은 이미 심각한 복지국가의 재정여건을 더욱 악화시키는 결과로 나타날 가능성이 높으며, 이는 급진적 개혁을 압박하는 기능적 압력(이 압력은 예컨대 투기적 금융시장이 행사할 수도 있다)을 가중시키게 된다.

결국 요약하면, 금융위기에 대한 첫째 및 둘째 단계까지의 정부 대응에서는 핵심 사회프로그램을 손상시키는 정책을 유발하는 즉각적인 효과는 없었지만 셋째 단계에서부터는 모든 나라에서 재정적 어려움과 지출삭감의 불가피성에 대한 불편한 인식이 점점 증가하고 첨예화하게 되었다고 할 수 있는 것이다. 복지국가를 개혁하는 것이 위기가 낳은 부정적 영향의 적어도 일부라도 경감시키는 데 도움이 될 수 있다는 인과적 신념으로서의 구상이 점점 확산되기 시작하였다. 실제로 급진적 축소와 재구조화가 많은 나라에서 매우 중요한 정치의제의 하나로 다루어져 왔다는 것은 잘 알려져 있는 사실이다. 역설적이게도, 각 국의 정부는 그들이 만들어낸 것이 아닌 통화위기를 해결하기 위해 노력하는 과정에서 생겨난 엄청난 재정적자를 해소하기 위한 보다 더 과감하고 광범위한 대책을 내놓을 것을 강요받고 있다. 하지만 급진적 개혁을 압박하는 기능적 압력이 모든 나라에서 동일한 강도로 체감되지는 않으며 또 유사하게 보이는 기능적 압력에 대한 대응책은 각 국의 정치체계에 따라 다르게 나타난다. 여기서 우리가 집중적으로 다루고자 하는 나라의 정부들은 복지국가 개혁이 어떻게 비춰져야 하는가에 관한 생각에서 차이가 있지만, 동일한 복지체제에 속한 나라의 정부들은 어느 정도는 서로 유사한 모습을 보인다. 위기에 대한 대응의 초기 단계에는 복지국가정치와 복지국가정책에서 다소 간의 수렴현상이 있었지만, 이제는 위기에 대한 대응에서도 복지체제별 차이가 등장하고 있다.

4
유사한 압력(?)

덴마크와 독일, 네덜란드, 스웨덴, 영국, 미국의 6개국이 금융위기 및 그것의 경제적 여파로 어느 정도나 유사한 기능적 압력에 직면하고 있는가? 경제상황과 복지국가의 운명에 관한 중요한 지표로는 실업수준 및 그 변화를 꼽을 수 있다. 〈그림 10-1〉은 2008년 1분기(Q108)부터 2011년 2분기(Q211)까지의 기간에 대해 이들 6개국의 실업률harmonized unemployment rate 추이를 나타낸 것이다. 전체적으로 보아 실업수준은 2009년 말 내지 2010년 초까지 증가추세를 보이고 있다. 2010년 2분기(Q210)에 이르면, 실업률이 여전히 (매우) 높은 수준이기는 하지만

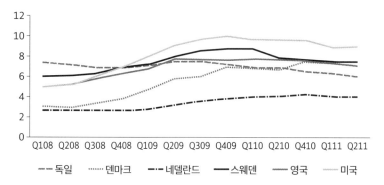

그림 10-1 실업률의 추이, 2008-2011

---- 독일   ······· 덴마크   ·-·- 네델란드   —— 스웨덴   —— 영국   ······ 미국

※ 주: 실업률은 계절변동을 조정한 값임. 가로축은 왼쪽부터 2008년 1분기, 2008년 2분기 등임. 2010
   년 2분기(Q210) 스웨덴과 영국의 자료는 추정치를 사용함.
※ 출처: OECD(2010a, 2011).

소폭이나마 하락하기 시작한다. 이를 좀 더 자세히 살펴보자. 스웨덴
과 영국, 미국에서 실업률은 2010년 초까지 상당정도로 올랐는데 이
오름세는 2008년 3분기(Q308) 이후 특히 더 가속화하였다. 이런 현상
은 덴마크에서 실업률이 증가할 때도 나타났는데 여기서 실업률은
2008년 3분기(Q308) 3.3%에서 2009년 3분기(Q309) 6.2%로 거의 두
배가 될 정도로 증가하였다. 네덜란드의 경우는 2009년 4분기(Q409)
까지 실업률이 증가 —다른 나라들(독일만 예외)보다는 증가폭이 작지
만— 하였다. 독일은 우리가 연구대상으로 삼은 기간 전체에 걸쳐 실
업률이 증가하지 않았다는 점에서 예외적인 사례이다. 하지만 독일은
이미 처음부터 실업률이 7.6%라는 높은 수준에 있었고 이런 점에서는
우리가 다루는 6개국 가운데 가장 성과가 좋지 않은 경우라 하겠다. 그

러나 2009년 4분기(Q409)에 이르면 더 이상 독일의 성과가 최악이라고 할 수 없게 되어 미국이 가장 높은 실업률(10%)를 기록하고 그 뒤를 스웨덴(8.9%)이 따르고 있다. 이러한 수치들은, 국가 간의 차이가 있기는 하지만, 실업이라는 것이 여기서 우리가 살펴보는 6개 나라들의 공통된 문제이고 따라서 대응해야 할 필요가 있는 압력이라는 사실을 보여 준다. 초기에 각 국 정부가 이 압력에 대처한 방식(예컨대, 시간제 실업을 도입하거나 확대한 것)으로 인해 시민들은 이익영역 ─전망이론적 용어로 표현하면(9장 참조)─ 에 계속 남을 수 있었다. 실업의 증가, 그리고 이러한 실업의 증가가 시민들의 주머니 사정에서 체감되는 정도가 여전히 그리 심각한 상태가 아니어서 시민들은 아직 급진적인 개혁 조치를 받아들일 정도는 아니었고 따라서 복지국가에 대한 신뢰를 계속 표방하고 있었다(복지국가에 대한 태도는 뒤에서 다시 살펴본다).

실업의 급증은 모든 나라가 직면하고 있는 상호연관된 여러 문제들의 한 증상이다. 선진 민주주의 국가들의 은행부문은 신뢰성과 안정성에서 심각한 문제를 안고 있었으며 이로 인해 많은 은행들은 엄청난 규모의 자금수혈을 필요로 하고 있었다. 우리가 살펴보고 있는 기간(2011년까지)에 스웨덴 정부가 6개국 중에서는 가장 적은 금액을 어려움에 처한 은행에 지원하였는데 그 금액이 50억 유로로 GDP의 약 1.5%에 달하는 규모였다. 다른 나라의 은행과 비교하여 스웨덴의 은행들은 정부의 자금지원을 덜 원한 편이었는데 이는 스웨덴이 1990년대 초에 당했던 은행위기에서 얻은 교훈을 바탕으로 자금지원과 관련하여 만든 대단히 까다로운 조건들 때문이었다(예컨대, Englund, 1999

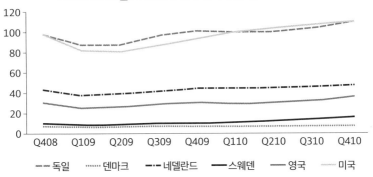

그림 10-2 재화수출의 추이(수출액 기준),
2008-2010년(2005년 불변가격, 미국 달러)

- - - 독일　　⋯⋯ 덴마크　－·－ 네덜란드　━━ 스웨덴　━━ 영국　━━ 미국

※ 출처: OECD(2010a, 2011).

참조). 자금지원규모로 보면 덴마크 정부가 스웨덴 다음 순위인데 덴마크 정부는 은행부문의 자본부족문제를 해결하기 위해 두 차례에 걸친 자금지원을 하여 지원금액은 총 180억 유로(GDP의 약 8%)에 달하였다. 또한 덴마크 정부는 두 은행(규모는 비교적 작은 은행들이었다)이 파산한 후에 개입하여 손실을 보상해 주었다. 이와 유사한 일이 네덜란드에서도 벌어졌는데 네덜란드 정부는 부실은행을 인수하는 데 200억 유로를 지출하였으며 여기에 더하여 은행의 파산을 막기 위한 자금지원에 200억 유로(GDP의 약 7%)를 추가적으로 지출하였다. 독일의 지원규모는 훨씬 더 크다. 독일 의회는 2008년 12월에 4,800억 유로(GDP의 약 20%)의 자금지원을 승인하였다. 미국의 대응도 자금지원의 절대적 규모 면에서는 독일과 유사하여 7,000억 달러(5,190억 유로)

(GDP의 약 5%)를 은행에 대한 자금지원으로 지출하였다. 자금지원의 규모 면에서는 영국이 가장 수위를 차지하였는데 8,500억 파운드 (9,600억 유로)(GDP의 약 60%)를 자금지원에 지출하였다. 자금지원의 정확한 수치는 나라마다 차이가 많지만 이러한 추세는 각 국의 은행부문이 위기를 견뎌내는 데 있어서 정부의 막대한 지원을 필요로 한다는 사실을 보여 주는 것이다. 은행부문이 안고 있는 문제는 정부의 상황과 정치인들의 상황에 중요한 영향을 미치는데 이는 왜냐하면 은행에 대한 구제금융지원과 자본수혈에는 (매우) 큰 비용이 소요되기 때문이다. 하지만 이 경우에도 이 시기에 하나의 전체로서의 시민들이 자신들이 손실영역에 있다는 것을 알게 될 가능성은 높지 않았다.

소비심리의 위축이 전 세계적으로 나타남에 따라 수출이 둔화되기 시작하였고 이것이 실업을 증가시킨 또 하나의 요인이었다. 〈그림 10-2〉는 우리가 선정한 6개국의 재화수출의 추이를 2008년 4분기 (Q408)부터 2010년 4분기(Q410)까지에 걸쳐 제시하고 있다. 수출은 2008년 4분기(Q408)에서 2009년 1분기(Q109) 사이에 6개국 모두에서 하락하였다. 수출이 가장 크게 하락한 나라는 스웨덴(-15.%)이며, 그 다음이 영국(-15%), 미국(-14.3%), 그리고 이들 나라와 좀 격차가 떨어져서 네덜란드(-12.9%), 독일(-10.7%), 그리고 덴마크(-8.7%) 순이다. 대부분의 나라에서 수출은 2009년 1분기 이후 회복세를 보이기 시작했는데 다만 독일은 추가로 2% 하락하였고 미국도 1.3% 하락하여 예외적이었다. 2009년 2분기와 4분기 사이에 모든 나라는 또 한 번의 수출 증가를 경험하였는데 이 기간에 일부 나라는 간헐적인 수출

10. 복지국가는 대침체를 견뎌낼 수 있고 견뎌낼 것인가?

하락을 경험하기도 하였다(예컨대 덴마크는 2009년 2분기(Q209)에서 2010년 2분기(Q210) 기간에 7.5% 하락하였다).

실업의 증가와 은행부문을 지원하기 위한 지출의 증가, 그리고 수출의 감소는 정부재정에 압박을 가한 요인들이다. 〈표 10-1〉은 2007년부터 2010년 기간 동안의 6개국 재정수지를 정리한 것인데 이에 의하면 덴마크와 스웨덴, 독일, 그리고 네덜란드는 2007년과 2008년까지도 재정이 흑자상태였던 것으로 나타난다(물론 독일과 네덜란드의 흑자 폭은 상당히 작은 것이긴 했다). 하지만 2009년에 이르면 이 나라들도 재정적자에 직면하게 된다(스웨덴의 적자 폭은 GDP의 0.7%로 매우 작았다). 미국과 영국은 2007년과 2008년에도 이미 재정적자 상태였는데 금융위기로 인해 적자가 더욱 늘어났다. 영국은 재정적자가 2008년 GDP 대비 5%에서 2009년 11%가 넘는 수준으로 늘어났고 미국은 2008년 GDP 대비 3%에서 2010년 10%로 늘어났다. 비록 2009년과 2010년에 대부분의 나라(영국, 미국, 네덜란드, 스웨덴 - 스웨덴의 경우는 재정적자가 GDP의 0%에 근접한 수준으로 줄어들어 사실상 균형재정에 도달하기도 했다)에서는 재정적자가 다소 줄어들었고 또 다른 한 나라(덴마크)에서는 적자 폭이 별 변동 없이 보합세를 보였지만, 그럼에도 불구하고 재정적자가 매우 빠르게 증가하고 또 일부 경우에는 재정적자가 매우 큰 수준이어서 재정적자는 모든 나라에서 큰 문제가 되고 있다.

지금까지 본 실업과 은행부문, 수출 그리고 재정적자와 관련된 자료들을 전체적으로 볼 때, 우리가 선정한 6개 나라들은 대체로 유사한

복지국가 개혁의 도전과 응전

문제들에 직면하고 있다고 할 수 있다. 그러면 이처럼 유사한 문제에 직면한 나라들이 초기 대응에서도 유사한 모습을 보였는가?

5
유사한 대응?

금융위기의 부정적 영향에 대응하기 위해 미국과 영국, 덴마크, 네덜란드, 독일, 그리고 스웨덴 정부는 어떤 조치를 취하였는가? 앞에서 말한 것처럼 우리가 다루고 있는 것이 움직이는 표적인 관계로, 많은 조치들이 아직 개발 중에 있는 경우도 있고 논쟁 중에 있는 경우도 있고 또 때로는 폐기된 경우도 있고 확대되는 중에 있기도 하다. 하지만 상황이 어떻게 전개되고 있는지에 대해 다소 간의 이해라도 도모하기 위해 우리는 다양한 원천으로부터 각 국 정부의 대응방안들에 관한 자료를 수집하였다(앞의 각주 24 참조). 〈표 10-2〉는 금융위기 및 그 경제적 여파에 대한 정부대응의 첫째 단계와 둘째 단계(2008년 말까지와 2010년 초까지)에 취해진 조치들을 요약한 것이다. 이 요약된 내용을 보면, 이 단계의 조치들에는 복지국가의 근본적 개혁이 위기의 영향을 처리할 수 있다는 구상 자체가 결여되어 있음을 알 수 있다. 이 시기에 정부가 취한 조치에 지침이 되었던 '좋은 구상'은 기존 정책의 확장이었다. 이 시기의 조치들은 네 가지 범주로 분류할 수 있는데, 그 네 가지는 첫째, 케인즈주의적 조치들(일자리 투자, 사회기반시설 투자, 부가가치세 인

표 10-2 위기대응 1단계 및 2단계에서 취해진 조치들의 현황

		US	NL	UK	DE	DK	SW
케인즈주의적 조치들	일자리 투자	∨	∨	∨	∨	∨	∨
	사회기반시설 투자				∨		
	과세조치들				∨		∨
	조세감면				∨	∨	
통화정책	이자율 인하	∨	∨	∨	∨	∨	∨
	신용창조				∨		
	국공채매입				∨		
파산회피 (circumventing bankruptcy)	부실은행자산에 대한 보증	∨					
	은행 및 기업에 대한 재정지원	∨	∨	∨		∨	∨
	은행인수		∨			∨	
	은행에 대한 유동성자금 지원					∨	
은행부문에 대한 신뢰의 재구축	저축보증(혹은 보증수준의 상향)		∨			∨	∨	∨
	은행 간 거래에 대한 보증		∨				
	감독강화		∨				

※ 주 : '∨' 표시는 해당 범주(예컨대, 일자리 투자)에 속하는 조치가 한 가지 이상 취해졌음을 의미함. 조치가 취해졌는지 여부를 판단하기 위해 우리는 서면자료 및 (온라인) 매체자료에 대한 질적 내용분석을 실시하였음(앞의 각주 24 참조). 예컨대, 과세조치는 부가가치세Value Added Tax; VAT 인상 등으로 확인함.

※ US = 미국; NL = 네덜란드; UK = 영국; DE = 독일; DK = 덴마크; SW = 스웨덴.

상 등의 과세조치들, 조세감면 등)과, 둘째, 통화정책(이자율 인하, 신용창출creation of money, 국공채매입 등), 셋째, 파산회피circumventing bankruptcy('부실채권전담' 은행'bad' bank 창설, 부실자산에 대한 보증, 은행 또는 기업에 대한 재정지원, 은행인수, 은행에 대한 유동성자금 지원 등), 그리고 넷째, 은

행부문에 대한 신뢰의 재구축(저축에 대한 보증, 은행 간 거래에 대한 보증, 감독강화 등)이다.

우리가 〈표 10-2〉에서 '파산 회피' 및 '은행부문에 대한 신뢰의 재구축'이라는 제목 아래 포괄된 조치들을 보면, 유사한 대응들이 시도되었음을 볼 수 있다. 여기서 독일은 케인즈주의적 대응책들이 가장 체계적으로 시도되었다는 점에서 상당히 특별한 사례라 할 수 있다.

우리들의 내용분석은, 위기대응의 둘째 단계에서 가장 많은 관심이 집중되고 새로운 정책형성시도가 가장 많이 이루어졌던(혹은 가장 많이 논의되었던) 정책분야는 노동시장이었음을 보여 준다. 물론, 보다 일반적인 차원에서의 복지국가 개혁과 보건·교육·주택·연금 등의 분야에서의 구조조정이 계속 뜨거운 쟁점인 것은 사실이다. 보다 구체적으로 말하면, 우리들의 분석은 직접적인 재정적 어려움에 더하여 실업의 증가(혹은 더 많은 사람이 실업할 것이라는 예상)가 모든 정부에게 가장 큰 걱정거리였음을 보여 주고 있다는 것이다. 따라서 위기대응의 둘째 단계에서 노동시장 관련 정책들은 금융위기를 맞아 조정되고 있었을 가능성이 있다. 〈표 10-3〉은 이에 관한 자료를 보여 준다.

예컨대, 미국은 실업보상을 확대하는 한편 실업자의 재취업을 유도하기 위해 『미국의 회생 및 재투자에 관한 법률*American Recovery and Reinvestment Act*』(2009년 2월 시행)에 의한 7,870억 달러(5,460억 유로로 GDP의 약 5%에 달함) 지원책의 일부를 실업자를 고용한 기업에 지원하는 제도를 신설하였다(US Recovery Act, 2009). 〈표 10-3〉에 제시된 자료는 대부분의 나라가, 비록 모든 분야에서는 아니며 또 동일한 정

표 10-3 위기대응 2단계에서의 노동시장 관련 정책들의 현황

		US	NL	UK	DE	DK	SW
노동수요 관련 대책	일자리 보조, 채용 장려금 지원, 공공부문 일자리 창출			∨			∨
	비임금노동비용 축소					∨	∨
	단시간근로 계획		∨		∨	∨	
실업자 재취업 촉진 대책	활성화 의무화			∨	∨		
	구직활동 보조 및 취업알선	∨	∨	∨	∨		∨
	구직 및 창업 장려금 지원			∨			
	근로경험 프로그램	∨		∨			∨
	직업훈련 프로그램	∨	∨	∨	∨	∨	∨

※ 주 : US＝미국; NL＝네덜란드; UK＝영국; DE＝독일; DK＝덴마크; SW＝스웨덴; 활성화 의무화란, 실업자로 하여금 직업훈련 등의 활성화 활동에 반드시 참여토록 하는 조치를 말함.
※ 출처: Clegg, 2010, 〈표 1〉[Glassner and Galgoczi, 2009; EEO(European Employment Observatory), 2009; European Monitoring Centre on Change, http://www.eurofound. europa.eu/emcc/index.htm에 근거하여 작성한 표].; Mandl and Salvatore, 2009: 12-3; OECD, 2009: 3, 〈표 1〉.

도로는 아니지만, 적극적 노동시장정책과 소극적 노동시장정책양자에서 기존의 정책을 갱신하거나 새로운 정책을 수립하였음을 보여 준다. 또한, 표에 제시된 자료는 어떠한 나라도 적어도 2011년까지는 핵심정책을 축소하지는 않았다는 사실도 보여 준다. 각 국의 정부가 취한 조치들을 좀 더 상세한 부분까지 본다면 영국이 두드러짐을 알 수 있다. 영국은 금융위기 이전에 유럽연합 15개 국가들 가운데 노동시장지원정책에서 가장 낮은 점수를 보이고 있었음에도 불구하고 이 정책을 심지어 임시조치로라도 개선하는 데 지극히 소극적이었다 (Clegg, 2010). 영국이 취한 주요 조치들은 적극적 노동시장정책에 속

복지국가 개혁의 도전과 응전

하는 것들이다. 2009년 당시의 대책을 보면, 6개월 이상 실직한 구직자들에 대한 추가지원과 공공고용사무소(구직센터플러스Jobcentre Plus)에 대한 추가자금 지원, 실업자를 고용하고 훈련시킨 사업주에 대한 최대 2,500파운드(3,000유로)의 장려금 지원, 새로운 훈련장소, 노동에 초점을 둔 자원봉사활동, 그리고 창업지원 등이 있었다. 이들 조치에 소요되는 비용은 약 5억 파운드(5억 5,300만 유로)에 달하였다. 또한 영국 정부는 실업한 사람들이 급여를 보다 신속하게 받을 수 있도록 하기 위해 13억 파운드(14억 유로, GDP의 약 0.1%)를 추가 지원하였다(EEO, 2009: 15-16). 비교적 관점에서 볼 때, 영국 정부의 이러한 조치들은 그리 실질적인 것이라 하기 어렵다. 위기에 대응하기 위한 접근은 전반적으로 경제활동을 촉진하기 위한 조세감면으로 주로 특징지어지는 것이었다(Clegg, 2010). 실업상태로 떨어지고 있는 사람들에 대한 대책은 거의 없었는데 이는 서유럽의 다른 나라들과 상당히 다른 점이다. 이 중 아마도 가장 중요한 것은 부분실업partial unemployment일 것이다. 독일의 경우에는 이미 부분실업제도가 시행되고 있어서 노동시간을 구조적으로 줄이도록 하고 있었다. - 이것은 6개월에서 18개월로 확대되었으며("경제활성화종합대책 Istimulus package I"), 후에 더 연장되었다. 또한 정부의 지원도 증가하였다(Clegg, 2010).

각 국에서 진행된 논쟁들에 관련된 출판물 및 온라인 매체상의 글들을 분석한 결과, 2010년대 중반 이후부터는 모든 나라가 금융위기 및 그 여파에 대한 대응의 셋째 단계에 들어간 것으로 판단된다. 광범위한 정치적 합의, 즉 장기적으로 재정의 건전성을 확보하기 위해서는 상당한 지출삭감이 필요하다는 인과적 신념으로서의 구상이 부상하기 시작하였다. 하지만 그럼에도 불구하고 상당히 오랜 기간 동안 정치행위자들은 그러한 지출삭감을 어떻게 어느 분야에서 언제 할 것인지에 관한 구체적인 논의를 회피하였다. 우리는 그 이유가 시민들이 여전히 복지국가를 지지하고 있었고 그래서 급진적 개혁을 주장하는 것은 정치적으로 위험한 것이 때문이었다고 주장한다. 예를 들어, 영국의 주요 정당들은 2010년 총선 캠페인에서 지출삭감을 말하였으면서도 구체적인 수치는 이야기하지 않았다. 게다가 당시 영국은 유럽연합 국가들이 2010년 중반부터 처한 곤경상황에서 다소 벗어나 있었다. 하지만 총선 후 새로운 연립정부(보수당과 자유당)는 2010년 6월 예산안을 제출하면서 300억 파운드(약 340억 유로, GDP의 약 1.8%)의 지출삭감을 반영하였다. 이 예산안에는 부가가치세의 2.5% 인상계획(이렇게 되면 20%가 됨)과 향후 4년간 보건 및 대외원조를 제외한 모든 정부부처 예산의 25% 삭감계획도 포함되어 있었다. 그리고 향후 5년간 복지지출은 110억 파운드(약 130억 유로, GDP의 0.8%) 삭감시키도록 되었다. 아동수당은 동결되고 가족세금공제도 축소되고 주택급여에는 상한이 도입되고 장애급여를 위한 건강검진은 제한되고 국가연금 수급연령의 65에서 66세로의 상향조정이 조기에 시행되게끔 되었다(European Institute 2010). 그리하여 2014-15년까지 지출삭감액은 모두 810억 파운드(907억 유로, GDP의 5.6%)에 이를 것으로 예상되었다(UK HM Treasury, 2010). 이와 같은 지출삭감은 무엇보다 복지와 공적연금(환경부담금과 함께)에 더 큰 타격을 가할 가능성이 큰 것이었다.

그에 더하여 영국 정부는 경제활동연령층에게 자산조사에 기초하여 급여를 주는 현행 체계를 근로를 장려하기 위한 새로운 보편크레딧Universal Credit으로 대체함으로써 "복지제도를 근본적으로 변화시킬 것"이라고 공언하였다(UK HM Treasury, 2010: 28). 이와 함께 영국 정부는 부정수급 및 과오수급을 새로운 조치를 통해 감소시키고자 하였으며 또한 장기실업자들을 대상으로 한 근로프로그램Work Programme을 시행하였다. 또한, 영국 정부는 2011년 예산에서 2015-16년까지 연간 1,260억 파운드(약 1,440억 유로, GDP의 8.7%)의 적자정리consolidation를 계획하였는데 이것은 2010년 예산에서 제안되었던 것보다 4배 더 많은 것이다. 그리고 이 규모의 적자정리는 950억 파운드(약 1,080억 유로, GDP의 6.6%)의 지출삭감과 300억 파운드(340억 유로, GDP의 2.1%)의 순純조세증가를 통해 달성되는 것으로 계획되었다(UK HM Treasury, 2011: 10). 이것은 2차 대전 이래 그 어떤 축소보다 더 큰 규모의 축소로서(Hay, 2010; Taylor-Gooby, 2011), 이로 인해 영국은 과거와 다른 경로 그리고 과거보다 저지출의 경로로 들어서게 되었다(Taylor-Gooby and Stoker, 2011). 영국 정부가 제안한 조치에는, 국가연금 수급자격연령의 2018년 인상 시행, 소득수준에 따른 주거급여 상한제 도입, 근로자 기여금의 점진적 인상, 공공부문의 임금동결 등이 포함되었다. 더욱이 이러한 변화는 개인과 제3자에게 책임을 전가하는 방향으로의 사회보장의 재구조화를 반영한 것이었다. 또 집권 연립정부는 법인세 삭감과 창업 시 세금감면 등 경제를 활성화하기 위한 몇 가지 조치들도 제안하였으며 그 외에 사회기반시설에 대한 투자와 교통프로젝트에 대한 투자도 제안하였고, 노동시장 활성화를 위한 조치로 직업훈련 및 실습지에 대한 지원도 제안하였고, 생애최초 주택구입자에게 자금을 지원하는 주거정책과 주택담보이자납부를 지원하는 계획도 확대할 것을 제안하였다. 마지막으로 은행세bank levy, 즉 은행의 총부채가액에 대해 매년 부과되는 세금은 은행이 위험한 채무유발행위를 벌이는 것을 억제하기 위해 지속할 것을 제안하였다.

독일의 중도우파 정부는 2011년에 그 정부가 2009년 11월에 취했던 입장을 바꾸어 엄격한 적자목표치를 달성하는 데 노력할 것으로 보였다. 당시 독일 정부는 2010년까지 220억 유로를 경제활성화종합대책stimulus package에 투입키로 결정하였다. 메르켈Merkel 수상은 정부의 목표는 경제를 지속적으로 안정시키고 일자리를 유지하는 것이기 때문에 지출삭감은 불가능하다고 공언하였다. 하지만 2010년 7월에 독일 정부는 2011년과 2014년 사이에 약 800억 유로(GDP 대비 약 3%)에 달하는 저축계획Sparprogramm의 삭감에 동의하였다. 독일 정부의 종합대책은 기존 보조금의 철회, 세금인상, 군대개혁, 공공행정개혁, 금융부문개혁, 그리고 몇 가지 상대적으로 작은 규모의 급여삭감과 수급자격 제한 등이 혼합된 것이었다(Bundesregierung, 2010). 게다가 2011년 예산은, 실업급여는 지속될 수 없을 것이고 노령연금계획(통일의 유산)은 더 이상 변제될 수 없고 모성 및 부성급여는 실업급여에서 공제될 것임을 선언한 것이었다. 독일 정부의 2011년 4월 정책진술은, 지출삭감과 재정규율에 대한 관심의 증가를 반영하여 재정균형을 달성하기 위한 재정강화계획에 관련된 것이었다. 예컨대, 연금수급연령이 2012년 시행을 목표로 65세에서 67세로 상향조정되었다. 또한, 실업급여를 삭감하여 50세 이하 독일인들이 자신들의 최종임금의 60%만을 최장 1년간 급여로 받게끔 하도록 하는 계획도 있었다. 그와 동시에 저축종합대책(avings package)은 교육과 연구·개발에 투입할 120억 유로를 별도로 마련해 두었다(Bundesregierung, 2011; Bundesfinanzmin-esterium, 2011).

네덜란드에서는 정확한 삭감규모와 삭감시기가 2010년 봄 총선 캠페인을 지배하였으며, 중도우파 연립정부 형성 시 협상의 중요한 일부였다. 지출삭감은 180억 유로(GDP의 3%)에 이를 것으로 추정되었으며 증가율이 기대보다 낮을 경우 더 증액되도록 계획되었다. 정부의 목표는 2015년까지 균형재정을 회복하는 것이었다. 이를 위해 네덜란드 정부는 보건과 연금(수급연령의 점진적 상향조정), 보육, 장애 그리고 사회부조 등 다양한 부문에 걸쳐 다양한 정도의 축소를 제안하였다.

덴마크는 그들 나름의 가혹한 지출삭감(32억 유로, GDP의 약 1.5%)을 시도하였다. 보수당 정부가 제안한 조치들에는, 실업급여를 4년에서 2년으로 추가 축소하는 조치와 공공부문의 일자리를 2만 개 축소하는 조치, 아동수당의 5% 삭감 및 연금수급연령의 상향조정 등을 포함하는 것이었다. 그와 동시에 덴마크 정부는 훈련기회의 증가를 포함한 실업자 대상의 추가조치들도 제안하였다. 기업을 지원하기 위해 법인세의 삭감과 함께 벤처자본시장을 위한 자금지원이 이루어지도록 계획되었다. 또한 덴마크 정부는 녹색교통정책green transport policy에 대한 공공투자도 개시하였다. 2011년 가을에 새롭게 집권한 중도좌파정부

10. 복지국가는 대침체를 견뎌낼 수 있고 견뎌낼 것인가?

는 2020년까지 재정균형을 달성할 것을 목표로 정하였다. 그러면서 그와 동시에 빈곤과 불평등의 감소도 약속하였다. 덴마크 중도좌파정부가 추진한 주요 개혁들은 조세와 노동시장에 초점을 맞춘 것들이었다. 정부는 노동공급을 늘리고자 하였고 이를 위해 활성화, 사회부조, 유연일자리flexjobs, 장애연금, 그리고 교육 등 다양한 분야에서의 개혁을 제안하였다. 덴마크 정부는 예산중립적일 것으로 생각되며 노동에 대한 조세를 상당 정도로 줄일 것으로 생각된 대규모의 조세개혁을 계획하였다. 또한 덴마크 정부는, 사회기반시설과 사회주택, 그리고 개인주택에서 시도하는 에너지 절약형 수선에 대한 보조금 등에 대한 추가적 지원을 통해 경제회복의 '시동'을 걸 것을 약속하였다.[26]

중도우파정부가 집권했던 스웨덴은 우리가 살펴보고 있는 6개 나라 중 유일하게 공공지출의 대규모 삭감이 계획되지 않은 나라였다. 스웨덴은 그 나라가 1990년대 초에 이미 도입·실행하고 있었던 엄격한 재정규칙의 덕을 보았다(European Institute, 2010). 스웨덴 정부는 2009년 9월에 2010년도 예산안을 제출하면서 실업문제의 해결을 위해 사회기반시설에 대한 투자를 증가시킬 것이라고 발표하였다. 또한, 단기실업자에 대한 지원과 함께 근로소득에 대한 세금공제도 확대하였다. 연금급여는 3개년 이동평균moving average을 도입하여 3% 삭감토록 계획하였고, 반면 연금수급자에 대한 소득세는 삭감토록 계획하였

---

26 http://www.stm.dk/publikationer/Et_Danmark_der_staar_sammen_II/Re-geringsgrundlag_okt_2011.pdf (2011년 12월 검색)

다. 또 기업관련주식에 따른 자본이득과 배당에 대한 세금감면도 제안되었다. 마지막으로 스웨덴 정부는 보건의료에 대한 추가 자금투입도 발표하였다. 2010년 10월에는 2011년도 예산안이 제출되었는데 이때 실업에 대처하기 위한 일반소득보험의 도입(사회보장개혁)이 발표되었다. 2011년도 예산안에는 주택전대轉貸 housing sublet에 관련된 표준공제를 인상하고 주택공급량을 늘릴 계획이 포함되었다. 실업문제 해결을 위한 지원대책이 임시적으로 확대되었다. 연금수급자에 대한 소득세는 추가로 인하되었으며 연금수급연령은 상향조정되었다 (Swedish Budget Bill, 2010, 2011).

미국의 경우 오바마 행정부Obama administration는 2010년에 의료개혁 ―이 의료개혁은 금융위기에 대한 대응으로 시도된 것은 아니다― 성공하였다. 크레딧을 소규모 기업들도 이용할 수 있게 되었으며, 세금감면도 도입되었다. 2010년과 2011년, 2012년 예산은 이제 관심이 재정건전화budget consolidation로 옮겨갔음을 분명히 보여 주었다(US Budget, 2010, 2011, 2012). 미국은 2011년 8월 초에 14조 3천억 달러(10조 유로)라는 공식적 국가채무상한선에 도달하였는데 그 원인의 일부는 적어도 금융위기에 있었다. 민주당과 공화당이 대립하면서 벌인 지루한 협상 끝에 미국의 하원과 상원은 채무해결을 위한 제안을 수용하였다. 이 제안은 채무상한을 9천억 달러(6,240억 유로) 더 상향하고 정부지출을 9,170억 달러(6,360억 유로) 삭감할 것을 제안한 것이었다. 또한 이 제안은 국가채무 문제의 장기적인 해결을 위한 추가적인 지출삭감과 함께 위원회를 설치토록 하였다.

6
복지국가에 대한 지속적 지지

우리는 지금까지 2008년 금융위기 및 그 경제적 여파에 대해 주요 6개 국가가 보인 금융정책적, 경제정책적, 사회정책적 대응에 대해 살펴보았다. 우리는 기능적 압력에 초점을 맞추어 확실히 금융위기가 복지국가개혁을 압박하는 압력의 강도를 높였다는 점을 강조하였다. 하지만 이 압력이, 복지국가개혁에 대한 주류적 접근이 주장해 온 것처럼 급격한 개혁으로 즉각적으로 전환된 것은 아니었다. 기존의 주류적 접근은 정치행위자들이 위기로 인해 상당한 개혁을 실행할 기회를 부여받아 이 기회를 활용할 것으로 예측하였지만 정치행위자들이 실제로는 그렇게 하지 않았다는 점에서 정부의 대응이 주류적 접근의 예측을 확증하는 방향으로 전개되지는 않았다. 각 국의 정부가 초기에는 금융부문을 구제하는 데 뛰어들었고 그 다음에 균형재정을 다소 희생하면서 수요진작책을 내놓았다는 사실(〈표 10-1〉 참조)은, 우리의 개방적·기능적 접근에 잘 부합하는 것들이다. 여기서 우리가 살펴본 6개 나라는 모두 정치적으로 우파 또는 중도우파에 기울어져 있었다. 하지만 우리가 다른 선진민주주의국가들에까지 시야를 넓혀서 보면 위기대응 초기에 나타났던 사회적 보호대책과 수요진작책은 해당 국가 집권정당의 정치적 성향과 무관하게 나타난 것이었다. 이는 정부가 아직 초기에는 스스로를 손실영역에 있는 것이 (전적으로) 아니라고 생각지 못했다는 우리들의 관찰과 부합한다. 또한 금융위기 및 그 경제적 여파가

복지국가 개혁의 도전과 응전

미치던 시기에는 복지국가가 사람들이 통제할 수 없는 원인에 의한 불운으로부터 사람들을 보호할 수 있는 가장 중요한 제도라는 인과적 구상이 지배적이었다. 우리는 위기가 복지국가의 핵심 제도들에 대한 대중들의 지지 그리고 이 제도들이 지구금융시장의 변덕이 국내에 미치는 악영향을 완화하는 데 수행할 수 있는 역할에 대한 대중들의 지지를 손상시키지 못한 것이 위기에 대한 정책적 대응의 초기에 국가 간에 유사성이 나타나게 된 주 원인이라고 가정한다.

앞의 2장과 9장에서 자세히 살펴본 것처럼, 복지국가를 급진적인 개혁과 급격한 축소로부터 방어해 준 주요 기제는 현상유지를 지지하는 대중들의 태도를 기반으로 한 것이다. 현재의 위기는 1970년대의 위기 및 특히 1980년대의 위기와는 엄청나게 다르다는 사실을 주목할 필요가 있다. 과거에는 '거대한' (복지)국가가 위기의 일차적 원인 중의 한 가지로서 투자에 지출될 돈을 구축하고 그럼으로써 경제와 고용이 성장하는 것을 방해한다는 것이 주된 논리였다. 하지만 현재의 대중들의 태도를 조사한 자료들을 보면, 과거와 달리, 대중들은 현재의 위기를 불러일으킨 것이 복지국가라고 생각하지 않는 것으로 나타난다. 사실 현재는 복지국가가 금융부문과 그것의 경제적 여파에 의해 발생한 문제를 해결할 해결책으로 간주되고 있다.

금융위기가 발생한 이후 복지국가에 대한 지지를 지탱할 수 있는 기제에는 두 가지가 있다. 복지국가에 대한 대중들의 여론이 지지적인 경우 이것은 복지친화적인 정책을 늘리게 된다. 그러나 시행 중인 사회정책도 현재의 위기에서처럼 그것이 가장 필요한 상황이 되면 그에 대한 지지가 증가하기도 한다. 이런 두 가지 기제가 함께 작용하여 복지국가의 급격한 축소를 막는 역할을 하는 것이다. 현재의 위기가 복지국가에 대한 대중들의 지지를 손상시키는지를 보기 위해서는 여론조사 결과를 좀 더 기다려야 한다. 덴마크와 프랑스, 영국에서 실시된 복지태도조사에 의하면, 복지국가에 대한 지지는 여전히 높은 수준이며 이는 특히 전통적인 사회보호제도(즉, '구사회위험'에 관련된 제도)에 대해 그러한 것으로 나타났다(Diamond and Lodge, 2013). 또한 우리들의 내용분석(앞의 각주 24 참조)으로부터 수집된 자료들은, 금융적 제약의 증가로 정부가 복지수요를 충족할 역량이 제약되고 있음에도 불구하고 복지국가에 대한 지지는 사실상 지속되고 있음을 보여 준다. 실제로 우리는 유권자들이 위기로 인해 복지국가를 더욱 소중히 여기게 되었음을 보여 주는 증거들을 발견하고 있는데 사실 복지국가야말로 사람들을 실직으로부터 지켜주고 실직했을 경우 그들에게 소득을 지켜주는 존재이기 때문이다(Margalit, 2013 참조).

자유주의 체제에 속하는 국가들인 미국과 영국은 대중들의 태도에서 다소간의 차이가 있다. 영국에서 입소스-모리가 2009년 말에 진행한 여론조사에서는 영국 유권자들이 지출삭감을 지지하지 않는 것으로 나온 반면, 갤럽의 여론조사는 미국인의 절반을 약간 넘는 사람들이 임시적인 정부지출 증가를 지지하였지만 그보다 훨씬 더 많은 사람들은 정부지출이 즉각적으로 또는 위기가 진정된 후에는 다시 제자리로 돌아가기를 희망하는 것으로 나왔다(Ipsos-MORI, 2009; Gallup, 2009a, 2009b).

우리들의 분석과 기존의 연구들을 기초로, 우리는 몇 가지의 일반화된 그러나 잠정적인 결론을 도출할 수 있다. 첫째, 금융위기 및 그것의 경제적 여파는 복지급여에 대한 대중들의 지지를 감소시키기보다 오히려 증가시키고 있다(Blekesaune and Quadagno, 2003). 사실 최근의 연구는 대침체가 복지국가에 대한 대중들의 선호에 매우 큰 긍정적 영향을 미쳤음을 보여 주고 있으며 이는 특히 복지국가에 대한 지지가 가장 낮을 것 같은 국가에서도 그러한 것으로 나타나고 있다. 즉, 실업의 위험이 점점 높아지면서 미국 시민들 사이에도 친복지적 태도가 크게 증가한 것이다(Margalit, 2013). 이는 사회적 보호에 대한 대중들의 수요가 개인의 위험노출정도와 소득의 결합함수임을 보여 주는 다른 연구의 결과(Rehm, 2011; Rehm et al., 2012)와도 일맥상통하는 것이다. 둘째, 사회정책은 대중들이 그에 관해 비교적 분명하고 일관된 견해를 가진 주제이며 그로 인해 대중들의 태도는 정부의 정책결정과 실행에 지속적으로 영향을 미치게 된다(Burstein, 1998). 예컨대, 스칸디나비아 지역의 선거에서 사회정책은 언제나 가장 첨예한 최고 순위의 쟁점이었다(Oscarsson and Holmberg, 2008: 54; Karlsen and Aardal, 2011: 134). 셋째, 정부는 가능한 한 복지국가에 대한 지지의 증가에 대응하고자 한다(Brooks and Manza, 2006b 참조). 재정건전성을 달성해야 할 필요성에 관련된 우려가 자주 표현되고 있음에도 불구하고 친親복지국가적 수사修辭는 여전히 대부분의 나라에서 지배적인 것이 분명하다. 우리는 가까운 장래에 많은 국가들이 복지제도를 유지해야 한다는 대중적 요구와 재정건전성을 달성해야 한다는 재정적·경제적 (기능적) 압력 간에 정치적 긴장이 증가하는 상황을 맞이할 가능성이 매우 높다고 본다. 활성화 및 노동시장 참가의 극대화(예컨대 연금수급연령의 상향조정 등을 포함하여)가 위기 이후 제기되는 해결책의 일부가 될 가능성이 있다. 브룩스와 만자(Brooks and Manza, 2007)와 달리, 우리는 예산제약으로 전체적인 복지국가노력의 증가나 복지국가의 관대성 증가가 제한적인 상황임에도 불구하고 특수한 영역이 덜 첨예한 다른 영역을 희생하고서 추가적인 지원을 받는 경우 영역특수적 상충관계domain-specific trade-offs가 발생할 것이라고 예측한다.

예컨대, 2009년 입소스-모리의 여론조사를 보면 영국 대중들은 정부지출의 삭감을 받아들일 용의가 있지만 보건의료에 대한 지출삭감에 대해서만은 그렇지 않음을 볼 수 있다. 파이낸셜타임즈/해리스 여론조사(Financial Times/Harris Poll, 2010) 결과는 이 사실을 지지한다. 영국인의 단지 8%만이 보건의료가 지출삭감 부담의 가장 큰 부분을 담당해야 한다고 생각하는 것으로 나타났다. 흥미로운 사실은 같은 조사에서 영국인의 50%가 조금 넘는 사람들이 실업급여가 가장 많이 삭감되어야 한다고 생각하는 것으로 나타났다는 것이다. 이 점에서 영국은 미국과 사뭇 다르다. 미국인들 중에는 22%만이 실업급여가 가장 많이 삭감되어야 한다는 데 찬성하였으며 독일도 찬성률이 이와 비슷하다. 또 하나 흥미로운 사실은, 미국과 영국 그리고 독일의 경우 응답자의 약 70%가 "큰 규모의 재정적자와 지금까지 추진되어 왔거나 제안되었던 지출삭감은 유럽복지국가에 대한 재점검을 요구하는 것이다"라는 진술에 동의하는 것으로 나타났다는 사실이다. 불행하게도 이

조사는 그와 같은 재점검이 어떤 모습이 되어야 할 것인지에 대해서는 어떠한 정보도 제공하지 않았다.

　대중들은 아마도 모순된 태도를 가진 것 같다. 즉, 그들은 비용이 많이 드는 복지국가를 진심으로 지지하지만 동시에 정부지출의 삭감도 지지하고 있는 것이다(Schumacher et al., 2013 참조). 하지만 그럼에도 불구하고 우리는 복지국가가 금융적·경제적 충격의 영향에 대항하여 사람들에게 보호를 제공하는 존재로서 여전히 사람들로부터 소중히 여겨지고 있다는 결론을 내릴 수 있다. 복지국가에 대한 대중들의 지속적인 지지는 상당히 강고한 것으로 나타나고 있는데 이는 특히 1980년대의 위기 때와 달리 2008년 금융위기와 관련해서는 비용이 많이 드는 사회정책이 그 원인으로 간주되고 있지 않다는 점에서 더욱 그러하다. 따라서 복지국가는 위기를 극복하는 정치적 해결책에 계속 포함되고 있는 것이다. 영국과 미국, 독일, 네덜란드, 덴마크, 그리고 스웨덴에서의 여론조사 결과와 정책적 전개과정에 관한 자료들은 대중들이 여전히 복지국가를 지지하며 복지국가에 대한 신뢰를 유지하고 있음을 보여 준다.

7
결론

오늘날 복지국가는, 실업의 증가와 은행부문에 대한 신뢰의 감소, 수출의 둔화, 그리고 재정적자의 증가 등 공통된 문제에 직면하고 있다. 이는 정부의 대응 전반에 걸쳐 놀랄 정도의 공통성이 나타나는 점을 부분적으로 설명해 준다. 하지만 금융부문의 지원하고 내수를 진작시키기 위한 직접적인 대응책들은 엄청난 비용이 소요되는 일이었으며 그로 인해 대침체에 대한 각 국의 대응은 셋째 단계로 돌입하게 되었다. 위기대응의 첫째 단계에는 노동시장정책과 은행개혁이 가장 많은 주목을 받았지만, 연금과 주택 등과 같은 다른 정책영역에서도 균형재정을 회복해야 할 보다 내핍적인 시기가 도래했다는 공언들과 함께 다양한 조치들이 취해지거나 논의되었다. 이 단계에서 정부정책을 관통한 기조는, 정부가 대침체로부터 타격을 받은 사람들을 지원하기 위해 노력하면서 정부지출이 핵심적인 정책영역에서 비록 임시적이기는 하나 상당 정도로 확대되었다는 것이었다. 하지만, 초기의 비용이 많이 드는 조치들은 그것이 적자지출을 급격히 증가시켜 왔기 때문에 지속가능하지 않다는 것이 널리 공유된 정치적 신념(인과적 신념으로서의 구상)이었다.

셋째 단계는 적자지출이 한계에 도달했다는, 금융시장의 반응에 의해 각인된 정치적 합의의 등장을 특징으로 한다. 이에 따라 개혁의 정치는 점점 누가 얼마만큼의 어떤 비용을 언제 어떻게 지불하는가, 즉 다시 말해서 금융적·경제적 회복이라는 무거운 부담을 누가 질 것인가라는 질문을 둘러싼 문제로 전개되어 나갔다. 중요한 정치적 쟁점은 균형재정으로의 신속한 복귀가 경제회복을 위한 필수불가결한 조건인지 여부이며, 또 만일 균형재정이 경제회복의 필수불가결한 조건이라면 과감한 복지 축소 또는 세금의 상당한 인하가 핵심적인 정책인지 여부이다. 우리가 살펴본 6개국 중 일부 국가(특히 영국, 독일, 덴마크, 네덜란드; Vis et al., 2012 참조)의 정부는 공공지출에 대한 상당 정도의 삭감에 이미 동의한 상태인데, 이것은 과감한 개혁으로 이어질 수도 있고 그렇지 않을 수도 있으며, 또 새로운 분배갈등을 유발할 수도 있고 그렇지 않을 수도 있다. 위기는 복지국가에 대한 대중적 지지를 강화하기도 하기 때문에, 공공지출 삭감조치는 그리스나 스페인에서 그랬던 것처럼 대중들의 저항에 불을 지를 수도 있다. 사회지출의 삭감과 관련하여 그 시기와 정도, 그리고 속도를 결정함에 있어서 여론은 항상 중요한 고려요인이다. 또한 오랫동안 잘 정착되어 온 사회프로그램들은 잘 알려진 바와 같이 회복탄력성을 가지고 있는데 지출삭감조치는 이러한 회복탄력성의 작동을 촉발하며 그에 따라 지출삭감조치의 결과는 불투명하게 되는 경향이 있다.

우리의 결론은 두 가지이다. 한편으로, 우리는 우리들의 개방적·기능적 접근 및 전망이론적 접근과 일관된 것으로서, 금융위기 발생 이후 복지국가에 대한 눈에 띄는 축소시도는 아직까지 나타나지 않았다는 사실을 발견하였다. 다른 한편으로, 우리는 이 경우에도 우리의 예측과 일관된 것으로서, 과감한 지출삭감이 점차 목표로 상정되기 시작하고 있으며 이미 삭감이 실행되기도 하였다는 사실을 관찰할 수 있었다. 하지만 정치적·제도적 측면에서의 다양한 이유로 인해 정부를 축소시키려는 의도와 그 결과 간에는 상당한 격차가 아마도 계속 남아 있을 것으로 보인다. 물론 급진적 개혁을 추동하는 기능적 압력의 강도는 계속 강해져 왔고 앞으로도 점점 더 강해질 것이지만, 복지국가 역시 그리 쉽게 무너질 존재가 아니다. 하지만 그렇다고 해서 복지국가와 관련하여 아무런 개혁이나 변화가 없었다거나 앞으로 없을 것이라는 말은 아니다. 우리가 이 책 전체를 통해 강조해 온 바와 같이, 개혁은 사실 복지국가정치와 복지국가정책이 지속적으로 그리고 변함없이 가져왔던 특징이다. 지난 20여 년 동안 복지국가는 끊임없이 새로운 사회적 · 경제적 요구에 적응해 왔고, 또 각 국의 정부는 잘 조정되고 혁신적인 사회정책을 비록 나라마다의 차이는 있지만 지속적으로 추진해 왔다. 그러나 엄청난 규모의 재정적자와 금융시장의 압력 앞에서 기능적 긴장이 증가함에 따라 핵심적인 사회프로그램들이 개혁을 통해 보호될 수 있을지가 점점 불투명해지고 있다. 사회프로그램들은 분배갈등의 희생물이 될 수도 있고 또는 정책표류의 희생물이 될 수도 있다. 복지국가는 놀라울 정도의 유연성을 가지고 있고 또 영구적으로 변화하는 환경에 적응해 나갈 역량을 충분히 가지고 있다. 복지국가의 핵심적인 사회프로그램은 여전히 대중들로부터 큰 지지를 받고 있으며 따라서 이들에 대한 근본적인 재점검 등은 대중들의 저항에 계속 부딪히게 된다. 하지만 그럼에도 불구하고, 심각한 재정문제와 금융시장의 예기치 못한 그리고 위협적인 반응들, 그리고 금융위기가 실물경제에 미친 영향들은 추가적인 개혁을 압박하고 있을 뿐만 아니라 복지국가가 지금까지 제공해 왔던 위험에 대한 보호를 지속으로 제공하는 데에 필요한 개혁을 실행할 정치적 역량을 손상시키고 있는 것 같다.

참고문헌

Abrahamson, Peter(1999). "The Welfare Modelling Business," *Social Policy & Administration,* 33(4): 394-415.

Adelantado, José, and Calderón, Eduardo, C.(2006). "Globalization and the Welfare State: The Same Strategies for Similar Problems?" *Journal of European Social Policy,* 16(4): 374-86.

Adema, Willem(2000). "Revisiting Real Social Spending across Countries: A Brief Note," *OECD Economic Studies,* 30(1): 191-97.

Adema, Willem, and Ladaique, Maxime(2009). "How Expensive Is the Welfare State? Gross and Net Indicators in the OECD Social Expenditure Database(SOCX)," *OECD Social, Employment and Migration Working Papers,* No. 92. Paris: OECD. http://www.oecd-ilibrary.org/docserver/download/ fulltext/ 5ks712h5cg7l.pdf?expires=1287748439andid=0000andaccname= guestandchecksum=2C5A8369C614B561A10DB53F80AB24B8(accessed October 2010).

Adser a, Alcia, and Boix, Carles(2002). "Trade, Democracy and the Size of the Public Sector: The Political Underpinnings of Openness," *International Organization,* 56(2): 229-62.

Adviescommissie Arbeidsongeschiktheid(2001). *Werk Maken van Arbeidsgeschiktheid*[Making Work of the Ability to Work]. The Netherlands: The Hague. http://www.ohcbv.nl/hulppagina/documenten/rapportdonner2. pdf (accessed July 2011).

Afonso, Alexandre(2013). *Social Concertation in Times of Austerity. European Integration and the Politics of Labour Market Reforms in Austria and Switzerland.* Amsterdam: Amsterdam University Press.

Akalis, Scott A.(2008). "A New Spin on Losses Looming Larger than Gains: Asymmetric Implicit Associations from Slot Machine Experience," *Journal of Behavioral Decision Making,* 21(4): 378−98.

Albæk, Erik, Eliason, Leslie C., Nørgaard, Asbjorn S., and Schwartz, Herman M.(eds.)(2008). *Crisis, Miracles, and Beyond: Negotiated Adaptation of the Danish Welfare State.* Aarhus: Aarhus University Press.

Alber, Jens(1981). "Government Responses to the Challenge of Unemployment: The Development of Unemployment Insurance in Western Europe." In Flora and Heidenheimer(eds.)(1981a), pp. 151−83.

_____(1982). *Vom Armenhaus zum Wohlfahrtsstaat. Analysen zur Entwicklung der Sozialversicherung in Westeuropa.* Frankfurt and New York: Campus.

_____(1988). "Is There a Crisis of the Welfare State? Cross-National Evidence from Europe, North America, and Japan," *European Sociological Review,* 4(3): 181−207.

Allan, James P., and Scruggs, Lyle A.(2004). "Political Partisanship and Welfare State Reform in Advanced Industrial Democracies," *American Journal of Political Science,* 48(3): 496−512.

Amable, Bruno, and Palombarini, Stefano(2009). "A Neorealist Approach to Institutional Change and the Diversity of Capitalism," *Socio-Economic Review,* 7(1): 123−43.

Andre β, Hans-Jürgen, and Lohmann, Henning(2008). *The Working Poor in Europe.* Cheltenham/Northampton: Edward Elgar.

Armingeon, Klaus(2003). "OECD and National Welfare State Development." In Armingeon and Beyeler(eds.), pp. 226−41.

_____(2012). "The Politics of Fiscal Responses to the Economic Crisis, 2008−2009," *Governance: An International Journal of Policy, Administration, and Institutions,* 25(4): 543−65.

_____(2013). 'Breaking with the Past? Why the Global Financial Crisis Led to Austerity Policies But Not to Modernization of the Welfare State'. In Pierson, Christopher, Castles, Francis G., and Naumann, Ingela K.(eds.), *The Welfare State Reader*(3rd edition). Cambridge: Polity Press.

Armingeon, Klaus, and Beyeler, Michelle(eds.)(2003). *The OECD and European Welfare States.* Cheltenham and Northampton: Edward Elgar.

Armingeon, Klaus, and Bonoli, Giuliano(eds.)(2006). *The Politics of Post-Industrial Welfare States: Adapting Post-War Social Policies to New Social Risks.* London and New York: Routledge.

Armingeon, Klaus, and Giger, Nathalie(2008). "Conditional Punishment: A Comparative Analysis of the Electoral Consequences of Welfare State Retrenchment in OECD Nations, 1980−2003," *West European Politics,* 31(3): 558−80.

Arndt, Christoph(2013). *The Electoral Consequences of Third Way Welfare State Reforms. Social Democracy's Transformation and Its Political Costs.* Amsterdam: Amsterdam University Press.

Arts, Wil A., and Gelissen, John(2010). "Models of the Welfare State." In Castles et al.(eds.), pp. 586−83.

Aspalter, Christian(2011). "The Development of Ideal-Typical Welfare Regime Theory," *International Social Work,* 54(6): 735−50.

_____(2013). "Real-typical and Ideal-typical Methods in Comparative Social Policy." In Greve, Bent(ed.), *The Routledge Handbook of the Welfare State.* New York: Routledge, pp. 293−306.

Atkinson, Anthony B., Marlier, Eric, Montaigne, Fabienne, and Reinstadler, Anne (2010). "Income Poverty and Income Inequality." In Atkinson, Anthony B. and Marlier, Eric(eds.), *Income and Living Conditions in Europe.* Brussels: Eurostat. http://epp.eurostat.ec.europa.eu/cache/ITY_OFFPUB/ KS-31-10-555/EN/KS-31-10-555-EN.PDF(accessed June 2011), pp. 101−31.

Balassa, Bela(1966). "Tariff Reductions and Trade in Manufacturers among the Industrial Countries," *American Economic Review,* 56(3): 466−73.

Baldwin, Peter(1990). *The Politics of Social Solidarity: Class Bases of the European Welfare State, 1875-1975.* Cambridge: Cambridge University Press.

Banting, Keith G.(1995). "The Welfare State as Statecraft: Territorial Politics and Canadian Social Policy." In Leibfried, Stephan and Pierson, Paul(eds.), *European Social Policy: Between Fragmentation and Integration.* Washington, DC: Brookings Institution, pp. 269−300.

Baron, Jonathan(2010). "Cognitive Biases in Moral Judgments that Affect Political Behavior," *Synthese,* 172(1): 7−35.

Barr, Nicholas(2004). *The Economics of the Welfare State.* Oxford: Oxford University Press(4th edition).

Barry, Brian(1990). "The Welfare State versus the Relief of Poverty." *Ethics,* 100(3): 503−29.

Bauer, Michael W., and Knill, Christoph(2012). "Understanding Policy Dismantling: An Analytical Framework." In Bauer et al.(eds.), pp. 30−51.

Bauer, Michael W., Jordan, Andrew, Green-Pedersen, Christopher, and Héretier, Adrienne(eds.)(2012). *Dismantling Public Policy. Preferences, Strategies, and Effects.* Oxford: Oxford University Press.

Baumol, William J.(1967). "Macroeconomics of Unbalanced Growth: The Anatomy of Urban Crisis." *American Economic Review,* 57(3): 415−26.

Bazant, Ursula, and Schubert, Klaus(2009). "European Welfare Systems: Diversity beyond Existing Categories." In Schubert, Klaus, Hegelich, Simon, and Bazant, Ursula(eds.), *The Handbook of European Welfare Systems.* Oxford: Routledge, pp. 513−34.

Becher, Michael(2010). "Constraining Ministerial Power: The Impact of Veto Players on Labor Market Reforms in Industrial Democracies, 1973−2000," *Comparative Political Studies,* 43(1): 33−60.

Beck, Hermann(1995). *The Origins of the Authoritarian Welfare State in Prussia: Conservatives, Bureaucracy, and the Social Question, 1815−70.* Ann Arbor: University of Michigan Press.

Becker, Jos(2005). *De Steun voor de Verzorgingsstaat in de Publieke Opinie, 1970-2002: Een Analyse van Trends in Meningen* [The Support for the Welfare State in Public Opinion: An Analysis of Trends in Opinions]. The Hague: Social and Cultural Planning Office of the Netherlands.

Becker, Uwe(1988). "From Social Scientific Functionalism to Open Functional Logic," *Theory and Society,* 17(6): 865−83.

_____(2009). *Open Varieties of Capitalism. Continuity, Change and Performances.* Houndmills: Palgrave Macmillan.

_____(ed.)(2011). *The Changing Political Economic of Small West European Countries.* Amsterdam: Amsterdam University Press.

Béland, Daniel(2005). "Ideas and Social Policy: An Institutionalist Perspective," *Social Policy & Administration,* 39(1): 1−18.

_____(2007). "The Social Exclusion Discourse: Ideas and Policy Change," *Policy & Politics,* 35(1): 123−39.

_____(2011). "Ideas and Politics." In Béland and Cox(eds.), pp. 3−20.

Béland, Daniel, and Cox, Robert H.(eds.)(2011). *Ideas and Politics in Social Science Research,* Oxford: Oxford University Press.

Bell, Daniel(1979). *The Cultural Contradictions of Capitalism.* London: Heinemann.

Berejekian, Jeffrey(1997). "The Gains Debate: Framing State Choice," *American Political Science Review,* 91(4): 789−805.

Bermeo, Nancy, and Pontusson, Jonas(eds.)(2012a). *Coping with Crisis. Government Reactions to the Great Recession.* New York: Russell Sage Foundation.

_____(2012b). "Coping with Crisis: An Introduction." In Bermeo and Pontusson(2012a), pp. 1−31.

Beyeler, Michelle(2003). "Introduction: A Comparative Study of the OECD and European Welfare States." In Armingeon and Beyeler(eds.), pp. 1−12.

Bhagwati, Jagdish(1995). *Protectionism.* Cambridge, MA: MIT Press.

Birch, Anthony H.(1984). "Overload, Ungovernability and Delegimation: The Theories and the British Case," *British Journal of Political Science,* 14(2): 135−60.

Blair, Tony, and Schröder, Gerhard(1999). *Europe: The Third Way/Die Neue Mitte.* http://www.fcpp.org/publication.php/349(accessed June 2011).

Blais, André, Kim, Jiyoon, and Foucault, Martial(2010). "Public Spending, Public Deficits and Government Coalitions," *Political Studies,* 58(5): 829−46.

Blekesaune, Morten, and Quadagno, Jill(2003). "Public Attitudes toward Welfare State Policies: A Comparative Analysis of 24 Nations," *European Sociological Review,* 19(5): 415−27.

Block, Fred(1990). *Postindustrial Possibilities. A Critique of Economic Discourse.* Berkeley, CA: University of California Press.

Blomberg, Helena, and Kroll, Christian(1999). "Who Wants to Preserve the

'Scandinavian Services State'? Attitudes to Welfare Services among Citizens and Local Government Elites in Finland, 1992−6." In Svallfors and Taylor-Gooby(eds.), pp. 52−86.

Blossfeld, Hans-Peter(2009). "Educational Assortative Marriage in Comparative Perspective," *Annual Review of Sociology,* 35: 513−30.

Blyth, Mark(2001). "The Transformation of the Swedish Model: Economic Ideas, Distributional Conflict, and Institutional Change," *World Politics,* 54(1): 1−26.

_____(2002). *Great Transformations: Economic Ideas and Institutional Change in the Twentieth Century.* Cambridge: Cambridge University Press.

_____(2013). *Austerity: The History of a Dangerous Idea.* New York: Oxford University Press.

Boeri, Tito, Börsch-Supan, Axel, and Tabellini, Guido(2001). "Would You Like to Shrink the Welfare State? A Survey of European Citizens," *Economic Policy,* 16(32): 9−50.

Boettcher III, William A.(2004). "The Prospects for Prospects Theory: An Empirical Evaluation of International Relations Applications of Framing and Loss Aversion," *Political Psychology,* 25(3): 331−62.

Bone, John, Hey, John, and Suckling, John(1999). "Are Groups More (or Less) Consistent than Individuals?" *Journal of Risk and Uncertainty,* 18(1): 63−81.

Bonoli, Giuliano(2000). *The Politics of Pension Reform.* Cambridge: Cambridge University Press.

_____(2001). "Political Institutions, Veto Points, and the Process of Welfare State Adaptation." In Pierson(ed.)(2001b), *The New Politics of the Welfare State.* Oxford: Oxford University Press, pp. 238−64.

_____(2005). "The Politics of New Social Policies: Providing Coverage against New Social Risks in Mature Welfare States," *Policy & Politics,* 33(3): 431−49.

_____(2006). "New Social Risks and the Politics of Post-Industrial Social Policies." In Armingeon and Bonoli(eds.), pp. 3−26.

_____(2007). "Time Matters: Postindustrialization, New Social Risks, and Welfare State Adaptation in Advanced Industrial Democracies," *Comparative Political Studies,* 40(5): 495−520.

_____(2008). "The Political Economy of Activation: Explaining Cross-National Variation in Active Labour Market Policy," *Working Paper De l'IDHEAP* 1−21. http://www.idheap.ch/idheap.nsf/view/83E413A8FB594809C1257458002D8EAD/$File/working%20paper%202008−1.pdf(accessed July 2011).

_____(2012). "Blame Avoidance and Credit Claiming Revisited." In Bonoli and Natali(eds.)(2012b), pp. 93−110.

Bonoli, Giuliano, and Häusermann, Silja(2009). "Who Wants What from the Welfare State? Socio-Structural Cleavages in Distributional Politics: Evidence from Swiss Referendum Votes," *European Societies,* 11(2): 211−32.

Bonoli, Giuliano, and Natali, David(2012a). "Multidimensional Transformations in the Early 21st Century Welfare States." In Bonoli and Natali(eds.) (2012b), pp. 287−306.

_____(eds.)(2012b). *The Politics of the New Welfare State.* Oxford: Oxford University Press.

Bonoli, Giuliano, and Palier, Bruno(2007). "When Past Reforms Open New Opportunities: Comparing Old-age Insurance Reforms in Bismarckian Welfare States," *Social Policy & Administration,* 41(6): 555−73.

Borah, Porismita(2011). "Conceptual Issues in Framing Theory: A Systematic Examination of a Decade's Literature," *Journal of Communication,* 61(2): 246−63.

Borrás, Susana, and Jacobsson, Kerstin(2004). "The Open Method of Co-Ordination and New Governance Patterns in the EU," *Journal of European Public Policy,* 11(2): 185−208.

Bowles, Samuel, and Gintis, Herbert(1982). "The Crisis of Liberal Democratic Capitalism: The Case of the US," *Politics & Society,* 11(1): 51−93.

Brady, David(2003). "The Politics of Poverty: Left Political Institutions, the Welfare State, and Poverty," *Social Forces,* 82(2): 557−88.

_____(2005). "The Welfare State and Relative Poverty in Rich Western Democracies, 1967−1997," *Social Forces,* 83(4): 1329−64.

Brady, David, Beckfield, Jason, and Seeleib-Kaiser, Martin(2005). "Economic Globalization and the Welfare State in Affluent Democracies, 1975−2001," *American Sociological Review,* 70(6): 921−48.

Brittan, Samuel(1975). "The Economic Contradictions of Democracy," *British Journal of Political Science,* 5(2): 129−59.

Brooks, Clem, and Manza, Jeff(2006a). "Why Do Welfare States Persist?" *Journal of Politics,* 68(4): 816−27.

_____(2006b). "Social Policy Responsiveness in Developed Democracies," *American Sociological Review,* 71(3): 474−94.

_____(2007). *Why Welfare States Persist: The Importance of Public Opinion in Democracies.* Chicago: University of Chicago Press.

Brülhart, Marius, Murphy, Anthony, and Strobl, Eric(2004). *Intra-Industry Trade and Job Turnover.* Mimeo: University of Lausanne/ University College Dublin/CORE, University of Louvain.

Bueno de Mesquita, Bruce, McDermott, Rose, and Cope, Emily(2001). "The Expected Prospect for Peace in Northern Ireland," *International Interactions,* 27(2): 129−67.

Bundesfinanzminesterium(2011). http://www.bundesfinanzminesterium.de(accessed May 2011).

Bundesregierung(2010). "Sparprogramm." http://www.bundesregierung.de/Webs/Breg/DE/Sparprogramm/sparprogramm.html(accessed August 2010).

_____(2011). http://www.bundesregiering.de(accessed May 2011).

Burgoon, Brian(2001). "Globalization and Welfare Compensation: Disentangling the Ties that Bind," *International Organization,* 55(3): 509−51.

_____(2006). "Globalization Is What Parties Make of It: Welfare and Protectionism in Party Platforms," *GARNET Working Paper,* No. 03/06. http://www.garnet-eu.org/fi leadmin/documents/working_papers/0306.pdf (accessed October 2010).

_____(2009). "Social Nation and Social Europe. Support for National and Supranational Welfare Compensation in Europe," *European Union Politics,* 10(4): 427−55.

Burstein, Paul(1998). "Bringing the Public Back In: Should Sociologists Consider the Impact of Public Opinion on Public Policy?" *Social Forces,* 77(1): 27−62.

_____(2003). "The Impact of Public Opinion on Public Policy: A Review and an Agenda," *Political Research Quarterly,* 56(1): 29−40.

Busemeyer, Marius R.(2009). "From Myth to Reality: Globalisation and Public Spending in OECD Countries Revisited," *European Journal of Political Research,* 48(4): 455−82.

Bussemaker, Jet, and Van Kersbergen, Kees(1994). "Gender and the Welfare State: Some Theoretical Reflections." In Sainsbury, Diane(ed.), *Gendering Welfare States.* London: Sage, pp. 8−25.

Cabral, Manuel, and Silva, Joana(2007). "Intra-Industry Trade Expansion and Employment Reallocation between Sectors and Occupations," *Review of World Economies,* 142(3): 496−520.

Camerer, Colin(2005). "Three Cheers−Psychological, Theoretical, Empirical−for Loss Aversion," *Journal of Marketing Research,* 42(2): 129−33.

Cameron, David R.(1978). "The Expansion of the Public Economy: A Comparative Analysis," *American Political Science Review,* 72(4): 1243−61.

_____(2012). "European Fiscal Responses to the Great Recession." In Bermeo and Pontusson(eds.)(2012a), pp. 91−129.

Campbell, John L.(2002). "Ideas, Politics, and Public Policy," *Annual Review of Sociology,* 28: 21−38.

Cantillon, Bea(2010). *The Social Contract Revisited. Crisis and the Welfare State: The Need for a New Distributional Agenda.* Oxford: Foundation for Law, Justice and Society.

_____(2011). "The Paradox of the Social Investment State: Growth, Employment and Poverty in the Lisbon Era," *Journal of European Social Policy,* 21(5): 432−49.

Carstensen, Martin B.(2010). "The Nature of Ideas, and Why Political Scientists Should Care: Analyzing the Danish Jobcentre Reform from an Ideational Perspective," *Political Studies,* 58(5): 847−65.

Casey, Bernard H., and Gold, Michael(2005). "Peer Review of Labour Market

Programmes in the European Union: What Can Countries Really Learn from One Another?" *Journal of European Public Policy,* 12(1): 23−43.

Castles, Francis G.(ed.)(1993). *Families of Nations: Patterns of Public Policy in Western Democracies.* Aldershot: Dartmouth.

_____(2004). *The Future of the Welfare State: Crisis Myths and Crisis Realities.* Oxford: Oxford University Press.

_____(2010). "Black Swans and Elephants on the Move: The Impact of Emergencies on the Welfare State," *Journal of European Social Policy,* 20(2): 91−101.

Castles, Francis G., Leibfried, Stephan, Lewis, Jane, Obinger, Herbert, and Pierson, Christopher(eds.)(2010). *The Oxford Handbook of the Welfare State.* Oxford: Oxford University Press.

Castles, Francis G., and Mitchell, Deborah(1993). "Worlds of Welfare and Families of Nations." In Castles et al.(eds.), pp. 93−128.

CBS(2010). "Meer zelfstandigen geven er de brui aan" [More self-employed stop their business]. http://www.cbs.nl/nl-NL/menu/themas/arbeid-sociale-zekerheid/publicaties/artikelen/archief/2010/2010−3029-wm.htm(accessed May 2010).

____(2012). *Welvaart in Nederland. Inkomen, Vermogen en Bestedingen van Huishoudens en Personen* [Prosperity in the Netherlands. Income, Capital and Expenditures of Households and Individuals]. Den Haag/Heerlen: CBS.

Chan, Chak Kwan, Ngok, King Lun, and Philips, David(2008). *Social Policy in China. Development and Well-Being.* Bristol: Policy Press.

Chen, Keith M., Lakshminarayanan, Venkat, and Santos, Laurie R.(2006). "How Basic Are Behavioral Biases? Evidence from Capuchin Monkey Trading Behavior" *Journal of Political Economy,* 114(3): 517−37.

Chinn, Menzie D., and Ito, Hiro(2008). "Global Current Account Imbalances: American Fiscal Policy versus East Asian Savings," *Review of International Economics,* 16(3): 479−98.

Christian, Jennifer L.(2008). "When Does Public Opinion Matter?" *Journal of Sociology and Social Welfare,* 35(1): 133−56.

Christopher, Karen(2002). "Welfare State Regimes and Mothers' Poverty," *So-

cial Politics 9(1): 60−86.

Clasen, Jochen(2005). *Reforming European Welfare States: Germany and the United Kingdom Compared.* Oxford: Oxford University Press.

_____(2007). *Reforming European Welfare States. Germany and the United Kingdom Compared.* Oxford: Oxford University Press.

Clasen, Jochen, and Clegg, Daniel(2003). "Unemployment Protection and Labour Market Reform in France and Great Britain in the 1990s: Solidarity Versus Activation?" *Journal of Social Policy,* 32(3): 361−81.

_____(eds.)(2011a). *Regulating the Risk of Unemployment: National Adaptations to Post-Industrial Labour Markets in Europe.* Oxford: Oxford University Press.

_____(2011b). "The Transformation of Unemployment Protection in Europe." In Clasen and Clegg(eds.), pp. 333−45.

Clasen, Jochen, and Siegel, Nico A.(eds.)(2007). *Investigating Welfare State Change: The "Dependent Variable Problem" in Comparative Analysis.* Cheltenham: Edward Elgar.

Clasen, Jochen, Clegg, Daniel, and Kvist, Jon(2012). "European Labour Market in (the) Crisis." *ETUI(European Trade Union Institute) Working Paper,* no. 2012.12. http://www.etui.org/Publications2/Working-Papers/European-labour-marketpolicies-in-the-crisis(accessed January 2013).

Clayton, Richard, and Pontusson, Jonas(1998). "Welfare-State Retrenchment Revisited: Entitlement Cuts, Public Sector Restructuring, and Inegalitarian Trends in Advanced Capitalist Societies," *World Politics,* 51(1): 67−98.

Clegg, Daniel(2010). "Labour Market Policy and the Crisis: Britain in Comparative Perspective," *Journal of Poverty and Social Justice,* 18(1): 5−17.

Cook, Linda J.(2010). "Eastern Europe and Russia." In Castles et al.(eds.), pp. 671−86.

Cox, Robert H.(2001). "The Social Construction of an Imperative: Why Welfare Reform Happened in Denmark and the Netherlands but not in Germany," *World Politics,* 53(3): 463−98.

Crettaz, Eric(2011). *Fighting Working Poverty in Post-industrial Economies. Causes, Trade-offs and Policy Solutions.* Cheltenham/Northampton: Edward Elgar.

Crozier, Michel, Huntington, Samuel P., and Watanuki, Jöji(1975). *The Crisis of Democracy: Report on the Governability of Democracies to the Trilateral Commission.* New York: New York University Press.

Cutright, Phillips(1965). "Political Structure, Economic Development, and National Social Security Programmes," *American Journal of Sociology,* 70(5): 537−91.

Daly, Mary(2000). "A Fine Balance: Women's Labor Market Participation in International Comparison." In Scharpf and Schmidt(eds.), Vol. II, pp. 467−510.

Däubler, Thomas(2008). "Veto Players and Welfare State Change: What Delays Social Entitlement Bills?" *Journal of Social Policy,* 37(4): 683−706.

Davidsson, Johan B., and Emmenegger, Patrick(2012). "Insider-Outsider Dynamics and the Reform of Job Security Legislation." In Bonoli and Natali(eds.), pp. 206−29.

D'Addio, Anna Christina, and Mira d'Ercole, Marco(2005). "Trends and Determinants of Fertility Rates in OECD Countries: The Role of Policies." *OECD Social, Employment and Migration Working Papers,* No. 27. Paris: OECD.

Deane, Phyllis(2000). *The First Industrial Revolution.* Cambridge: Cambridge University Press(2nd edition).

De Beer, Paul, Hoogenboom, Marcel, Kok, Lucy, and Schils, Trudie(2009). *Wie Zorgt voor Zekerheid?* [Who Arranges Security?] Den Haag: SDU.

De la Porte, Caroline, and Pochet, Philippe(2004). "The European Employment Strategy: Existing Research and Remaining Questions," *Journal of European Social Policy,* 14(1): 71−8.

De Martino, Benedetto, Camerer, Colin F., and Adolphs, Ralph(2010). "Amygdala Damage Eliminates Monetary Loss Aversion," *Proceedings of the National Academy of Sciences of the United States of America,* 107(8): 3788−92.

Demerath III, N. J.(1966). "Synecdoche and Structural-Functionalism," *Social Forces,* 44(3): 390−401.

Den Ridder, Josje, and Dekker, Paul(2010). *Het tweede kwartaalbericht uit het Continu Onderzoek Burgerspectieven van 2010* [The second quarterly message from the Continuous Research into Citizens of 2010]. The Hague: Social and Cultural Planning Office of the Netherlands. http://www.scp.nl/dsresource?objectid=25794andtype=org(accessed March 2011).

Diamond, Patrick, and Lodge, Guy(2013). "European Welfare States after the Crisis Changing Public Attitudes," *Policy Network Paper.* www.policy-network.net(accessed March 2013).

Dion, Michelle L., and Birchfield, Vicki(2010). "Economic Development, Income Inequality, and Preferences for Redistribution," *International Studies Quarterly,* 54(2): 315−34.

Dollar, David(1992). "Outward-Oriented Developing Economies Really Do Grow More Rapidly: Evidence from 95 LDC's, 1976−985," *Economic Development and Cultural Change,* 40(3): 523−44.

Down, Ian(2007). "Trade Openness, Country Size and Economic Volatility: The Compensation Hypothesis Revisited," *Business and Politics,* 9(2): 1−20.

Downs, Anthony(1957). *An Economic Theory of Democracy.* New York: Harper and Row.

Dreher, Axel(2006). "Does Globalization Affect Growth? Evidence from a New Index of Globalization," *Applied Economics,* 38(10): 1091−110.

Dreher, Axel, Sturm, Jan-Egbert, and Ursprung, Heinrich W.(2008a). "The Impact of Globalization on the Composition of Government Expenditures: Evidence from Panel Data," *Public Choice,* 134(3−4): 263−92.

Dreher, Axel, Gaston, Noel, and Martens, Pim(2008). *Measuring Globalization−Gauging Its Consequences.* New York: Springer.

Dyson, Kenneth(2005). "Binding Hands as a Strategy for Economic Reform: Government by Commission," *German Politics,* 14(2): 224−47.

Ebbinghaus, Bernhard(2000). "Any Way Out of 'Exit from Work'? Reversing the Entrenched Path-ways of Early Retirement." In Scharpf and Schmidt(eds.), Vol. II, pp. 511−53.

_____ (2010a). "Reforming Bismarckian Corporatism: The Changing Role of Social Partnership in Continental Europe." In Palier(ed.)

(2010a), pp. 255−78.

_____(2010b). "Unions and Employers." In Castles et al.(eds.) (2010), pp. 196−10.

Economist, The(2000). *Anti-Capitalist Protests: Angry and Effective.* September 23, 97−103.

Edwards, Sebastian(1998). "Openness, Productivity and Growth: What Do We Really Know?" *Economic Journal,* 108(447): 383−98.

EEO(European Employment Observatory)(2009). "Background Paper on Measures to Deal with the Economic Crisis." http://www.eu-employment-observatory. net/resources/reports/EEOBackgroundPaper-EconomicCrisisMeasures11A pril2009.pdf(accessed February 2010).

Eger, Maureen A.(2010). "Even in Sweden: The Effect of Immigration on Support for Welfare State Spending," *European Sociological Review* 26(2): 203−17.

Eichhorst, Werner, Konle-Seidl, Regina, Koslowski, Alison, and Marx, Paul(2011). "Quantity over Quality? A European Comparison of the Changing Nature of Transitions between Non-Employment and Employment." In Clasen and Clegg(eds.)(2011a), pp. 281−96.

Eichhorst, Werner, and Marx, Paul(2011). "Reforming German Labour Market Institutions: A Dual Path to Flexibility," *Journal of European Social Policy,* 21(1): 73−87.

Ellison, Nick(2006). *The Transformation of Welfare States?* London: Routledge.

Elmelund-Præstekær, Christian, and Emmenegger, Patrick(2013). "Strategic Re-framing as a Vote Winner: Why Vote-seeking Governments Pursue Unpopular Reforms," *Scandinavian Political Studies,* 36(1): 23−42.

Emmenegger, Patrick, Häusermann, Silja, Palier, Bruno, and Seeleib-Kaiser, Martin(eds.)(2012). *The Age of Dualization. The Changing Face of Inequality in Deindustrializing Countries.* Oxford: Oxford University Press.

Engeli, Isabelle, and Häusermann, Silja(2009). "Government Strategies for Successful Reforms in Controversial Policy Fields." *EUI Working Paper Red Number Series,* MWP 2009/01.

Englund, Peter(1999). "The Swedish Banking Crisis: Roots and Consequences,"

Oxford Review of Economic Policy, 15(3): 80-97.

Esping-Andersen, Gøsta(1985a). *Politics against Markets. The Social Democratic Road to Power.* Princeton, NJ: Princeton University Press.

_____(1985b). "Power and Distributional Regimes," *Politics & Society,* 14(2): 223-56.

_____(1990). *The Three Worlds of Welfare Capitalism.* Cambridge: Polity Press.

_____(1996a). "After the Golden Age? Welfare State Dilemmas in a Global Economy." In Esping-Andersen, Gøsta(ed.), *Welfare States in Transition: National Adaptations in Global Economies.* London: Sage, pp. 1-31.

_____(1996b). "Welfare States without Work: The Impasse of Labour Shedding and Familialism in Continental European Social Policy." In Esping-Andersen, Gøsta(ed.), *Welfare States in Transition: National Adaptations in Global Economies.* London: Sage, pp. 66-87.

_____(1999). *Social Foundations of Postindustrial Economies.* Oxford: Oxford University Press.

_____(2000). "Multi-dimensional Decommodification: A Reply to Graham Room," *Policy & Politics,* 28(3): 353-59.

_____(ed.)(2002). *Why We Need a New Welfare State.* Oxford: Oxford University Press.

_____(2005). "Putting the Horse in Front of the Cart: Towards a Social Model for Mid-Century Europe." *WRR-Lecture,* December 8. The Hague: WRR.

_____(2007). "Sociological Explanations of Changing Income Distributions," *American Behavioral Scientist,* 50(5): 639-58.

_____(2009). *The Incomplete Revolution: Adapting to Women's New Roles.* Cambridge: Polity Press.

Esping-Andersen, Gøsta, and Myles, John(2009). "Economic Inequality and the Welfare State." In Salverda, Wiemer, Nolan, Brian, and Smeeding, Timothy M.(eds.) *The Oxford Handbook of Economic Inequality.* Oxford: Oxford University Press, pp. 639-64.

European Commission(2004). *The Social Situation in the European Union 2004.* Luxembourg: European Commission.

European Institute(2010). EU Austerity: A Country-by-Country Table. http://www.europeaninstitute.org/June-2010/eu-austerity-a-country-by-country-table/html(accessed August 2010).

European Values Survey(1999/2000). *European Values Survey, 3rd Wave.* http://www.europeanvaluesstudy.eu/evs/data-and-downloads/(accessed December 2010).

European Values Survey(2008). *European Values Survey, 4th Wave.* http://www.europeanvaluesstudy.eu/evs/data-and-downloads/(accessed December 2010).

Eurostat(2011). In Work at-Risk-of-Poverty Rate. http://epp.eurostat.ec.europa.eu/tgm/table.do?tab=tableandinit=1andplugin=1andlanguage=enandpcode=tsdsc320(accessed June 2011).

Falleti, Tulia G., and Lynch, Julia F.(2009). "Context and Causal Mechanisms in Political Analysis," *Comparative Political Studies,* 42(9): 1143−66.

Fernandez, Juan J.(2010). "Economic Crises, High Public Pension Spending and Blame-avoidance Strategies Pension Policy Retrenchments in 14 Social-insurance Countries, 1981−2005," *MPIfG Discussion Paper* 10 / 9. http://www.mpifg.de/pu/mpifg_dp/dp10−9.pdf(accessed January 2013).

Ferragina, Emanuele and Seeleib-Kaiser, Martin(2011). "Welfare Regime Debate: Past, Present, Futures?" *Policy & Politics,* 39(4): 583−611.

Ferragina, Emanuele and Seeleib-Kaiser, Martin, and Mark Tomlinson(2012). "Unemployment Protection and Family Policy at the Turn of the 21st Century: A Dynamic Approach to Welfare Regime Theory," *Social Policy & Administration,* doi: 10.1111/j.1467−9515.2012.00855.x.

Ferreira, Fransisco H., and Ravallion, Martin(2009). "Poverty and Inequality: The Global Context." In Salverda, Wiemer, Nolan, Brian, and Smeeding, Timothy M.(eds.), *The Oxford Handbook of Economic Inequality.* Oxford: Oxford University Press, pp. 599−636.

Ferrera, Maurizio(1996). "The 'Southern Model' of Welfare in Social Europe," *Journal of European Social Policy,* 6(1): 17−37.

_____(1997). "The Uncertain Future of the Italian Welfare State," *West European Politics,* 21(1): 231−41.

_____(2003). "European Integration and National Social Citizenship: Changing Boundaries, New Structuring?" *Comparative Political Studies,* 36(6): 611−52.

_____(2005). "Welfare States and Social Safety Nets in Southern Europe: An Introduction." In Ferrera, Maurizio(ed.), *Welfare State Reform in Southern Europe: Fighting Poverty and Social Exclusion in Italy, Spain, Portugal and Greece.* London: Routledge, pp. 1−23.

_____(2008). "The European Welfare State: Golden Achievements, Silver Prospects," *West European Politics,* 31(1): 82−107.

Ferrera, Maurizio, and Gualmini, Elisabetta(2004). *Rescued by Europe? Social and Labour Market Reforms in Italy from Maastricht to Berlusconi.* Amsterdam: Amsterdam University Press.

Financial Times/Harris Poll(2010). "Spending Cuts Are Preferred to Higher Taxes to Reduce Deficits in the U.S., Great Britain, France, Italy, Spain and Germany." http://www.harrisinteractive.com/NewsRoom/HarrisPolls/FinancialTimes/tabid/449/ct/ReadCustom%20Deafult/mid/1512/Artcleld/438/Default.aspx(accessed August 2010).

Fleckenstein, Timo(2008). "Restructuring Welfare for the Unemployed: The Hartz Legislation in Germany," *Journal of European Social Policy,* 18(2): 177−88.

Fleckenstein, Timo, and Lee, Soohyun Christine(2012). "The Politics of Postindustrial Social Policy: Family Policy Reforms in Britain, Germany, South Korea, and Sweden," *Comparative Political Studies,* doi: 10.1177/0010414012451564.

Flora, Peter(1985). "History and Current Problems of the Welfare State." In Eisenstadt, Shmuel N., and Ahimer, Ora(eds.), *The Welfare State and Its Aftermath.* Totowa(NJ): Barnes and Noble Books, pp. 11−30.

_____(ed.)(1986−87). *Growth to Limits,* vols. 1, 2, 4. Berlin: De Gruyter.

_____(1999). "Introduction and Interpretation." In Flora, Peter(with Stein Kuhnle and Derek Unwin)(eds.), *State Formation, Nation-Building, and*

Mass Politics in Europe: The Theory of Stein Rokkan. Oxford: Oxford University Press.

Flora, Peter, and Heidenheimer, Arnold J.(eds.)(1981a). *The Development of Welfare States in Europe and America.* New Brunswick, NJ: Transaction Books.

Flora, Peter, and Alber, Jens(1981b). "Modernization, Democratization, and the Development of Welfare States." In Flora and Heidenheimer(eds.)(1981a), pp. 37-80.

Frankel, Jeffrey A., and Romer, David(1999). "Does Trade Cause Growth?" *American Economic Review,* 89(3): 379-99.

Franzese, Robert J., and Hays, Jude(2006). "Strategic Interaction among EU Governments in Active Labor Market Policy-Making," *European Union Politics,* 7(2): 167-89.

Fraser, Nancy(1994). "After the Family Wage: Gender Equity and the Welfare State," *Political Theory,* 22(4): 591-618.

Fu, Xuanning, and Heaton, Tim B.(2008). "Racial and Educational Homogamy: 1980 to 2000," *Sociological Perspectives,* 51(4): 735-58.

Gallup(2009a). "Americans OK with Short-Term Government Growth." http://www.gallup.com/poll/117523/Americans-Short-Term-Government-Growth.aspx(accessed April 2010).

_____(2009b). "Big Govt. Still Viewed as Greater Threat than Big Business." http://www.gallup.com/poll/117739/Big-Gov-Viewed-Greater-Threat-Big-Business.aspx(accessed April 2010).

Garrett, Geoffrey(1998). *Partisan Politics in the Global Economy.* New York: Cambridge University Press.

Garrett, Geoffrey, and Mitchell, Deborah(2001). "Globalization, Government Spending and Taxation in the OECD," *European Journal of Political Research,* 39(2): 145-77.

Gaston, Noel, and Rajaguru, Gulasekaran(2008). "The Rise (and Fall) of Labour Market Programmes: Domestic vs. Global Factors," *Oxford Economic Papers,* 60(4): 619-48.

Genschel, Philipp(2004). "Globalization and the Welfare State: A Retrospective,"

복지국가 개혁의 도전과 응전

Journal of European Public Policy, 11(4): 613−36.

Gerring, John(2005). "Causation. A Unified Framework for the Social Sciences," *Journal of Theoretical Politics,* 17(2): 163−98.

_____(2010). "Causal Mechanisms: Yet, But …," *Comparative Political Studies,* 43(11): 1499−526.

Gesthuizen, Maurice, and Scheepers, Peer(2010). "Labour Market and Welfare State Influences Economic Vulnerability among Low-Educated Europeans: Resource, Composition, Labour Market and Welfare State Influences," *Acta Sociologica,* 53(3): 247−67.

Giger, Nathalie(2011). *The Risk of Social Policy? The Electoral Consequences of Welfare State Retrenchment and Social Policy Performance in OECD Countries.* London: Routledge.

Giger, Nathalie, and Nelson, Moira(2011). "The Electoral Consequences of Welfare State Retrenchment: Blame Avoidance or Credit Claiming in the Era of Permanent Austerity?" *European Journal of Political Research,* 50(1): 1−23.

Giger, Nathalie(forthcoming). "The Welfare State or the Economy? Preferences, Constituencies, and Strategies for Retrenchment," *European Sociological Review,* doi: 10.1093/esr/jcs082.

Gilardi, Fabrizio(2010). "Who Learns from What in Policy Diffusion Processes?" *American Journal of Political Science,* 54(3): 650−66.

Gilovich, Thomas, Griffin, Dale, and Kahneman, Daniel(eds.)(2002). *Heuristics and Biases: The Psychology of Intuitive Judgment.* New York: Cambridge University Press.

Ginsburg, Norman(1979). *Class, Capital and Social Policy.* London: Macmillan.

Glassner, Vera, and Galgoczi, Béla(2009). *Plant-level Responses to the Economic Crisis in Europe,* European Trade Union Institute for Research, Education and Health and Safety (ETUI-REHS) Working Paper, No. 1/2009. ETUI: Brussels.

Glatzer, Miguel, and Rueschemeyer, Dietrich(eds.)(2005). *Globalization and the Future of the Welfare State.* Pittsburgh: University of Pittsburgh Press.

Glennerster, Howard(2010). "The Sustainability of Western Welfare States." In

Castles et al.(eds.), pp. 689-702.

Goerres, Achim(2009). *The Political Participation of Older People in Europe: The Greying of Our Democracies.* Houndmills: Palgrave Macmillan.

Goerres, Achim, and Tepe, Markus(2010). "Age-Based Self-Interest, Intergenerational Solidarity and the Welfare State: A Comparative Analysis of Older People's Attitudes towards Public Childcare in 12 OECD Countries," *European Journal of Political Research,* 49(6): 818-51.

Goldstein, Judith, and Keohane, Robert O.(1993). "Ideas and Foreign Policy: An Analytical Framework." In Goldstein and Keohane(eds.), *Ideas and Foreign Policy: Beliefs, Institution, and Political Change.* Ithaca, NY: Cornell University Press, pp. 3-30.

Goodin, Robert E., Heady, Bruce, Muffels, Ruud, and Dirven, Henk-Jan(1999). *The Real Worlds of Welfare Capitalism.* Cambridge: Cambridge University Press.

Gough, Ian(1979). *The Political Economy of the Welfare State.* London: Macmillan.

Goul Andersen, Jørgen(1997). "The Scandinavian Welfare Model in Crisis? Achievements and Problems of the Danish Welfare State in an Age of Unemployment and Low Growth," *Scandinavian Political Studies,* 20(1): 1-31.

_____(1999). "Changing Labour Markets, New Social Divisions and Welfare State Support: Denmark in the 1990s." In Svallfors and Taylor-Gooby(eds.), pp. 13-33.

Green-Pedersen, Christoffer,(2001). "Welfare-State Retrenchment in Denmark and the Netherlands, 1982-1998. The Role of Party Competition and Party Consensus," *Comparative Political Studies,* 34(9): 963-85.

_____(2002). *The Politics of Justification: Party Competition and Welfare-State Retrenchment in Denmark and the Netherlands from 1982 to 1998.* Amsterdam: Amsterdam University Press.

_____(2004). "The Dependent Variable Problem within the Study of Welfare-State Retrenchment. Defining the Problem and Looking for Solutions," *Journal of Comparative Policy Analysis,* 6(1): 3-14.

Green-Pedersen, Christoffer, and Haverland, Markus(2002). "The New Politics and Scholarship of the Welfare State," *Journal of European Social Policy,* 12(1): 43−51.

Green-Pedersen, Christoffer, Juul Christiansen, Flemming, Euchner, Eva-Maria, Jensen, Carsten, and Turnpenny, John(2012). "Dismantling by Default? The Indexation of Social Benefits in Four Countries." In Bauer et al.(eds.), pp. 129−51.

Grey, Sandra(2002). "Does Size Matter? Critical Mass and New Zealand's Women MPs," *Parliamentary Affairs,* 55(1): 19−29.

_____(2006). "Numbers and Beyond: The Relevance of Critical Mass in Gender Research," *Politics & Gender,* 2(4): 492−502.

Grubel, Herbert G., and Lloyd, Peter J.(1975). *Intra-Industry Trade: The Theory and Measurement of International Trade in Differentiated Products.* London: Macmillan.

Gusmano, Michael K., Schlesinger, Mark, and Thomas, Tracey(2002). "Policy Feedback and Public Opinion: The Role of Employer Responsibility in Social Policy," *Journal of Health Politics, Policy and Law,* 27(5): 731−72.

Habermas, Jürgen(1976). *Legitimation Crisis.* London: Heinemann.

_____(1985). "Die Krise des Wohlfahrtsstaates und die Erschopfung utopischer Energien." In Habermas, Jurgen, *Die neue Unubersichtlichkeit.* Frankfurt a.M.: Suhrkamp.

Hacker, Jacob S.(2004). "Privatizing Risk without Privatizing the Welfare State: The Hidden Politics of Social Policy Retrenchment in the United States," *American Political Science Review,* 98(2): 243−60.

Hacker, Jacob S., and Pierson, Paul(2010). *Winner-Take-All Politics. How Washington Made the Rich Richer−and Turned Its Back on the Middle Class.* New York: Simon and Schuster.

Haerem, Thorvald, Kuvaas, Bård, Bakken, Bjørn T., Karlsen, Tone(2011). "Do Military Decision Makers Behave as Predicted by Prospect Theory?" *Journal of Behavioral Decision Making,* 24(5): 482−97.

Haggard, Stephan, and Kaufman, Robert R.(2008). *Development, Democracy, and Welfare States. Latin America, East Asia, and Eastern Europe.* Princeton, NJ: Princeton University Press.

Hainmueller, Jens, and Hiscox, Michael J.(2006). "Learning to Love Globalization: Education and Individual Attitudes toward International Trade," *International Organization,* 60(2): 469−98.

Hall, Peter A.(1993). "Policy Paradigms, Social Learning, and the State. The Case of Economic Policymaking in Britain," *Comparative Politics,* 25(3): 275−96.

Hall, Peter A., and Soskice, David(2001)(eds.). *Varieties of Capitalism: The Institutional Foundations of Comparative Advantage.* Oxford: Oxford University Press.

Harbaugh, William T., Krause, Kate, and Vesterlund, Lise(2001). "Are Adults Better Behaved than Children? Age, Experience, and the Endowment Effect," *Economic Letters,* 70(2): 175−81.

Harrison, Ann(1996). "Openness and Growth: A Time-Series, Cross-Country Analysis for Developing Countries," *Journal of Development Economics,* 48(2): 419−47.

Häusermann, Silja(2010). *The Politics of Welfare State Reform in Continental Europe: Modernization in Hard Times.* Cambridge: Cambridge University Press, 남찬섭 역, 2015,『복지국가 개혁의 정치학: 대륙유럽 복지국가의 현대화』, 도서출판 나눔의집.

Häusermann, Silja, and Schwander, Hanna(2012). "Varieties of Dualization? Labor Market Segmentation and Insider-Outsider Divides across Regimes." In Emmenegger et al.(eds.), pp. 27−51.

Häusermann, Silja, Picot, Georg, and Geering, Dominik(2013). "Rethinking Party Politics and the Welfare State: Recent Advances in the Literature," *British Journal of Political Science,* 43(1): 221−40.

Hay, Colin(2002). *Political Analysis. A Critical Introduction.* Houndmills: Palgrave.

_____(2010). "Things Can Only Get Worse … The Political and Economic Significance of 2010," *British Politics,* 5(4): 391−401.

_____(2011). "Ideas and the Construction of Interests." In Beland and Cox(eds.), pp. 65−2.

Hay, James Roy(1978). *The Development of the British Welfare State: 1880–1975.* London: Edward Arnold.

Hayden, Benjamin Y., and Platt, Michael L.(2009). "Gambling for Gatorade: Risksensitive Decision Making for Fluid Rewards in Humans," *Animal Cognition,* 12(1): 201–07.

Heclo, Hugh(1974). *Modern Social Politics in Britain and Sweden: From Poor Relief to Income Maintenance.* New Haven, CT: Yale University Press.

Helms, Ludger(2007). "The German Federal Election, September 2005," *Electoral Studies,* 26(1): 223–27.

Hemerijck, Anton(2013). *Changing Welfare States.* Oxford: Oxford University Press.

Hemerijck, Anton, Dräbing, Verena, Vis, Barbara, Nelson, Moira, and Soentken, Menno (2013). "European Welfare States in Motion," *NEUJOBS Working Paper,* D5.2/March 2013. http://www.neujobs.eu/sites/default/fi les/ NEUJOBS_WP_D5%202_revision_FINAL_0.pdf(accessed March 2013).

Hemerijck, Anton, and Eichhorst, Werner(2010). "Whatever Happened to the Bismarckian Welfare State? From Labor Shedding to Employment-Friendly Reforms." In Palier(ed.)(2010a), pp. 301–32.

Hemerijck, Anton, Knapen, Ben, and van Doorne, Elle(eds.)(2009). *Aftershocks. Economic Crisis and Institutional Choice.* Amsterdam: Amsterdam University Press.

Hemerijck, Anton, Manow, Philip, and Van Kersbergen, Kees(2000). "Welfare without Work? Divergent Experiences of Reform in Germany and the Netherlands." In Kuhnle(ed.), pp. 106–27.

Hemerijck, Anton, and Schludi, Martin(2000). "Sequences of Policy Failures and Effective Policy Responses." In Scharpf and Schmidt(eds.), Vol. I, pp. 125–28.

Hennock, Ernest P.(2007). *The Origin of the Welfare State in England and Germany, 1850–1914: Social Policies Compared.* Cambridge: Cambridge University Press.

Hering, Martin(2003). "The Politics of Institutional Path-departure: A Revised Analytical Framework for the Reform of Welfare States," *Working Paper*

No. 65, *Mannheimer Zentrum für Europ a ische Sozialforschung.*

_____(2008). "Welfare State Restructuring without Grand Coalitions: The Role of Informal Cooperation in Blame Avoidance," *German Politics,* 17(2): 165-83.

Heston, Alan, Summers, Robert, and Aten, Bettina(2011). *Penn World Table Version 7.0,* Center for International Comparisons of Production, Income and Prices at the University of Pennsylvania, May 2011. http://pwt.econ.upenn. edu/php_site/pwt_index.php(accessed August 2011).

Hewitt, Christopher(1977). "The Effect of Political Democracy and Social Democracy on Equality in Industrial Societies: A Cross-National Comparison," *American Sociological Review,* 42(3): 450-65.

Hicks, Alexander(1999). *Social Democracy and Welfare Capitalism.* Ithaca, NY: Cornell University Press.

Hicks, Alexander, and Swank, Duane(1984). "On the Political Economy of Welfare Expansion: A Comparative Analysis of 18 Advanced Capitalist Democracies 1960-1971," *Comparative Political Studies,* 17(1): 81-119.

Hill, Michael(2006). *Social Policy in the Modern World: A Comparative Text.* Malden, MA, Blackwell.

Hobsbawn, Eric(1962). *The Age of Revolution 1989-1848.* New York: Mentor.

_____(1979). *Industry and Empire.* Harmondsworth: Penguin.

Hood, Christoffer(2002). "The Risk Game and the Blame Game," *Government and Opposition,* 37(1): 15-37.

_____(2011). *The Blame Game: Spin, Bureaucracy, and Self-Preservation in Government.* Princeton, NJ: Princeton University Press.

Howard, Christopher(1997). *The Hidden Welfare State. Tax Expenditure and Social Policy in the United States.* Princeton, NJ: Princeton University Press.

Huber, Evelyne, and Bogliaccini, Juan(2010). "Latin America." In Castles et al.(eds.), pp. 644-55.

Huber, Evelyne, and Stephens, John D.(2001) *Development and Crisis of the Welfare State: Parties and Policies in Global Markets.* Chicago: University of Chicago Press.

_____(2012). *Democracy and the Left: Social*

Policy and Inequality in Latin America. Chicago: University of Chicago Press.

Hudson, John, and Kühner, Stefan(2012). "Analyzing the Productive and Protective Dimensions of Welfare: Looking Beyond the OECD," *Social Policy & Administration* 46(1): 35−60.

Huo, Jingjing, Nelson, Moira, and Stephens, John D.(2008). "Decommodification and Activation in Social Democratic Policy: Resolving the Paradox," *Journal of European Social Policy,* 18(1): 5−20.

Immergut, Ellen M.(2010). "Political Institutions." In Castles et al.(eds.), pp. 227−40.

Ipsos MORI(2009). "Voters Not Ready for Spending Cuts." http://www.ipsos-mori.com/researchpublications/researcharchive/poll.aspx?oItemId=2473(accessed April 2010).

Irwin, Douglas A., Katz, Lawrence F., and Lawrence, Robert Z.(2008), "Trade and Wages, Reconsidered Comments and Discussion," *Brookings Papers on Economic Activity,* 38(1): 138−54.

ISSA(2006). Social Security Worldwide/ISSA Development and Trends Database. International Social Security Association. http://www-ssw.issa.int/sswlp2/engl/page1.htm(accessed June 2009).

ISSP(International Social Survey Programme)(1996). *Role of Government III.* http://www.issp.org/page.php?pageId=4(accessed July 2011).

_____(2006). *Role of Government IV.* http://www.issp.org/page.php?pageId=4(accessed July 2011).

Iversen, Torben(2005). *Capitalism, Democracy, and Welfare.* Cambridge: Cambridge University Press.

_____(2010). "Democracy and Capitalism." In Castles et al.(eds.), pp. 183−5.

Iversen, Torben, and Soskice, David(2006). "Electoral Institutions, Parties, and the Politics of Coalitions: Why Some Democracies Distribute More than Others," *American Political Science Review,* 100(2): 165−81.

Iversen, Torben, and Cusack, Thomas R.(2000). "The Causes of Welfare State Expansion: Deindustrialization or Globalization?" *World Politics,* 52(3):

313−49.

Iversen, Torben, and Wren, Ann(1998). "Equality, Employment, and Budgetary Restraint: The Trilemma of the Service Sector Economy," *World Politics,* 50(3): 507−46.

Jackman, Robert W.(1975). *Politics and Social Equality: A Comparative Analysis.* New York: Wiley.

Jacobs, Alan M.(2009). "How Do Ideas Matter? Mental Models and Attention in German Pension Politics," *Comparative Political Studies,* 42(2): 252−79.

_____(2011). *Governing for the Long Term: Democracy and the Politics of Investment.* New York: Cambridge University Press.

Jaeger, Mads Meier(2009). "United but Divided: Welfare Regimes and the Level and Variance in Public Support for Redistribution," *European Sociological Review,* 25(6): 723−37.

_____(2012). "Do We All(Dis)like the Same Welfare State? Configurations of Public Support for the Welfare State in Comparative Perspective." In Kvist, Jon, Fritzell,

Johan, Hvinden, Bjorn, and Kangas, Olli(eds.), *Changing Social Equality. The Nordic Welfare Model in the 21st Century.* Bristol: Policy Press, pp. 45−87.

Jahn, Detlef(2006). "Globalization as 'Galton's Problem': The Missing Link in the Analysis of Diffusion Patterns in Welfare State Development," *International Organization,* 60(2): 401−31.

Jakobsen, Tor Georg(2010). "Public versus Private: The Conditional Effect of State Policy and Institutional Trust on Mass Opinion," *European Sociological Review,* 26(3): 307−18.

Jensen, Carsten(2010). "Issue Competition and Right-Wing Government Social Spending," *European Journal of Political Research,* 49(1): 282−99.

_____(2011a). "Catching up by Transition: Globalization as a Generator of Convergence in Social Spending," *Journal of European Public Policy,* 18(1): 106−21.

_____(2011b). "Determinants of Welfare Service Provision after the Golden Age," *International Journal of Social Welfare,* 20(2): 125−34.

Jervis, Robert(2004). "The Implications of Prospect Theory for Human Nature and Values," *Political Psychology,* 25(2): 163–76.

Jochem, Sven(2007). "Pension Reform: Beyond Path Dependency?" In Clasen and Siegel(eds.), pp. 261–80.

Jones, Bryan D.(2001). *Politics and the Architecture of Choice: Bounded Rationality and Governance.* Chicago: University of Chicago Press.

Jones, Catherine(1993). "The Pacifi c Challenge: Confucian Welfare States." In Jones, Catherine(ed.), *New Perspectives on the Welfare State in Europe.* London: Routledge, pp. 198–217.

Jordan, Andrew, Bauer, Michael W., and Green-Pedersen, Christoffer(2013). "Policy Dismantling," *Journal of European Public Policy,* doi:10.1080/135 01763.2013.771092.

Kahl, Sigrun(2009). "Social Doctrines and Poor Relief: A Different Causal Pathway." In Van Kersbergen and Manow(eds.), pp. 267–95.

Kahneman, Daniel(2011). *Thinking, Fast and Slow.* London: Penguin Books.

Kahneman, Daniel, and Tversky, Amos(1979). "Prospect Theory: An Analysis of Decision under Risk," *Econometrica,* 47(2): 263–92.

_____(eds.)(2000). *Choices, Values, and Frames.* Cambridge: Cambridge University Press.

Kahneman, Daniel, Knetsch, Jack L., and Thaler, Richard H.(2000). "Anomalies: The Endowment Effect, Loss Aversion, and Status Quo Bias." In Kahneman and Tversky(eds.), pp. 159–70.

Kalyvas, Stathis N.(1996). *The Rise of Christian Democracy in Europe.* Ithaca, NY: Cornell University Press.

Kalyvas, Stathis N., and Van Kersbergen, Kees(2010). "Christian Democracy," *Annual Review of Political Science,* 13: 183–209.

Kam, Cindy D., and Simas, Elizabeth M.(2010). "Risk Orientations and Policy Frames," *Journal of Politics,* 72(2): 381–96.

Kam, Yu Wai(2012). "The Contributions of the Health Decommodification Typologies to the Study of the East Asian Welfare Regime," *Social Policy & Administration,* 46(1): 108–28.

Kammer, Andreas, Niehues, Judith, and Peichl, Andreas(2012). "Welfare Regimes and Welfare State Outcomes in Europe," *Journal of European Social*

Policy, 22(5): 455−71.

Kangas, Olli E., Niemel a, Mikko, and Varjonen, Sampo(2013). "When and Why Do Ideas Matter? The Infl uence of Framing on Opinion Formation and Policy Change," *European Political Science Review,* doi:10.1017/S1755773912000306.

Kanner, Michael D.(2005). "A Prospect Dynamic Model of Decision-Making," *Journal of Theoretical Politics,* 17(3): 311−38.

Karlsen, Rune, and Aardal, Bernt(2011). "Kamp om dagsorden og sakseierskap. [Battle over the Agenda and Issue Ownership]" In Aardal, Bernt(ed.), *Det politiske landskap. En studie av stortingsvalget i 2009* [The Political Landscape. A Study of the Parliamentary Election in 2009]. Oslo: Cappelen-Damm.

Katzenstein, Peter J.(1985). *Small States in World Markets: Industrial Policy in Europe.* Ithaca, NY: Cornell University Press.

Kasza, Gregory J.(2002). "The Illusion of 'Welfare Regimes,'" *Journal of Social Policy,* 31(2): 271−87.

Keman, Hans, Van Kersbergen, Kees, and Vis, Barbara(2006). "Political Parties and New Social Risks: The Double Backlash against Social Democracy and Christian Democracy." In Armingeon and Bonoli(eds.), pp. 27−51.

Kenworthy, Lane(1999). "Do Social Welfare Policies Reduce Poverty? A Cross-National Assessment," *Social Forces,* 77(3): 1119−40.

_____(2004). *Egalitarian Capitalism.* New York: Russell Sage.

_____(2008). *Jobs with Equality.* Oxford: Oxford University Press.

_____(2009). "The Effect of Public Opinion on Social Policy Generosity," *Socio-Economic Review,* 7(4): 727−74.

Kerr, Clark, Dunlop, John T., Harbison, Frederick H., and Myers, Charles A.(1960). *Industrialism and Industrial Man: The Problems of Labor and Management in Economic Growth.* Cambridge, MA: Harvard University Press.

Kim, So Young(2007). "Openness, External Risk and Volatility: Implications for the Compensation Hypothesis," *International Organization,* 61(1): 181−216.

King, Anthony(1975). "Overload: Problems of Governing in the 1970s," *Political Studies,* 23(2/3): 284−96.

_____(1983). "The Political Consequences of the Welfare State." In Spiro, Shimon E., and Yuchtman-Yaar, Ephraim(eds.), *Evaluating the Welfare State.* New York: Academic Press, pp. 7−25.

King, Gary, Keohane, Robert O., and Verba, Sidney(1994). *Designing Social Inquiry. Scientific Inference in Qualitative Research.* Princeton, NJ: Princeton University Press.

Kitschelt, Herbert(2001). "Partisan Competition and Welfare State Retrenchment: When Do Politicians Choose Unpopular Policies?" In Pierson(ed.) (2001b), pp. 265−302.

Kitschelt, Herbert, Marks, Gary, Lange, Peter, and Stephens, John D.(eds.)(1999). *Continuity and Change in Contemporary Capitalism.* Cambridge: Cambridge University Press.

Kittel, Bernhard, and Winner, Hannes(2005). "How Reliable Is Pooled Analysis in Political Economy? The Globalization-Welfare State Nexus Revisited," *European Journal of Political Research,* 44(2): 269−93.

Klitgaard, Michael Baggesen, and Elmelund-Praestekær, Christian(2013). "Partisan Effects on Welfare State Retrenchment: Empirical Evidence from a Measurement of Government Intentions," *Social Policy & Administration,* 47(1): 50−71.

Koole, Karin, and Vis, Barbara(2012). "Working Mothers and the State: Under Which Conditions do Governments Spend Much on Maternal Employment Supporting Policies?" *COMPASSS Working Paper,* No. 2012−71.

Korpi, Walter(1983). *The Democratic Class Struggle: Swedish Politics in a Comparative Perspective.* London: Routledge and Kegan Paul.

_____(2006). "Power Resources and Employer-Centered Approaches in Explanations of Welfare State and Varieties of Capitalism: Protagonists, Consenters, and Antagonists," *World Politics,* 58(2): 167−206.

Korpi, Walter, and Palme, Joachim(1998). "The Paradox of Redistribution and Strategies of Equality: Welfare State Institutions, Inequality, and Poverty in Western Countries," *American Sociological Review,* 63(5): 661−87.

Korpi, Walter(2003). "New Politics and Class Politics in the Context of Auster- ity and Globalization: Welfare State Regress in 18 Countries, 1975−95," *American Political Science Review,* 97(3): 425−46.

_____(2007). *The Social Citizenship Indicator Program(SCIP),* Swedish Institute for Social Research, Stockholm University. https://dspace.it.su.se/ dspace/handle/10102/7(accessed March 2011).

Koster, Ferry(2009). "Risk Management in a Globalizing World: An Empirical Analysis of Individual Preferences in 26 European Countries," *Internation- al Social Security Review,* 62(3): 79−98.

Krugman, Paul R.(1992). "Does New Trade Theory Require a New Trade Poli- cy?" *The World Economy,* 15(4): 423−41.

_____(1995). "Growing World Trade: Causes and Consequences," *Brookings Papers on Economic Activity,* 26(1): 327−62.

_____(2008). "Trade and Wages, Reconsidered," *Brookings Papers on Economic Activity,* 38(1): 103−54.

Kruis, Geerten, and Blommesteijn, Marieke(2010). *The Netherlands. In-Work Poverty and Labour Market Segmentation: A Study of National Policies.* Brussels: European Commission, DG Employment, Social Affairs and Equal Opportunities.

Keubler, Daniel(2007). "Understanding the Recent Expansion of Swiss Fam- ily Policy: An Idea-Centred Approach," *Journal of Social Policy,* 36(2): 217−37.

Kelly, Jamie Terence(2012). *Framing Democracy: A Behavioral Approach to Democratic Theory.* Princeton, NJ: Princeton University Press.

Kremer, Monique(2007). *How Welfare States Care. Culture, Gender and Parent- ing in Europe.* Amsterdam: Amsterdam University Press.

Kugler, Tamar, Kausel, Edgar E., and Kocher, Martin G.(2012). "Are Groups More Rational than Individuals? A Review of Interactive Decision Making in Groups," *CESifo Working Paper No. 3701.*

Kuhnen, Camelia M., and Knutson, Brian(2005). "The Neural Basis of Financial Risk Taking," *Neuron,* 47(5): 763−70.

Kuhnle, Stein(ed.)(2000). *The Survival of the European Welfare State.* London:

Routledge.

_____(2003). "Productive Welfare in Korea: Moving Towards a European Welfare State Type?" In Mishra, Ramesh, Kuhnle, Stein, Gilbert, Neil, and Chung, Kyungbae(eds.), *Modernizing the Korean Welfare State: Towards the Productive Welfare Model.* New Brunswick, NJ: Transaction Publishers, pp. 47−64.

Kuhnle, Stein, and Sander, Anne(2010). "The Emergence of the Welfare State." In Castles et al.(eds.), pp. 61−80.

Kuipers, Sanneke L.(2006). *The Crisis Imperative: Crisis Rhetoric and Welfare State Reform in Belgium and the Netherlands in the Early 1990s.* Amsterdam: Amsterdam University Press.

Lambert, Priscilla A.(2008). "The Comparative Political Economy of Parental Leave and Child Care: Evidence from Twenty OECD Countries," *Social Politics,* 15(3): 315−44.

Larsen, Christian Albrekt(2008a). "The Institutional Logic of Welfare Attitudes," *Comparative Political Studies,* 41(2): 145−68.

_____(2008b). "The Political Logic of Labour Market Reforms and Popular Images of Target Groups," *Journal of European Social Policy,* 18(1): 50−63.

Larsen, Christian Albrekt, and Andersen, J. Goul(2009). "How New Economic Ideas Changed the Danish Welfare State: The Case of Neoliberal Ideas and Highly Organized Social Democratic Interests," *Governance,* 22(2): 239−61.

Lau, Richard R.(1985). "Two Explanations for Negativity Effects in Political Behavior," *American Journal of Political Science,* 29(1): 119−38.

Lee, Honggue(2004). "Regime Selection as an Alternative to the Grubel-Lloyd Index." Paper presented at the Econometric Society 2004 Far East Meeting, Econometric Society.

Leibfried, Stephan(1992). "Towards a European Welfare State? On Integrating Poverty Regimes into the European Community." In Ferge, Zsuzsa, and Kolberg, Jon Eivind(eds.), *Social Policy in a Changing Europe.* Frankfurt a.M.: Campus, pp. 245−79.

Leibfried, Stephan, and Pierson, Paul(1995). "Semisovereign Welfare States: Social Policy in a Multitiered Europe." In Leibfried, Stephan, and Pierson, Paul(eds.), *European Social Policy. Between Fragmentation and Integration.* Washington, DC: Brookings Institution, pp. 43−77.

Leibfried, Stephan, and Obinger, Herbert(2003). "The State of the Welfare State: German Social Policy between Macroeconomic Retrenchment and Micro-economic Recalibration." *West European Politics,* 26(4): 199−218.

Levine, Ross, and Renelt, David(1992). "A Sensitivity Analysis of Cross-Coun-try Growth Regressions," *American Economic Review,* 82(4): 942−63.

Levine Frader, Laura(2008). *Breadwinners and Citizens: Gender in the Making of the French Social Model.* Durham: Duke University Press.

Levy, Jack S.(1997). "Prospect Theory, Rational Choice, and International Rela-tions," *International Studies Quarterly,* 41(1): 87−112.

_____(2003) "Applications of Prospect Theory to Political Science," *Syn-these,* 135(2): 215−41.

Levy, Jonah D.(1999). "Vice into Virtue? Progressive Politics and Welfare Re-form in Continental Europe," *Politics & Society,* 27(2): 239−74.

Lewis, Jane(2001). "The Decline of the Male Breadwinner Model: Implications for Work and Care," *Social Politics,* 8(2): 152−69.

Lieberman, Robert C.(2002). "Ideas, Institutions, and Political Order: Explaining Political Change," *American Political Science Review,* 96(4): 697−712.

Lindbom, Anders(2007). "Obfuscating Retrenchment: Swedish Welfare Policy in the 1990s." *Journal of Public Policy,* 27(2): 129−50.

Lindvall, Johannes(2010). "Power Sharing and Reform Capacity," *Journal of Theoretical Politics,* 22(3): 359−76.

Lindvall, Johannes, and Rueda, David(2012). "Insider-Outsider Politics: Party Strategies and Political Behavior in Sweden." In Emmenegger et al.(eds.), pp. 277−303.

Loewenstein, George, Rick, Scott, and Cohen, Jonathan D.(2008). "Neuroeco-nomics," *Annual Review of Psychology,* 59: 647−72.

Lopez, Anthony C., and McDermott, Rose(2012). "Adaptation, Heritability, and the Emergence of Evolutionary Political Science," *Political Psychology,*

33(3): 343−62.

Lupu, Noam, and Pontusson, Jonas(2011). "The Structure of Inequality and the Politics of Redistribution," *American Political Science Review,* 105(2): 316−36.

Lynch, Julia(2006). *Age in the Welfare State: The Origins of Social Spending on Pensioners, Workers, and Children.* Cambridge: Cambridge University Press.

Lynch, Julia, and Myrskyl a, Mikko(2009). "Always the Third Rail? Pension Income and Policy Preferences in European Democracies," *Comparative Political Studies,* 42(8): 1068−97.

Mahoney, James, and Thelen, Katleen(eds.)(2010). *Explaining Institutional Change: Ambiguity, Agency, and Power.* Cambridge: Cambridge University Press.

Mandl, Irene, and Salvatore, Lidia(2009). "Tackling the Recession: Employment-Related Public Initiatives in the EU Member States and Norway." Dublin: European Foundation for the Improvement of Living and Working Conditions. http://www.eurofound.europa.eu/docs/erm/tn0907020s/tn0907020s.pdf(accessed February 2010).

Manow, Philip(2004). "The Good, the Bad, and the Ugly": Esping-Andersen's Regime Typology and the Religious Roots of the Western Welfare State. Mimeo: Cologne. http://www.hks.harvard.edu/inequality/Summer/Summer04/papers/Manow.pdf(accessed June 2011).

_____(2005). "Germany: Co-operative Federalism and the Overgrazing of the Fiscal Commons." In Herbert Obinger, Herbert, Leibfried, Stephan, and Castles, Francis G.(eds.), *Federalism and the Welfare State: New World and European Experiences,* pp. 222−63. Cambridge: Cambridge University Press.

Manow, Philip, and Van Kersbergen, Kees(2009). "Religion and the Western Welfare State: The Theoretical Context." In Van Kersbergen and Manow(eds.), pp. 1−38.

Manow, Philip, Van Kersbergen, Kees, and Schumacher, Gijs(2013). "De-industrialization and the Expansion of the Welfare State: A Reassessment." In

Wren(ed.), pp. 227−47.

Manza, Jeff, and Cook, Fay L.(2002). "A Democratic Polity? Three Views of Policy Responsiveness in the United States," *American Politics Research,* 30(6): 630−67.

Margalit, Yotam(2013). "Explaining Social Policy Preferences: Evidence from the Great Recession." *American Political Science Review,* 107(1): 80−103.

Marier, Patrik(2008). "Empowering Epistemic Communities: Specialised Politicians, Policy Experts and Policy Reform," *West European Politics,* 31(3): 513−33.

Marshall, Thomas H.(1964). *Class, Citizenship and Social Development.* Garden City, NY: Doubleday.

Marvel, Howard P., and Ray, Edward J.(1987). "Intraindustry Trade: Sources and Effects on Protection," *Journal of Political Economy,* 95(6): 1278−91.

Marx, Ive, and Nolan, Brian(2012). "In-Work Poverty," *Gini Discussion Paper 51,* July 2012. Amsterdam: AIAS.

Maselli, Ilaria(2012). "The Evolving Supply and Demand of Skills in the Labour Market," *Intereconomics,* 47(1): 22−30.

Matthews, J. Scott, and Erickson, Lynda(2008). "Welfare State Structures and the Structure of Welfare State Support: Attitudes towards Social Spending in Canada, 1993−2000," *European Journal of Political Research,* 47(4): 411−35.

Mau, Steffen, and Veghte Benjamin(eds.)(2007). *Social Justice, Legitimacy, and the Welfare State.* London: Ashgate.

Mayda, Anna Maria, and Rodrik, Dani(2005). "Why Are Some People(and Countries) More Protectionist than Others?" *European Economic Review,* 49(6): 1393−430.

McDermott, Rose(2004). "Prospect Theory in Political Science: Gains and Losses from the First Decade," *Political Psychology,* 25(2): 289−312.

McDermott, Rose, Fowler, James H., and Smirnov, Oleg(2008). "On the Evolutionary Origin of Prospect Theory Preferences," *Journal of Politics,* 70(2): 335−50.

Mehlkop, Guido, and Neumannn, Robert(2012). "Explaining Preferences for Redistribution: A Unified Framework to Account for Institutional Approaches and Economic Self-Interest for the Case of Monetary Transfers for Families and Children," *European Journal of Political Research.* doi: 10.1111/j.1475−6765.2011.02002.x.

Mehta, Jal(2011). "The Varied Roles of Ideas in Politics: From 'Whether' to 'How.'" In Béland and Cox(eds.), pp. 23−46.

Meinhard, Stephanie, and Potrafke, Niklas(2012). "The Globalization-Welfare State Nexus Reconsidered," *Review of International Economics,* 20(2): 271−87.

Meltzer, Allan H., and Richard, Scott F.(1981). "A Rational Theory of the Size of Government," *Journal of Political Economy,* 89(5): 914−27.

Mercer, Jonathan(2005). "Prospect Theory and Political Science," *Annual Review of Political Science,* 8: 1−21.

Merton, Robert K.(1996). *Social Theory and Social Structure.* New York: Free Press.

Milward, Alan S.(1992). *The European Rescue of the Nation State.* London: Routledge.

Mishra, Ramesh(1984). *The Welfare State in Crisis. Social Thought and Social Change.* Brighton: Wheatsheaf.

Mommsen, Wolfgang J., and Mock, Wolfgang(1981). *The Emergence of the Welfare State in Britain and Germany, 1850−1950.* London: Croom Helm/German Historical Institute in London.

Moran, Michael(1988). "Crises of the Welfare State," *British Journal of Political Science,* 18(3): 397−414.

Morgan, Kimberly(2006). *Working Mothers and the Welfare State. Religion and Politics of Work-Family Policies in Western Europe and the United States.* Stanford, CA: Stanford University Press.

_____(2013). "Path Shifting of the Welfare State: Electoral Competition and the Expansion of Work-Family Policies in Western Europe," *World Politics,* 65(1): 73−115.

Mudde, Cas(2009[2007]). *Populist Radical Right Parties in Europe.* Cambridge: Cambridge University Press.

Myles, John, and Quadagno, Jill(2002). "Political Theories and the Welfare State," *Social Service Review,* 76(1): 34−57.

Myrskyl a, Mikko, Kohler, Hans-Peter, and Billari, Francesco C.(2009). "Advances in Development Reverse Fertility Declines," *Nature,* 460(August): 741−43.

Naumann, Ingela(2012). "Childcare Politics in the 'New' Welfare State: Class, Religion, and Gender in the Shaping of Political Agendas." In Bonoli and Natali(eds.)(2012b), pp. 158−81.

Nelson, Thomas E., Oxley, Zoe M., and Clawson, Rosalee A.(1997). "Towards a Psychology of Framing Effects," *Political Behavior,* 19(3): 221−46.

Neugart, Michael(2008). "The Choice of Insurance in the Labor Market," *Public Choice,* 134(3/4): 445−62.

Newell, James(2000). *Parties and Democracy in Italy.* Aldershot: Ashgate.

Nolan, Brian, and Marx, Ive(2009). "Inequality, Poverty and Exclusion." In Salverda, Wiemer, Nolan, Brian, and Smeeding, Timothy M.(eds.), *The Oxford Handbook of Economic Inequality.* Oxford: Oxford University Press, pp. 315−41.

Norman, Emma R., and Delfin, Rafael(2012). "Wizards under Uncertainty: Cognitive Biases, Threat Assessment, and Misjudgments in Policy Making," *Politics & Policy,* 40(3): 369−402.

Obinger, Herbert, and Wagschal, Uwe(2010). "Social Expenditure and Revenues." In Castles et al.(eds.), pp. 333−52.

Obinger, Herbert, and Wagschal, Uwe, Schmitt, Carina, and Starke, Peter(2013). "Policy Diffusion and Policy Transfer in Comparative Welfare State Research," *Social Policy & Administration* 47(1): 111−29.

O'Connor, James R.(1973). *The Fiscal Crisis of the State.* New York: St. Martin's Press.

OECD(1981). *The Welfare State in Crisis.* Paris: OECD.

_____(1985). *Social Expenditures 1960-1990. Problems of Growth and Control.* Paris: OECD.

_____(1999). *Employment Outlook.* Paris: OECD.

_____(2002). *Labour Force Statistics.* Paris: OECD.

_____(2004a). *Employment Outlook.* Paris: OECD.

_____(2004b). *Economic Outlook.* Paris: OECD.

_____(2007a). *Society at a Glance.* www.oecd.org/els/social/indicators(accessed 22 July 2009).

_____(2007b). *OECD Population Pyramids in 2000 and 2050.* Paris: OECD. http://www.oecd.org/dataoecd/52/31/38123085.xls(accessed April 2010).

_____(2008). *Growing Unequal? Income Distribution and Poverty in OECD Countries,* Paris: OECD.

_____(2009). *Addressing the Labour Market Challenges of the Economic Downturn: A Summary of Country Responses to the OECD-EC Wuestionnaire.* Paris: OECD. http://www.oecd.org/dataoecd/15/29/43732441.pdf (accessed February 2010).

_____(2010a). *Main Economic Indicators.* http://lysander.sourceoecd.org/ vl=5371915/cl=38/nw=1/rpsv/ij/oecdstats/16081234/v195n1/s1/p1(accessed August 2010).

_____(2010b). *OECD Family Database.* http://www.oecd.org/document/4/0,33 43,en_2649_34819_37836996_1_1_1_1,00.html(accessed October 2010).

_____(2011). *Main Economic Indicators.* http://www.oecd-ilibrary.org/economics/ data/main-economic-indicators_mei-data-en(accessed August 2011).

_____(2012). *Key Tables from the OECD: 20. Government Deficit/Surplus as a Percentage of GDP.* http://www.oecd-ilibrary.org/economics/government-deficit_gov-dfcttable-en(accessed March 2013).

Offe, Klaus(1984)(Keane, John, ed.). *Contradictions of the Welfare State.* London: Hutchinson.

Okun, Arthur(1975). *Equality and Efficiency: The Big Tradeoff.* Washington, DC: Brookings Institution.

Olson, Kevin(2006). *Reflexive Democracy. Political Equality and the Welfare State.* Cambridge. MA: MIT Press.

Oscarsson, Henrik, and Holmberg, Sören(2008). *Regeringsskifte: väljarna och valet 2006* [Change of Government: Voters and the Election of 2006]. Stockholm: Norstedts Juridik.

Paetzold, Jorg(2012). "The Convergence of Welfare State Indicators in Europe:

Evidence from Panel Data," *Working Papers in Economics and Finance,* No. 201204, University of Salzburg.

Palier, Bruno(ed.)(2010a). *A Long Goodbye to Bismarck? The Politics of Welfare Reform in Continental Europe.* Amsterdam: Amsterdam University Press.

_____(2010b). "Ordering Change: Understanding the 'Bismarckian' Welfare Reform Trajectory." In Palier(ed.), pp. 19−44.

_____(2010c). "The Long Conservative Corporatist Road to Welfare Reforms." In Palier(ed.)(2010a), pp. 333−87.

_____(2012). "Turning Vice into Vice: How Bismarckian Welfare States Have Gone from Unsustainability to Dualization." In Bonoli and Natali(eds.)(2012b), pp. 233−55.

Panitch, Leo(1986). *Working Class Politics in Crisis.* London: Verso.

Peng, Ito, and Wong, Joseph(2010). "East Asia." In Castles et al.(eds.), pp. 656−70.

Perla Jr., Héctor(2011). "Explaining Public Support for the Use of Military Force: The Impact of Reference Point Framing and Prospective Decision Making," *International Organization,* 65(1): 139−67.

Peters, B. Guy, Pierre, Jon, and King, Desmond S.(2005). "The Politics of Path Dependency: Political Conflict in Historical Institutionalism," *Journal of Politics,* 67(4): 1275−300.

Petersen, Michael Bang, Slothuus, Rune, Stubager, Rune, and Togeby, Lise(2011). "Deservingness versus Values in Public Opinion on Welfare: The Automaticity of the Deservingness Heuristic," *European Journal of Political Research,* 50(1): 24−52.

Pfau-Effinger, Birgit(2003). "Socio-Historical Paths of the Male Breadwinner Model. An Explanation of Cross-National Differences." *British Journal of Sociology,* 55(3): 377−99.

Pierson, Christopher(1991). *Beyond the Welfare State? The New Political Economy of Welfare.* Cambridge: Polity Press.

Pierson, Paul(1994). *Dismantling the Welfare State. Reagan, Thatcher, and the Politics of Retrenchment.* Cambridge: Cambridge University Press.

_____(1996). "The New Politics of the Welfare State," *World Politics,*

48(2): 143−79.

_____(1998). "Irresistible Forces, Immovable Objects: Welfare States Confront Permanent Austerity," *Journal of European Public Policy,* 5(4): 539−60.

_____(2000). "Increasing Returns, Path Dependence, and the Study of Politics," *American Political Science Review,* 94(2): 251−67.

_____(2001a). "Coping with Permanent Austerity: Welfare State Restructuring in Affluent Democracies." In Pierson(ed.), *The New Politics of the Welfare State.* Oxford: Oxford University Press, pp. 410−56.

_____(ed.)(2001b). *The New Politics of the Welfare State.* Oxford: Oxford University Press.

_____(2001c). "Post-Industrial Pressures on the Mature Welfare States." In Pierson(ed.), *The New Politics of the Welfare State.* Oxford: Oxford University Press, pp. 80−104.

_____(2004). *Politics in Time: History, Institutions, and Social Analysis.* Princeton, NJ: Princeton University Press.

_____(2011). The Welfare State over the Very Long Run, *ZeS-Working Paper,* No. 02/2011. http://en.zes.uni-bremen.de/ccm/research/publikationen/the-welfare-state-overthe-very-long-run.en;jsessionid=022CEBD89BB5F4697D87CE4A85350A4F(accessed July 2011).

Pierson, Paul, and Leibfried, Stephan(1995). "Multitiered Institutions and the Making of Social Policy." In Leibfried, Stephan, and Pierson, Paul(eds.). *European Social Policy. Between Fragmentation and Integration.* Washington, DC: Brookings Institution, pp. 1−40.

Plantenga, Janneke(2002). "Combining Work and Care in the Polder Model: An Assessment of the Dutch Part-Time Strategy," *Critical Social Policy,* 22(1): 53−71.

Plümper, Thomas, Troeger, Vera E., and Manow, Philip(2005). "Panel Data Analysis in Comparative Politics: Linking Method to Theory," *European Journal of Political Research,* 44(2): 327−54.

Polanyi, Karl(1944 [1957]). *The Great Transformation: The Political and Economic Origins of Our Time.* Boston, MA: Beacon Press.

Pontusson, Jonas, and Raess, Damian(2012). "How (and Why) Is This Time Different? The Politics of Economic Crisis in Western Europe and the United States," *Annual Review of Political Science*, 15: 13−33.

Powell, Martin, and Barrientos, Armanda(2011). "An Audit of the Welfare Modelling Business," *Social Policy & Administration*, 45(1): 69−84.

Prince, Michael J.(2010). "Avoiding Blame, Doing Good, and Claiming Credit: Reforming Canadian Income Security," *Canadian Public Administration*, 53(3): 293−322.

Pryor, Frederick L.(1968). *Public Expenditure in Communist and Capitalist Countries*. London: Allen and Unwin.

Przeworski, Adam, and Sprague, John(1986). *Paper Stones: A History of Electoral Socialism*. Chicago: University of Chicago Press.

Quattrone, George A., and Tversky, Amos(2000 [1988]). "Contrasting Rational and Psychological Analyses of Political Choice." In Kahneman and Tversky(eds.), pp. 451−72.

Quinn, Dennis P., and Toyoda, A. Maria(2007). "Ideology and Voter Preferences as Determinants of Financial Globalization," *American Journal of Political Science*, 51(2): 344−63.

Raven, Judith, Achterberg, Peter, Van der Veen, Romke, and Yerkes, Mara(2011). "An Institutional Embeddedness of Welfare Opinions? The Link between Public Opinion and Social Policy in the Netherlands(1970−2004)," *Journal of Social Policy*, 40(2): 369−86.

Ray, Rebecca, Gornick, Janet C., and Schmitt, John(2010). "Who Cares? Assessing Generosity and Gender Equality in Parental Leave Policy Designs in 21 Countries," *Journal of European Social Policy*, 20(3): 196−216.

Rehm, Philipp(2009). "Risks and Redistribution: An Individual-Level Analysis," *Comparative Political Studies*, 42(7): 855−81.

_____ (2011). "Social Policy by Popular Demand." *World Politics*, 63(2): 271−99.

Rehm, Philipp, Hacker Jacob S., and Schlesinger, Mark(2012). "Insecure Alliances: Risk, Inequality, and Support for the Welfare State," *American Political Science Review*, 106(2): 386−406.

Rein, Martin, and Turner, John(2001). "Public-Private Interactions: Mandatory Pensions in Australia, the Netherlands and Switzerland," *Review of Population and Social Policy,* 10: 107–53.

Ricardo, David(2004 [1817]). *The Principles of Political Economy and Taxation.* London: J. M. Dent.

Rice, Deborah(2013). "Beyond Welfare Regimes: From Empirical Typology to Conceptual Ideal Types." *Social Policy & Administration,* 47(1): 93–110.

Rieger, Marc O.(2009). "Evolutionary Stability of Prospect Theory Preferences," *Working Papers Institute of Mathematical Economics, No. 422.* http://www.imw.uni-bielefeld.de/papers/files/imw-wp-422.pdf(accessed June 2011).

Rieger, Elmar, and Leibfried, Stephan(2003). *Limits to Globalization.* Cambridge: Polity Press.

Rimlinger, Gaston V.(1968). "Social Change and Social Security in Germany," *Journal of Human Resources,* 3(4): 409–21.

_____(1971). *Welfare Policy and Industrialization in Europe, America, and Russia.* New York: Wiley.

Ringen, Stein(1987[2006]). *The Possibility of Politics. A Study in the Political Economy of the Welfare State.* New Brunswick, NJ: Transaction.

Rodríguez, Francisco, and Rodrik, Dani(2000). "Trade Policy and Economic Growth: A Skeptic's Guide to the Cross-National Evidence." NBER Working Paper.

Rodrik, Dani(1997). *Has Globalization Gone Too Far?* Washington, DC: Institute for International Economics.

_____(1998). "Why Do More Open Economies Have Bigger Governments?" *Journal of Political Economy,* 106(5): 997–1032.

_____(1999). *The New Global Economy and Developing Countries: Making Openness Work.* ODC Policy Essay, No. 24. Baltimore, MD: Johns Hopkins University Press.

Rokkan, Stein(1975). "Dimensions of State Formation and Nation Building: A Possible Paradigm for Research on Variations within Europe." In Tilly, Charles(ed.), *The Formation of National States in Western Europe.* Princeton, NJ: Princeton University Press, pp. 575–91.

Ross, Fiona(1997). "Cutting Public Expenditures in Advanced Industrial Democracies: The Importance of Avoiding Blame," *Governance: An International Journal of Policy and Administration,* 10(2): 175−200.

_____(2000). "Beyond Left and Right: The New Partisan Politics of Welfare," *Governance: An International Journal of Policy and Administration,* 13(2): 155−83.

Rothgang, Heinz, Obinger, Herbert, and Leibfried, Stephan(2006). "The State and Its Welfare State: How Do Welfare State Changes Affect the Make-up of the Nation State?" *Social Policy & Administration,* 40(3): 250−66.

Rothstein, Bo, Samani, Marcus, and Teorell, Jan(2010). "Quality of Government, Political Power and the Welfare State." *QoG Working Paper Series,* No. 2010: 6.

Rueda, David(2006). "Social Democracy and Active Labour-Market Policies: Insiders, Outsiders and the Politics of Employment Promotion," *British Journal of Political Science,* 36(3): 385−406.

_____(2007). *Social Democracy Inside Out: Partisanship and Labor Market Policy in Industrialized Democracies.* Oxford: Oxford University Press.

Sachs, Jeffrey D., and Warner, Andrew(1995). "Economic Reform and the Process of Global Integration," *Brookings Papers on Economic Activity,* 1, 1−118.

Sattler, Thomas, and Walter, Stephanie(2009). "Globalization and Government Short-Term Room to Maneuver in Economic Policy: An Empirical Analysis of Reactions to Currency Crises," *World Political Science Review,* 5(1): 1−30.

Saunders, Peter(2010). "Inequality and Poverty," in Castles et al., pp. 526−38.

Scarbrough, Elinor(2000). "West European Welfare States: The Old Politics of Retrenchment," *West European Politics,* 38(2): 225−59.

Scharpf, Fritz W.(1991 [1987]). *Crisis and Choice in European Social Democracy.* Ithaca, NY: Cornell University Press.

Scharpf, Fritz W., and Schmidt, Vivien A.(eds.)(2000). *Welfare and Work in the Open Economy. Vol. I: From Vulnerability to Competitiveness, Vol. II: Diverse Responses to Common Challenges.* Oxford: Oxford University Press.

Scherer, F. M.(2010). The Dynamics of Capitalism, *Harvard Kennedy School Faculty Research Working Paper Series,* January 2010, RWP10−001. http://web.hks.harvard.edu/publications/workingpapers/citation.aspx?PubId=6988(accessed July 2011).

Scheve, Kenneth F., and Slaughter, Matthew J.(2001). "What Determines Individual Trade-Policy Preferences?" *Journal of International Economics,* 54(2): 267−92.

Schmidt, Manfred G.(1983). "The Welfare State and the Economy in Periods of Economic Crisis," *European Journal of Political Research,* 11(1): 1−26.

_____(1993). "Gendered Labour Force Participation." In Castles, Francis G.(ed.), *Families of Nations: Patterns of Public Policy in Western Democracies.* Aldershot: Ashgate/ Dartmouth, pp. 179−237.

_____(2010). "Parties," in Castles et al., pp. 211−26.

Schmidt, Vivien A.(2002). "Does Discourse Matter in the Politics of Welfare State Adjustment?" *Comparative Political Studies,* 35(2): 168−93.

_____(2008). "Discursive Institutionalism: The Explanatory Power of Ideas and Discourse," *Annual Review of Political Science,* 11: 303−26.

_____(2011). "Give Peace a Chance: Reconciling the Four (not Three) New Institutionalisms." In Beland and Cox, pp. 47−64.

Schmitt, Carina, and Starke, Peter(2011). "Explaining Convergence of OECD Welfare States: A Conditional Approach," *Journal of European Social Policy,* 21(2): 120−35.

Schubert, Klaus, Hegelich, Simon, and Bazant, Ursula(2009). "European Welfare Systems: Current State of Research and Some Theoretical Considerations." In Schubert, Klaus, Hegelich, Simon, and Bazant, Ursula(eds.), *The Handbook of European Welfare Systems.* London: Routledge, pp. 3−28.

Schumacher, Gijs(2012). *"Modernize or Die"? Social Democrats, Welfare State Retrenchment and the Choice between Office and Policy,* PhD Dissertation, VU University Amsterdam.

Schumacher, Gijs, Vis, Barbara, and Van Kersbergen, Kees(2013). "Political Parties' Welfare Image, Electoral Punishment and Welfare State Retrenchment," *Comparative European Politics,* 11(1): 1−21.

Schumpeter, Joseph A.(1976[1942]). *Capitalism, Socialism and Democracy.* New York: Harper Perennial.

Schwartz, Christine R.(2010). "Earnings Inequality and the Changing Association between Spouses's Earnings," *American Journal of Sociology,* 115(5): 1524−57.

Schwartz, Herman(2001). "Round Up the Usual Suspects! Globalization, Domestic Politics, and Welfare State Change." In Pierson(ed.)(2001b), pp. 17−44.

SCP(Social and Cultural Planning Offi ce of the Netherlands.)(2001). *De Sociale Staat van Nederland 2001*(The Social State of the Netherlands). The Hague: SCP. http://www.scp.nl/Publicaties/Alle_publicaties/Publicaties_2001/De_sociale_staat_van_Nederland(accessed August 2010).

Scruggs, Lyle A.(2004). Welfare State Entitlement Data Set: A Comparative Institutional Analysis of Eighteen Welfare States, version 1.1. http://sp.uconn.edu/~scruggs/wp.htm(accessed March 2011).

Scruggs, Lyle A., and Allan, James P.(2006). "The Material Consequences of Welfare States: Benefi t Generosity and Absolute Poverty in 16 OECD Countries," *Comparative Political Studies,* 39(7): 880−904.

_____(2008). "Social Stratification and Welfare Regimes for the Twenty-First Century. Revisiting the Three Worlds of Welfare Capitalism." *World Politics,* 60(4): 642−64.

Scruggs, Lyle, and Lange, Peter(2001). "Unemployment and Union Density." In Bermeo, Nancy(ed.), *Unemployment in the New Europe.* Cambridge: Cambridge University Press, pp. 145−72.

Seeleib-Kaiser, Martin, van Dyk, Silke, and Roggenkamp, Martin(2008). *Party Politics and Social Welfare: Comparing Christian and Social Democracy in Austria, Germany and the Netherlands.* Cheltenham: Edward Elgar.

Segura-Ubiergo, Alex(2007). *The Political Economy of the Welfare State in Latin America. Globalization, Democracy, and Development.* New York: Cambridge University Press.

Sharp, Elaine B.(1999). *The Sometime Connection: Public Opinion and Social Policy.* Albany: State University of New York Press.

Sihvo, Tuire, and Uusitalo, Hannu(1995). "Economic Crises and Support for the Welfare State in Finland 1975−1993," *Acta Sociologica,* 38(3): 251−62.

Silberberg, Alan, Roma, Peter A., Huntsberry, Mary E., Warren-Boulton, Frederick R., Sakagami, Takayuki, Ruggiero, Angela M., and Suomi, Stephen J.(2008), "On Loss Aversion in Capuchin Monkeys," *Journal of Experimental Analysis of Behavior,* 89(2): 145−55.

Slothuus, Rune(2007). "Framing Deservingness to Win Support for Welfare State Retrenchment," *Scandinavian Political Studies,* 30(3): 323−44.

Smeeding, Timothy M.(2005). "Public Policy, Economic Inequality, and Poverty: The United States in Comparative Perspective," *Social Science Quarterly,* 68(s1): 955−83.

Smith, Adam(2003 [1776]). *An Inquiry into the Nature and Causes of the Wealth of Nations.* New York: Bantam Dell.

Smith, Kip, Dickhaut, John, McCabe, Kevin, and Pardo, José V.(2002), "Neuronal Substrates for Choice under Ambiguity, Risk, Gains, and Losses," *Management Science,* 48(6): 711−18.

Smits, Jeroen, Ultee, Wout, and Lammers, Jan(1998). "Educational Homogamy in 65 Countries: An Explanation of Differences in Openness Using Country-Level Explanatory Variables," *American Sociological Review,* 63(2): 264−85.

Sniderman, Paul M., Petersen, Michael Bang, Slothuus, Rune, and Stubager, Rune(2013). *Crosswinds: A Study of a Clash of Liberal Democratic and Islamic Values,* unpublished manuscript, University of Aarhus.

Soede, Arjan J., Vrooman, J. Cok, Ferraresi, Pier Marco, and Segre, Giovanna(2004). *Unequal Welfare States; Distributive Consequences of Population Ageing in Six European Countries.* The Hague: Social and Cultural Planning Office.

Soskice, David, and Iversen, Torben(2006). "Electoral Institutions and the Politics of Coalitions: Why Some Democracies Redistribute More Than Others," *American Political Science Review,* 100(2): 165−81.

Starke, Peter(2006). "The Politics of Welfare State Retrenchment: A Literature Review," *Social Policy & Administration,* 40(1): 104−20.

_____(2008). *Radical Welfare State Retrenchment. A Comparative Analysis.* Houndmills, Basingstoke: Palgrave MacMillan.

Starke, Peter, Kaasch, Alexandra, and van Hooren, Franca(2013). *The Welfare State as Crisis Manager: Explaining the Diversity of Policy Responses to Economic Crisis.* Houndmills, Basingstoke: Palgrave Macmillan.

Statistisches Bundesamst Deutschland(2010). Detailed Results on the Gross Domestic Product in the 2nd Quarter of 2010, Press release no. 293/24 August 2010. http://www.destatis.de/jetspeed/portal/cms/Sites/destatis/Internet/EN/press/pr/2010/08/PE10_293_811,templateId=renderPrint.psml(accessed August 2010).

Stephens, John D.(1979). *The Transition from Capitalism to Socialism.* London: Macmillan.

Stiglitz, Joseph E.(2010). *Free Fall. America, Free Markets, and the Sinking of the World Economy.* New York: W.W. Norton.

_____(2012). *The Price of Inequality: How Today's Divided Society Endangers Our Future.* New York: W.W. Norton.

Stiller, Sabina(2010). *Ideational Leadership in German Welfare State Reform: How Politicians and Policy Ideas Transform Resilient Institutions.* Amsterdam: Amsterdam University Press.

Stinchcombe, Arthur L.(1968). *Constructing Social Theories.* New York: Harcourt, Brace and World.

Stjern o, Steinar(2004). *Solidarity in Europe: The History of an Idea.* Cambridge: Cambridge University Press.

Streeck, Wolfgang(1995). "From Market Making to State Building? Reflections on the Political Economy of European Social Policy." In Leibfried, Stephan, and Pierson, Paul(eds.), *European Social Policy. Between Fragmentation and Integration.* Washington, DC: Brookings Institution.

_____(1996). "Neo-Voluntarism: A New European Social Policy Regime?" In Marks, Gary, Scharpf, Fritz W., Schimtter, Philippe C., and Streeck, Wolfgang(eds.). *Governance in the European Union.* London: Sage.

_____(2012). "How to Study Contemporary Capitalism?" *Europe-*

an Journal of Sociology, 53(1): 1−28.

Streeck, Wolfgang, and Thelen, Kathleen(2005). *Beyond Continuity: Institutional Change in Advanced Political Economies.* Oxford: Oxford University Press.

Sulitzeanu-Kenan, Raanan(2010). Reflection in the Shadow of Blame: When Do Politicians Appoint Commissions of Inquiry? *British Journal of Political Science,* 40(3): 613−34.

Svallfors, Stefan(1995). "The End of Class Politics? Structural Cleavages and Attitudes to Swedish Welfare Policies," *Acta Sociologica,* 38(1): 53−74.

_____(2003). "Welfare Regimes and Western Opinions: A Comparison of Eight Western Countries," *Social Indicators Research,* 64(3): 495−520.

_____(2010). "Public Attitudes," in Castles et al., pp. 241−51.

_____(2011). "A Bedrock of Support? Trends in Welfare State Attitudes in Sweden, 1981−2010," *Social Policy & Administration,* 45(7): 806−25.

_____(2012). *Contested Welfare States: Welfare Attitudes in Europe and Beyond.* Stanford, CA: Stanford University Press.

Svallfors, Stefan, and Taylor-Gooby, Peter(eds.)(1999). *The End of the Welfare State? Responses to State Retrenchment.* New York: Routledge.

Swank, Duane(2001). "Political Institutions and Welfare State Restructuring: The Impact of Institutions on Social Policy Change in Developed Democracies." In Pierson(ed.)(2001b), pp. 197−237.

_____(2002). *Global Capital, Political Institutions, and Policy Change in Developed Welfare States.* Cambridge: Cambridge University Press.

_____(2010). "Globalization." In Castles et al., pp. 318−30.

Swedish Budget Bill(2010). "Budget Bill 2010." http://www.sweden.gov.se/sb/d/12234/a/132192(accessed August 2011).

_____(2011). "Budget Bill 2011." http://www.sweden.gov.se/sb/d/12699/a/153832(accessed August 2011).

Taliaferro, Jeffrey W.(2004). "Power Politics and the Balance of Risk: Hypotheses on Great Power Intervention in the Periphery," *Political Psychology,*

25(2): 177−211.

Taylor-Gooby, Peter(2002). "The Silver Age of the Welfare State: Perspectives on Resilience," *Journal of Social Policy,* 31(4): 597−621.

_____(2005). *Ideas and Welfare State Reform in Western Europe.* Houndsmills, Basingstoke, Hampshire: Palgrave Macmillan.

_____(2011). "Root and Branch Restructuring to Achieve Major Cuts: The Social Policy Programme of the 2010 UK," *Social Policy & Administration.* Early View(doi:10.1111/j.1467−9515.2011.00797.x).

Taylor-Gooby, Peter, and Stoker, Gerry(2011). "The Coalition Programme: A New Vision for Britain or Politics as Usual?" *Political Quarterly,* 82(1): 4−15.

Tepe, Markus, and Vanhuysse, Pieter(2010). "Who Cuts Back and When? The Politics of Delays in Social Expenditure Cutbacks, 1980−2005," *West European Politics,* 33(6): 1214−40.

_____(2012). "Accelerating Smaller Cutbacks to Delay Larger Ones? The Politics of Timing and Alarm Bells in OECD Pension Generosity Retrenchment." In Vanhuysse, Pieter, and Goerres, Achim(eds.). *Ageing Populations in Post-industrial Democracies: Comparative Studies of Policies and Politics.* London: Routledge, pp. 127−44.

Thaler, Richard H., and Sunstein, Cass R.(2008). *Nudge: Improving Decisions about Health, Wealth and Happiness.* London: Penguin Books.

Therborn, Göran(1986). *Why Some People Are More Unemployed than Others.* London: Verso.

Thomas, Sue(1994). *How Women Legislate.* New York: Oxford University Press.

Titmuss, Richard M.(1968 [fourth impression 1973]). *Commitment to Welfare.* London: Allen and Unwin.

_____(1974). *Social Policy: An Introduction.* London: Allen and Unwin.

Tom, Sabrina M., Fox, Craig R., Trepel, Christopher, and Poldrack, Russell A.(2007). "The Neural Basis of Loss Aversion in Decision-making under Risk," *Science,* 315(2811): 515−18.

Tsebelis, George(1995). "Decision-making in Political Systems: Veto Players in Presidentialism, Parliamentarism, Multicameralism and Multipartyism,"

British Journal of Political Science, 25(3): 289−25.

_____(2002). *Veto Players.* Princeton, NJ: Princeton University Press.

Tversky, Amos, and Kahneman, Daniel(1981). "The Framing of Decision and the Psychology of Choice," *Science* 211(January): 453−58.

_____(2000). "Advances in Prospect Theory: Cumulative Representation of Uncertainty." In Kahneman and Tversky(eds.), pp. 44−65.

UK HM Treasury(2010). "2010 HM Treasury Budget." http://www.hm-treasury. gov.uk/d/junebudget_complete.pdf(accessed May 2010).

_____(2011). "2011 HM Treasury Budget." http://cdn.hm-treasury. gov.uk/2011budget_complete.pdf(accessed May 2011).

US Budget(2010). "US Budget 2010." http://www.gpoaccess.gov/usbudget/fy10/ index.html(accessed May 2010).

_____(2011). "US Budget 2011." http://www.gpoaccess.gov/usbudget/fy11/ index.html(accessed May 2011).

_____(2012). "US Budget 2012." http://www.gpoaccess.gov/usbudget/fy12/ index.html(accessed August 2011).

US Recovery Act(2009). "The American Recovery and Reinvestment Act 2009." http://www.gpo.gov/fdsys/pkg/PLAW-111publ5/content-detail.html(accessed May 2011).

Vail, Mark(2010). *Recasting Welfare Capitalism: Economic Adjustment in Contemporary France and Germany.* Philadelphia, PA: Temple University Press.

Vandenbroucke, Frank, and Vleminckx, Koen(2011). "Disappointing Poverty Trends: Is the Social Investment State to Blame? An Exercise in Soul-Searching for Policy-Makers." *CSB Working Paper,* No. 11/01.

Van der Veen, Robert Jan, and Van der Brug, Wouter(2013). "Three Worlds of Social Insurance: On the Validity of Esping-Andersen's Welfare Regime Dimensions," *British Journal of Political Science,* 43(2): 323−43.

Van Gestel, Nicolette, De Beer, Paul, and Van der Meer, Marc(2009). *Het Hervormingsmoeras van de Verzorgingsstaat: Veranderingen in de Organisatie van de Sociale Zekerheid*(The Reform Swamp of the Welfare State: Changes in the Organization of Social Security). Amsterdam: Amsterdam University Press.

Van Kersbergen, Kees(1995). *Social Capitalism: A Study of Christian Democracy and the Welfare State.* London: Routledge.

_____(1999). "Contemporary Christian Democracy and the Demise of the Politics of Mediation." In Kitschelt, Herbert, Lange, Peter, Marks, Gary, and Stephens, John D.(eds.), *Continuity and Change in Contemporary Capitalism.* Cambridge: Cambridge University Press, pp. 346–70.

_____(2000). "The Declining Resistance of National Welfare States to Change?" In Kuhnle, pp. 19–36.

_____(2002). "The Politics of Welfare State Reform," *Swiss Political Science Review,* 8(2): 1–19.

_____(2006). "The Politics of Solidarity and the Changing Boundaries of the Welfare State," *European Political Science* 5(4): 377–94.

_____(2012). "An Institutionalist Explanation of Welfare State Reform in Continental Europe?" *Journal of European Social Policy,* 22(1): 92–4.

Van Kersbergen, Kees, and Becker, Uwe(1988). "The Netherlands: A Passive Social Democratic Welfare State in a Christian Democratic Ruled Society," *Journal of Social Policy,* 17(4): 477–99.

Van Kersbergen, Kees, and Kremer, Monique(2008). "Conservatism and the European Welfare State." In Van Oorschot, Wim, Opielka, Michael, and Pfau-Effi nger, Birgit(eds,). *Culture and the Welfare State: Values and Social Policy in Comparative Perspective.* Cheltenham: Edward Elgar, pp. 71–88.

Van Kersbergen, Kees, and Manow, Philip(eds.)(2009). *Religion, Class Coalitions, and Welfare States.* Cambridge: Cambridge University Press.

_____(2011). "The Welfare State." In Caramani, Daniele(ed.), *Comparative Politics(*2nd edition). Oxford: Oxford University Press, pp. 189–407.

Van Kersbergen, Kees, and Van Waarden, Frans(2004). ""Governance" as a

Bridge between Disciplines: Cross-Disciplinary Inspiration Regarding Shifts in Governance and Problems of Governability, Accountability and Legitimacy," *European Journal of Political Research,* 43(2): 143−71.

Van Lancker, Wim, and Ghysels, Joris(2011). "The Unequal Benefits of Activation: An Analysis of the Social Distribution of Family Policy among Families with Young Children," *Journal of European Social Policy,* 21(5): 472−85.

Van Oorschot, Wim(2000). "Who Should Get What, and Why? On Deservingness Criteria and the Conditionality of Solidarity among the Public," *Policy & Politics,* 28(1), 33−48.

Van Oorschot, Wim, and Meuleman, Bart(2011). "Welfarism and the Multidimensionality of Welfare State Legitimacy: Evidence from the Netherlands, 2006," *International Journal of Social Welfare,* 21(1): 79−93.

Van Vliet, Olaf, and Caminada, Koen(2012). "Unemployment Replacement Rates Dataset among 34 Welfare States 1971−2009: An Update, Extension and Modification of the Scruggs' Welfare State Entitlements Data Set," *NEUJOBS Special Report No. 2,* Leiden University.

Vis, Barbara(2005). *Trade Openness, Welfare Effort and Varieties of Welfare Capitalism.* Working Papers Political Science VU University Amsterdam, No. 2005/01(2005).

_____(2007). "States of Welfare or States of Workfare? Welfare State Restructuring in 16 Capitalist Democracies, 1985−2002," *Policy & Politics,* 35(1): 105−22.

_____(2008). "The Direction and Scope of Social Policy Change: Regime Specific or Radical Shift Towards Workfare?" *Journal of Comparative Policy Analysis,* 10(2): 151−69.

_____(2009a). "The Importance of Socio-Economic and Political Losses and Gains in Welfare State Reform," *Journal of European Social Policy,* 19(5): 395−407.

_____(2009b). "Governments and Unpopular Social Policy Reform: Biting the Bullet or Steering Clear?" *European Journal of Political Research,* 48(1): 31−57.

_____(2010). *Politics of Risk-Taking: Welfare State Reform in Advanced Democracies.* Amsterdam: Amsterdam University Press.

_____(2011a). "Under Which Conditions Does Spending on Active Labor Market Policies Increase? A FsQCA Analysis of 53 Governments between 1985 and 2003," *European Political Science Review,* 3(2): 229−52.

_____(2011b). "Prospect Theory and Political Decision-making," *Political Studies Review,* 9(3): 334−43.

Vis, Barbara, and Van Kersbergen, Kees(2007). "Why and How Do Political Actors Pursue Risky Reforms?" *Journal of Theoretical Politics,* 19(2): 153−72.

Vis, Barbara, Van Kersbergen, Kees, and Becker, Uwe(2008). "The Politics of Welfare State Reform in the Netherlands: Explaining a Never-Ending Puzzle," *Acta Politica,* 43(2−3): 333−56.

Vis, Barbara, Van Kersbergen, Kees, and Hemerijck, Anton(2013). "The Triple Crisis and Welfare State Reform: Is Retrenchment Really the Only Game Left in Town?" Mimeo.

Visser, Jelle, and Hemerijck, Anton(1997). *A Dutch Miracle: Job Growth, Welfare Reform, and Corporatism in the Netherlands.* Amsterdam: Amsterdam University Press.

Vrooman, J. Cok(2009). *Rules of Relief. Institutions of Social Security, and Their Impact.* The Hague: The Netherlands Institute for Social Research/SCP.

_____(2012). "Regimes and Cultures of Social Security: Comparing Institutional Models through Nonlinear PCA," *International Journal of Comparative Sociology* 53(5−6): 444−77.

Walker, Alan, and Wong, Chack-kie(eds.)(2005). *East Asian Welfare Regimes in Transition. From Confucianism to Globalisation,* Bristol: Policy Press.

Walter, Stephanie(2010). "Globalization and the Welfare State: Testing the Microfoundations of the Compensation Hypothesis," *International Studies Quarterly,* 54(2): 403−26.

Weaver, Kent R.(1986). "The Politics of Blame Avoidance," *Journal of Public Policy,* 6(4): 371−98.

_____(1988). *Automatic Government: The Politics of Indexation.*

Washington, DC: Brookings Institution.

Weishaupt, Timo J.(2011). *From the Manpower Revolution to the Activation Paradigm: Explaining Institutional Continuity and Change in an Integrating Europe.* Amsterdam: Amsterdam University Press.

Wenzelburger, Georg(2011). "Political Strategies and Fiscal Retrenchment: Evidence from Four Countries." *West European Politics,* 34(6): 1151–84.

Weyland, Kurt(1996). "Risk Taking in Latin American Economic Restructuring: Lessons from Prospect Theory," *International Studies Quarterly,* 40(2): 185–207.

_____(1998). "The Political Fate of Market Reform in Latin America, Africa, and Eastern Europe," *International Studies Quarterly,* 42(4): 645–673.

_____(2002). *The Politics of Market Reform in Fragile Democracies: Argentina, Brazil, Peru, and Venezuela.* Princeton, NJ: Princeton University Press.

_____(2006). *Bounded Rationality and Policy Diffusion: Social Sector Reform in Latin America.* Princeton, NJ: Princeton University Press.

_____(2012). "Diffusion Waves in European Democratization: The Impact of Organizational Development," *Comparative Politics,* 45(1): 25–45.

Wilensky, Harold L.(1975). *The Welfare State and Equality: Structural and Ideological Roots of Public Expenditures.* Berkeley: University of California Press.

Wilensky, Harold L., and Lebeaux, Charles N.(1965[1958]). *Industrial Society and Social Welfare. The Impact of Industrialization on the Supply and Organization of Social welfare Services in the United States.* New York: Free Press.

Wilkinson, Richard, and Pickett, Kate(2009). *The Spirit Level. Why Equality Is Better for Everyone.* London: Penguin.

Wilson, Rick K.(2011). "The Contribution of Behavioral Economics to Political Science," *Annual Review of Political Science,* 14: 201–23.

Wincott, Daniel(2011). "Ideas, Policy Change, and the Welfare State." In Béland and Cox, pp. 143–66.

Wolfe, Alan(1979). *The Limits of Legitimacy,* London: Macmillan.

Wolfinger, Nicholas, H.(2003). "Family Structure Homogamy: The Effects of Parental Divorce on Partner Selection and Marital Stability," *Social Science Research,* 32(1): 80−97.

Wren, Anne(ed.)(2013). *The Political Economy of the Service Transition.* Oxford: Oxford University Press.

WWR(Wetenschappelijke Raad voor het Regeringsbeleid) [Scientific Council for Government Policy](1990), *Een Werkend Perspectief: Arbeidsparticipatie in de Jaren "90* [A Working Perspective: Labor Participation in the Nineties]. "s-Gravenhage: SDU Uitgeverij. http://www.wrr.nl/english/dsc?c=getobjectands=objand!sessionid=14uZxzYXp1K78HdWziQW2wD5FEo9vlsUlCp3M0aKBFh@OqKEXXlWdpD8XH5Wf8xGandobjectid=2503and!dsname=defaultandisapidir=/gvisapi/(accessed August 2010).

Yeates, Nicola, Haux, Tina, Jawad, Rana, and Kilkey, Majella(eds.)(2011). *In Defence of Welfare: The Impacts of the Spending Review.* The Social Policy Association. http://www.social-policy.org.uk/downloads/idow.pdf(accessed February 2011).

Zhong, Songfa, Chew, Soo H., Set, Eric, Zhang, Junsen, Xue, Hong, Sham, Pak C., Ebstein, Richard P., and Israel, Salomon(2009). "The Heritability of Attitude toward Economic Risk," *Twin Research and Human Genetics,* 12(1): 103−07.

Zohlnhöfer, Reimut(2007). "The Politics of Budget Consolidation in Britain and Germany: The Impact of Blame Avoidance Opportunities," *West European Politics,* 30(5): 1120−38.

Zutavern, Jan, and Kohli, Martin(2010). "Needs and Risks in the Welfare State." In Castles et al.(eds.), pp. 169−82.

찾아보기

복지국가 개혁의
도전과 응전
복지국가정치의 비교연구

초판 1쇄 발행 2017년 9월 29일

지은이 키스 반 커스버겐, 바바라 비스
옮긴이 남찬섭
펴낸이 박정희

책임편집 양송희 **편집** 이주연, 이성목 **디자인** 하주연, 이지선
관리 유승호, 양소연 **마케팅** 김범수, 이광택 **웹서비스** 백윤경, 김설희

펴낸곳 도서출판 나눔의집
등록번호 제25100-1998-000031호
등록일자 1998년 7월 30일

주소 서울시 금천구 디지털로9길 68, 1105호(가산동, 대륭포스트타워 5차)
대표전화 1688-4604 **팩스** 02-2624-4240
홈페이지 www.ncbook.co.kr / www.issuensight.com
ISBN 978-89-5810-362-2(94330)

이 도서의 국립중앙도서관 출판예정도서목록(CIP)은 서지정보유통지원시스템 홈페이지
(http://seoji.nl.go.kr)와 국가자료공동목록시스템(http://www.nl.go.kr/kolisnet)에서
이용하실 수 있습니다. (CIP제어번호: CIP2017024622)

- 책값은 뒤표지에 있습니다.
- 잘못된 도서는 구입하신 서점에서 교환해 드립니다.